Georg Baudler

Jesus im Spiegel seiner Gleichnisse

[redacted]

Georg Baudler

Jesus im Spiegel seiner Gleichnisse

Das erzählerische Lebenswerk Jesu –
ein Zugang zum Glauben

Calwer Verlag Stuttgart
Kösel-Verlag München

CIP-Kurztitelaufnahme der Deutschen Bibliothek

Baudler, Georg:
Jesus im Spiegel seiner Gleichnisse : d. erzähler. Lebenswerk Jesu
e. Zugang zum Glauben / Georg Baudler. –
Stuttgart : Calwer Verlag ; München : Kösel, 1986.
ISBN 3-7668-0804-4 (Calwer Verl.)
ISBN 3-466-36263-6 (Kösel)

ISBN 3-7668-0804-4 (Calwer Verlag)
ISBN 3-466-36263-6 (Kösel-Verlag)

Gesamtherstellung: H. Mühlberger, Augsburg
Umschlag: Günther Oberhauser, München

Voll Dankbarkeit
widme ich dieses Buch
meinen (längst verstorbenen) Eltern,
meiner Frau, meinen Kindern
und den anderen Menschen in meinem Leben,
die mir geholfen haben
und helfen
zu glauben,
daß ich geliebt bin.

Inhaltsübersicht:

Vorwort 11

Einleitung: Jesu menschliche Stimme 15
Zur Bedeutung des irdischen Jesus und seiner Gleichnisse in der heutigen Glaubenssituation
(a) Menschliches Leben in einer sinn-armen Welt und die »Neuentdeckung Jesu« 15
(b) Das Gottsein und Menschsein Jesu als je verschiedene (korrelative) Zugänge zum Ganzen des christlichen Glaubens 20
(c) Jesus – der Erzähler von der anbrechenden Gottesherrschaft 25
(d) Die Gleichnisse Jesu als »viva vox evangelii« 30

1. Das Gleichnis als Anrede 35
Formale Kategorien und methodische Prinzipien für einen sachgemäßen Umgang mit den Gleichnissen Jesu

1.1 Nicht Gegenstand, sondern Anspruch 37
Die herkömmlichen formalen Kategorien für den Umgang mit den Gleichnissen Jesu und ihre Kritik
(a) Zur formalen Einteilung der Gleichnisse 37
(b) Zur Unterscheidung von Bildhälfte und Sachhälfte 41
(c) Die andere Perspektive: Gleichnisse nicht als Veranschaulichung einer »Sache«, sondern als Erschließung und Anrede 46

1.2 Formen der Gleichnis-Anrede 58
Neue formale Kategorien für den Umgang mit Gleichnissen entsprechend deren Anrede- und Erschließungscharakter: Vorgangsgleichnisse und Handlungsgleichnisse und deren jeweilige Wirkweise
(a) Zur formalen Einteilung: Vorgangsgleichnisse und Handlungsgleichnisse 58
(b) Die Wirkweise der Vorgangsgleichnisse 65
(c) Die Wirkweise der Handlungsgleichnisse 71

1.3 Die Anrede zur Geltung bringen 79
Methodische Schritte und Prinzipien im Umgang mit Vorgangs- und Handlungsgleichnissen (anhand von Unterrichtsbeispielen)
(a) Das Vorgangsgleichnis vom Senfkorn (Lk 13,18–19 par) im Religionsunterricht 79
(b) Das Handlungsgleichnis vom unfairen Knecht (Mt 18,23–33) im Religionsunterricht 88
(c) Reflexion der notwendigen methodischen Schritte und Prinzipien im Umgang mit Gleichnissen (mit Bibeltexten im allgemeinen: S. 104 ff – mit Gleichnissen im allgemeinen: S. 108 ff – mit Vorgangsgleichnissen: S. 114 ff – mit Handlungsgleichnissen: S. 117 ff) 103

2. Das erzählerische Lebenswerk Jesu 129
Die Gleichnisse als erzählerisches Gesamtwerk, geschichtlich (diachron) strukturiert durch Weckruf, Kampf und Passion als den Dimensionen des Lebens und Wirkens Jesu

2.0 Die Leitvorstellung 131
Zielsetzung, Methode und Kategorien der Deutung
(a) Die Leitvorstellung: Konvergenz und innere Einheit von Person, Reden und Handeln bei Jesus (und darin Realisation von »malkût Jahwe«) 131
(b) Zielsetzung und Methode: Wechselseitige Erschließung der Gleichnisse und der »inneren Biographie« Jesu 137
(c) Weckruf, Kampf und Leiden als aufeinander aufbauende Dimensionen des Lebens und Wirkens Jesu und die ihnen entsprechenden Gleichniskategorien: Weckgleichnisse – Kampfgleichnisse – Passionsgleichnisse 146

2.1 Weckgleichnisse 151
Gleichnisse als (unmittelbare) Verkündigung der anbrechenden »malkût Jahwe«
(a) Vom Glück des Findens 158
(b) Wachsein läßt finden 159
(c) Im Vordergründigen verhaftet 163

2.2 Kampfgleichnisse 169
Gleichnisse als Ausdruck der Auseinandersetzung Jesu mit seinen Gegnern
(a) Nicht mehr Knecht und Schuldner, sondern Sohn (und Tochter) 170
(b) Freude über das Finden des Verlorenen 172
(c) Gottes Güte 182
(d) Knechtsverhalten als Sünde 187

2.3 Passionsgleichnisse 199
Gleichnisse als Ausdruck der Auseinandersetzung Jesu mit seinem drohenden Todesgeschick
(a) Die Einsicht in das bevorstehende Ende 204
(b) »Bestandsaufnahme« 208
(c) Gesammeltes Angehen gegen das Ende als Scheitern . . . 209
(d) Die Bitte um Aufschub 214
(e) Trauer 216
(f) Die Annahme des Geschicks 217
(g) Vertrauen über den Tod hinaus 231

Exkurs: Darf ich Jesus »psychologisieren«? 244
(a) Die Fragestellung 244
(b) Jesu gesamter Lebensweg als Passionsgeschichte 245
(c) Die »kopernikanische« Wende des Menschenverständnisses in der Neuzeit 249
(d) Ansätze zur Überwindung des psychologistischen Menschenbildes der Neuzeit in der Psychologie C. G. Jungs und ihre bibeldidaktischen Konsequenzen 251

3. Die Struktur des Gesamtwerks 255
»abba« und »pneuma« als (synchrone) Strukturelemente im Gleichnis-Werk des »Sohnes« Jesus und als Brennpunkte seines Denkens und Fühlens

3.0 Die Leitvorstellung 257
Zielsetzung, Methode und Kategorien der Deutung

3.1 Der Lebensatem führt zum Vater 261
Die erste Grundstruktur: Das Sohn/Tochter-pneuma läßt den »abba« finden
(a) Die erste Grundstruktur in ihrer einfachen Ausprägung . . 263

(b) Die erste Grundstruktur ausgeweitet auf die Unterscheidung eines falschen bzw. fehlenden und eines richtigen und wirksamen »pneumas«: Das durchkreuzte Sohn/Tochter-pneuma 268

3.2 Der Vater sendet den Lebensatem aus 273
Die zweite Grundstruktur: Der »abba« weckt das Sohn/Tochter-pneuma, das zur neuen abba-Geborgenheit hinführt
(a) Die zweite Grundstruktur in ihrer einfachen Ausprägung 275
(b) Die zweite Grundstruktur ausgeweitet auf die Unterscheidung eines falschen bzw. fehlenden und eines richtigen und wirksamen »pneumas«: Die durchkreuzte abba-Zuwendung 276

3.3 Gegenpole zum Vater 286
Dualismus von Welt- bzw. Knechts-pneuma und Sohn/Tochter-pneuma in der Gleichnisstruktur

3.4 Zusammenfassung: Sohn und Vater unterscheiden die Geister 290

Schlußteil: Narrative Zusammenfassung 296
Das christliche Gleichnisbuch:
Jesus – das Gleichnis Gottes 298

Gleichnisregister 315

Verwendete Literatur 321

Vorwort

Der Ausgangspunkt und die Zielsetzung des vorliegenden Versuchs werden in der Einleitung im einzelnen beschrieben. Hier sei nur kurz vermerkt, wie ich als Religionspädagoge zur Thematik der Gleichnisse fand und wem ich für das Zustandekommen der Arbeit zu danken habe.

Die Religionspädagogik hat die Aufgabe, einen ganzheitlichen – nicht bloß kognitiven – Zugang zum christlichen Glaubensfundament zu erarbeiten. Dieser Ansatz führte mich schon vor vielen Jahren zur Narrativen Theologie, insbesondere Christologie[1]: Dem symbolisch-erzählenden Wort gelingt es wirksamer als der nur diskursiven Argumentation und Information, das christliche Glaubensfundament in seinem befreienden Anspruch und Zuspruch zu erschließen und es zu einer ganzheitlichen Begegnung zu bringen.

Was liegt in diesem Bemühen näher, als sich daran zu erinnern, daß Jesus selbst seine Botschaft und Erfahrung vom anbrechenden Reich Gottes durch Erzählung zu vermitteln suchte. Den Erzähler Jesus für den heutigen Menschen neu zum Sprechen zu bringen: dies ist sicher der einladendste und überzeugendste Zugang zum christlichen Glauben.

Hinzu kam, daß mich auch meine Arbeit an der Korrelationsdidaktik immer stärker auf die Gleichnisse verwies. Denn der kreative Dialog zwischen überliefertem Glauben und gegenwärtiger Erfahrung ist nur durch Symbole möglich. In meiner »Korrelationsdidaktik«[2] suchte ich deshalb die Sakramente als christliche Handlungssymbole und Lebensfiguren darzustellen. Doch auch die Gleichnisse beschreiben – noch differenzierter und in ihrer Erzählform auch aus der Distanz heraus

1 Vgl. G. Baudler, Wahrer Gott als wahrer Mensch. Entwürfe zu einer narrativen Christologie, München 1977; sowie: ders., Einführung in symbolisch-erzählende Theologie. Der Messias Jesus als Zentrum der christlichen Glaubenssymbole, Paderborn-München-Wien-Zürich 1982. Schon damals hat H. Lang, Narrative Theologie. Sprachtheoretische und theologische Überlegungen zu einem Begriff der Verkündigenden Theologie, in: Theologie und Glaube 71 (1981) 341–353, darauf hingewiesen, daß Narrative Theologie, insbesondere eine Narrative Christologie, wie ich sie versucht hatte (vgl. ebd. 347 ff), zu einer neuen Art der Gleichnisinterpretation kommen müsse.

2 G. Baudler, Korrelationsdidaktik: Leben durch Glauben erschließen. Theorie und Praxis der Korrelation von Glaubensüberlieferung und Lebenserfahrung auf der Grundlage von Symbolen und Sakramenten, Paderborn–München–Wien–Zürich 1984, 199–316

unmittelbar ansprechend – Vorgänge und Figuren des Lebens, in denen sich Gottesreich, tragender Lebenssinn abzeichnet. Dies wird besonders im Schlußteil, dem »christlichen Gleichnisbuch« deutlich, wo der in den Gleichnissen sich mitteilende Jesus selbst als das »Gleichnis Gottes« erscheint: als das Ursakrament des christlichen Glaubens, das menschliches Leben über den Tod hinaus heilt und rettet. Man kann mit dieser narrativen Zusammenfassung auch gut die Lektüre des Buches beginnen (um dann in der Arbeit selbst die Begründung für diese Gleichnisauslegung nachzulesen).

Freilich war es für mich als Religionspädagogen schwierig, mich in diese Thematik einzuarbeiten. Die Mühen der historisch-kritischen Arbeit sind ja genugsam bekannt, und so schob ich dieses sich aufdrängende Projekt einer religionspädagogisch motivierten Gleichnisinterpretation immer wieder vor mir her. Im Frühjahr 1984 wurde meinem Kollegen Karl Heinz Sorger und mir vom Direktorium der Zeitschrift »ru« die Planung eines Heftes zum Thema »Gleichnisse« übertragen.[3] In diesem Zusammenhang überließ uns Herr Christof Munz, der Geschäftsführer des Calwer Verlags, freundlicherweise ein Manuskript Claus Westermanns über »Vergleiche und Gleichnisse im Alten und Neuen Testament«.[4] Die Art, wie Westermann vom Alten Testament her den Anrede-Charakter der Gleichnisse herausarbeitete, machte mir die religionspädagogische Bedeutung dieser Erzählstücke in einer Weise klar, daß ich mich fortan ganz auf das Gleichnisprojekt konzentrierte.

Trotzdem hätte sich seine Durchführung noch lange Zeit hinausgezögert, hätte nicht die Pädagogische Fakultät der Rheinisch-Westfälischen Technischen Hochschule Aachen, der ich angehöre, meinen Antrag auf ein Forschungs-Freisemester unterstützt, so daß ich im Wintersemester 1984/85 für die Arbeit an dem Projekt von meinen Pflichten in Lehre und Verwaltung entbunden wurde. Dafür möchte ich hier meinen Kollegen und besonders dem Dekan der Fakultät, Frau Prof. Dr. Brigitte Gilles, sehr herzlich danken.

Hinzu kam, daß ich im Frühjahr 1985 in Herrn Dr. theol. Egon Spiegel einen Mitarbeiter fand, der sofort mit großem Engagement in das Projekt einstieg, mich unermüdlich auf kritische Punkte hinwies und sowohl in konzeptionellen Fragen wie in Detailproblemen bald ein unentbehrlicher Gesprächspartner für mich war; ihm gebührt mein größter Dank.

3 ru (Zeitschrift für die Praxis des Religionsunterrichts) 15 (1985, Heft 3)

4 C. Westermann, Vergleiche und Gleichnisse im Alten und Neuen Testament, Stuttgart 1984

Doch auch die übrigen wissenschaftlichen und nichtwissenschaftlichen Kräfte im Seminar haben mich bei der Erstellung des Manuskripts weit über ihre Dienstaufgaben hinaus, aus eigener Freude und Begeisterung an der Sache, unterstützt. Mein Dank gilt hier besonders Frau stud. päd. Andrea Witzel, stud. päd. Hilde Laschet, stud. päd. Sandra Wolters und unserem Betreuungslehrer Dietmar Havenith sowie der Seminarsekretärin Frau Angelika Weingärtner.

Nicht zuletzt gebührt mein Dank den beiden Verlagen, die das Buch herausbringen. Mit dem Calwer Verlag bin ich ja seit der Überlassung des Westermann-Manuskripts in diesem Projekt verbunden; ich fand in der Zusammenarbeit viel Entgegenkommen und großes Verständnis. Herrn Dr. Emil Martin danke ich, daß er einer Co-Produktion mit dem Kösel-Verlag zustimmte. Dadurch ist das Erscheinen des Buches sowohl von einem evangelischen wie einem katholischen Verlag getragen. Die Gleichnisse sind ja der Kern des Evangeliums von Jesus, dem Christus, das die gemeinsame Basis der christlichen Kirchen bildet; dieses Fundament des Glaubens dem Menschen unserer Zeit in einer ganzheitlichen Begegnung aufzuschließen, ist deshalb auch eine allen gemeinsame Aufgabe.

Aachen, Weihnachten 1985 Georg Baudler

Einleitung

Jesu menschliche Stimme

Zur Bedeutung des irdischen Jesus und seiner Gleichnisse in der heutigen Glaubenssituation

Die Gleichnisse Jesu sind der erzählerische Ausdruck seines Seins, Denkens und Wirkens. In ihnen begegnet uns die irdisch-menschliche Stimme Jesu, die sein göttliches Sein und Leben enthält und erschließt. Für den nach einem tragenden Lebenssinn suchenden Menschen unserer Zeit sind sie deshalb die »via regia«, die königliche Straße, auf der er einen Zugang zum christlichen Glaubensfundament finden kann.

(a) *Menschliches Leben in einer sinn-armen Welt und die »Neuentdeckung Jesu«*

Horst Eberhard Richter hat in seinem Buch »Der Gotteskomplex« die geistesgeschichtliche Linie nachgezeichnet, die vom heutigen, an der Sinn-Leere leidenden Menschen zu dem Philosophen René Descartes zurückführt.[1] Was in Philosophie-Büchern meist sehr abstrakt über das Cartesianische Gedankengebäude nachzulesen ist, bekommt in dem orientierungslos gewordenen, unter Depressionen und Antriebsschwäche leidenden Menschen unserer Tage einen sehr konkreten und greifbaren Ausdruck. Descartes hat (wie er dazu kam, kann hier nicht erörtert werden[2]) das Verhältnis von Sein und Denken auf den Kopf gestellt. Das Denken und Empfinden ist bei Descartes nicht mehr *Folge* und Ausdruck des auf den Menschen zukommenden und in ihm selbst

1 Vgl. H. E. Richter, Der Gotteskomplex. Die Geburt und die Krise des Glaubens an die Allmacht des Menschen, Reinbek b. Hamburg 1979, bes. 19–98 (Teil 1)

2 Aus welchen inneren und äußeren Erfahrungen heraus Descartes – im November 1619 als französischer Offizier bei Neuburg an der Donau im Winterquartier liegend – diesen seinen geistesgeschichtlich so folgenreichen Gedankenschritt getan hat, ist noch wenig geklärt. Sicher beeinflußte ihn die durch Kopernikus und Galilei erfolgte Umwandlung des Weltbildes, das die Glaubwürdigkeit der unmittelbaren Sinneserfahrung in Frage stellte, ebenso beeinflußte ihn die (damit verbundene) Erfahrung der Inquisition, vor der Descartes später zeitlebens auf der Flucht war und die ihm die Überlieferung (als zweites Element der damaligen Wahrheitsfindung) als äußerst fragwürdig erscheinen ließ. Der eigene Zweifel war diesen Erfahrungen gegenüber die letztlich einzige Gewißheit.

wirksamen Seins und Lebens, sondern umgekehrt die *Begründung* für das Sein: »Cogito ergo sum«: indem ich zweifle und denke, bin ich. Die unmittelbare und letztlich krankmachende Folge dieses Welt- und Lebensentwurfs besteht darin, daß der differenzierende und ordnende Verstand, die ratio des Menschen, nicht mehr die Funktion hat, das andrängende Sein und Leben je neu zu überblicken und dadurch jenen Spielraum zu schaffen, der für menschliches Sein und Leben spezifisch ist; vielmehr wird hier umgekehrt das rationale, logisch-mathematische Denken (das Denken »more geometrico«) zur Basis und Grundlage allen Seins und Lebens. Was nicht von dem Raster dieses Denkens erfaßt werden kann, »fällt durch« und zählt nicht als »wirklich«. Wovon man nicht klar reden kann, sagt später der Philosoph Wittgenstein (in der Tradition der englischen Aufklärung stehend, die unmittelbar auf Descartes zurückweist), davon soll man schweigen.

Wirklich brauchbar und in der Begrenzung hilfreich ist die Anwendung dieser mathematischen Denkmethode auf die Naturwissenschaft und Technik. Wo sie jedoch, wie besonders in der englischen Aufklärung (Thomas Hobbes) unmittelbar auf den Menschen und das menschliche Zusammenleben angewandt wird, versteht sich der Mensch und die menschliche Gemeinschaft nur noch als eine komplizierte Maschine, mit der richtig umzugehen letztlich eben eine Frage der (Natur-)Wissenschaft und Technik ist. Eine Zeitlang konnte die Begeisterung darüber, was der denkende Verstand zu schaffen imstande ist, die Tatsache überdecken, daß ein logisch-mathematisch gefiltertes Sein und Leben sinn-leer ist. Noch vor weniger als zwei Jahrzehnten konnte man diese Begeisterung – in modifizierter Form – auch innerhalb der Theologie finden. Man sprach davon, daß es gerade auch eine Forderung der jüdisch-christlichen Tradition sei, die Welt in ihre Weltlichkeit freizugeben und Gott das »Ganz-Andere« sein zu lassen, das nicht in diese Welt hineingemischt werden dürfe.[3] Ihren Höhepunkt fand diese theologische Richtung in der – bezeichnenderweise wiederum aus dem angelsächsischen Sprachraum kommenden[4] – »Gott-ist-tot-Theologie«.

3 Vgl. J. B. Metz, Weltverständnis im Glauben. Christliche Orientierung in der Weltlichkeit der Welt heute, in: Geist und Leben 35 (1962) 165–184, ähnlich auch noch ders., Zur Theologie der Welt, Mainz-München 1968, bes. 11–45; anders ders., Glaube in Geschichte und Gesellschaft, Mainz 1977, vgl. 23 f; von evangelischer Seite wurde die sogenannte »Säkularisierungsthese« (d. h. die These, daß sich die Weltlichkeit der Welt als Folge der christlichen Überlieferung notwendig ergibt) besonders vertreten von F. Gogarten, Die Kirche in der Welt, Heidelberg 1948.

4 Vgl. S. B. Robinson, Gott ist anders (Honest to God), München 11. Aufl. 1968; dazu: E. Schillebeeckx, Neues Glaubensverständnis. Honest to Robinson, Mainz 1964

Heute wird diese begeisterte Anerkennung des mathematisch-logischen Denkens nicht nur außerhalb der Naturwissenschaft in Frage gestellt.[5] Der Mensch unserer Tage erfährt, daß dieses Denken, das Leben und Welt immer nur stückhaft zu erfassen vermag, ihn bei der Suche nach dem Sinn des Ganzen seiner Welt und seines Lebens in beängstigender Weise im Stich läßt: Es hilft nicht weiter, wenn eine menschliche Beziehung, die dem Leben einen spürbaren und erfahrbaren Sinn gab, auf einmal brüchig wird und zu scheitern droht; es vermag nicht zu trösten und zu stärken, wenn Krankheit oder Arbeitslosigkeit (als für den einzelnen trotz allen rationalen Denkens nicht vermeidbares Schicksal) auf den Menschen zukommen; es vermag die Drohung des Atomtodes und der Umweltzerstörung nicht von uns zu nehmen.

Je mehr die einzelnen Stücke der rational aufgegliederten Welt in sich mathematisch-logisch durchdacht und durchgestaltet werden, desto mehr entstehen Risse und Löcher in dieser empirisch-rationalen, oberflächlich daliegenden Welt, und eine lähmende Sinn-Leere dringt in das Leben ein. Sören Kierkegaard hat dieses dadurch entstehende Lebensgefühl seherisch vorweggenommen in seinem »Versuch in der experimentierenden Psychologie«, wenn er schreibt: »Mein Leben ist bis zum Äußersten gebracht, es ekelt mich des Daseins, welches unschmackhaft ist, ohne Salz und Sinn . . . Man steckt den Finger in die Erde, um zu riechen, in welch einem Lande man ist, ich stecke den Finger ins Dasein – es riecht nach nichts. Wo bin ich? Was heißt denn das? die Welt? Was bedeutet dies Wort? Wer hat mich in das Ganze hinein betrogen, und läßt mich nun dastehen? Wer bin ich?«[6] Dies ist das Lebensgefühl, aus dem die geschwächte Antriebsstruktur des heutigen jungen Menschen erwächst und aus der jene Depressionen bzw. Aggressionen entstehen, die ihn zur Droge, zur Sekten-Religiosität, zum Selbstmord und zur Kriminalität führen. Der erwachsene Mensch flüchtet sich bestenfalls zum Psychotherapeuten, öfter jedoch in die »technologische Zerstreuung« (Postman)[7], in den Sog der durchrationalisierten Arbeitswelt und des blinden Konsums in der Freizeit.

Dunkel spürt der Mensch dieser Zeit und Welt, daß ihm in seiner Not die Religion Hilfe und Heilung sein müßte. Dies ist der Grund für die Entstehung und das Anwachsen der sogenannten Jugend-Religionen. Dennoch steigt im christlichen Raum die Zahl der Kirchenaustritte, und

5 P. Feyerabend, Erkenntnis für freie Menschen. Veränderte Ausgabe, Frankfurt 1980; F. Capra, Wendezeit. Bausteine für ein neues Weltbild, Bern–München–Wien 8. Aufl. 1984

6 S. Kierkegaard, Die Wiederholung. Drei erbauliche Reden 1843 (Gesammelte Werke, 5. u. 6. Abt.), Düsseldorf 1955, 70f

7 Vgl. N. Postmann, Wir amüsieren uns zu Tode. Urteilsbildung im Zeitalter der Unterhaltungsindustrie, Frankfurt 5. Aufl. 1985, 137

die Zahl der Gottesdienst-Besucher schrumpft weiter. Offenbar hat der christliche Glaube, so wie er sich gegenwärtig in den Kirchen ausprägt, nicht die Kraft, umfassend und auf breiter Front das Gefühl der Sinn-Leere vom Menschen zu nehmen und ihn zu neuen Sinn-Erfahrungen zu befähigen. Zu sehr sind Theologie und Kirche selbst »more geometrico« durchstrukturiert: aufgeteilt in viele einzelne wissenschaftliche Disziplinen, die je für sich, wenn auch in je modifizierter Form, nach dem Cartesianischen Denkprinzip arbeiten, das Ganze überwölbt und bestimmt von einer durchrationalisierten Verwaltung und Organisation. So kommt es zu jener Erstarrung der theologischen Fronten, jener Ermüdung im ökumenischen Gespräch, jener nur noch auf Sammlung und Systematisierung bedachten theologischen Mentalität, die Eugen Biser im Anschluß an Karl Rahner als »winterliche Kirche« charakterisiert.[8] Sie kann dann gegenüber den Lebensnöten der Menschen, die sich z. B. in den hohen Scheidungsziffern ausdrücken, nur noch mit moralischen Forderungen und disziplinarischen Maßnahmen reagieren, statt von ihrer religiösen Überlieferung her Sinn-Erfahrungen aufzuschließen, die unmittelbar heilend auf den Menschen und sein Leben wirken.

Dennoch gibt es in dieser »winterlichen« Zeit und »winterlichen« Kirche einen trotz aller Rückschläge immer heller werdenden Lichtblick. Biser charakterisiert ihn als die »Neuentdeckung Jesu« und sieht in ihr eine tiefgreifende Umschichtung im Glaubensbewußtsein und eine »Wende« in der glaubensgeschichtlichen Situation.[9] Es handelt sich hier um eine Rückorientierung an jenem Fundament, von dem her sich Glaube und Kirche geschichtlich aufgebaut haben, um ein Suchen und Fragen nach jenem Sein und Leben, das vor aller wissenschaftlichen Differenzierung und kirchlichen Organisation vom Ursprung her den »Eckstein« (vgl. Mk 12,10 par) des Glaubens und der Kirche bildet, also beidem vorausliegt. In dieser Rückfrage nach Jesus stellt der Christ das Verhältnis von Denken und Sein – vorcartesianisch – wieder auf die Füße; er benutzt die theologische Wissenschaft und das von der Kirche überlieferte und ausgelegte Evangelium als Weg, um jenes Antlitz zu sehen und jene Stimme zu hören, die ihm unmittelbar Gott als Lebenssinn zusagen. Jesus ist die Stelle der Wirklichkeit, an der Sein und Lebenssinn, vermittelt – aber nicht begrenzt! – durch Kirche und Theologie, wieder in die Welt und das Leben hineinfließen können. An seiner Gestalt kann sich für alle, ob kirchlich und glaubensmäßig gebun-

8 Biser, Glaubenswende 90; vgl. auch E. Biser, Wintersaat für ein neues Weltalter? Die Krise der Religion als Glaubensnot und Glaubenswende, in: Die Presse (Unabhängige Tageszeitung für Österreich), Wochenendausgabe vom 1./2. Dezember 1984
9 Biser, Glaubenswende 94 f

den oder nicht, das Verhältnis von Sein und Denken wieder auf die Füße stellen und ins Lot kommen.

Diese »Neuentdeckung Jesu« zeigt sich zunächst in der fast unübersichtlich gewordenen Fülle der Jesus-Literatur der letzten Jahre und Jahrzehnte. Im Thema »Jesus« treffen aber nicht nur die verschiedensten theologischen Denkrichtungen aufeinander, auch jüdisches[10], buddhistisch-hinduistisches[11] und marxistisch-atheistisches[12] Denken richtet sich heute ganz neu auf die Jesusgestalt.

Auch innerhalb der amtlich verfaßten Kirche ist diese Glaubenswende feststellbar: Das II. Vatikanische Konzil hat in dem bekannten Passus über die »Hierarchie der Wahrheiten« in seinem Ökumenismus-Dekret deutlich gemacht, daß die einzelnen Glaubenswahrheiten auf Jesus als das Glaubensfundament rückbezogen werden müssen und nur von ihm her ihren Sinn und ihre Bedeutung bekommen.[13] In neuerer Zeit stellt die Enzyklika Papst Johannes Paul II. »Über die Katechese heute« heraus, daß in der Gesellschaft unserer Tage viele Menschen zwar getauft sind, aber als Kinder, Jugendliche und auch als Erwachsene dem christlichen Glauben oft vollkommen fremd gegenüberstehen. Maßstab und Ursache dieser Entfremdung ist dabei die fehlende Beziehung des einzelnen Menschen zum Messias Jesus als dem christlichen Glaubensfundament: Es fehlt diesen Menschen eine »ausdrückliche und persönliche Bindung an Jesus Christus«, sie zweifeln, »ob sie ihr ganzes Leben in bewußter Verbindung mit Christus gestalten sollen, wenn sie nicht gar im Namen ihrer Freiheit einer religiösen Bindung auszuweichen suchen«.[14] Durch diese fehlende Beziehung zu Jesus als

10 Vgl. z. B. die Jesusbücher der jüdischen Autoren S. Ben-Chorin, Bruder Jesus. Mensch – nicht Messias, München 1972; R. Aron, Die verborgenen Jahre Jesu, München 1973; P. Lapide, Er predigte in ihren Synagogen. Jüdische Evangelienauslegung, Gütersloh 3. Aufl. 1982

11 Vgl. R. Panikkar, Christus der Unbekannte im Hinduismus, Luzern–Stuttgart 1965

12 Vgl. M. Machovec, Jesus für Atheisten, Stuttgart-Berlin 1972; ders., die ›Sache Jesu‹ und marxistische Selbstreflexion, in: I. Fetscher/M. Machovec (Hg.), Marxisten und die Sache Jesu, München-Mainz 2. Aufl. 1975, 85–102; V. Gadarvský, Gott ist nicht ganz tot. Betrachtungen eines Marxisten über Bibel, Religion und Atheismus, München 1971, vgl. auch J. M. Lochmann, Marx begegnen. Was Christen und Marxisten eint und trennt, Gütersloh 1975

13 Vgl. K. Rahner/H. Vorgrimler, Kleines Konzilskompendium, Freiburg–Basel–Wien 2., erg. Aufl. 1967, 240 (Ökumenismus-Dekret, Nr. 11)

14 Johannes Paul II., Zur Freude des Glaubens hinführen. Apostolisches Schreiben »Über die Katechese heute« (mit einem Kommentar von A. Exeler), Freiburg–Basel–Wien 1980, 34; an anderer Stelle spricht die Enzyklika von diesen dem Glauben entfremdeten Menschen als von »Quasi-Katechumenen« (ebd. 66). – Die große Bedeutung der Jesusgestalt für die heutige Katechese und religiöse Erziehung arbeitet auch gut heraus: D. Emeis, Jesus Christus – Lehrer des Lebens. Katechetische Christologie, Freiburg–Basel–Wien 1985, bes. 11–17.

dem Christus befinden sie sich »noch auf der Schwelle zum Glauben« und bedürfen, auch wenn dies bei ihnen als Getauften zusammen mit der Katechese geschieht, noch einer »ersten Verkündigung des Evangeliums« (im Unterschied zur eigentlichen Katechese).[15] Diese »Evangelisation« aber besteht darin, den Menschen für das »umfassende Ja zu Jesus Christus vorzubereiten«[16], ihn zum »Glauben an die Person Jesu Christi«[17] zu führen, ihm also einen Zugang zum christlichen Glaubensfundament, zu Gott in Jesus, zu erschließen.

(b) *Das Gottsein und Menschsein Jesu als je verschiedene (korrelative) Zugänge zum Ganzen des christlichen Glaubens*

Diese Praxis der Evangelisation, die sich – besonders in einer schwierigen Situation – auf Jesus als das Glaubensfundament konzentriert, hat ihr Vorbild schon in der Urkirche: Schon Paulus hatte sich bei seiner Missionstätigkeit in der antiken Hafenstadt Korinth, die in der damaligen Welt wegen ihrer Lasterhaftigkeit berüchtigt war, auf dieses Glaubensfundament zurückgezogen: »Als ich zu euch kam«, schrieb er später von Ephesus aus den Gemeindemitgliedern, »hatte ich mich entschlossen, bei euch nichts zu wissen außer Jesus Christus, und zwar als den Gekreuzigten« (1 Kor 2,2). Lasterhaftigkeit war damals freilich nicht gleichbedeutend mit »Weltlichkeit« im Sinne der heutigen säkularisierten Glaubenssituation. Sexuelle Ausschweifungen und andere Laster konnten sich in der hellenistischen Welt durchaus mit einem religiös gestimmten Lebensgefühl verbinden, ja sie waren geradezu das Kennzeichen vieler antiker Mysterienkulte. Göttliches Sein und Leben durchwirkte alles. Im Gegensatz zu heute war damals die Welt, wie Hölderlin es ausdrückte, »voll von Göttern«. In diametralem Gegensatz zur heutigen Glaubenssituation war das Sinnen und Trachten der Menschen in diesem Raum darauf gerichtet, möglichst viele und wirkkräftige Gottheiten zu kennen und in das Leben zu integrieren. Nach der Erzählung der Apostelgeschichte erregt Paulus auf dem Areopag, dem Marktplatz von Athen, dadurch Aufsehen und gewinnt Zuhörer, daß er den gekreuzigten und auferstandenen Jesus unmittelbar als Gott verkündet. Dadurch erschien er als »ein Verkünder fremder Gottheiten« (Apg 17,18), und man wollte wissen, was das für eine Gottheit war, die er verkündete (vgl. Apg 17,17–21).

In dieser Situation mußte der urchristliche Missionar von Anfang an das Gottsein Jesu in den Mittelpunkt seiner Verkündigung stellen.

15 Johannes Paul II., Freude 33f
16 Ebd. 34
17 Ebd. 35

»Christus dem Fleische nach« (2 Kor 5,16; Röm 1,3 u. 9,5), also der irdische Jesus, war dagegen unwichtig, ja für die Aufnahme der Heilsbotschaft möglicherweise sogar hinderlich. Wo er (wie z. B. Röm 9,5) erwähnt wird, muß sofort hinzugesagt werden, daß er »über allem als Gott steht, gepriesen in Ewigkeit«. Ein »nach menschlichen Maßstäben einschätzbarer Christus« (wie die Einheitsübersetzung 2 Kor 5,16 »Christus dem Fleische nach« übersetzt) war in dieser Missionssituation wenig gefragt.

Wie schon oben ausgeführt, ist jedoch die heutige Situation des Redens vom christlichen Glauben genau umgekehrt charakterisiert: Die Welt ist für den heutigen Zeitgenossen nicht voll, sondern vollkommen leer von Göttern und Gottheiten (was nicht heißt, daß sich dieser Zeitgenosse nicht auch seine »Götter« sucht, aber er erkennt sie nicht als solche, er verbindet mit ihnen kein ausdrückliches religiöses Lebensgefühl); sogar christliche Theologen haben – dem Cartesianischen Denkansatz folgend – Gott in dieser Welt für »tot« erklärt. Der heutige Mensch fühlt sich – wie Dietrich Bonhoeffer, im Gefängnis den Tod vor Augen, es artikuliert hat[18] – »zurückgeworfen« auf sein profanes biologisch-physikalisch bestimmtes Dasein. Zwar erkennen wir heute stärker als noch vor wenigen Jahren, daß wir durch die oben beschriebene Ausweitung der mathematisch-naturwissenschaftlichen Wahrheitsfindung in beinahe allen Lebensbereichen innerlich verarmen; auch die in einem solchen Denken aufblühende Naturwissenschaft, Industrie und Technik erkennt der Mensch heute zunehmend nicht nur mehr als Elemente, die sein Leben und seine Lebensqualität fördern und steigern, sondern als Dinge, die beides ebensosehr und in zunehmendem Maße bedrohen. Doch durch solche Erkenntnis sind wir nicht schon von unserem säkularisierten Lebensgefühl befreit; vielmehr spüren wir jetzt erst die Leere, den Mangel eines erfahrbaren Lebenssinns, mit einem Wort: die Gott-Losigkeit des Lebens und der Welt, in die uns dieses Denken hineingebracht hat.

Entsprechend dieser im Vergleich zur hellenistischen Welt umgekehrten Verkündigungssituation muß die Evangelisation in unserer Zeit »Christus dem Fleische nach«, also den irdischen Jesus, in den Mittelpunkt ihrer Verkündigung stellen. Dabei ist jedoch sofort eine wichtige Unterscheidung zu beachten: der *irdische* Jesus ist nicht gleichbedeutend mit dem *historischen* Jesus, wie ihn die neuzeitliche Geschichtsforschung und teilweise auch die historisch-kritische Exegese ins Blickfeld zu rücken suchte. Denn die neuzeitliche historische Forschung ist in ihrer Begründung auf empirisch faßbare Fakten selbst dem ›more geo-

18 Vgl. D. Bonhoeffer, Widerstand und Ergebung. Briefe und Aufzeichnungen aus der Haft, hg. von E. Bethge, Berlin 3. Aufl. 1972, 327

metrico‹, d. h. dem auf Descartes zurückgehenden, mathematisch-naturwissenschaftlichen Modus der Wahrheitsfindung verhaftet und kann deshalb von ihrer Methode her weder das Gottsein noch das volle, von der Gottesbeziehung zutiefst erfüllte Menschsein Jesu in den Blick bekommen. Von ihrem methodischen Ansatz her kann diese Forschung nur *den* Jesus suchen, der seines göttlichen Seins und Lebens entleert ist. Den aber kann sie nicht finden (bzw. er ist, soweit er auffindbar ist, theologisch wie historisch ohne Bedeutung[19]).

Demgegenüber beinhaltet der *irdische* Jesus das Ganze seiner Person, einschließlich seines göttlichen Seins und Lebens. Er wird nicht »more geometrico« gesucht und beschrieben, sondern vielmehr durch *Interpretation*. Dieses Wort bedeutet hier nicht nur die Auslegung eines Textes oder einer mündlichen Aussage, sondern eine Form der Wahrheitsfindung, die der mathematisch-naturwissenschaftlichen Wahrheitsfindung gegenübergestellt werden kann: Wahrheit erschließt sich in dieser Denkform nicht durch exakte empirische Beobachtung und daraus zu ziehende logisch-mathematische Schlußfolgerungen. Dies kann wohl *ein* Element innerhalb des gesamten Vorgangs der Interpretation sein, diese reicht jedoch weit darüber hinaus. Sie ist als Denkform gleichzeitig eine »Lebensform«[20], die in einem Seinsvertrauen gründet, sich also nicht selbst setzt (vgl. das Cartesianische »cogito ergo sum«), sondern sich schon im Ansatz als abkünftig, endlich und auf einem Größeren aufruhend denkt und empfindet. Interpretation meint den Prozeß, in dem der Mensch das seinem Leben und Denken jeweils Vorgegebene annimmt, es zu verstehen und – in kritischer Auseinandersetzung – anzuzeigen sucht. *Nicht »more geometrico«, sondern nur »more interpretationis« kann der Mensch menschlich leben, denken und empfinden.* Das (in Grenzen notwendige) mathematisch-naturwissenschaftliche Denken ist darin eingeschlossen.

Bezogen auf die in der heutigen Glaubenssituation notwendige Rückbesinnung auf das christliche Glaubensfundament in Evangelisation und Verkündigung heißt dies: Der Interpret (im Unterschied zum Historiker im Sinne des neuzeitlichen Begriffs der Historie) sucht nicht nach verifizierbaren Fakten, die der vorgegebenen Jesus-Überlieferung vorausliegen und diese (empirisch-faktisch) begründen, sondern er läßt diese vorliegende Überlieferung auf sich wirken, sucht sie zu verstehen und mit seinem Leben und Denken zu verflechten. Er sucht einen Dia-

19 Vgl. E. Biser, Postkarte genügt nicht!, in: J. Sauer (Hg.), Mehrdimensionale Schriftauslegung, Karlsruhe 1977, 3–34

20 Vgl. M. Petzoldt, Gleichnisse Jesu und christliche Dogmatik, Göttingen 1984, 19–20 (Kap. 2.1.3: Interpretation als Lebensform). Damit verwandt ist das *Erzählen* als Lebensform, vgl. dazu Lang 342.

log herzustellen zwischen sich als einem Menschen seiner Zeit und Welt und dem, was als Überlieferung von Jesus auf ihn zukommt. Dabei kann er das auf ihn Zukommende immer nur von denjenigen Aspekten her aufnehmen, die Entsprechungen in seiner eigenen Erfahrung haben. Wenn er dabei aber das *Ganze* des von Jesus Überlieferten aufnimmt, gewinnt er nicht in erster Linie eine Bestätigung für sein gegenwärtiges Leben in der Welt; vielmehr entfaltet das von seiner bekannten Seite her Angenommene in der Interpretation *auch* Elemente, die dem eigenen Zeit- und Lebensgefühl fremd sind. Erst so kommt es zu jener Erweiterung des Verstehens-, Denk- und Lebenshorizonts, die nach Hans Georg Gadamer und Emilio Betti das Ergebnis eines gelungenen Interpretationsprozesses ist[21]; dies kann durchaus zu einer kritischen Infragestellung des gegenwärtigen Lebens und Denkens führen.

Aber vom *Ansatz* her muß Bekanntes mit Bekanntem verbunden werden. Der anzueignende Interpretations-Gegenstand muß gewissermaßen so lange gedreht und gewendet werden, bis er sich von einer Seite zeigt, von der aus er mit gegenwärtigen Erfahrungen korrespondiert und also assimilierbar ist. Wichtig ist dann nur, daß der auf diese Weise zu interpretierende Jesus im Assimilationsvorgang nicht auseinandergebrochen und nur das Bekannte von ihm angeeignet, das übrige jedoch abgestoßen wird; der Interpretationsvorgang wäre dann von Grund auf mißlungen.

Am Beispiel der oben skizzierten Verkündigungssituation in der hellenistischen Urgemeinde veranschaulicht, heißt dies: Der Verkünder der christlichen Botschaft mußte in einer Welt, die voll war von Göttern, den überlieferten Jesus von der Seite seiner Göttlichkeit her, als den Gott Christus, an den Menschen heranbringen und ihm dann diesen Gott als den erschließen, der Mensch geworden und am Kreuz gestorben ist – »für Juden ein empörendes Ärgernis, für Heiden eine Torheit« (1 Kor 1,23). Heute ist es genau umgekehrt: In einer Welt, die leer ist von Gott und (religiös empfundenen) Göttern und in der der Mensch

21 Vgl. H. G. Gadamer, Wahrheit und Methode. Grundzüge einer philosophischen Hermeneutik, Tübingen 2. Aufl. 1965, bes. 289 ff, wo Gadamer von der notwendigen »Horizontverschmelzung« zwischen Interpreten und interpretiertem Denken spricht; ich spreche hier lieber von einer dialogisch-kritischen Horizont*verflechtung* oder eben von der notwendigen *Wechselbeziehung* zwischen gegenwärtigem Interpreten und überliefertem Text, um stärker die »Eigenständigkeit des Objekts« zu betonen, das gerade in diesem Dialog *als es selbst* zum Sprechen kommen soll; dieser Akzent wird besonders herausgearbeitet bei E. Betti, Allgemeine Auslegungslehre als Methode der Geisteswissenschaften, Tübingen 1967, vgl. hier 216. Der in der vorliegenden Arbeit verwendete Interpretationsbegriff ist näher erläutert in meiner Hamann-Interpretation: G. Baudler, ›Im Worte sehen‹. Das Sprachdenken Johann Georg Hamanns, Bonn 1970, 2–40.

auf sein bloßes Menschsein zurückgeworfen ist, muß ich den überlieferten Jesus von der Seite seines Menschseins und seines irdischen Lebens her an mich und den Zeitgenossen herantragen und dann diesen *irdischen* Jesus als den erschließen, der sich in Tod und Auferstehung als ewiger Gottessohn offenbart – auch dies für den (»more geometrico« denkenden) Zeitgenossen ein Ärgernis und eine Torheit (nämlich ein »überwundenes mythologisches Denken«): Der irdische Jesus enthält im Unterschied zum historischen Jesus bleibend dieses Göttlich-Transzendente in sich, weil er nicht nur das an Jesus historisch Feststellbare umschließt, sondern den ganzen Messias Jesus, freilich nicht von seinem Gottsein, sondern von seinem Menschsein her interpretiert und angeeignet.

Diese so verstandene Interpretation des christlichen Glaubensfundaments entspricht der Theologie und Didaktik der Korrelation, wie sie als didaktisches Konzept den neueren Lehrplänen für den schulischen Religionsunterricht, aber weitgehend auch der Pastoral und Gemeindekatechese zugrunde liegt.[22] In ihr soll ja »eine kritische, produktive Wechselbeziehung«[23] zwischen der gegenwärtigen Erfahrungswelt des Schülers und dem überlieferten Glauben hergestellt werden. Es geht in diesem Dialog darum, »den Glauben erfahrungsbezogen auszulegen und Erfahrung glaubend zu deuten«.[24] Der antike Mensch machte die Erfahrungen, die ihn existentiell betrafen und von denen aus er den christlichen Glauben verstehen und aneignen konnte, im Bereich des vielfältigen Gottesglaubens seiner Zeit und in der Auseinandersetzung um die tragenden transzendenten Ideen, von der diese Zeit geprägt war. Diesen Erfahrungen korrespondiert Jesus als das von Ewigkeit her gedachte göttliche Sein und Wesen. Der heutige Mensch dagegen macht seine existentiellen Erfahrungen auf dem Felde des irdischen Menschseins; dieses mit tragfähigem Lebenssinn zu erfüllen und durchzustehen, ist sein Bemühen und seine Aufgabe. Diesem Erfahrungsfeld korrespondiert Jesus als irdischer Mensch, der in seinem »abba« seinen

22 Vgl. den Zielfelderplan für den katholischen Religionsunterricht in der Grundschule, Teil I: Grundlegung, München (Deutscher Katecheten-Verein) 1977, 13ff sowie 16–20; sowie »Lernfelder des Glaubens«, Grundlagenplan für den katholischen Religionsunterricht im 5. bis 10. Schuljahr (rev. Zielfelderplan), München (Deutscher Katecheten-Verein) o. J. (1984), 241–243. Diese Theologie und Didaktik der Korrelation ist methodisch (bes. auf den schulischen Religionsunterricht hin) entfaltet bei G. Baudler, Religiöse Erziehung heute. Grundelemente einer Didaktik religiösen Lernens in der weltanschaulich pluralen Gesellschaft, Paderborn–München–Wien–Zürich 1977, bes. 93–210; sowie: ders., Korrelationsdidaktik, bes. 108–316.

23 Grundlagenplan 242

24 Ebd. 243

Lebenssinn findet, an ihm bis zum Tod am Kreuz festhält und von ihm über diesen Tod hinaus in ein neues Leben getragen wird.

Das durch solche Interpretation erschlossene Glaubensfundament entspricht genau der Christologie, wie sie sich in den frühen christologischen Auseinandersetzungen herauskristallisiert und im Konzil von Chalzedon (451) ihren klarsten und deutlichsten Ausdruck gefunden hat: Es bekennt Jesus als die »in zwei Naturen bestehende« Person, wobei göttliche und menschliche Natur weder miteinander vermischt und ineinander verwandelt noch voneinander getrennt und losgelöst werden dürfen. »Niemals wird der Unterschied der Naturen wegen der Einigung aufgehoben, es wird vielmehr die Eigentümlichkeit einer jeden Natur bewahrt, indem beide in eine Person und Hyposthase zusammenkommen.«[25] Dadurch wehrt das Konzil die Irrlehre des sogenannten »Monophysitismus« ab, wonach die menschliche Natur Jesu von seiner göttlichen aufgesogen und also zuletzt nur noch *eine* »Physis« (»Mono-Physitismus«) erhalten bleibt, Jesus also nur als Gott dem Menschen begegnet. Vielmehr bleibt die »Eigentümlichkeit« *auch* der menschlichen Natur Jesu bewahrt, und es ist möglich, das *Ganze* der Jesus-Überlieferung von diesem Menschsein her zu interpretieren. Freilich dürfen dabei nicht (wie in der »more geometrico« verfahrenden neuzeitlich-historischen Forschung) kerygmatischer Christus und irdischer Jesus in zwei voneinander abgetrennte und unverbundene Hälften auseinandergerissen werden: »Wir bekennen nicht einen in zwei Personen getrennten und zerrissenen, sondern einen und denselben einzig geborenen Sohn . . .«[26] Auch dieser Forderung wird die oben beschriebene Methode der Interpretation gerecht.

(c) *Jesus – der Erzähler von der anbrechenden Gottesherrschaft*

Die Interpretation des christlichen Glaubensfundaments vom irdischen Jesus her entspricht sehr genau dem »Geschehen«, in dem Menschen heute – z. B. diese Schüler und ihre Lehrer – ihre Erfahrungen machen und zu dem deshalb der überlieferte Glaube in einen Dialog gebracht werden muß.[27] Denn anders als der antike Mensch im hellenistischen Raum litt auch der Jude – nicht gleich, aber doch ähnlich wie der neuzeitliche Mensch – an der Erfahrung der Gottesferne. Die jahrhundertelange Erfahrung der Fremdherrschaft und das damit verbundene

25 J. Neuner/H. Roos (Hg.), Der Glaube der Kirche in den Urkunden der Lehrverkündigung, Regensburg 5. (durch K. Rahner überarbeitete) Auflage 1958, 165 f (Nr. 252)

26 Ebd.

27 Grundlagenplan 242

individuelle und soziale Elend empfand der Israelit in Jesu Tagen als das Fernsein seines Gottes. Anders als heute war zwar im Judentum damals das gesellschaftliche Leben noch durchgängig von der religiösen Tradition geprägt, und im gesellschaftlichen Bewußtsein wurde die Gottesferne erlitten, nicht aber Gott – wie heute – für tot und überflüssig erklärt. Doch die religiösen Verheißungen der Tradition wurden von elitären Gruppierungen – den Essenern, den Zeloten, den Pharisäern und Sadduzäern – je für sich beschlagnahmt, so daß das breite Volk, sofern es sich keiner dieser Gruppierungen zugehörig fühlen konnte, doch weitgehend im Gott-leeren und verheißungslosen Raum leben mußte. Besonders galt dies für jene Menschen, die sich, wie Dirnen und Zöllner, durch ihren Beruf selbst von den alten Verheißungen ausgeschlossen hatten.

Die religiösen Verheißungen gipfelten in der Botschaft, daß Jahwe mit der Ankunft des Messias neu in seinem Volk lebendig werden und ein neues Reich Israel, das »Reich Gottes« aufrichten würde. Jesu Verkündigung, die besonders in seinen Gleichnissen zum Ausdruck kommt, bestand darin, daß er die Zeit des Wartens als »erfüllt« und das Reich Gottes als »nahe«, ja als in seinem eigenen Leben und Wirken schon keimhaft anbrechend ansagte (vgl. die Zusammenfassung des Wirkens Jesu bei Mk 1,14 f bzw. Lk 11,20). *Alle Gleichnisse Jesu dienen dazu, diese Mitteilung vom beginnenden Anbrechen des Gottesreiches zu intensivieren und seine Hörer für diese seine Erfahrung aufzuschließen und zu gewinnen*. Dabei ist es für die oben beschriebene heutige Glaubenssituation besonders eindrucksvoll, zu verfolgen, daß gerade die »Sünder und Zöllner«, die religiös Deklassierten seiner Zeit, die für die religiösen Verheißungen als »verloren« eingestuft wurden, diese Ansage Jesu von dem für alle anbrechenden Gottesreich aufgreifen und glaubend nachvollziehen konnten. An diesem Phänomen entzündete sich, wie an den Gleichnissen abzulesen ist, der Widerstand der religiösen Gegner Jesu.

Jesus hat also Menschen, deren Leben ähnlich wie das des heutigen Zeitgenossen Gott-leer und verheißungslos geworden war, Gott neu als »abba« und Vater, als tragenden Lebenssinn erschließen können. Er tat dies wesentlich in seinen Gleichnissen. Diese bilden deshalb ein herausragend wichtiges Überlieferungselement, wenn es darum geht, dem Menschen unserer Tage den (auch von Theologen) für »tot« erklärten Gott vom irdischen Jesus her neu zu erschließen. Es ist von daher gesehen wohl kein Zufall, daß sich neuerdings gerade im angelsächsischen Sprachraum – von wo aus sich (etwa durch Hobbes) die Ausweitung des Denkens »more geometrico« auf alle Lebensbereiche vollzog und von wo auch die »Gott-ist-tot-Theologie« ihren Ausgang nahm – die Veröffentlichungen zu den Gleichnissen Jesu häufen, wobei meistens der Bezug dieser Erzählungen zur gegenwärtigen Zeit thematisiert wird, also der Gott, von dem Jesus erzählt, im gegenwärtigen Leben aufgedeckt werden soll.[28]

In dieser ihrer glaubenserschließenden Funktion werden die Gleichnisse auch in der vorliegenden Arbeit aufgegriffen, analysiert und interpretiert. Dabei wird versucht, sie zu einem lebensgeschichtlich gewachsenen erzählerischen Gesamtwerk zu verbinden und dadurch ihre Erschließungskraft nochmals zu steigern: nämlich Jesus selbst als Gleichnis Gottes sichtbar zu machen, als Gleichnis jenes aufbrechenden personalen Lebenssinnes, der Jesu Wirken von Anfang bis zum Ende – und über den Tod hinaus – prägte und den er im »Reich Gottes«, dessen Anbrechen er verkündete, als »abba« für alle Menschen seines Volkes aufgehen sah.

»Gottesreich« und »Gottesherrschaft« sind durchaus als das zu verstehen, was der heutige Mensch so dringlich als Sinnerfahrung für sein leer gewordenes Leben sucht. Das »Reich Gottes«, das Jesus proklamiert und ansatzhaft heraufführt, ist nämlich nicht ein umgrenzbarer Bezirk, ein »Reich«, über das er den Menschen in bildhaften Erzählungen aufklärt und das anzunehmen er sie auffordert. »Reich Gottes« bezeichnet im Munde Jesu keine definierbare Größe.[29] Der Genitiv »Gottes« legt nicht, wie Ernst Bloch meint, den Inhalt dieses so bezeichneten »Reiches« fest. Er ist vielmehr nur Ausdruck von dessen Transzendenz. »Reich Gottes« steht durchaus im Licht jener »Dämmerung nach vorwärts« (Bloch), welche die Konturen unscharf macht, dafür aber um so stärker die *Mitte* dessen erahnen läßt, was in dieser

28 Z. B.: M. Boucher, The Mysterious Parable. A Literary Study, Washington 1977; The Entrevernes Group, Signs and Parables. Semiotics and Gospel Texts (with a study by J. Geninasca), Pittsburgh/Pennsylvania 1978; W. S. Kissinger, The Parables of Jesus. A History of Interpretation and Bibliography, Metuchen, N. J. and London 1979; M. A. Tolbert, Perspectives on the Parables. An Approach to Multiple Interpretations, Philadelphia 1979; S. J. Kistemaker, The Parables of Jesus, Grand Rapids/Michigan 1980; J. Lambrecht, Once more Astonished, New York 1981; J. W. Miller, Step by Step Through the Parables. A beginner's guide to the modern study of the stories Jesus told; their meaning in his time and ours, New York – Ramsey 1981; P. Perkins, Hearing the Parables of Jesus, New York – Ramsey 1981; R. H. Stein, An Introduction to the Parables of Jesus, Philadelphia 1981; R. W. Funk, Parables and Presence. Forms of the New Testament Tradition, Philadelphia 1982; K. E. Bailey, Poet and Peasant and Through Peasant Eyes. A Literary-Cultural Approach to the Parables of Luke, Grand Rapids/ Michigan 1983; A. M. Hunter, The Parables for Today, London 1983

29 Vgl. W. Kasper, Jesus der Christus, Mainz 7. Aufl. 1978, 83; W. Knörzer, Reich Gottes. Traum-Hoffnung-Wirklichkeit, Stuttgart 1970, 23; G. Friedrich, Utopie und Reich Gottes. Zur Motivation politischen Verhaltens, Göttingen o. J., 6 (vgl. auch ebd. 34–39)

Dämmerung auf uns zukommt. Die Gleichnisse sind ein lichtstarkes Fernglas für die »Augen des Herzens« (Antoine de Saint-Exupéry) – die allein in diese Dämmerung hineinzusehen vermögen –, und es holt diese Mitte aus dem Dämmerlicht heraus.

So kann das »Reich Gottes« nicht, wie definierte Utopien (etwa des Sozialismus) als Programm auf eine Fahne geschrieben und einer strategisch geplanten Revolution vorangetragen werden; im Namen des »Reiches Gottes«, wie es die Gleichnisse sehen lassen, kann niemand verfolgt, seiner Freiheit beraubt oder getötet werden.[30] Wo dies dennoch geschehen ist oder geschieht, haben Menschen in ihrem Machtstreben die unendliche Verheißung und Sehnsucht, die sich in diesem Wort ausprägt, für sich usurpiert und nach eigenem Gutdünken einen Inhalt dafür definiert und festgeschrieben.

Das hebräische Wort, das dem Ausdruck »Reich Gottes« zugrunde liegt, heißt »malkût Jahwe«. Das Wort ist von dem Verb »malak« (»König sein«, »als König wirken und regieren«) abgeleitet. »malkût Jahwe« bezeichnet also nicht ein fertiges Gebilde, sondern vielmehr den *Prozeß*, den *Vorgang*, in dem Jahwe (neu) als König in seinem Volk wirksam wird. Von Jesus »wird nicht das Kommen irgendeines *Reiches* angesagt, sondern das Kommen des Kyrios JHWH selbst. Damit tritt . . . der personale Charakter der Offenbarung in Sicht.«[31] »Reich Gottes« hat also zentral die Erfahrung zum Inhalt, daß Gott sich als tragender Lebenssinn, als »abba« und Vater dem Menschen zusagt, also das, was dem heutigen Menschen in seinem Leben fehlt und was er zuinnerst sucht. Um diesen für die heutige Glaubenssituation so wichtigen Bedeutungsgehalt des Zentralbegriffs der Botschaft Jesu auszudrücken, steht in dieser Arbeit anstelle des Ausdruckes »Reich Gottes« oder auch »Herrschaft Gottes« zumeist der hebräische Ausdruck »malkût Jahwe«, weil der aktivische und Lebenssinn erschließende Gehalt dieses Ausdrucks nicht in einem ebenso kurzen Ausdruck ins Deutsche übertragen werden kann.

Jesus macht und verkündet die Erfahrung, daß diese »malkût Jahwe« in seinem Leben und Wirken anzubrechen beginnt. Wo er die »Dämo-

30 Vgl. K. Rahner, Marxistische Utopie und christliche Zukunft des Menschen, in: ders., Schriften zur Theologie, Bd. VI, Einsiedeln–Zürich–Köln 1965, 77–88, hier: 80

31 C. Schedl, Zur Christologie der Evangelien, Wien–Freiburg–Basel 1984, 83 (Hervorhebung von Schedl); zum Begriff der »malkût Jahwe« vgl. auch V. Maag, Malkût Jahwe, in: Vetus Testamentum, Supplements VII (Congress Volume, Oxford 1959), Leiden 1960, 146–153; A. Vögtle, Das Neue Testament und die Zukunft des Kosmos, Düsseldorf 1970, 144 f; M. Lattke, Zur jüdischen Vorgeschichte des synoptischen Begriffs der »Königsherrschaft Gottes«, in: P. Fiedler/ D. Zeller (Hg.), Gegenwart und kommendes Reich (Festschrift für A. Vögtle), Stuttgart 1975, 9–25

nen austreibt« und damit »Blinde sehend, Lahme gehend, Aussätzige rein, Taube hörend und Tote wieder lebendig macht« (vgl. Mt 11,5; Lk 7,22), hat sich schon erfüllt, was der Prophet Jesaja (Jes 35,5f) als göttliche Verheißung vorausverkündet hat. Als solche zwar existentiell erfahrbare, aber nicht – more geometrico – definierbare Erfahrung kann man es nicht berechnen und nicht sagen: Hier ist es oder dort, vielmehr ist dieses »Reich« im Wirken Jesu »(schon) mitten unter euch« (Lk 17,20f). Diese für sein Leben und Wirken konstitutive Erfahrung kann Jesus den Menschen seines Volkes nicht dadurch mitteilen und erschließen, daß er sie darüber belehrt, sondern nur, indem er ihnen so von ihr *erzählt*, daß auch ihnen die Augen aufgehen und sie die Erfahrung nachvollziehen können. In diesen Erzählungen verdichtet Jesus – manchmal in einfachen Vergleichen, bisweilen aber auch in dramatisch gestalteten Sprachkunstwerken (vgl. dazu unten besonders die sog. »Handlungsgleichnisse«) – seine existentielle Erfahrung jenes Lebenssinns, den er seinen »abba« nennt. Die Gleichnisse sind also Erzählungen, die unmittelbar, durch ihre sprachliche Gestalt und die darin ausgedrückte existentielle Erfahrung jenen Lebenssinn aufschließen, der dem heutigen Menschen so schmerzlich fehlt. So verstanden bilden sie deshalb eine Gruppe von biblischen Texten, die in der heute neu gestellten Aufgabe der Evangelisation[32] bevorzugt herangezogen werden müssen, um dem Gott- und damit Sinn-leer gewordenen Leben des heutigen Menschen neu und unmittelbar einen tragenden Lebenssinn zuzusprechen und diesen Menschen auf dem Weg über den irdischen Erzähler Jesus für das christliche Glaubensfundament aufzuschließen.

Sinnerfahrung kann weder durch Belehrung noch durch kluge Argumentation, sondern nur durch *Erzählung* eigener Erfahrung erschlossen werden. Von daher berührt sich das Anliegen der vorliegenden Arbeit mit dem Programm einer Narrativen Theologie, insbesondere einer narrativen Christologie.[33] Es geht in der vorliegenden Arbeit aber nicht

32 Vgl. dazu oben die Hinweise auf die Enzyklika Papst Johannes Paul II. über die Katechese heute (Anm. 14)

33 Vgl. dazu Baudler, Gott; für Kinder: R. u. O. Wullschleger, Neue Jesusgeschichte, Frankfurt-Berlin-München 1978; dazu dieselben, Anschauliche Christologie. Empirische und theologische Aspekte zur Erzählbarkeit der Jesusgeschichte in der Grundschule, Frankfurt 1977; G. Baudler, Kindern heute GOTT erschließen. Theorie und Praxis einer Evangelisation durch Erzählen. Paderborn–München–Wien–Zürich 1986 – Zu Begriff und Geschichte der »Narrativen Theologie« vgl. B. Wacker, Narrative Theologie, München 1977; sowie ders., Zehn Jahre »Narrative Theologie« – Versuch einer Bilanz, in: W. Sanders/K. Wegenast (Hg.), Erzählen für Kinder – Erzählen von Gott, Stuttgart–Berlin–Köln–Mainz 1983, 13–32

mehr darum, im Nachvollzug der Evangelien auf einen bestimmten Adressatenkreis hin neu und kreativ *von* Jesus zu erzählen, sondern interpretierend den Erzähler Jesus *selbst* zu Wort kommen und von sich und seiner Gotteserfahrung erzählen zu lassen. In Kap. 1 sollen dazu vor allem die formalen und methodischen Kategorien und Strukturen erarbeitet werden, während Kap. 2 und 3 versuchen, die Gleichnisse so einander zuzuordnen, daß sie sich gegenseitig erhellen und interpretieren und dadurch ein lebensgeschichtlich gewachsenes, erzählerisches Gesamtwerk sichtbar wird, das – im Nachvollzug des irdischen Jesus, wie er aus diesen Erzählungen hervortritt – den *ganzen* Messias Jesus (einschließlich seines Todes und seiner Auferstehung, also auch in seinem Einssein mit dem Vater, d. h. in seiner göttlichen Natur) verstehbar und assimilierbar macht.

(d) *Die Gleichnisse Jesu als »viva vox evangelii«*

Abschließend muß in dieser Einleitung noch auf ein mögliches Mißverständnis eingegangen werden. Die Zusammenfügung der in den Evangelien enthaltenen Gleichnisse Jesu zu einem mehr oder weniger in sich geschlossenen und aus sich heraus sprechenden Textbestand ist missions- und religionspädagogisch motiviert: Sie will dem Menschen von heute in seiner schmerzlichen Sinnsuche das Tor zu jenem Lebenssinn öffnen, den Jesus als »abba« erschlossen und verkündet hat. Dabei sind die Gleichnisse das Tor, hinter dem sich in neuem Licht – Sinn stiftend und heilend – die Welt des Glaubens auftut.[34] *Der Glaube soll nicht auf die Gleichnisse reduziert, sondern von den Gleichnissen her in neuem Licht sichtbar gemacht werden.* Der hier vorgeschlagene Umgang mit dem Gleichniswerk Jesu bildet die *Evangelisation*, der im Regelfall die Katechese als lebensgeschichtliche Entfaltung des Glaubens in seiner Breite, Fülle und Tiefe zu folgen hat.[35]

Insbesondere darf die vorliegende Arbeit auch nicht mißverstanden werden als der – einmal mehr – unternommene Versuch, »wissenschaftlich exakt« (im Sinne von »more geometrico«) herauszuarbeiten, was der historische Jesus »echt« sagte und wollte, um das übrige dann als »Gemeindebildung« in den Hintergrund zu schieben. Zwar ist die Su-

34 Vgl. dazu meine erste Veröffentlichung über die Gleichnisse von diesem Interpretationsansatz aus unter dem Thema »Tore zur heiligen Stadt«, in: Schule und Mission (Hilfen für Religionsunterricht, Katechese und Predigt), Heft 2-1984/85, 221- 232

35 Wie sich das Glaubensfundament Jesus Christus – nicht lehrhaft-argumentativ sondern symbolisch-erzählerisch und ganzheitlich – in die verschiedenen geschichtlichen Ausformungen des christlichen Glaubens hinein entfaltet, habe ich darzustellen versucht in Baudler, Einführung 117–258.

che nach dem ursprünglich von Jesus erzählten Text ein wichtiger Bestandteil der Arbeit und unverzichtbar; es gibt keinen Weg, der hinter die historisch-kritische Exegese und ihre Ergebnisse zurückführt. Auch die vorliegende Arbeit muß unterscheiden zwischen dem, was *Jesus selbst* erzählt, und dem, was die Urgemeinde *von Jesus* erzählt und wie sie dabei seine Erzählungen auf ihre (je verschiedene) Situation hin (je verschieden) assimiliert und interpretiert. Aber das eine kann nicht leben ohne das andere: Erst im Zusammenhang dessen, was die Urgemeinde *von Jesus* erzählt, wird das, was *Jesus selbst* erzählt, lebendig und gewinnt jenen Charakter des Anspruchs und der prophetisch-dichterischen Anrede, der für seine Gleichnisse charakteristisch ist.

So werden z. B. in der vorliegenden Arbeit die jesuanischen Gleichnisse vom *Schatz im Acker* (Mt 13,44), von der *kostbaren Perle* (Mt 13,45–46), vom *grünenden Feigenbaum* (Mk 13,28; Mt 24,32) und von der Seligkeit des Wachseins (vgl. z. B. die Gleichnisse vom *guten [bzw. brutalen] Knecht* [Lk 12,42–46; Mt 24,45–51] oder vom *wachsamen Türhüter* [Mk 13,24–37; Lk 12,36–38]) erst zur wirklich lebendigen Anrede, wenn ich sie im Kontext der urgemeindlichen Erzählungen von der Jordantaufe (Mk 1,9–11), vom Jubelruf Jesu (Mt 11,25 f) und von seinen Seligpreisungen (Lk 6,20 ff) lese (vgl. Kap. 2.1); und die großen, ausgestalteten Gleichniserzählungen vom *barmherzigen Vater* (Lk 15,11–32), vom *gütigen Arbeitsherrn* (Mt 20,1–15), vom *unfairen Knecht* (Mt 18,23–33), von den *anvertrauten Geldern* (Mt 25,14–28; Lk 19,12–24) und vom *barmherzigen Samariter* (Lk 10,30–35) erschließen sich nur in ihrem vollen Sinn und Anspruch, wenn ich zu ihrer Interpretation das hinzunehme, was die Evangelien *von* der Auseinandersetzung Jesu mit seinen theologischen Gegnern erzählen (vgl. Kap. 2.2); vor allem aber jene oft als so sperrig empfundenen Gleichnisse vom *Mord im Weinberg* (Mk 12,1b–8 par), von der *Rückkehr des Dämons* (Lk 11,24–26; Mt 12,43–45c), von der *unbeirrt fordernden Witwe* (Lk 18,2–5) und insbesondere die Erzählung vom *betrügerischen Verwalter* (Lk 16,1–7) erschließen sich erst dann in ihrer Bedeutung und ihrem Anredecharakter, wenn ich sie einbette in das Kern- und Herzstück der Evangelien, die Erzählungen von Passion und Auferstehung Jesu (vgl. Kap. 2.3).

Einzelne Gleichnisse Jesu finden auch eine direkte Auslegung in dem, was die Evangelien von ihm erzählen: So brauche ich nur – gleichsam kommentierend – neben das elegische Gleichnis von den *Kindern auf dem Marktplatz* (Lk 7,31–32; Mt 11,16–17) Jesu Weherufe über Jerusalem (Mt 23,37) zu stellen, dann geht in eins und aneinander auf, was das Evangelium *von Jesus* und was *Jesus selbst* uns sagen will (vgl. die inhaltliche Interpretation dieses Gleichnisses in Kap. 2.3 [e]); dasselbe gilt z. B. auch für das Erzählstück vom *Gang zum Richter* (Mt

5,25; Lk 12,58), das zu unbedingter Versöhnungsbereitschaft auffordert: Der erhellendste Kommentar zu diesem Gleichnis ist das, was vor allem Lukas über Jesu Haltung der Versöhnung und Zugewandtheit zu den Menschen, auch zu denen, die den Tod über ihn bringen, erzählt (vgl. die Interpretation in Kap. 2.3 [g]). Erzählung als Gemeindebildung und authentische Jesuserzählung sind aufeinander verwiesen: sie interpretieren sich gegenseitig.

Dabei ist wichtig zu sehen und festzuhalten: Nicht das historisch-faktisch beschreibbare Leben Jesu – das wir nicht kennen und nicht zu kennen brauchen – bringt die Gleichnisse Jesu zum Sprechen, sondern das, was die Urgemeinde in ihrer österlichen Betroffenheit von Jesus verkündigend erzählt: Dieses sagt mehr über Jesus und interpretiert seine Erzählungen intensiver und »wahrer« (erhellender), als je ein historisches Faktum es könnte.

In modifizierter Gestalt gilt dies auch für die Art und Weise, wie innerhalb der einzelnen Evangelien und der vorevangelischen Überlieferungen die Gleichnisse interpretiert und angeeignet wurden. Zwar kann ich für meine Interpretation heute nicht die Aneignung der Urgemeinde als solche übernehmen, weil meine Situation heute nicht die Situation der Menschen von damals ist und weil mir gerade die Vielfalt und Verschiedenartigkeit, mit der innerhalb der neutestamentlichen Überlieferungen einzelne Gleichnisse angeeignet werden, zeigt, daß sie eben *situativ* und nicht auf eine allgemein zu erhebende abstrakte Lehre hin angeeignet und interpretiert werden können und sollen. So kann ich zwar nicht die urgemeindliche Assimilation selbst für mich übernehmen, wohl aber kann ich nach den *methodischen Prinzipien* fragen, nach denen diese urgemeindliche Aneignung geschieht, und meine eigene Aneignung danach ausrichten.

Auf einen Nenner gebracht, könnten diese methodischen Prinzipien folgendermaßen zusammengefaßt werden: Jede Assimilation und Aneignung ist in dem Maße gut und richtig, als sie Jesus als den uns von Gott gegebenen Maßstab gelungenen Lebens, als Richtschnur, Retter und Heilbringer und als den über den Tod hinaus lebendigen Gottessohn authentisch und lebendig zum Sprechen bringt. Die Authentizität und Lebendigkeit dieses Sprechens kann dabei urgemeindlich nicht an der Einhaltung äußerer Regeln und Dogmen abgelesen werden, sondern erweist sich darin, daß der Lebensatem Jesu, sein »pneuma«, auf den Hörer überspringt und diesen zu jener Gottunmittelbarkeit befreit, die ihn zum Sohn (bzw. zur Tochter) macht und in der er wie Jesus rufen kann: »abba, Vater« (Röm 8,15); es ist dies derselbe Lebensatem, der das Stoßgebet des Zöllners im Tempel (Lk 18,3) unmittelbar zu Gott trägt und der inmitten des Elends im »verlorenen Sohn« die Worte aufbrechen läßt: »Ich will mich aufmachen und zu meinem Vater gehen« (Lk 15,18), Worte, die, weil sie aus dem Herzen kommen, geradlinig in ein unmittelbares Verhältnis zum Vater zurückführen.

Petzoldt hat recht, wenn er sagt, daß diese Unmittelbarkeit zu Gott, dieses Angenommensein, eine von den Gleichnissen her zu gewinnende systematisch-theologische Kategorie ist, die dem entspricht, was paulinisch »Gnade« und »Rechtfertigung« heißt.[36] Jede Assimilation und Aneignung eines Gleichnisses, die zu dieser »Gnade« und »Rechtfertigung« des Hörers, also zu seiner Gottunmittelbarkeit führt oder doch unmittelbar darauf hinzielt, ist nach dem Ausweis der Evangelien gut und richtig – wobei methodisch und inhaltlich diese Assimilation je nach der Situation des Hörers verschiedenartig akzentuiert werden kann und muß (in der Urkirche z. B. auch durch eine allegorische Deutung auf die eigene Gemeindesituation).

Galt dieses Kriterium schon für die Urgemeinde, so gilt es ebenso auch für uns. Dabei kommt für uns, die wir eine 2000 Jahre lange Geschichte der gelungenen oder mißlungenen Aneignung des Glaubensfundaments hinter uns haben, noch hinzu, daß wir zusätzlich aus dieser Geschichte lernen müssen. So geben – wie oben gezeigt (vgl. Ende von Absatz [b]) – für uns heute auch die großen christologischen Konzilien, etwa die von Nizäa (325) oder Chalzedon (451), Richtlinien und Wegweisungen dafür, wie der aus den Gleichnissen sprechende Jesus authentisch angeeignet und neu für uns heute zum Sprechen gebracht werden kann.[37]

Zweifach eingefügt in die kirchlich-geschichtliche Aneignung der Gleichnisse und der Jesusgestalt – einmal innerhalb der Evangelien, also noch innerhalb des Raumes der Christus-Offenbarung, und einmal innerhalb der Geschichte der Kirche als des Raumes der lebendigen Weitergabe und Vertiefung dieser Christus-Offenbarung –, bilden so die Gleichnisse als lebensgeschichtlich gewachsenes Erzählwerk Jesu nicht ein »Evangelium innerhalb der Evangelien« (das letztere überflüssig machen würde), sondern ihre *Lebensmitte*, die weder von ihnen abgetrennt, noch zu Überlieferungsteilen neben anderen Überlieferungsteilen eingeebnet werden kann. Der in seinen Gleichnissen sprechende Jesus ist vielmehr die »viva vox evangelii«[38], die lebendige Stimme, auf die alle Texte der Evangelien (und der späteren Dogmengeschichte) hinzielen und von der her sie ihre Ausrichtung und Sinngebung empfangen.

36 Petzoldt 9f, 119, 126f

37 Vgl. dazu oben die Hinweise auf das Konzil von Chalzedon sowie das »dritte Kriterium« in Kap. 2.0 (b)

38. Petzoldt 11

Das Christentum ist nicht wie der Islam eine »Buchreligion« in dem Sinn, daß ein seit Ewigkeiten im Himmel konzipiertes Buch, der Koran, gleich göttlich und unantastbar in allen seinen Suren, das Fundament der Religion bildet; Fundament des christlichen Glaubens ist nicht ein Buch, sondern ein von Ewigkeit her konzipierter, prä-existenter *Mensch* und dessen lebendig durch die Jahrhunderte hindurch sprechende Stimme. Alle heiligen Bücher, Dogmen und Morallehren, Liturgien und Institutionen sind ein Mittel zu dem einen Zweck und dem einen Ziel, diese lebendige Stimme des verbal (während seines irdischen Lebens) und non-verbal (besonders in Tod und Auferstehung) von sich und seinem himmlischen Vater erzählenden Jesus unverfälscht und authentisch zum Sprechen und Vernehmen zu bringen. Allein durch diese Stimme werden wir geheilt; indem ihre Inspiration auf uns überspringt, werden wir in jenes »Reich des geliebten Sohnes aufgenommen« (vgl. Kol 1,13), in jene »malkût Jahwe«, die vor 2000 Jahren in Palästina anzubrechen begann, als Jesu Stimme erstmals ertönte. Im Hören auf die Gleichnisse Jesu kommen wir dieser Stimme unmittelbar nahe, und sie kann uns, wie damals die Zöllner und Dirnen, auch in den profanen, scheinbar so Gott- und Sinn-leeren Situationen unseres Lebens erreichen und ansprechen. Darin liegt die epochale Bedeutung dieser kleinen Erzählungen in der heutigen Glaubenssituation.

1. Das Gleichnis als Anrede

Formale Kategorien und methodische Prinzipien für einen sachgemäßen Umgang mit den Gleichnissen Jesu

1.1 Nicht Gegenstand, sondern Anspruch

Die herkömmlichen formalen Kategorien für den Umgang mit den Gleichnissen Jesu und ihre Kritik

(a) *Zur formalen Einteilung der Gleichnisse*

Bis in die jüngste Zeit hinein hat man sich im Umgang mit den Gleichnissen, wenn auch einzelne Aspekte kritisierend, an eine formale Unterscheidung angelehnt[1], die schon Adolf Jülicher, der Begründer der neueren Gleichnisforschung[2], getroffen hat.

Danach unterscheidet man zunächst *Gleichnisse im engeren Sinn*, die einen typischen Fall bzw. einen regelmäßigen Vorgang zum Inhalt haben. Für sie gilt die Kennzeichnung »immer wenn« bzw. »in der Regel, wenn . . .«: Wenn ein Senfkorn in die Erde gelegt wird (Gleichnis vom Senfkorn, Lk 13,18–19 par), wird in der Regel daraus eine Senfkorn-

1 Vgl. O. Knoch, Wer Ohren hat, der höre. Die Botschaft der Gleichnisse Jesu. Werkbuch zur Bibel, Stuttgart 1983, 9–20 (bes. 18 ff), sowie jeweils den Abschnitt »Formen« in der Deutung der einzelnen Gleichnisse; K. H. Sorger, Gleichnisse im Unterricht. Grundsätzliche Überlegungen. Hilfen für die Praxis, Düsseldorf 1980, 12–18; R. Pesch/R. Kratz, So liest man synoptisch. Anleitung und Kommentar zum Studium der synoptischen Evangelien, Bd. 4 (Gleichnisse und Bildreden, Teil 1: Aus der dreifachen Überlieferung), Frankfurt a. M. 1978, 13–16; A. Täubl, Gleichnisse Jesu. Ein theologischer Kurs im Medienverbund, Mainz 1977, 52–54; sowie im allgemeinen alle älteren Gleichnisarbeiten (ausgenommen die existentialhermeneutische Richtung), bes. soweit sie für den praktischen Umgang mit Gleichnissen geschrieben sind (z. B. E. Linnemann, Gleichnisse Jesu. Einführung und Auslegung, Göttingen 7. Aufl. 1978) – Anders, gerade von der Praxis her: A. Steiner/V. Weymann (Hg.), Gleichnisse Jesu. Bibelarbeit in der Gemeinde. Themen und Materialien, Basel–Zürich–Köln 1979, die ganz auf die alte Einteilung sowie auf die im folgenden zu besprechende Unterscheidung von Bildhälfte und Sachhälfte verzichten und konsequent die Gleichnisse als Metaphern (ebd. 46 f) zur Geltung bringen; diese Metaphern »lassen entdecken, welche neue Lebensmöglichkeiten den Menschen durch Gottes Kommen zugespielt werden« (ebd. 41, vgl. auch 57).

2 Vgl. A. Jülicher, Die Gleichnisreden Jesu, 2 Bde., Tübingen 2. Aufl. 1910, und dazu H.-J. Klauck, Adolf Jülicher – Leben, Werk und Wirkung, in: G. Schwaiger (Hg.), Historische Kritik in der Theologie. Beiträge zu ihrer Geschichte, Göttingen 1980, 99–150 (bes. 113–124)

staude herauswachsen; wenn einer einen »Schatz im Acker« (Mt 13,44) findet, wird er in der Regel alles daransetzen, diesen Schatz für sich zu gewinnen.

Eine zweite Gruppe von Gleichnissen bilden die *Parabeln*. Diese erzählen im Gegensatz zu den Gleichnissen im engeren Sinn nicht einen Regelfall, sondern einen besonderen Einzelfall. Kennzeichnend für sie ist das Einmalige und Ungewöhnliche. So ist es äußerst ungewöhnlich, daß Arbeiter, die nur eine Stunde am Tag gearbeitet haben, den vollen Tageslohn erhalten (Gleichnis vom gütigen Arbeitsherrn, Mt 20,1–15); einmalig und ungewöhnlich ist es auch, daß ein Vater den Sohn, der sein Erbe mit Dirnen verpraßt hat, in einer so rückhaltlosen und unbedingten Weise wieder aufnimmt, wie dies der »barmherzige Vater« (im Gleichnis Lk 15,11–32) tut.

Eine weitere Gruppe bilden die sogenannten *Beispielerzählungen*. In ihnen geht es weder um einen Regelfall noch um einen ungewöhnlichen Einzelfall, sondern um einen exemplarischen Musterfall, der entweder ein positives oder ein negatives Verhalten vor Augen stellt. »So soll es sein« bzw. »so darf es nicht sein« ist kennzeichnend für diese Art von Gleichnissen: Der barmherzige Samariter (im Gleichnis Lk 10,30–35) zeigt – so sagt man – exemplarisch, was Nächstenliebe ist und sein soll; der reiche Kornbauer (im Gleichnis Lk 12,16–20) dagegen stellt vor Augen, wie Reichtum und Sorge um Besitz und äußere Sicherheit den Menschen blind machen, wie also der Mensch *nicht* leben darf, wenn er die Chance der anbrechenden »malkût Jahwe« wahrnehmen will.

Von diesen eigentlichen Gleichnisformen unterscheidet man schließlich noch die *Allegorien*; sie bilden eine verschlüsselte Rede, in der jedes Element der Erzählung auf eine andere in Wirklichkeit gemeinte Sache übertragen werden muß: Der Sämann (im Gleichnis Mk 4,3–8 par), der auf den Weg, den felsigen Boden, in die Dornen und schließlich auf gutes Erdreich sät, ist, so sagt es die Ausdeutung des Gleichnisses, die sich schon innerhalb der Evangelien findet (Mk 14,13–20 par), der urchristliche Missionar, der Same sein Wort; Weg, felsiger Boden und Dornengestrüpp sind dann allegorische Kennzeichnungen bestimmter Menschentypen, bei denen dieses Wort (aus verschiedenen Gründen) nicht zur vollen Frucht des Christseins heranwächst, wie dies bei denen geschieht, die durch den »guten Boden« allegorisch bezeichnet sind. In der alten Kirche, ja bis in die Neuzeit hinein, hat man alle Gleichnisse in dieser Form als Allegorien verstanden. Mit Jülicher dagegen begann eine Forschungsrichtung, die mehr und mehr herausarbeitete, daß die Gleichnisse, wie Jesus sie erzählte und zur Geltung brachte, insgesamt *keine* Allegorien waren. Heute spricht man gelegentlich wieder davon, daß Jesu Gleichnisrede doch zumindest teilweise »allegorische Elemente« enthalten habe und daß deshalb die allegorisierende Ausdeutung der Gleichnisse durch die nachösterliche Kirche »dem Wesen der Gleichnisse Jesu nicht widerspreche«.[3] Dies bleibt jedoch fraglich.[4]

Die Frage nach dem Stellenwert und der Brauchbarkeit dieser formalen Einteilung ist verschiedentlich diskutiert worden.[5] Die Gegner dieser Einteilung verweisen darauf, daß Jülicher hier Kategorien der von Aristoteles entwickelten antiken philosophischen Rhetorik auf die Gleichnisse übertragen und damit auch dessen Logik und Ontologie übernommen habe[6] und dadurch die Eigenart der jüdischen Denkweise verkenne. Die Befürworter dagegen weisen darauf hin, daß Aristoteles versuche, »menschliche Rede *überhaupt* begrifflich zu fassen«[7], und daß die Jülicherschen Unterscheidungen tatsächlich auf die Gleichnisse Jesu *passen*, also nicht fremd an sie herangetragen und ihnen übergestülpt seien.[8]

Vom Ansatz dieser Arbeit her ist zu fragen, ob die genannte Einteilung dazu mithilft, den beschriebenen notwendigen Zugang zur Jesusgestalt und damit zum christlichen Glaubensfundament für heutige Menschen zu erschließen. Bedeutet es für den Religionslehrer, der sich

3 Knoch 15; ähnlich Pesch/Kratz 16

4 Knoch verweist in seinen »Arbeitshilfen« im Anhang des Buches auf H. Weder, Die Gleichnisse Jesu als Metaphern. Traditions- und redaktionsgeschichtliche Analysen und Interpretationen, Göttingen 1978, und referiert von ihm: »Diese Bilderzählungen verwenden von Anfang an allegorische Elemente.« (Knoch 319). Die genauere Lektüre des entsprechenden Abschnittes bei Weder (69–75, bes. 70f) ergibt jedoch, daß sich die Gleichnisse Jesu doch sehr klar von Allegorien unterscheiden, auch wenn der Unterschied von Weder *anders bestimmt* wird als ihn Jülicher noch gesehen hat: Von außen her gesehen besteht der Unterschied darin, daß allegorische Elemente – z. B. in einer besonderen nachträglichen Belehrung (wie bei Mk 4,10ff, wo Jesus nur seine Jünger über das Geheimnis des Sämanns-Gleichnisses aufklärt) – *aufgeschlüsselt* werden müssen, während Jesus metaphorische Wendungen benutzt, die seinen Zuhörern *schon bekannt* waren (z. B. »Weinberg« für das Volk Israel) und also *nicht* mehr aufgeschlüsselt werden müssen (ich spreche in den Ausführungen der folgenden Kapitel in diesem Fall von »stehenden Metaphern«; zu deren genauerer Funktion und Eigenart vgl. die in Kap. 2.3 (f) gegebene Interpretation des Gleichnisses vom ungetreuen Verwalter). Sehr genau und auf klare Unterscheidung hin wird das Verhältnis von Allegorie und Gleichnis erörtert von G. Sellin, Allegorie und »Gleichnis«. Zur Formenlehre der synoptischen Gleichnisse, in: W. Harnisch (Hg.), Die neutestamentliche Gleichnisforschung im Horizont von Hermeneutik und Literaturwissenschaft, Darmstadt 1982, 367–429. Vgl. auch H.-J. Klauck, Allegorie und Allegorese in synoptischen Gleichnistexten, Münster 1978

5 Vgl. Sellin 369ff

6 E. Jüngel, Paulus und Jesus. Eine Untersuchung zur Präzisierung der Frage nach dem Ursprung der Christologie, Tübingen 5., unveränderte Aufl. 1979

7 Sellin 369

8 Sorger, Gleichnisse 12; Linnemann 137 (Anm. 1)

für den Religionsunterricht in einer schwierigen Hauptschulklasse vorbereitet, eine *Hilfe*, zu wissen, daß das Gleichnis von den Arbeitern im Weinberg, das er in den Unterricht einbringen möchte, weder ein Gleichnis im engeren Sinne noch eine Beispielerzählung, sondern eine Parabel ist? Gewiß, den Parabeln entspricht eine bestimmte Erzählweise, wie sie von Linnemann, Eichholz u. a. im einzelnen beschrieben wird[9], und es ist gut für den Religionslehrer, um diese Erzählgesetze zu wissen und sie, soweit möglich, in seinem Umgang mit dem Gleichnis in der Schulklasse zur Geltung zu bringen.

Doch gelten, wie besonders bei Eichholz deutlich wird, diese Bau- und Erzählgesetze spezifisch nicht nur für die Parabeln, sondern auch für die meisten Beispielerzählungen, ja überhaupt für die epische Volksdichtung auch außerhalb des Neuen Testaments.[10] Was hat jedoch bei dieser Sachlage dann die oben beschriebene Einteilung der Gleichnisse, zumindest vom praktischen Umgang mit diesen Erzählstücken her gesehen, für einen Sinn? Wäre es nicht besser, eine Einteilung zu treffen, die in ihren didaktischen Folgerungen eindeutig ist? Erst wenn der Religionslehrer weiß, daß mit einer bestimmten Gruppe von Gleichnissen in bestimmter und voneinander unterscheidbarer Weise praktisch umgegangen und gearbeitet werden muß, sie eine je andere Zielsetzung und Methode erfordern, bedeutet dies für ihn eine wirkliche Hilfe. Es müßte dann freilich auch möglich sein, von einigen Grenzfällen abgesehen, *alle* in den Evangelien enthaltenen Gleichnisse in diese Kategorien aufzuteilen. Dann hätte die formale Einteilung der Gleichnisse eine klare didaktische Funktion.

Wo diese fehlt, steht der Lehrer und Katechet immer in der Versuchung, sein Wissen *über* mögliche formale Einteilungen an seine Schüler und Katechumenen weiterzugeben und diese also darüber zu beleh-

9 Linnemann 18–25, G. Eichholz, Gleichnisse der Evangelien, Neukirchen-Vluyn 1971, 26f. Dazu gehört z. B. das »Gesetz der sparsamen Figurenanwendung« (es tauchen niemals mehr als drei handelnde Personen auf) und das »Gesetz der Einsträngigkeit« (nur *eine* Erzählperspektive).

10 Ebd., wo sich Eichholz auf A. Olrik, Epische Gesetze der Volksdichtung, in: Zeitschrift für deutsches Altertum 51 (1909) 1–12, beruft. – In dieser mangelnden Spezifizierung der bisherigen formalen Einteilungskategorien auf das jesuanische Gleichnis-Werk liegt es wohl auch begründet, daß – worauf Frankemölle hinweist – diese Kategorien in der neuzeitlichen Geschichte der Gleichnisauslegung »zwar seit langem eingeführt« und »theoretisch auch vielfach akzeptiert« wurden, »aber zum großen Teil auf die Praxis der Auslegung keine Auswirkungen« hatten und haben (H. Frankemölle, Hat Jesus sich selbst verkündet? Christologische Implikationen in den vormarkinischen Parabeln, in: Bibel und Leben 13 (1972) 184–207; hier 185). – Von diesem Kritikpunkt der mangelnden Praxisrelevanz aus werden in dieser Arbeit in Kap. 1.2 (a) neue formale Einteilungskategorien vorgeschlagen.

ren, daß dieses Gleichnis eine »Parabel«, jenes ein »Gleichnis im engeren Sinne« und dieses wiederum eine »Beispielerzählung« sei. Dadurch aber – das gilt es besonders bei der Erörterung der herkömmlichen Aufteilung eines Gleichnisses in Bildhälfte und Sachhälfte noch genauer darzulegen – gerät der Umgang mit den Gleichnissen Jesu in eine falsche Bahn. Es wäre von der Eigenart dieser Rede her falsch, sie im praktischen Umgang als *Gegenstand* zu nehmen und sie mit Hilfe vorgegebener Kategorien distanziert und »objektiv« zu beschreiben. Durch einen solchen Umgang entziehe ich mich vom Ansatz her der Intention dieser Rede, der es auf persönliche Anrede, auf Mitteilung von Erfahrung, ankommt. & darauf kommt es beim Erzählen an

(b) *Zur Unterscheidung von Bildhälfte und Sachhälfte*

So gut wie alle Autoren, die im Umgang mit den Gleichnissen die oben beschriebene und in Ansätzen kritisierte formale Einteilung der Gleichnisse verwenden, unterscheiden innerhalb des einzelnen Gleichnisses zwischen einer *Bildhälfte* und einer *Sachhälfte*, die durch den *Vergleichspunkt* (»tertium comparationis«) miteinander verknüpft sind. Besonders Linnemann arbeitet diese Unterscheidung heraus.[11] Dabei ist bezeichnend, daß sie, um die Unterscheidung zu erläutern, auf außerbiblische Gleichnisse und Parabeln zurückgreift, so z. B. auf die bekannte Erzählung des Menenius Agrippa »vom Magen und den übrigen Gliedern des Leibes«, mit deren Hilfe er einen Aufstand der Plebejer gegen die Patrizier verhinderte und die Einheit Roms wiederherstellte. In dieser Erzählung sind tatsächlich Bildhälfte und Sachhälfte deutlich voneinander zu unterscheiden: Das Geschehen, das sich zwischen Händen, Mund, Zähnen und Magen abspielt, bildet jenes andere Geschehen ab, das sich im Augenblick der Erzählung zwischen Plebejern und Patriziern ereignet und das zu beeinflussen und zu verändern Sinn der ganzen Erzählung ist. Auch der »Vergleichspunkt« ist hier sehr deutlich zu fassen: er besteht in dem Protest, den sowohl die Glieder des Körpers gegenüber dem Magen als auch die Plebejer gegenüber den Patriziern erheben.

Die Erzählung hat die starke Situationsgebundenheit mit den Gleichnissen Jesu gemeinsam. Auch diese sind, wie gleich noch zu erörtern sein wird, »kommunikative Sprachhandlungen«, die eine Einsicht, eine Änderung des Denkens und Verhaltens erreichen wollen. Doch das »Reich Gottes«, das Jesus erschließen will, ist – anders als das von Agrippa angestrebte Verhalten der Plebejer – kein konkretes politi-

muss (b) durch S. 47 aus Umgang mit Gleichnissen gestrichen werden?

11 Linnemann 32ff

sches Programm, das rational einsichtig gemacht und dann entsprechend in Realität umgesetzt werden muß. Hier kommt es deshalb nicht auf die rationale Unterscheidung zwischen Bild- und Sachhälfte an, sondern auf die ganzheitliche und existentielle Erfassung des Vergleichsvorgangs und – dadurch bedingt – auf eine ganzheitliche »disclosure« der »malkût Jahwe«. (Zum Begriff der »disclosure« siehe die Ausführungen am Ende von Kap. 1.1 [c] und die zugehörige Anm. 62.)

Die Gleichnisse Jesu sind keine »Beweismittel« im Sinne Linnemanns.[12] Jesus will nicht »beweisen«, d. h. durch einen Vergleich rational einsichtig machen, daß das Reich Gottes im Anbrechen ist; er will vielmehr die Menschen für diese *Erfahrung öffnen*; er will bewirken, daß sie an dieser seiner *Erfahrung Anteil nehmen* und sie selber vollziehen. Er hat über keine »Sache« zu reden, die er durch einen bildhaften Vergleich veranschaulichen und in ihrer inneren Richtigkeit beweisen müßte.

Linnemann relativiert zwar selbst die Unterscheidung von Sache und Bild, indem sie darauf hinweist, daß die Begriffe Bildhälfte und Sachhälfte »auf die Blickrichtung des Auslegers zugeschnitten und nur in dieser sinnvoll« seien[13]; in der ursprünglichen Situation – etwa des Aufstands der Plebejer gegen die Patrizier – konnten die Angesprochenen das Gleichnis unmittelbar verstehen, ohne erst auf Bild- oder Sachhälfte reflektieren zu müssen; erst für spätere Ausleger und Leser sei diese Unterscheidung sinnvoll. Doch bezogen auf die Gleichnisse Jesu läßt sich auch dies nicht sagen. Seine kleinen Erzählungen sind eben keine »Beweismittel«, die der heutige Ausleger und Leser durch die Bestimmung von Bildhälfte, Sachhälfte und Vergleichspunkt erst aufschlüsseln müßte, um sich dadurch die Stringenz dieses Beweises vor Augen zu führen.

Dennoch begegnet die Unterscheidung von Bildhälfte und Sachhälfte auch bei Autoren, die den Gleichnissen nicht ausschließlich die Funktion eines »Beweismittels« geben, sondern auch den Anrede- und Verkündigungscharakter dieser Erzählstücke betonen: Bis in die jüngste Zeit hinein findet sich die Unterscheidung in den verschiedenartigsten Arbeiten zu den Gleichnissen.[14] Auch wenn man die Unterscheidung

12 Ebd. 31, 32, 36 u. ö.; ebenso Sorger, Gleichnisse 58

13 Linnemann 33

14 So begegnet z. B. die Unterscheidung bei J. Jeremias, Die Gleichnisse Jesu, Göttingen 6. Aufl. (Taschenbuchausgabe) 1976, 70 (Ich zitiere hier und im folgenden nach der Taschenbuchausgabe, weil diese am weitesten verbreitet und also dem Leser am leichtesten zugänglich ist und andererseits doch alle für unsere Arbeit notwendigen und wichtigen Informationen und Ausführungen enthält); F. Mußner, Die Botschaft der Gleichnisse Jesu, München 2. Aufl. 1964, 11 f; Eichholz 28; Täubl 51 f; Pesch/Kratz 13; Sorger, Gleichnisse 57, 87 u. ö., der auch von Linnemann die Charakterisierung des Gleichnisses als »Argument« übernimmt

differenzierter faßt und etwa von einer »Sachebene« und einer »Bildebene«[15] oder von einer Bildgeschichte und der ihr entsprechenden »geistigen Wirklichkeit«[16] spricht, bleibt doch die Vorstellung eines sachhaften Gebildes (»Wirklichkeit«, »Welt«, »Ebene«), die durch die bildhafte Rede des Gleichnisses *veranschaulicht* und in ihrer Wirklichkeit bestätigt wird, erhalten. Gerade dies aber entspricht nicht, wie wir im einzelnen noch sehen werden, dem inneren Charakter dieser Rede.

Etwas anderes ist es dagegen, wenn Tullio Aurelio, von der neueren Metaphernforschung und der Theorie der Sprechakte herkommend, von einer »Bildspender-« und einer »Bildempfänger-Geschichte« spricht und die Einwirkung der einen Geschichte auf die andere reflektiert[17]; hier wird das Gleichnis nicht als eine veranschaulichend-bildhafte Rede über (religiöse oder geistige) Sachverhalte interpretiert, sondern als lebendiges Geschehen, das sich zwischen dem Erzähler und seinen Hörern ereignet.

Daß Jesu Gleichnisrede ein Geschehen und eine Handlung beinhaltet, betont besonders die pragmatisch orientierte Gleichnisinterpretation, wie sie von Edmund Arens und Hubert Frankemölle entwickelt wurde.[18] Das Sprechen wird von diesem Ansatz aus als eine besondere Form menschlichen Handelns aufgefaßt; und dementsprechend wird bei der Gleichnisrede Jesu nach dem Ziel und der Art dieses Handelns gefragt. Das Reden Jesu in Gleichnissen stellt sich in dieser Sicht als ein »kommunikatives Handeln«[19] dar, bei dem nach Frankemölle »die

(vgl. ebd. 83 und 88 f); D. Flusser, Die rabbinischen Gleichnisse und der Gleichniserzähler Jesus, Teil 1 (Das Wesen der Gleichnisse), Frankfurt–Bern–Las Vegas 1981, 290; A. Kemmer, Gleichnisse Jesu. Wie man sie lesen und verstehen soll, Freiburg–Basel–Wien 2. Aufl. 1983, 14; Knoch 16; W. Rupp, Erstaunliche Gleichnisse. Das Himmelreich ist wie . . . Graz–Wien–Köln 1985, 146; E. Drewermann, Tiefenpsychologie und Exegese, 2 Bde., Olten–Freiburg 1985, 712 ff (der allerdings dann in seinen Auslegungsbeispielen 739 ff nicht mit der Unterscheidung arbeitet).

15 Eichholz 28

16 Knoch 16

17 T. Aurelio, Disclosures in den Gleichnissen Jesu. Eine Anwendung der Disclosure-Theorie von I. T. Ramsey, der modernen Metaphorik und der Theorie der Sprechakte auf die Gleichnisse Jesu, Frankfurt–Bern–Las Vegas 1977, 90, 95 ff, 107 u. ö. (er gliedert die Interpretation der einzelnen Gleichnisse nach diesen Kategorien); zur Auseinandersetzung um die Kategorien Bildhälfte – Sachhälfte und »tertium comparationis« vgl. ebd. 91–98.

18 Vgl. E. Arens, Kommunikative Handlungen. Die paradigmatische Bedeutung der Gleichnisse Jesu für eine Handlungstheorie, Düsseldorf 1982; sowie H. Frankemölle, Kommunikatives Handeln in Gleichnissen Jesu. Historisch-kritische und pragmatische Exegese. Eine kritische Sichtung, in: New Testament Studies, Vol. 28 (1982) 61–90

19 Diese Kennzeichnung findet sich in der Überschrift sowohl bei Arens als auch bei Frankemölle; vgl. Anm. 18.

Wirklichkeit Gottes als die Menschen betreffende und somit für die Menschen erfahrbare Wirklichkeit zur Debatte steht«.[20] Eine bestimmte Qualität der Wirklichkeit Gottes soll »erschlossen und erfahrbar gemacht« werden.[21] Von diesem Ansatz aus werden dann die bisherigen methodischen Ansätze der neueren Gleichnisforschung kritisch beleuchtet, um das fehlende pragmatische Element ergänzt und in einem »pragmatischen Textmodell« (Frankemölle) bzw. einer »pragmatischen Gleichnistheorie« (Arens) integrativ miteinander verbunden. Hier geht es in den Gleichnissen nicht mehr um eine zu veranschaulichende Lehre oder Botschaft, so daß die Unterscheidung von Sachhälfte und Bildhälfte weitgehend aufgegeben wird. Es geht vielmehr um ein zielgerichtetes kommunikatives Handeln Jesu, das sein sonstiges nicht-verbales Tun begleitet, interpretiert und auf seine Weise unterstützt.

Diese Gleichnistheorie enthält wichtige Einsichten; sie werden in den hier zu entwickelnden methodisch-didaktischen Kategorien dadurch berücksichtigt, daß der durch diese Kategorien erschlossene Umgang mit Gleichnissen nicht mehr auf die Vermittlung und Herausarbeitung einer satzhaften Wahrheit oder Erkenntnis zielt, sondern den Anrede- und Erschließungscharakter dieser Gebilde didaktisch zur Geltung zu bringen versucht. Dennoch gilt es zu sehen, daß die pragmatische Handlungstheorie, wie sie vor allem Jürgen Habermas konzipiert hat und wie sie der pragmatischen Gleichnistheorie zugrunde liegt, doch als eine in unserer Zeit und Welt entwickelte gesellschaftliche Theorie von außen an die Gleichnisse Jesu herangetragen wird und deshalb deren Eigenart nicht in dem Maße gerecht werden kann, wie dies etwa bei der Gleichnistheorie Claus Westermanns der Fall ist, der die Funktion der Vergleiche und Gleichnisse im Alten Testament untersucht und *von daher* dann die Funktion der Gleichnisrede Jesu (der ja gedanklich und gefühlsmäßig im Alten Testament gelebt hat) bestimmt.

Ihre Grenze hat die Anwendbarkeit der pragmatischen Gleichnistheorie dort, wo es um die *Zielgerichtetheit* des kommunikativen Handelns Jesu in seiner Gleichnisrede geht. Wie oben gezeigt, ist die »malkût Jahwe« keine definierte und definierbare Größe, sondern die noch unkonturierte Ahnung und sporadisch vorweggenommene Erfahrung einer neuen Zukunft; deshalb kann die Sprachhandlung, die sich auf diese Zukunft bezieht, nicht zielgerichtet im Sinne eines programmatischen geschichtlichen und sozialen Handelns sein (etwa nach Art der Parabel des Menenius Agrippa). Zwar hat Frankemölle damit recht, daß Jesu Gleichnisrede »nicht nur existenz-, sondern auch geschichts-

20 Frankemölle, Handeln 77
21 Ebd. 78

und wirklichkeitserhellend« ist[22]; auch die Rekonstruktion der geschichtlichen Situation, aus der heraus Jesus sprechend handelt – Arens bietet sie in einem umfangreichen Kapitel seines Buches – ist eine wertvolle Hilfe zum Verständnis der Gleichnisse: die »Sprachhandlungen Jesu« können dann gut in diese Situation eingezeichnet werden.[23] Da jedoch die »malkût Jahwe« keine neue »gesellschaftliche Konstruktion der Wirklichkeit«[24] ist, die Jesus der alten Konstruktion gegenübersetzt, um sie anstelle der alten zur Geltung zu bringen, sondern eine *geahnte* und antizipatorisch-sporadisch erfahrene Größe, ist die historische und soziale Dimension des sprachlichen Handelns Jesu nur *indirekt* gegeben, aber dadurch freilich nicht weniger wirksam.

Direkt und unmittelbar ist die »malkût Jahwe« jedoch (als geahnte und antizipatorisch-sporadisch erfahrene Größe) eine *existentielle* Erfahrung, und die von ihr geweckte Gleichnisrede zielt unmittelbar darauf ab, eine analoge existentielle Erfahrung beim Hörer oder Leser wachzurufen. Deshalb stellen die Gleichnisse nichts zur »Debatte«[25] und sie »behaupten«[26] nichts, sie argumentieren nicht, sind keine diskursive, auch keine »quasidiskursive«[27], sondern vielmehr eine poetisch-metaphorische, eine dichterische Rede. Dieser Sprachcharakter der Gleichnisse ist für die vorliegende Arbeit wichtig; dies gilt sowohl im Hinblick auf den praktischen Umgang mit den Gleichnissen als auch im Hinblick auf die Suche nach dem erzählerischen Gesamtwerk Jesu. Er bedeutet keineswegs, daß dadurch die historische und soziale Wirkung der Gleichnisse Jesu zu wenig in den Blick käme. Gerade die vor allem in Kap. 2 erfolgende Interpretation der Gleichnisse als dichterischer Ausdruck der existentiellen Erfahrung Jesu wird zeigen, daß die Erzählung dieser durchaus poetischen Geschichten konkrete geschichtliche Gegner auf den Plan ruft und schließlich zur politisch motivierten Hinrichtung des Erzählers führt. »Poetisieren« ist also keineswegs, wie dies Arens tut, gleichzusetzen mit »Enthistorisierung«.[28]

22 Ebd.
23 Vgl. Arens 77–108
24 Vgl. Frankemölle, Handeln 78, der im Anschluß an Berger und Luckmann diesen Begriff aufgreift.
25 Frankemölle, Handeln 77
26 Ebd. 78
27 Arens 357f
28 Ebd. 42

(c) *Die andere Perspektive: Gleichnisse nicht als Veranschaulichung einer »Sache«, sondern als Erschließung und Anrede*

Von zwei verschiedenen Seiten her hat die Verwendung der beschriebenen Kategorien im Umgang mit den Gleichnissen Jesu eine starke Kritik erfahren:

Die erste Infragestellung ging von einer mehr sprachlichen und literarischen Betrachtung aus. So führten sprachhermeneutische Überlegungen (E. Fuchs, E. Jüngel, E. Biser) schon früh zur Kennzeichnung der Gleichnisse Jesu als *Metaphern*.[29] Von literarischer Seite her kritisierte dann zuerst Dan Otto Via die Auslegung der Gleichnisse vom »tertium comparationis« aus[30], er wird später bestätigt durch die linguistische und sprachtheoretische Betrachtung der Gleichnisse.[31]

Die Tradition der *hermeneutischen* Gleichnisinterpretation versteht die Gleichnisse als Metaphern; in ihnen – z. B. in der Metapher »Achill ist ein Löwe« – wird nicht *neben* eine Wirklichkeit (z. B. Achill) eine andere (z. B. Löwe) gestellt, um die eine durch die andere bildhaft zu veranschaulichen und zu untermalen; vielmehr tritt der zweite Ausdruck (Löwe) als verstärkendes und hervorzuhebendes Element *vor* den ersten (Achill) und läßt dadurch das erste Element gefühlsmäßig-existentiell gegenwärtig werden, erschließt es (neu) für die intensivere Wahrnehmung und Erfahrung. Dieser Deutungsansatz ist am gründlichsten aufgearbeitet und in Einzelinterpretationen zur Geltung gebracht worden von Hans Weder.[32] Im Anschluß an E. Fuchs charakterisiert er die Gleichnisse als *»Selbstzeugnisse Jesu«*[33], die Auskunft über die existentiellen (nicht historischen) Situationen geben, aus denen heraus Jesus diese Gleichnisse gebildet hat. Von daher sind sie nicht die (bildhafte) Veranschaulichung einer Sache oder eines Sachverhalts, sondern der *Ausdruck einer existentiellen Erfahrung*. Das Gleichnis bildet dabei diese Erfahrung nicht ab, so daß man von einer Bildhälfte

29 Katholischerseits hat wohl als erster E. Biser diese Betrachtungsweise aufgegriffen und in seinem Buch: Die Gleichnisse Jesu. Versuch einer Deutung, München 1965, z. B. 169, zur Geltung gebracht; noch ausdrücklicher geschieht dies in: ders., Theologische Sprachtheorie und Hermeneutik, München 1970, wo er z. B. 444 ausdrücklich »die schon fast zu einem Gemeingut der Interpretation gewordene Unterscheidung von Bildhälfte und Sachhälfte« in Frage stellt; Biser arbeitet auch stark den appellativen Charakter der Gleichnisse heraus.

30 D. O. Via, Die Gleichnisse Jesu, München 1970, 15 ff

31 Z. B. durch Aurelio (vgl. oben die Anm. 17); Arens (vgl. oben Anm. 18); Frankemölle (vgl. oben Anm. 18); J. Delorme (Hg. für die Gruppe von Entrevernes), Zeichen und Gleichnisse. Evangelientext und semiotische Forschung, Düsseldorf 1979; vgl. auch mehrere Beiträge in: Harnisch, Gleichnisforschung

32 siehe im Literaturverzeichnis unter Nr. 1: »Gleichnisliteratur«

33 Weder 31

oder einer bildhaften Veranschaulichung dieser Erfahrung reden könnte, sondern es *drückt aus*, was den Erzähler in den verschiedenen Situationen, in die er mit seiner Erfahrung kommt, innerlich bewegt. Die Unterscheidung von Bildhälfte und Sachhälfte ist demgegenüber immer mit der Vorstellung belastet, das Bild wolle eine Sache, einen Sachverhalt, eine lehrhafte Aussage, eine (gegenständlich faßbare) Wirklichkeit veranschaulichen.

Die Bestimmung der Gleichnisse als Metaphern und deren Erforschung in der neueren Hermeneutik[34] machen klar, daß die Unterscheidung von Bildhälfte und Sachhälfte und die Suche nach dem Vergleichspunkt eine grundsätzlich falsche Richtung und Einstellung im Umgang mit den Gleichnissen ist. An dem oben schon genannten (auch sonst in der Literatur vielfach als Beispiel für eine Metapher verwendeten) Satz »Achill ist ein Löwe« kann dies gerade vom praktischen Umgang her verdeutlicht werden: Wenn einer, der Achill in der Schlacht erlebt hat, voller Begeisterung und innerer Bewegtheit im Kreis seiner Freunde von diesem erzählt und dabei sagt: »Achill ist ein Löwe«, dann macht er nicht eine sachhafte Aussage über Achill, sondern *drückt aus*, was er mit Achill und wie er Achill erlebt hat und wie ihn dieses Geschehen bewegt. Würde jemand, der den Ausspruch hört, darüber nachzudenken beginnen, wodurch ein Löwe (die Bildhäfte) gekennzeichnet ist, um dann eine oder einige der dabei festgestellten Eigenschaften (als Vergleichspunkt) auf Achill (die Sachhälfte) zu übertragen, hätte er den ursprünglichen Sinn der metaphorischen Rede verfehlt: In einer solchen Betrachtung würde niemals die Begeisterung des Erzählers über Achill, die sich in seiner Metapher ausdrückt, auf den Hörer *überspringen*, um diesen dadurch dazu zu befähigen, Achill in ähnlicher Weise wahrzunehmen und zu erfahren wie der Erzähler.

Darauf aber kommt es gerade auch im Umgang mit den Gleichnissen an: Jesus gibt in den Gleichnissen betroffen und begeistert seiner Erfahrung Ausdruck, daß die »malkût Jahwe« anzubrechen beginnt. Wer in der richtigen Weise mit den Gleichnissen umgehen will, muß sie so hören und vernehmen, daß diese Inspiration Jesu auf ihn selbst überspringen kann und ihm dadurch Augen und Herz so öffnet, daß er in sich und seinem Leben ähnliche Erfahrungen entdecken und sie als beginnendes Wirksamwerden Gottes unter den Menschen interpretieren kann. Alle Kategorien und Methoden für den Umgang mit jesuanischen Gleichnissen müssen daran gemessen werden, wie sie diesem Ziel dienen können. Die oben beschriebenen Kategorien stehen diesem Ziel

34 Hier sind besonders auch die Forschungen P. Ricoeurs wichtig geworden; vgl. P. Ricoeur/E. Jüngel, Metapher. Zur Hermeneutik religiöser Sprache, München 1974 (Sonderheft der Zeitschrift für Evangelische Theologie).

jedoch entgegen. Von daher ist dem ersten Satz der Wederschen Theorie der Gleichnisauslegung (wie er ihn zusammenfassend und dadurch etwas apodiktisch formuliert) zuzustimmen: »Die Unterscheidung von Bild- und Sachhälfte sowie die damit zusammenhängende Suche nach dem ›tertium comparationis‹ sind aufzugeben.«[35]

Die zweite große Infragestellung der auf Adolf Jülicher zurückgehenden Kategorien im Umgang mit den Gleichnissen Jesu erfolgt aus der Erforschung der Vorgeschichte dieser Erzählstücke im Alten Testament. Deutlich ergeben sich Wesen, Funktion und theologischer Sinn der Gleichnisse Jesu aus der genauen und detaillierten Untersuchung der Vergleiche und Gleichnisse im Alten Testament, wie sie Claus Westermann durchgeführt hat.[36]

Der Arbeit Westermanns steht freilich die Gleichnismonographie des jüdischen Neutestamentlers David Flusser »Die rabbinischen Gleichnisse und der Gleichniserzähler Jesus«, bisher im ersten Teil (»Das Wesen der Gleichnisse«) vorliegend[37], beinahe diametral entgegen. Leider geht Westermann auf das einige Jahre vor seiner Arbeit erschienene Werk des jüdischen (also dem AT nahestehenden) Theologen in seiner sehr umfangreichen und detaillierten Besprechung der Gleichnisliteratur[38] nicht ein. Flusser bestreitet nämlich, allerdings ohne die Frage im einzelnen zu erörtern, überhaupt die Möglichkeit, die Gleichnisse Jesu vom Alten Testament her aufzuhellen.[39] Er hält nur die Erzählung des Propheten Nathan vor dem König David, worin er ihm, in eine Geschichte verhüllt, dessen Ehebruch mit Batseba vorhält (2 Sam 12,1–7), für relativ vergleichbar mit den rabbinischen und neutestamentlichen Gleichnissen. Gerade aber wegen der spezifischen und situativen Anredesituation, in der die kleine Erzählung steht (und die nach der neueren Gleichnisforschung allgemein als für Gleichnisse kennzeichnend ist), hält Flusser die Erzählung nicht für ein »sehr gutes« Gleichnis, weil es »keine allgemein gültige Moral, die man leicht herausfinden könnte«, in sich enthalte.[40]

Hier wird ein Verständnis der Gleichnisse sichtbar, das in der christlichen Gleichnisforschung allenfalls – in einzelnen Formulierungen – noch bei Jeremias[41] anzutreffen ist, aber schon bei Linnemann[42] wie bei allen folgenden

35 Weder 97; wie dieser kommt auch Lang 351 zu einer Infragestellung des »tertium comparationis« aus der Sicht der Gleichnisse als Metaphern.
36 Westermann (vgl. Vorwort Anm. 4)
37 Vgl. oben die Anm. 14
38 Westermann 105–123
39 Flusser 147 f
40 Ebd. 147
41 Vgl. z. B. Jeremias 83: Das Gleichnis als »Mittel zur Veranschaulichung seiner (Jesu) Weisungen«
42 Vgl. Linnemann 30: »Jesu Gleichnisse dienen nicht der Belehrung, noch weniger der gelehrten Beweisführung« – wobei freilich Linnemanns oben erwähnte Charakterisierung der Gleichnisse als »Beweismittel« und die von ihr angewandte Unterscheidung in Bildhälfte und Sachhälfte dieser Aussage etwas widerspricht.

Gleichnismonographien überwunden ist: die Gleichnisse als bildhafte Veranschaulichung einer »Morallehre«.[43] Zu diesem Gleichnisverständnis kann m. E. Flusser nur deshalb kommen, weil er – hier in ausdrücklichem und bewußtem Widerspruch zur »allgemeinen Meinung« der neueren Gleichnisforschung – die konstitutive Beziehung zwischen jesuanischem Gleichnis und Reich Gottes ablehnt.[44] Dem entspricht, daß er (statt wie Westermann im alttestamentlichen Prophetenwort nach »Vorfahren« der neutestamentlichen Gleichnisse zu forschen) Ursprung und Vorgeschichte der jüdischen Gleichnisse in der griechisch-philosophischen Literatur sucht[45]; er bringt viele Beispiele hauptsächlich aus der stoischen Literatur, in denen, wie aus den äsopischen Fabeln bekannt, jeweils eine bestimmte Moral durch eine Geschichte veranschaulicht wird.

Es ist hier nicht möglich, auf Flussers Monographie detailliert einzugehen.[46] Sie zeichnet ein in sich stimmiges und klares Bild der rabbinischen Gleichnisliteratur und geht dabei von der für Flusser selbstverständlichen Voraussetzung aus, daß Jesus einer der vielen rabbinischen Gelehrten und Erzähler gewesen sei; auf sein spezifisches Geschick, seinen prophetischen Anspruch und sein eigentlich einziges Anliegen, nämlich das Anbrechen der »malkût Jahwe« anzusagen, geht er nicht ein. Flussers Interpretationen sind ein Musterbeispiel dafür, was aus den Gleichnissen Jesu wird, wenn ich deren Beziehung zum Leben, Wirken und Geschick ihres Autors nicht berücksichtige; erst die Jesusgestalt gibt den Gleichnissen ihre Bedeutung, und umgekehrt: die Gleichnisse im Lichte dessen gelesen, was sonst die Evangelien von Jesus erzählen, und eingefügt in die Grundstruktur und Grunddynamik seines Lebens, lassen Jesus sehen und lebendig begegnen. Auf diese doppelte Beziehung kommt es meiner Arbeit im ganzen an.

Westermanns Arbeit hat der hier vorliegenden Fragestellung wertvolle Impulse und Kriterien vermittelt. Zweifellos steht Jesus den alttestamentlichen Traditionen näher als der stoischen Philosophie. Er wächst in diesen Traditionen auf; in ihren Bildern, Vorstellungen, Kategorien, Gefühls- und Denkmustern erschließt sich ihm Leben und Welt; der Gott, den er erfährt und der sein Leben bestimmt, ist Jahwe, der Gott des Mose und der Propheten. Sein Lebenswerk besteht darin, sich selbst und seine Erfahrung mit diesem Gott als das beginnende Anbre-

43 So wörtlich Flusser 289, ebenso 21, 149, 290, 306 u. ö.

44 Ebd. 65 f; seiner Meinung nach kommt der »Reichsgedanke«, wie er sich ausdrückt, nur in den beiden Doppelgleichnissen vom Schatz im Acker und der kostbaren Perle (Mt 13,44; Mt 13,45–46) und vom Senfkorn und Sauerteig (Lk 13,18–19 par; Lk 13,20–21 par) sowie im Gleichnis von der selbstwachsenden Saat (Mk 4,26–28) vor, in den anderen Gleichnissen nicht.

45 Vgl. ebd. 140–158 das Kapitel »Ursprung und Vorgeschichte der jüdischen Gleichnisse«

46 Vgl. dazu die detaillierten und ausführlichen Rezensionen von R. Oberforcher, in: Zeitschrift für Katholische Theologie 105 (1983) 206–211, sowie von H. Weder, in: Theologische Literaturzeitung 109 (1984) 195–198

chen der »malkût Jahwe« – wie es von den Propheten verheißen wurde – zu sehen und zu deuten und diese freudige Nachricht dem Volk Israel anzusagen; dafür geht er in den Tod. Er ist von Kindheit an vertraut mit dieser Überlieferung, seine Phantasie und innere Vorstellungswelt sind von ihr geprägt und bestimmt. Er ist durch keine Rabbinenschule gegangen und verstand sich selbst, nach allem, was wir wissen, mehr als Prophet denn als Rabbi (vgl. Lk 13,33).

Wenn, was Flusser postuliert – Dokumente dafür sind archäologisch nicht mehr auffindbar –, das im Lehrgespräch verwendete rabbinische Gleichnis zur Zeit des Lebens und Wirkens Jesu tatsächlich schon als ausgebildete und weitverbreitete Gattung in Gebrauch war, dann hat diese Gattung eher äußerlich, von ihrer Form her, auf Jesu Sprechweise eingewirkt; der *Inhalt* dessen, was er zu sagen hatte, nämlich das beginnende Anbrechen der »malkût Jahwe«, stammte genuin aus der alttestamentlichen prophetischen Tradition, so daß Jesus auf deren Sprach- und Denkwelt verwiesen war. Es ist denkbar, daß sich bei Jesus unter dem Einfluß der Gattung des rabbinischen Gleichnisses der alttestamentliche Vergleich, wie er besonders in den Prophetenbüchern und den Psalmen ausgeprägt ist, seiner Form nach zum spezifisch jesuanischen Gleichnis wandelte, ohne aber dabei seine in der alttestamentlichen Tradition verankerte ursprüngliche Funktion zu verlieren.

Diese Funktion der alttestamentlichen Vergleiche und Gleichnisse hat Claus Westermann sehr genau und detailliert erforscht. Kennzeichnend dafür ist, daß Vergleiche und Gleichnisse in den geschichtlichen Büchern nur selten begegnen und in den Gesetzeskorpora völlig fehlen. Ihr eigentlicher Ort sind die prophetischen Schriften, die Psalmen und das Buch Ijob. Sie kommen also besonders in *dialogisch-dichterischen* Texten, nicht in berichtend-erzählenden und gesetzlichen, vor. Ihre Funktion ist dementsprechend nicht die der Veranschaulichung eines Berichtes, einer Erzählung oder einer moralischen Forderung. In den genannten Texten besteht vielmehr ihre Aufgabe darin, die dialogische Anrede zu *intensivieren* und zu ver-»dichten«: sie als dichterischen Ausdruck einer existentiellen Erfahrung zu gestalten.

So intensiviert Amos seine prophetische Anklage und Drohung gegen die Oberschicht in Israel:

»So spricht der Herr:
Wie ein Hirt aus dem Rachen des Löwen
(von einem Schaf) nur zwei Wadenknochen rettet
oder den Zipfel eines Ohres,
so werden Israels Söhne gerettet,
die in Samaria auf ihrem Diwan sitzen
und auf ihren Polstern aus Damaskus.« (Am 3,12)

In seinem berühmten Weinberg-Lied (Jes 5,1–7) erzählt Jesaja die Geschichte seines Freundes (der mit Liebe und Mühe seinen Weinberg pflanzt, doch nur saure Beeren von ihm erntet), um dadurch seiner drohenden Anklage gegen das Volk Israel, das Jahwe auserwählt und als seinen Weinberg gepflanzt hat und das nun die Früchte versagt, zu intensivieren und zu verschärfen. Dasselbe ist zu verfolgen bei Hosea und Jeremia. Die Blütezeit dieser klaren und scharf pofilierten Vergleiche ist die vorexilische Prophetie. In der exilischen und nachexilischen Prophetie deutet sich in einer Übersteigerung und Übertreibung der Vergleiche, in ihrer »Wucherung« und in der beginnenden Allegoriebildung der Übergang von der Prophetie zur Apokalyptik an. Besonders nach dem Exil werden Vergleiche häufig auch stereotyp gebraucht und verlieren sowohl ihre Klarheit und Schärfe als auch ihre eindeutige Funktion.

Dennoch gibt es auch hier in der Aussage und Funktion noch sehr klare Vergleiche. So sieht Westermann z. B. in der Art, wie Deuterojesaja (Jes 55,10f in Entsprechung zu 40,8) das Volk tröstet und das Vertrauen auf Jahwe zu stärken sucht, »ein Musterbeispiel dafür, wie der Weg von den Vergleichen im AT zu den Gleichnissen im NT führt«[47]:

»... wie der Regen und der Schnee vom Himmel fällt
und nicht dorthin zurückkehrt,
sondern die Erde tränkt
und sie zum Keimen und Sprossen bringt,
wie er dem Sämann Samen gibt und Brot zum Essen,
so ist es auch mit dem Wort,
das meinen Mund verläßt:
Es kehrt nicht leer zu mir zurück,
sondern bewirkt, was ich will,
und erreicht all das, wozu ich es ausgesandt habe.«
(Jes 55,10f)

Tatsächlich klingt hier schon das Motiv der Saatgleichnisse Jesu an, in denen (z. B. im Gleichnis von der selbstwachsenden Saat, Mk 4,26–28) ebenfalls Trost und Vertrauen zum Ausdruck kommen. Der Vergleich mit Regen und Wachstum will nichts veranschaulichen, bildhaft darstellen, erklären und beweisen, sondern den Zuspruch des Trostes und den Appell an das Vertrauen zu Jahwe dichterisch verstärken und intensivieren.

47 Westermann 67 – Hier ist auch hinzuweisen auf die Zusammenstellung und exegetische wie homiletische Behandlung verschiedener alt- und neutestamentlicher Gleichnisse in: C. Bourbeck (Hg.), Gleichnisse aus Altem und Neuem Testament, Stuttgart 1971.

Dieselbe spezifische Funktion der Vergleiche und Gleichnisse im Alten Testament weist Westermann in den Psalmen und im Buch Ijob nach.[48] Mit ihrer Hilfe werden die gegen Gott erhobenen Anklagen und Vorwürfe bisweilen ins Ungeheuerliche gesteigert:

»... Menschen, die uns hassen, plündern uns aus,
Du gibst uns preis wie Schlachtvieh.« (Ps 44,11)

»Was tat ich dir, du Menschenwächter?
Warum stellst du mich vor dich als Zielscheibe hin? ...
Hast du mich nicht ausgegossen wie Milch,
wie Käse mich gerinnen lassen?«
(Ijob 7,20; 10,10, dieser Vergleich auch in Ps 139,13.15)

In anderen Klagen hält der Beter, wiederum im Ausdruck verstärkt und in der Anrede intensiviert durch Vergleiche, Jahwe seine kreatürliche Hinfälligkeit und Hilflosigkeit vor Augen:

»Deine Schrecken vernichten mich.
Sie umfluten mich allzeit wie Wasser
und dringen auf mich ein von allen Seiten.« (Ps 88,17f)

»Die Wasser schwinden aus dem Meer,
der Strom vertrocknet und versiegt.
So legt der Mensch sich hin, steht nie mehr auf.« (Ijob 14,11f)

In den Feindklagen intensiviert und steigert der Betende den Ausdruck seiner Not gegenüber Jahwe, indem er sich mit einem vergleicht, der durch wilde Tiere, durch Fallen usw. bedroht ist. Der Vergleich verstärkt den Ausdruck der Sehnsucht des Menschen nach Gott:

»Wie der Hirsch lechzt nach frischem Wasser,
so lechzt meine Seele, Gott, nach dir.« (Ps 42,2)

Im Bittpsalm (z. B. Ps 80) vergleicht der Beter das schlimme Schicksal eines Weinstocks mit dem Geschick des eigenen Volkes und intensiviert dadurch seine Bitte an Jahwe, den von ihm selbst gepflanzten Weinstock zu schützen und wieder aufzurichten.

Ein zweites charakteristisches Kennzeichen dieser Vergleiche und Gleichnisse im Alten Testament (neben ihrer Anredestruktur) ist, daß in ihnen nicht etwas statisch Vorhandenes, etwas Seiendes, vor ein Seiendes gestellt wird, sondern immer ein *Geschehen*, ein *Vorgang*, durch einen anderen Vorgang, ein anderes Geschehen, metaphorisch ausgedrückt werden. Dies ist an allen Beispielen abzulesen: Der *Vorgang*,

48 Westermann 80–96 (Psalmen), 97–103 (Ijob)

wie ein Hirt den kläglichen Rest seines Schafes aus dem Rachen des Löwen zieht, intensiviert die ausgesprochene Drohung eines anderen Vorgangs, nämlich, wie »Israels Söhne« im Krieg vernichtet werden und eigentlich nichts mehr von ihnen übrig bleibt. Das Geschehen zwischen dem Freund und seinem Weinberg intensiviert als Vergleich die Anklage des Propheten gegen Israel, das seinem Gott die geschuldeten Früchte, Recht und Gerechtigkeit, schuldig bleibt. Wie in einem Brennspiegel oder einem Vergrößerungsglas wird durch das Vergleichsgeschehen das »Unmögliche« im Geschehen zwischen Israel und seinem Gott deutlich.

Auch wenn, wie häufig in den Psalmen, die Vergleiche nur aus bildhaften Wendungen bestehen, so enthalten sie doch stets einen *Vorgang*, der dem selbst erlebten und erlittenen Geschehen einen dichterisch-intensivierenden Ausdruck verleiht: »Wasser *umfluten* mich«, »der Herr *leitet* und *führt* mich als Hirte«, »er *stellt* mich als Zielscheibe vor sich hin«, »wie Milch *ausgegossen wird*, wie Käse *gerinnt*, so liege ich im Elend«. Es wird nicht ein Sachverhalt oder eine Wirklichkeit durch ein Bild veranschaulicht, sondern ein Vorgang, der den Sprecher innerlich bewegt und aufrührt und den er in einer dialogischen Rede dem anderen vor Augen halten und zu Gehör bringen will, wird durch den Vergleich mit einem zweiten Vorgang in seiner Ausdruckskraft und seinem Anspruchscharakter verstärkt und intensiviert.[49]

Wenn ich anfangen wollte, danach zu fragen, was der »Vergleichspunkt« ist zwischen dem gerinnenden Käse und dem Leiden des Ijob, habe ich vom Ansatz her nicht begriffen, worum es in dieser Rede geht. Ihr Ziel ist nicht, *über etwas* aufzuklären oder es in seiner Geltung zu verbürgen und zu beweisen, sondern das Existenzgefühl, die innere Bewegtheit, die *Inspiration* des Sprechers auf den angeredeten Hörer *überspringen* zu lassen und dadurch den Angesprochenen dazu zu bewegen, die Situation, aus der heraus er spricht, so zu empfinden, zu sehen und zu beurteilen, wie er selbst, der Sprecher, sie empfindet, sieht und beurteilt. Der Vergleich und das Gleichnis werben um Einverständnis[50], aber nicht nur um Einverständnis in der Beurteilung einer Sachlage oder Situation, sondern mehr noch und darüber hinaus um verste-

49 Das ist beispielsweise auch von V. R. Mollenkott, Gott eine Frau? Vergessene Gottesbilder der Bibel, München 1985, z. B. 53–57 (Gott als Bärenmutter) zu wenig beachtet.

50 Um »Einverständnis« werben die Gleichnisse nach E. Fuchs, Hermeneutik, Bad Cannstatt 4., durchges. Aufl. 1970, 135; Petzoldt 130. Im Anschluß an Jüngel formuliert Lang 350: »Das Gleichnis will *erfahrbar* machen, was sich ohne das erzählende Wort *nicht von selbst* versteht . . .« (Hervorhebg. von Lang bzw. Jüngel)

hende Einfühlung in den Sprecher, um ein existentielles Mitfühlen, Miterleben und Mitdenken der Erfahrung, aus der heraus er spricht.

Sowohl aus dieser Eigenart der Vergleiche und Gleichnisse des Alten Testaments wie auch aus der neueren Sprachwissenschaft (Metaphernforschung) ergibt sich für Westermann, daß im Umgang mit Gleichnissen nicht nur die Unterscheidung zwischen Bild- und Sachhälfte, sondern insgesamt »die Gleichsetzung der Gleichnisse mit Bildern oder einer Bildsprache, die Behauptung also, die Gleichnisse insgesamt hätten eine illustrierende, veranschaulichende Funktion, aufgegeben werden muß«[51]: »Man kann sie nur als Bilder *oder* als Erzählungen verstehen. Bei dem Schwanken zwischen beidem (G. Eichholz, E. Linnemann) kann es nicht bleiben. Ist es eine Erzählung, dann kann ein Gleichnis nicht in einer gedanklich-abstrakten Deutung festgelegt werden.«[52]

Wer die genauen Analysen Westermanns wie der Metaphernforschung im Detail mitverfolgt, kann sich kaum dem Schluß entziehen, daß die lange behauptete veranschaulichende Funktion der Gleichnisse falsch ist und daß man ein Gleichnis nicht in einer gedanklich abstrakten Deutung »festlegen« kann, sondern das in einem Gleichnis dargestellte Geschehen »grundsätzlich als solches offen« bleiben muß.[53] Ob aber die Alternative »Bilder *oder* Erzählungen« (Hervorhebung von Westermann) wirklich so ausschließlich ist, wie Westermann es darstellt, ist fraglich. Eugen Biser hat über das Verhältnis von Wort und Bild in seinem Gleichnisbuch und besonders in seiner »Hermeneutik« sehr gründlich nachgedacht.[54] Zwar sind Wort, Sprache, Erzählung einerseits und Bild, Gemälde, Betrachtung andererseits gegensätzliche Elemente. Im Gleichnis aber kommen nach Biser diese beiden Elemente zu einer »einzigartigen Verknüpfung«[55], die es ermöglicht, daß sowohl die genuine Funktion des Wortes (nämlich die dynamisch-prozeßhafte Selbstmitteilung im dialogischen Geschehen) als auch die genuine Funktion des Bildes (nämlich die betrachtende Vergegenwärtigung eines Überzeitlichen) miteinander verflochten werden.

51 Westermann 121

52 Ebd. 122

53 Ebd. (Westermann im Anschluß an Ricoeur); Lang 352 spricht davon, daß Jesus in seinen Gleichnissen die gängigen Bilder von Gott und Gottesreich zerstört, um ein neues Verständnis dieser Überlieferungen aufzubauen.

54 Biser, Gleichnisse 21–24; weiter entfaltet: ders., Sprachtheorie 116–202 sowie bes. 357–481 (Biser wurde von Westermann nicht herangezogen); vgl. dazu auch Eichholz 19 ff, der ebenfalls die »Formel«, wonach das Gleichnis »die Sprache der Bilder spricht«, einer »Korrektur« unterziehen und zutreffender vom »Gefälle einer Geschichte« sprechen will.

55 Biser, Gleichnisse 21

Dieses »Überzeitliche« ist freilich in der jüdisch-christlichen Tradition nicht ein gegenständlich Seiendes (und sei es auch das Höchste, genannt »Gott«), sondern selbst noch einmal ein Geschehen, das sich nicht bildhaft, sondern worthaft-erzählerisch ausdrücken muß: Gott ist der, der sein Volk aus Ägypten rettet und sich so als »Jahwe«, als »Ich bin da«, erweist. Deshalb überwiegt in den Vergleichen und Gleichnissen *dieser* Tradition zweifellos das Element des Wortes und der Erzählung.[56] Trotzdem enthalten vor allem jene Gleichnisse ein Element des Bildhaften, in denen ein einfacher Vorgang aus der Natur oder dem Alltagsleben als Vergleich für die Erfahrung der anbrechenden »malkût Jahwe« herangezogen wird (im folgenden »Vorgangsgleichnisse« genannt); dagegen wirkt die andere Gruppe der Gleichnisse, die eine dramatisch aufgebaute fiktive Erzählhandlung zum Inhalt haben (im folgenden »Handlungsgleichnisse« genannt), fast ausschließlich durch ihre erzählerische Struktur. Die zuerst genannten Vorgangsgleichnisse jedoch erfüllen ihre genuine Funktion, nämlich die Intensivierung der Anrede, dadurch am besten, daß der erzählte Vorgang als ganzer genommen und (gleichsam als Bild) meditierend und einfühlend betrachtet wird.

56 Es wäre eine wichtige Aufgabe, unter diesem Gesichtspunkt Vergleiche und Gleichnisse in *anderen* Traditionen zu untersuchen und mit denen in der Bibel zu vergleichen. Flusser hat z. B. die veranschaulichende Funktion der stoischen (und rabbinischen) Gleichnisrede herausgearbeitet (vgl. oben die Anm. 14 u. 46): Sie bilden die überzeitliche Ordnung ab, die das Menschenleben wie den gesamten Kosmos durchwaltet (Flusser spricht von der Veranschaulichung einer »Morallehre«, in der sich dieses Gesetz des kosmischen Waltens analog ausprägt). Das Verhältnis der Gleichnisse Jesu zur rabbinischen Gleichnistradition untersuchten auch schon: P. Fiebig, Altjüdische Gleichnisse und die Gleichnisse Jesu, Tübingen–Leipzig 1904; M. D. Goulder, Midrash and Lection in Matthew. The Speaker's Lectures in Biblical Studies 1969–71, London 1974 (der den rabbinischen Charakter bes. der von Mt wiedergegebenen Gleichnisse unterstreicht, vgl. dazu auch Westermann 112–115). – Auch im Vergleich mit buddhistischen Gleichnissen – z. B. in dem Band B. Schelp/K. H. Koch (Hg.), Gleichnisse von den Meistern erzählt. Clausthal-Zellerfeld 1982, worin hauptsächlich buddhistische Gleichnisse aufgeführt werden, aber auch jesuanische (in sehr fragwürdiger Form) dazwischen eingestreut sind – springt sofort in die Augen, wie die östlichen Gleichnisse eine überzeitliche Wahrheit veranschaulichen, während das jesuanische (selbst in der verzerrten Form, in der es in dem Bändchen dargeboten wird, z. B. das Gleichnis vom Kornbauern, ebd. 13) durch Elemente der Spannung und der Dynamik bestimmt ist und damit den Leser nicht zur Anschauung einer überzeitlichen Wahrheit und Ordnung bringt, sondern ihn in einen Geschehensablauf hineinnimmt. Vgl. auch H. Röhr, Buddha und Jesus in ihren Gleichnissen, in: Neue Zeitschrift für Systematische Theologie und Religion 15 (1973) 65–86. Weiteres Vergleichsmaterial findet sich in R. Dithmar (Hg.), Texte und Theorie der Fabeln, Parabeln und Gleichnisse, München 1981; vgl. auch H. Fränkel, Die homerischen Gleichnisse, Göttingen 2., unveränderte Aufl. 1977

Das Hauptergebnis der Westermannschen Untersuchung liegt dennoch darin, daß nunmehr nicht nur unter den sprachphilosophischen Voraussetzungen der Metaphernforschung[57] von der tief eingewurzelten Vorstellung, die Gleichnisse seien eine bildhafte Veranschaulichung, wenn auch nicht einer »Morallehre«, so doch der Königsherrschaft Gottes, Abstand genommen werden muß. Diese Forderung ergibt sich einerseits aus dem überwältigenden Material an Vergleichen und Gleichnissen aus dem Alten Testament, die Westermann in ihrer Funktion untersucht hat, und andererseits aus der oben schon artikulierten und auch von Westermann genannten Einsicht, daß »die Königsherrschaft Gottes im AT wie im NT keine Sache, sondern ein Geschehen« ist.[58]

So ergibt sich auch ohne die Heranziehung traditionsfremder Voraussetzungen, allein aus der Untersuchung der biblischen Traditionen selbst, daß die *generelle* Funktion der Gleichnisse Jesu – sie gewinnen nochmals eine je spezifische Funktion im jeweiligen Redezusammenhang (z. B. als Aufforderung, Auseinandersetzung, Tröstung usw.) – nicht darin besteht, etwas zu veranschaulichen, sondern innerhalb eines Dialogs die *Selbstmitteilung* des Sprechers und damit die Anrede an den Gesprächspartner zu *intensivieren*: »Sie sind Anrede oder dienen der Anrede; sie gewinnen ihre Funktion aus dem Anrede-Zusammenhang.«[59]

Wegen dieses Zusammenhangs ist es notwendig, auch die »Gleichnisse in der Verkündigung Jesu« (ebenso wie die Vergleiche im AT) von deren »Gesamtbestand her zu erklären«.[60] Hier stellt sich die schwierige und wichtige Aufgabe einer neuen Einteilung der Gleichnisse, sowohl von ihrer formalen Eigenart als auch von dem her, was sie sagen und ausdrücken. Anders als Westermann bin ich freilich hinsichtlich der inhaltlichen Strukturierung und Einteilung der Meinung, daß, eben wegen der auch von Westermann gesehenen konstitutiven Beziehung der Gleichnisse zum Leben und Wirken Jesu, schon vom Ansatz aus nicht nur nach inhaltlichen und funktionalen Elementen, sondern zugleich auch nach der möglichen *existentiellen* (nicht historischen!) Entstehungssituation eines Gleichnisses gefragt werden muß. Dieser Aufgabe wird sich vor allem Kap. 2 unserer Arbeit unterziehen.

57 Vgl. hierzu die Kritik Westermanns 122: Die Metaphernforschung geht »von einem zeitlosen und ungeschichtlichen sprachlichen Phänomen ›Metapher‹ aus, das sie auf die biblischen Texte anwenden« will.

58 Ebd. 122; in dieser Arbeit vgl. dazu oben die Einleitung (c) und die dortige Anm. 31

59 Westermann 105

60 Ebd.

Hier, in Kap. 1, geht es darum, nach neuen formalen und methodischen Kategorien zu suchen, welche im Umgang mit den einzelnen Gleichnissen die oben beschriebenen, auf Jülicher zurückgehenden Kategorien sinnvoll ablösen, und entsprechend der neuen Einsicht in den Charakter und die Funktion der jesuanischen Gleichnisse das einzelne Gleichnis in seinem Anrede- und Impulscharakter (beides ergibt sich aus der konstitutiven Beziehung des Gleichnisses zum Erzähler Jesus) zur Geltung zu bringen. Gefragt ist nach Kategorien und methodischen Elementen im Umgang mit den Gleichnissen, mit deren Hilfe das Ziel verfolgt werden kann, die jesuanische Inspiration dieser Erzählungen auf den Menschen, der mit ihnen umgeht, überspringen zu lassen und ihm Leben und Welt – sowohl die Welt Jesu als auch seine eigene – im Licht dieser Inspiration zu erschließen und ihn dadurch fähig zu machen, »malkût Jahwe« im Leben Jesu und im eigenen Leben keimhaft und anfanghaft zu entdecken.

Zur Interpretation der Gleichnisse Jesu verwendet daher Aurelio[61] sehr treffend die zentrale Kategorie des bekannten anglikanischen Bischofs und Sprachtheologen I. T. Ramsey, nämlich den Begriff der »disclosure«.[62] Der Ausdruck ist nur schwer durch ein einzelnes deutsches Wort wiederzugeben (etwa: Erschließung, Enthüllung, Entdekkung, Offenbarwerdung). Es bezeichnet jenen Vorgang, in dem es dem Menschen auf einmal »wie Schuppen von den Augen fällt«, »das Eis bricht«, ihm plötzlich »ein Licht aufgeht«, bisher lediglich stumm vorhandene Dinge, Menschen und Zusammenhänge auf einmal in einem neuen Licht erscheinen und als lebendiger Anspruch begegnen. Eben diesen Vorgang wollen die Gleichnisse Jesu bewirken: Leben und Welt in einem Licht aufscheinen lassen, das bestimmte, bisher vielleicht unbeachtete (auch kleine und unscheinbare) Ereignisse und Begegnungen im Leben als keimhaftes Anbrechen der »malkût Jahwe« sichtbar macht und zur Erfahrung bringt. Auf dieses Ziel hin müssen deshalb alle Kategorien, die den Umgang mit Gleichnissen strukturieren, ausgerichtet sein.

61 Vgl. oben die Anm. 17

62 Der Begriff der »disclosure« findet sich vor allem als zentrale Kategorie in seinem Hauptwerk: I. T. Ramsey, Religious Language. An Empirical Placing of Theological Phrases, New York 2. Aufl. 1963. Eine Darstellung und Interpretation der Sprachtheologie Ramseys gibt W. de Pater, Theologische Sprachlogik, München 1971. Zur religionspädagogischen Verwendung des Disclosure-Begriffs vgl. G. Baudler, Der Religionsunterricht als curricular strukturierter, offener Sprach- und Denkprozeß, in: ders. u. a., Religionsunterricht im Primarbereich, Zürich–Einsiedeln–Köln 1973, 13–33.

1.2 Formen der Gleichnis-Anrede

Neue formale Kategorien für den Umgang mit Gleichnissen entsprechend deren Anrede- und Erschließungscharakter: Vorgangsgleichnisse und Handlungsgleichnisse und deren jeweilige Wirkweise

(a) *Zur formalen Einteilung: Vorgangsgleichnisse und Handlungsgleichnisse*

Entsprechend dem Charakter und der Funktion der Gleichnisse, nämlich die prophetische Anrede dichterisch zu intensivieren und dadurch beim Angesprochenen eine »disclosure« herbeizuführen, kann es bei der Suche nach ihrer adäquaten formalen Einteilung nicht darum gehen, Kategorien zu finden, die nur die Gleichnisse in ihrer (funktionslosen) Sprachgestalt »richtig« beschreiben und untergliedern. Dem Anrede- und Erschließungscharakter der Gleichnisse entspricht vielmehr nur eine Einteilung, die *sowohl* in der sprachlichen Gestaltung dieser Erzählstücke begründet ist, Richtiges und Treffendes an ihnen benennt und voneinander unterscheidet, *als auch* und in eins damit dem Hörer und Leser der Gleichnisse sagt, auf welche Weise die jeweilige Sprachgestalt jeweils die oben genannte Gleichnisfunktion erfüllt und wie deshalb mit dem jeweiligen Sprachgebilde methodisch richtig umzugehen ist, damit diese genuine Wirkrichtung der Gleichnisse möglichst gut und intensiv zur Geltung kommen kann.

Unter diesem Kriterium schlage ich vor, die Gleichnisse in *Vorgangsgleichnisse* und *Handlungsgleichnisse* einzuteilen. Diese Unterscheidung setzt zunächst ganz von außen her ein: Schon ein erster Überblick über die knapp 40 Erzählstücke[63], die man als Gleichnisse betrachten kann (und die in der Forschung als solche behandelt werden), läßt einen (wenn auch sehr äußerlichen, so doch ebenso deutlichen) Unterschied erkennen: Einige Gleichnisse sind sehr kurz, sie erzählen oft nur in einem oder zwei Sätzen einen bekannten Vorgang; andere sind (im Verhältnis dazu) wesentlich länger, sie beinhalten eine richtige, ausgebaute Erzählung.[64] Bei näherem Hinsehen entspricht der ganz äußerli-

63 Zur Frage nach der genaueren Anzahl der Gleichnisse vgl. die Anm. 32 im Kap. 2. Einfache Bildworte (wie z. B. Mt 5,13 f: »Ihr seid das Salz der Erde« . . . »Licht der Welt« . . . usw.) rechne ich nicht zu den Gleichnissen.

64 Auch Sellin 376 hat auf die »von Jülicher übersehene Differenz von Gleichnis und Gleichniserzählung« hingewiesen. Von mir wurde die Unterscheidung erstmals vorgeschlagen (allerdings noch mit etwas anderer Zuordnung der einzelnen Gleichnisse) in: Baudler, Tore, sowie schon etwas weiter ausgearbeitet und zum Teil auch schon (wie in Kap. 2) von ihrer existentiellen Entstehungssituation her

chen Unterscheidung auch eine inhaltliche Eigenart: In den kleineren Erzählstücken wird ein *Vorgang* aus dem Alltagsleben oder aus der Natur in wenigen Worten erzählt und vor Augen gestellt; die größeren dagegen enthalten eine mehr oder weniger *dramatisch aufgebaute fiktive Erzählhandlung*, die, von einer expositionsartig vorgegebenen Situation ausgehend, in mehreren Schritten auf das überraschende Ende des Gleichnisses hinführt.

So enthält z. B. das bekannte Gleichnis vom *Sauerteig* (Mt 13,33; Lk 13,20–21) nur einen einzigen Satz: »Mit dem Himmelreich ist es wie mit dem Sauerteig, den eine Frau unter einen großen Trog Mehl mischte, bis das Ganze durchsäuert war.« Das ebenfalls bekannte Gleichnis vom *barmherzigen Vater* (Lk 15,11–32), bisweilen auch Gleichnis »vom verlorenen Sohn« genannt, ist dagegen eine in mehrere Absätze untergliederte, spannende Geschichte, die, von der Situation des wegziehenden Sohnes ausgehend, in mehreren, dramatisch aufgebauten Erzählschritten verfolgt, wie der Sohn ins Elend gerät, dann aber in sich geht und zu seinem Vater zurückkehrt und von diesem gegen den Widerstand des älteren Sohnes rückhaltlos wieder aufgenommen wird. Diese Unterscheidung läßt sich mühelos auf den Gesamtbestand der Gleichnisse anwenden. Nur bei 3 der 38 von mir interpretierten Gleichnisse ist die Zuordnung nicht sofort offensichtlich; hier liegen jedoch besondere Gründe vor.

Im Vorgangsgleichnis wird in knappen Worten ein Vergleich erzählt, der intensivierend die Erfahrung ausdrückt und wiedergibt, die der Erzähler mit dem beginnenden Anbrechen der »malkût Jahwe« gemacht hat. Im Handlungsgleichnis dagegen wird der Hörer der Geschichte eingeladen, sich mit den handelnden Personen der Erzählung zu identifizieren und den Weg, den sie gehen, innerlich mit- und nachzuvollziehen; dabei sieht er sich, in einigen Handlungsgleichnissen ausgeprägter als in anderen, am Ende in eine Problemlösung mit hineingenommen, die ihn überrascht, befremdet, vielleicht sogar schockiert: Den Sohn, der das Erbe mit Dirnen verpraßt und seine angestammte Religion (durch das Schweinehüten bei einem Heiden, das kultisch unrein macht) schändlich mißachtet hat, dennoch verzeihend wieder aufzunehmen, ist gut und schön; aber die Art und Weise, in der dies geschieht – daß nämlich der Vater sich gleichsam »überschlägt« in der freudigen

interpretiert: ders., Vorgangs- und Handlungsgleichnisse. Neue formale Kategorien im Umgang mit Gleichnissen, in: ru (Zeitschrift für die Praxis des Religionsunterrichts) 15 (1985) 89–93; dazu auch in demselben Heft: ders., Die Gleichnisse im Licht ihrer existentiellen Entstehungssituationen. Vorüberlegungen zu einer existenzbiographischen Gleichnisdeutung im Rahmen einer Korrelationsdidaktik, 85–89.

Wiederaufnahme dieses seines Sohnes – hat die ursprünglichen Hörer der Geschichte, wie es ja auch der ältere Sohn im Gleichnis zum Ausdruck bringt, sehr überrascht und befremdet.

Gerade in dieser überschießenden Problemlösung, in diesem *Handlungsüberschuß* drückt sich jedoch aus, was den Erzähler von seiner Erfahrung der anbrechenden »malkût Jahwe« her zuinnerst bewegt und wofür er seine Hörer aufschließen will. Im Umgang mit Vorgangsgleichnissen kommt es darauf an, den erzählten Vorgang auf mich wirken, mich von seiner »Atmosphäre« beeindrucken zu lassen; beim Umgang mit Handlungsgleichnissen dagegen besteht das Entscheidende darin, die einzelnen Schritte der erzählten Handlung innerlich beteiligt mitzuvollziehen und dadurch trotz des sich einstellenden Befremdungseffekts in den Handlungsüberschuß hinein mitzugehen und ihn innerlich mitzuvollziehen.

Diese kurze Charakterisierung der Vorgangsgleichnisse einerseits und der Handlungsgleichnisse andererseits genügt bereits, um den *Gesamtbestand* der Gleichnisse entsprechend aufgliedern zu können. Wie Claus Westermann richtig sieht, sind die Gleichnisse »nur von dem Gesamtbestand her« zu erklären[65]; und gerade bei formalen Beobachtungen (wie etwa des Befremdungseffekts) ist jeweils genau zu sagen, für welche *Gruppe* von Gleichnissen sie gelten.[66]

Doch zuvor ist noch kurz auf die drei oben erwähnten schwierigeren Zuordnungen einzugehen. Es handelt sich zunächst um das *Gleichnis vom Weltgericht* (Mt 25,31–40 [bzw. 46]). Unter inhaltlichen und strukturalen Gesichtspunkten werden Kap. 2.3 (g) – vgl. dazu bes. die dortigen Anmerkungen – und 3.1 (c) genauer auf das Gleichnis eingehen. Hier genügt es, vorwegnehmend darauf hinzuweisen, daß nach übereinstimmender Ansicht der Gleichnisforscher dieses Erzählstück in seiner jetzig vorliegenden Form nicht auf Jesus zurückgeht. Es handelt sich um ein längeres Erzählstück, das zwar Motive der genuin jesuanischen Gleichnisse enthält (und deshalb auch in unsere Gesamtdeutung mit einbezogen wird), jedoch auch solche, die den genuin jesuanischen Gleichnissen fremd sind; vor allem aber sind diese Motive hier in einer Form zusammengefügt, die sich in den übrigen Gleichnissen nicht findet. Jesuanisch ist das Motiv der Scheidung von Schafen und Böcken, das auf den Propheten Ezechiel zurückgeht (vgl. Ez 34,17 f, wo Jahwe »für

65 Westermann 105

66 Dies betont z. B. Westermann 117 hinsichtlich der Beobachtung Ricoeurs von der »Extravaganz« der Gleichnisse, die nur ein besonderer Zug »in einem Teil der Gleichnisse« (nämlich den hier als »Handlungsgleichnissen« bezeichneten) sind. Zur »erzählerischen Extravaganz« der Gleichnisse Jesu vgl. auch W. Harnisch, Die Gleichniserzählungen Jesu. Eine hermeneutische Einführung, Göttingen 1985, 141–151 (dessen Arbeit erst nach Abschluß meines Manuskripts erschien und deshalb als Ganze nicht mehr berücksichtigt werden konnte)

Recht sorgt zwischen Schafen und Schafen, zwischen Widdern und Böcken«, weil letztere die schwächeren Schafe zur Seite drängen und »sie mit ihren Hörnern wegstoßen«), und, damit verwandt, das Motiv, daß es zuletzt und entscheidend auf die spontan getane Hilfeleistung an jedem, der in Not begegnet, ankommt (dieses Motiv findet sich z. B. zentral ausgeprägt im Gleichnis vom barmherzigen Samariter, Lk 10,30–35; ähnlich auch im Verhalten des barmherzigen Vaters gegenüber seinem ins Elend geratenen Sohn, Lk 15,11–32). Konzentriert man sich auf diese Motive, dann wird in dem Gleichnis, eingefügt in das sonst gleichnisfremde *Gemälde* vom Weltgericht, der *Vorgang* der Scheidung von Gut und Böse, von Schafen und Böcken, nach dem Maßstab der spontan am Notleidenden geübten Hilfe erzählt und vor Augen gestellt. Deshalb wird dieses (in der jetzigen Form) relativ umfangreiche Gleichnis in der folgenden Übersicht den Vorgangsgleichnissen zugeordnet.

Nicht ganz so schwierig ist die Einordnung des *Gleichnisses vom Pharisäer und Zöllner* (Lk 18,10–14a). Hier ist zwar durchaus, wie bei den übrigen Handlungsgleichnissen, eine dramatisch aufgebaute Erzählhandlung zu verfolgen, doch tritt die überschießende Problemlösung innerhalb der Erzählung nicht deutlich hervor. Sie wird erst dadurch aufgedeckt, daß der Erzähler seiner Geschichte einen wertenden Hinweis anfügt: »Dieser kehrte als Gerechter nach Hause zurück, der andere nicht« (V 14). Von dieser Besonderheit abgesehen, fügt sich das Gleichnis jedoch gut in die Gruppe der Handlungsgleichnisse ein. Für die inhaltliche und strukturale Interpretation dieses Gleichnisses, das in neuerer Zeit auch von einigen Exegeten als nicht auf Jesus selbst zurückgehend gekennzeichnet wurde, muß wieder auf Kap. 2.2 (d) und 3.2 (c) verwiesen werden.

Einen von den übrigen Handlungsgleichnissen leicht abweichenden Aufbau hat auch das Gleichnis vom *reichen Prasser* und dem armen Lazarus (Lk 16,19–31). Die einzelnen Erzählschritte führen hier nicht so zielstrebig wie sonst auf eine überschießende Problemlösung hin. Dies erklärt sich jedoch relativ einfach aus dem von Jeremias gegebenen Hinweis, daß Jesus in dieser Geschichte eine überlieferte Volkserzählung aufgreift, sie in ihren wesentlichen Teilen übernimmt und dazu noch eine Art »Epilog« hinzudichtet.[67]

In der folgenden Übersicht, die von einem Gesamtbestand von 38 Gleichnissen (darunter ein Doppelgleichnis) ausgeht, gliedere ich nach Vorgangsgleichnissen und Handlungsgleichnissen, wobei ich in der rechten Spalte jeweils angebe, worin der erzählte Vorgang bzw. der in der fiktiven Erzählhandlung enthaltene »Überschuß« (»Handlungsüberschuß«) besteht. Diese Angaben dürfen jedoch keinesfalls als eine Art »tertium comparationis« mißverstanden werden; sie vermitteln ja nicht zwischen einer Bild- und Sachhälfte (beides taucht gar nicht auf). Sie wollen lediglich den Inhalt des jeweiligen Gleichnisses in Erinne-

67 Jeremias 123 f; nähere Hinweise zu Inhalt und Exegese des Gleichnisses in Kap. 2.1 (c) u. den dortigen Anm. 74–76 zum Gleichnis

rung rufen und benennen dabei die Pointe, auf die bei der Übertragung der (ganzen!) Erzählung in die gegenwärtige Lebens- und Erfahrungswelt in besonderer Weise zu achten ist.

Die Vorgangsgleichnisse sind weiter aufgegliedert, je nachdem ob es sich um einen Vorgang aus der Natur oder aus dem Alltagsleben handelt; Natur- und Wachstumsgleichnisse haben einen besonders starken meditativen Charakter (der im methodischen Umgang entsprechend zur Geltung zu bringen ist: vgl. das in Kap. 1.3 (a) vorgestellte Unterrichtsbeispiel vom Senfkorngleichnis). Die Handlungsgleichnisse sind untergliedert in solche mit einem positiven und solche mit einem negativen Handlungsüberschuß; auch hier hat die Unterscheidung, wie sich zeigen wird, eine methodisch-didaktische Bedeutung.

↳ beide Formen !

Gesamtübersicht über die jesuanischen Gleichnisse

geordnet nach formalen Kategorien

Vorgangsgleichnisse

Aus dem Alltagsleben:

Kostbare Perle Mt 13,45–46	Eine Perle wird gesucht, gefunden und mit Einsatz erworben.
Schatz im Acker Mt 13,44	Ein Schatz im Acker wird gefunden und mit Einsatz erworben.
Guter (bzw. brutaler) Knecht Lk 12,42–44 (bzw. 46a); Mt 24,45–47 (bzw. 51a)	Bei Treue und Wachsamkeit wird der Knecht belohnt (bei Prasserei und Mißhandlung der Knechte und Mägde verliert er seine Chance).
Wachsamer Türhüter Mk 13,34–37; Lk 12,36–38	Dem wachenden Türhüter ist der zurückkehrende Herr gut.
Dieb in der Nacht MT 24,43–44a; Lk 12,39–40a	Der wachsame Hausherr, der den Dieb abwehren kann, freut sich.
Knechtslohn Lk 17,7–9	Sklavendienst erntet keinen persönlichen Dank (nur Sohnesdienst!).
Ungleiche Söhne Mt 21,28–31a	Am praktischen Sohnes*verhalten*, nicht an verbaler Zustimmung oder Ablehnung, erweist sich das richtige Verhältnis zum Vater.
Ungleiche Schuldner Lk 7,41–42	Große Schuldvergebung (Zuwendung) erweckt beim Schuldner ein starkes Engagement, Vergebung einer geringen Schuld dagegen nur eine schwache Reaktion.

Verlorene Drachme Lk 15,8–9	Wer Verlorenes sucht und findet, freut sich und ist glücklich.
Kinder auf dem Marktplatz Lk 7,31–32; Mt 11,16–17	Eine starke Zuwendung wird nicht erwidert.
Der planende Baumeister bzw. Feldherr (Doppelgleichnis) Lk 14,28–32	Der Bauherr plant und prüft seine Mittel, der Feldherr die Schlagkraft seiner Truppen.
Sauerteig Mt 13,33; Lk 13,20–21	Der Sauerteig durchsäuert selbsttätig eine Menge Mehl.
Bittender Sohn Mt 7,9–10; Lk 11,11–12	Ein Sohn, der seinen Vater um Nahrung bittet, erhält sie.
Unablässig bittender Freund Lk 11,5–8	Die aus gutem Grund unentwegt vorgetragene Bitte erreicht ihr Ziel auch bei zunächst tauben Ohren.
Unbeirrt fordernde Witwe Lk 18,2–5	Die (im Bewußtsein des Rechts) unbeirrt vorgetragene Forderung erreicht ihr Ziel auch gegenüber einer fraglichen Instanz.
Gute und schlechte Fische im Netz Mt 13,47–48	Ein ausgeworfenes Fischnetz fängt unbrauchbare und brauchbare Fische ohne Vorsortierung; diese erfolgt erst vom Ufer aus.
Gang zum Richter Mt 5,25; Lk 12,58	Zwei Streitende versöhnen sich auf dem Weg zum Richter.
Rückkehr des Dämon Lk 11,24–26; Mt 12,43–45c	Wenn ein ausgetriebener Dämon nicht zur Ruhe kommt, kehrt er zurück und ist schlimmer als vorher.
Weltgericht Mt 25,31–40 (bzw. 46)	Schafe und Böcke, Gut und Böse werden je nach der spontan getanen Hilfeleistung am notleidenden Nächsten voneinander geschieden.

Aus Natur- und Wachstumsvorgängen:

Grünender Feigenbaum Mk 13,28; Mt 24,32	Ein grünender Feigenbaum läßt den Sommer ahnen.
Fürbittender Weingärtner Lk 13,6–9	Der Gärtner bittet um Schonzeit für die seinem Wirken anvertraute Pflanze.
Unentwegter Sämann Mk 4,3–8; Mt 13,3b–8; Lk 8,5–8a	Der Sämann sät unentwegt, und einiges bringt Frucht.
Selbstwachsende Saat Mk 4,26–28	Die Saat wächst selbsttätig Tag und Nacht.
Senfkorn Lk 13,18–19; Mk 4,30–32; Mt 13,31–32	Das kleine Senfkorn wächst selbsttätig zum großen Baum.

Unkraut unter Weizen Mt 13,24b–30 (mit sekundären Einfügungen)	Das Unkraut muß mit dem Weizen wachsen bis zur Ernte.

Handlungsgleichnisse

Mit positivem Handlungsüberschuß:

Verlorenes Schaf Mt 18,12–13; Lk 15,4–6	Der Hirt läßt die 99 Schafe in der Wüste, um das eine verlorene zu suchen und mit großer Freude zu finden.
Barmherziger Vater Lk 15,11–32	Der verlorene Sohn wird bei seiner Rückkehr absolut vorbehaltlos in überströmender Freude und Zuwendung wieder aufgenommen.
Gütiger Arbeitsherr Mt 20,1–15	Die Arbeiter erhalten den vollen Tageslohn für nur 1 Stunde Arbeit.
Barmherziger Samariter Lk 10,30–35	Der religiös und sozial Deklassierte erweist sich als »Nächster« im Sinne des Jahwe-Gebots (Wechsel der Fragestellung der Rahmenerzählung!).
Betrügerischer Verwalter Lk 16,1–7	Der Verwalter geht seinen Weg, der ihm als »Veruntreuung« ausgelegt wird und ihn seinen Beruf kostet, *nun noch entschiedener* als vorher weiter.

Mit negativem Handlungsüberschuß:

Unfairer Knecht Mt 18,23–33	Eine unvorstellbare hohe Summe (10 000 Talente) wird erlassen, ohne Wirkung auf den Beschenkten.
Großes Gastmahl Lk 14,16–24 (verändert Mt 22,2–10)	Mit Krüppeln, Blinden und Lahmen wird der Saal gefüllt und dadurch den zuerst Geladenen ihre Chance genommen.
Zehn Jungfrauen Mt 25,1–10	Durch fehlende Aufmerksamkeit wird die *ganze* Chance vertan.
Anvertraute Gelder Mt 25,14–28 (in veränderter Form Lk 19,12–24)	Die Knechte, die frei und ohne Angst mit dem anvertrauten Gut »wirtschaften«, werden als Teilhaber und Freunde angenommen, der ängstliche Knecht bleibt (als Knecht!) ausgeschlossen.
Mord im Weinberg Mk 12,1b–8; Mt 21,33–39; Lk 20,9–15	Der gütige Weinbergbesitzer sendet am Ende seinen eigenen Sohn zu den bösen Pächtern, diese ermorden ihn.

Pharisäer und Zöllner Lk 18,10–14a	Der Gerechte *sündigt* bei seinem Gebet im Tempel, während der Zöllner (in seinem Stoßseufzer) zu einem unmittelbaren (sohnhaften) Gottesverhältnis findet.
Reicher Prasser Lk 16,19–31 (V 19–26 vorjesuanische Überlieferung)	Auch noch in der Unterwelt hält der Reiche an seinem »Weltpneuma« fest; kein noch so großes Mirakel kann ihn daraus befreien.
Reicher Kornbauer Lk 12,16–20	Auf dem Hintergrund einer reichen Ernte führt die (welthafte) Sorge um »gefüllte Scheunen« in Leere und Gottlosigkeit.

So läßt sich der Gesamtbestand der Gleichnisse recht klar und mühelos in Vorgangsgleichnisse einerseits und Handlungsgleichnisse andererseits unterteilen. Auf die in Abschnitt 1.1(a) beschriebenen herkömmlichen formalen Einteilungskategorien zurückbezogen, fallen die Vorgangsgleichnisse zumeist mit den sogenannten »Gleichnissen im engeren Sinne« zusammen, während »Parabeln« und »Beispielerzählungen« im großen und ganzen zusammengenommen die Gruppe der Handlungsgleichnisse bilden. (Der Zusammenfall dieser beiden herkömmlichen Kategorien in einer Gruppe ergibt sich notwendig aus dem oben beschriebenen gemeinsamen Charakter der Gleichnisse Jesu: Jesus gab eben in *keinem* seiner Gleichnisse eine bildhafte Veranschaulichung einer Morallehre, also eine moralische Beispielerzählung; sondern er wollte mit diesen Erzählungen seine von der Erfahrung der anbrechenden »malkût Jahwe« ausgelöste und geprägte existentielle Selbstmitteilung an die Menschen seines Volkes intensivieren und verstärken.)

In den beiden hier vorgeschlagenen Kategorien »Vorgangsgleichnisse« und »Handlungsgleichnisse« handelt es sich nicht wie bei den herkömmlichen Kategorien bloß um verschiedene rhetorische Gattungen, die bei einem Gleichnis festzustellen lediglich das Interesse der sachgemäßen Beschreibung eines Sprachgebildes befriedigt; vielmehr handelt es sich um zwei unterschiedliche Typen von Gleichnissen, die in je verschiedener Weise das gemeinsame Grundanliegen aller Gleichnisse Jesu verfolgen und deshalb eine je verschieden akzentuierte Art des Umgangs erfordern. Dies gilt es nun im einzelnen für die verschiedenen Gruppen aufzuzeigen.

(b) *Die Wirkweise der Vorgangsgleichnisse*

Die Vorgänge aus der Natur oder dem Alltagsleben, die Jesus zur Intensivierung seiner Ansage der anbrechenden »malkût Jahwe« heranzieht, bilden nicht – dies ergibt sich hauptsächlich aus den Forschungsergebnissen Westermanns – unmittelbar das Anbrechen der Gottesherrschaft ab.[68] Jesus tritt nicht hinter seine Erfahrung der anbrechenden »malkût Jahwe« zurück, um das Erfahrene in einem Vergleich abzubilden und »objektiv«, rein für sich, darzustellen. Er bleibt mit seiner Person, mit seinem Denken und Fühlen, seiner Inspiration, konstitutiv mit dem Geschehen verbunden; er stellt dieses Geschehen nicht dar, sondern *drückt es* als seine Erfahrung *aus*. Nur wenn seine ganz persönliche Inspiration aus der Geschichte auf die Hörer überspringt, kann dieser die Erfahrung Jesu, daß die »malkût Jahwe« anzubrechen beginnt, nachvollziehen. Zwar hat die anbrechende »malkût Jahwe« etwas von einem *grünenden Feigenbaum*, einem *Schatzfund im Acker* und der Entdeckung einer gesuchten *kostbaren Perle* an sich. Diese Vorgänge *sind* Metaphern des anbrechenden Gottesreiches; gleichzeitig und in eins damit aber drücken sie das Leben, das existentielle Denken und Fühlen dessen aus, der den Feigenbaum grünen sieht und den »Schatz« und die »Perle« gefunden hat. Erst als Ausdruck der durch die Erfahrung der anbrechenden »malkût Jahwe« zuinnerst geprägten Person des Erzählers gewinnen die Vergleiche ihre schon im Alten Testament gegebene Grundfunktion einer Intensivierung der Anrede und prophetischen Ansage.

An den anderen Vorgangsgleichnissen ist dies vielleicht noch deutlicher zu sehen: Das seit Jahrhunderten ersehnte neue Wirksamwerden Jahwes in seinem Volk hat in der Plötzlichkeit, mit der Jesus es als anbrechend erfährt, zwar *auch* etwas zu tun mit dem *in der Nacht einbrechenden Dieb* (Mt 24,43–44a; Lk 12,39–40a), wichtiger aber noch an diesem Gleichnis ist das freudige Existenzgefühl des Hausherrn, der wachsam war und dem Dieb entsprechend begegnen konnte; dieses Existenzgefühl soll auf den Hörer überspringen und in ihm jene wachsame Aufmerksamkeit auslösen, die Jesus selbst besaß und die notwendig ist, um das Anbrechen der »malkût Jahwe« zu erfahren.

Dies gilt besonders auch für jene Vorgangsgleichnisse, in denen sich Jesus mit seinen theologischen Gegnern auseinandersetzt. Der erzählte Vorgang von jener Frau, die engagiert ihre *verlorene Drachme* sucht und voller Freude ist über den schließlichen Fund, hat zwar in den Motiven des Findens und der Freude eine Parallele zur anbrechenden »malkût Jahwe«, aber er will diese nicht einfach veranschaulichen und dabei noch »beweisen« (Linnemann), daß auch die Hinwendung zu den »verlorenen« Söhnen und Töchtern Israels zu diesem Anbrechen des

68 So ist es nicht richtig, wenn Weder 98 von der Metapherntheorie herkommend in der Zusammenfassung seiner »Theorie der Gleichnisauslegung« die Gleichniserzählung als eine »Abbildung der Gottesherrschaft« bezeichnet. (Freilich weist der folgende Satz bei Weder sofort wiederum darauf hin, daß diese »Abbildung« »im *Kontext des Lebens Jesu* zu interpretieren« ist (Hervorhebung von Weder); vgl. ebd.: »Das Gleichnis ist nicht von seinem Erzähler ablösbar . . .«

Gottesreiches gehört; vielmehr will der Erzähler mit seinem Vergleich dem Hörer, der an seiner Zuwendung zu den Zöllnern und Sündern Anstoß nimmt, in dichter und intensiver Weise das eigene Existenzgefühl mitteilen, ihn damit »anstecken«, es auf ihn überspringen lassen, damit er, einbezogen in dieses Fühlen und Denken, sich an die Stirn greift und ihm intuitiv, in Form einer »disclosure«, klar wird, daß ja die Hinwendung zu den als verloren gedachten Söhnen und Töchtern des Volkes Israel, den Blinden, Lahmen, Aussätzigen und Taubstummen, schon nach Jesaja konstitutiv zum Anbrechen der »malkût Jahwe« gehört (vgl. die sog. Johannesfrage Mt 11,2–6; Lk 7,18–23), die Motive aus Jes 26,19; 29,18; 35,5 f und 61,1 aufgreift).

Immer dienen die Vergleiche und Gleichnisse der unmittelbaren Anrede, dem unmittelbaren Anspruch und suchen diesen zu intensivieren. In den Handlungsgleichnissen ist diese Funktion der Anrede-Intensivierung gegenüber den Vorgangsgleichnissen durch die Form des dramatischen Handlungsablaufs nochmals gesteigert. Dem entspricht, daß sich Handlungsgleichnisse hauptsächlich in der Auseinandersetzung Jesu mit seinen Gegnern finden (vgl. bes. in Kap. 2.2). So steigert sich, um hier schon ein Beispiel aufzugreifen, das Pathos der Suche nach dem Verlorenen und der Freude über das Wiederfinden gegenüber dem Vorgangsgleichnis von der *verlorenen Drachme* in den beiden Handlungsgleichnissen vom *verlorenen Schaf* und vom *verlorenen Sohn* bzw. *barmherzigen Vater*: Suchen, Finden und Freude über das Gefundene bilden hier nicht einen einzigen, in sich geschlossenen Vorgang, sondern sind in verschiedene, dramatisch aufeinander aufbauende Erzählschritte auseinandergefaltet, im Gleichnis vom barmherzigen Vater nochmals um eine Dimension gesteigert (durch die Vater-Sohn-Beziehung und die Kontrastierung durch den zu Hause gebliebenen Sohn). Im Handlungsgleichnis soll und kann die Inspiration des Erzählers dadurch auf den Hörer überspringen, daß dieser hörend zum Mitgehen der einzelnen Erzählschritte bewegt wird und er am Ende die Hemmschwelle seiner Gegnerschaft überwindet und befreit hineintaucht in das ihm zunächst fremde und unverständliche Pathos, das ihm in der überschießenden Problemlösung begegnet. Hier ist deutlich der Übergang vom Vorgangsgleichnis zum Handlungsgleichnis zu verfolgen und zu sehen, wie auch diese Formveränderung durch die Grundfunktion der Gleichnisse, die Intensivierung der Anrede, bedingt ist.

Vorgangsgleichnisse finden sich (dies wird in Kap. 2, besonders 2.3, im einzelnen ausgeführt und begründet, vor allem in jenen Erzählstükken, in denen Jesus, das auf ihn zukommende Todesgeschick annehmend, seinen Weg im Vertrauen auf seinen »abba«, der Tote lebendig macht, zu Ende geht: Daß die Saat selbsttätig Tag und Nacht wächst (Gleichnis von der *selbstwachsenden Saat*), ist ein Vorgang aus der Natur, der in diesem Gleichnis metaphorisch vor das Anbrechen der »malkût Jahwe« gesetzt wird. Nehme ich ihn jedoch nur als »Veranschaulichung« dieses Geschehens, besagt er wenig und läßt die unterschiedlichsten Schlußfolgerungen für mein Verhalten zu (so könnte ich z. B. die Geschichte als Aufforderung verstehen, nur die Hände in den Schoß zu legen und nichts mehr zu tun, um am Anbrechen der »malkût Jahwe« mitzuwirken). Der Vergleich spricht dagegen klar und in der Aussagerichtung eindeutig zu mir, wenn ich ihn, wie dies in Kap. 2.3 (g) (mit entsprechenden exegetischen Begründungen) geschieht, als Ausdruck des existentiellen Denkens und Fühlens Jesu lese, der das drohende Todesgeschick vertrauensvoll und »gehorsam« angenommen hat und sich damit auseinandersetzen muß, daß die Zeit seines tätigen Wirkens nun bald beendet sein wird und er von seinem Wirkungsfeld wird abtreten müssen.

Aus dieser existentiellen Situation heraus gesprochen, als Ausdruck seines Denkens und Fühlens in dieser Situation mitgeteilt, springt im Hören des Vergleichs die Inspiration des Erzählers auf mich über – jenes Erzählers, der seiner Erfahrung von der anbrechenden »malkût Jahwe« so sehr vertraut, daß er bereit ist, im treuen und gehorsamen Festhalten an ihr den Tod auf sich zu nehmen, und dem Samen, dem Wort, zu vertrauen, das er in Mitteilung dieser seiner Erfahrung in die Herzen anderer Menschen gelegt hat. Erst so wird das Gleichnis in seiner Aussagerichtung eindeutig und gewinnt seine dichterische Ausdrucksraft. Nur so kann es für mich zu einer »disclosure« werden, in der sich mir die den Tod transzendierende Kraft des jesuanischen »abba«-Vertrauens erschließt und sich das neue Wirksamwerden Jahwes unter den Menschen anzeigt.

Dasselbe gilt für die erzählten Vorgänge, in denen ein kleines *Senfkorn* sich selbsttätig zum großen Baum entfaltet, ein winziger *Sauerteig* einen ganzen Trog Mehl durchsäuert, das *Unkraut zusammen mit dem Weizen* bis zur Ernte wachsen darf und wachsen muß. Alle diese Vorgänge können nicht je für sich als bildhafte Veranschaulichung des anbrechenden Gottesreiches genommen werden, sondern gewinnen ihre spezifische Funktion als jesuanisches Gleichnis nur dadurch, daß ich sie als dichten (dichterischen) Ausdruck des Existenzgefühls des Erzählers höre und lese. Es gibt keinen Weg, der an der Person und am Geschick Jesu vorbei (direkt vom erzählten Vergleichsvorgang aus) zum anbrechenden Gottesreich führt. Erst Person und Geschick Jesu vermitteln die Inspiration, in der sich sowohl das Gleichnis als auch das Gottesreich erschließt.[69]

69 In diesem hermeneutischen Grundsatz unterscheide ich mich von den tiefenpsychologisch orientierten Gleichnisauslegungen E. Drewermanns, Tiefenpsycholo-

Die Vorgangsgleichnisse entfalten im Hörer und Leser ihre spezifische Sprachwirkung, wenn und indem der erzählte Vergleichsvorgang mit der Person und dem Geschick Jesu zusammengehalten und zusammenempfunden und dann so auf das eigene Leben übertragen wird. Auch der zuletzt genannte Schritt ist sehr wichtig: Sinn und Ziel der Erzählungen ist *nicht,* daß der Hörer dem Erzähler »glaubt«, daß er, Jesus, den *»Schatz im Acker«* und die *»kostbare Perle«* gefunden und den *grünenden Feigenbaum* richtig interpretiert hat (als beginnendes Anbrechen der »malkût Jahwe«) und *deshalb* die Mahnung, wachsam zu sein, befolgt und – bei etwaigen Zweifeln – auf das unerkannte *selbsttätige Wachstum* des Wortes von der Gottesherrschaft (und der Gottesherrschaft selbst) vertraut. So würden, diesmal von der Seite des Hörers her gesehen, Person und Schicksal Jesu wiederum *außerhalb* des Sprachgeschehens stehen, das sich in der Gleichniserzählung als einer dialogische Anrede ereignet: Ich würde als Hörer dem Erzähler Jesus »glauben«, vielleicht weil er durch seine wunderbaren Heilungen für mich zu einer Autorität geworden ist oder, in späterer Zeit, weil die Gemeinde ihn als Sohn Gottes und Christus bekennt. Solche Autorität käme *von außen* zum Sprachgeschehen der Gleichnisse *hinzu*; die Gleichnisse würden dann doch wieder nur *veranschaulichen*, erklären,

gie Bd. 2, 712–753. Drewermann setzt in seinen Analysen (auch in seinen übrigen Schriften) ein Verständnis Gottes schon *voraus*, das jedoch – zumindest in unserer Zeit – in seiner befreienden und tröstenden Kraft nicht vorausgesetzt werden kann, sondern je *neu* aus der Lebensfigur Jesu gewonnen werden muß. Nur indem Jesus die von Grund auf tröstende und Mut machende Geschichte vom *unentwegten Sämann* (Mk 4,3–9 par) – um ein Beispiel Drewermanns aufzugreifen (vgl. ebd. 739 ff) – zuerst *sich selbst* erzählt und er *selbst* derjenige ist, der sich in dem erzählten Vorgang die Tod und Scheitern überwindende Kraft der »ruach Jahwe« vergegenwärtigt, entfaltet die Geschichte ihre ganze befreiende und tröstende Kraft unmittelbar auf den damaligen wie heutigen Hörer. Andernfalls bleibt der Erzähler des Gleichnisses bei aller Einfühlung in seinen Hörer doch letztlich *draußen*: er *belehrt* ihn (zwar nicht mit intellektuellen Argumenten sondern mit einfühlsamen Bildern, vgl. ebd. 725) aus einer letztlich überlegenen Position heraus (wie sie der Berater im therapeutischen Gespräch seinem Klienten gegenüber immer doch auch hat und haben muß, vgl. ebd. 728). Dann aber ist Jesus nicht unser Bruder, der selbst »durch Leiden den Gehorsam gelernt hat« (Hebr 5,8) und aus dieser seiner Solidarität mit uns den Weg zur Lebens- und Gottesfülle, zum Reich Gottes, erschließt. – Drewermanns Gleichnisinterpretation erschien zu einem Zeitpunkt, als das vorliegende Manuskript im wesentlichen schon abgeschlossen war, so daß eine detaillierte Auseinandersetzung leider nicht mehr möglich war. Gemeinsam mit meinem Ansatz ist bei Drewermann die Betonung der Notwendigkeit einer *Einfühlung* in den Gleichnisgehalt; doch sehe ich stärker als er – gerade unter pastoralen und religionspädagogischen Gesichtspunkten – die Notwendigkeit einer historisch-kritischen und christologisch-narrativen Vorarbeit.

entfalten und einsichtig machen, was ich Jesus aufgrund einer Autorität, die dem Sprachgeschehen vorausgegeben ist, zu glauben habe (nämlich, daß das Reich Gottes im Anbrechen ist, daß ich wachsam zu sein habe, daß ich Vertrauen aufbringen muß usw.).

Wenn das Erzählen der Gleichnisse eine besonders intensive Form der dialogisch-unmittelbaren, persönlichen Anrede ist, kann und darf es nicht durch Elemente gesteuert werden, die außerhalb des Gesprächsvorganges liegen. Die Kraft des Anspruchs und die Autorität der Rede muß dann vielmehr konstitutiver Teil des Sprachgeschehens selber sein; beides muß sich im Vorgang der Rede selbst entwickeln und aufbauen. Eben diesem Ziel dienen die Gleichnisse: In ihnen gewinnen – wenn ich (sie hörend) auf die Person und das Geschick des Sprechers blicke (wie es in einem dialogischen Sprachvorgang notwendig ist) – die Worte des Sprechers und Erzählers jene Ausdruckskraft und Tiefe, die (wenn überhaupt) unmittelbar und ohne den Blick auf eine außenliegende Autorität mein inneres Wahrnehmungsvermögen öffnen und dadurch in mir *selbst* die »disclosure« von der anbrechenden »malkût Jahwe« hervorrufen. Dem Gleichniserzähler Jesus glauben heißt nicht, den Inhalt der »disclosure«, der Enthüllungserfahrung, die *Jesus* gemacht hat, für wahr zu halten, sondern sich von seiner erzählten disclosure-Erfahrung *anstecken* zu lassen und dadurch selbst zu einer ähnlichen »disclosure« zu kommen, die ich als beginnendes Anbrechen der »malkût Jahwe« in *meinem* Leben und Geschick verstehen kann.

Es kommt nicht darauf an, zu glauben, daß Jesus auf dem Acker seines Lebens den Schatz des Gottesreiches gefunden hat (und ihm deshalb mit Engagement nachzufolgen), sondern, inspiriert von seiner in einem Vorgangsgleichnis erzählten Geschichte *seines* Fundes, *selbst* auf dem Acker *meines* Lebens den Schatz zu entdecken und zu erwerben. Das Gleichnis vom *wachsamen Türhüter* (bzw. Diener, Hausherrn) ist keine von außen herangetragene und durch die Erzählung veranschaulichte und eindringlich gemachte »Mahnung« zur Wachsamkeit. Sie ist vielmehr eine Erzählung, deren Sinn darin besteht, das Existenzgefühl des wachsamen Türhüters (Hausherrn, Dieners), das identisch ist mit dem Existenzgefühl des Erzählers (sich als dieses in der Geschichte ausdrückt), auf den Hörer zu übertragen, seine Inspiration auf den Hörer überspringen zu lassen, damit aus eben diesem Existenzgefühl heraus der Hörende *selbst* die Erfahrung machen kann, daß der erwartete »Hausherr«, der neu unter den Menschen wirksam werdende Gott, schon im Kommen, »malkût Jahwe« also schon im Anbrechen ist. Entsprechend ist das Vorgangsgleichnis von der *selbstwachsenden Saat* (ähnlich vom *Senfkorn*, vom *Sauerteig*, vom *unablässig bittenden Freund* usw.) nicht die von außen herangetragene Aufforderung zu gläubigem Vertrauen und zu einem unablässigen vertrauensvollen Beten, sondern ein Vergleich, der das Vertrauen und die Inspiration des Erzählers auf den Hörer übertragen, auf ihn überspringen lassen will.

Dies aber kann nur gelingen, wenn ich nicht auf Autoritäten außerhalb des Sprachgeschehens blicke, sondern meine ganze Aufmerksamkeit auf den Sprecher konzentriere und mich einzufühlen suche in die existentielle Situation, aus der heraus er spricht. Nur so kann seine Inspiration auf mich überspringen und auch in mir jenes den Tod transzendierende Vertrauen aufwecken, das aus der Einheit von Erzähler und Erzählung zu mir spricht.

(c) *Die Wirkweise der Handlungsgleichnisse*

Ähnliches gilt in variierter Form auch für die Handlungsgleichnisse. Das Handlungsgleichnis ist, wie im Abschnitt vorher schon am Beispiel der Gleichnisse vom Verlorenen *(verlorene Drachme, verlorenes Schaf, verlorener Sohn)* gezeigt wurde, seiner Entstehung nach ein gesteigertes Vorgangsgleichnis: Dort, wo Jesus sich auf eine bestimmte Adressatengruppe, eine bestimmte Situation, ein bestimmtes Denken und Fühlen, das seiner Erfahrung von der anbrechenden »malkût Jahwe« entgegensteht, in besonderer Weise konzentriert und diesen Widerstand überwinden will, *individualisiert* er den zunächst allgemein gefaßten Vorgang. Er zerlegt ihn in dramatisch aufgebaute Schritte eines Handlungsablaufs und läßt diesen in einen Schluß münden, der in seinem Handlungsüberschuß das befreiend Andere, die übliche Welt Durchkreuzende der anbrechenden »malkût Jahwe« zum Ausdruck bringt: Aus der (typischen) israelitischen Frau, die, wenn sie eine Drachme verloren hat, diese *in der Regel* engagiert sucht und sich über ihren Fund riesig freut, wird der individuelle Schafhirte, der *ein* Schaf aus seiner Herde verloren hat und nun, in überschießendem Engagement, seine 99 Schafe in der Wüste zurückläßt, um dem einen verlorenen nachzugehen und es, wenn er es gefunden hat, voll Freude auf seinen Schultern heimzutragen. Noch weiter ausgefaltet und in einzelne Erzählschritte differenziert, mit einer Nebenhandlung angereichert (Intervention des älteren, zu Hause gebliebenen Bruders), ist dann das Gleichnis vom verlorenen Sohn, worin die Liebe und das Erbarmen des Vaters zum eigentlichen Handlungsträger wird, die das Verlorene immer schon und immer noch umgreift – so daß man hier besser vom Gleichnis vom barmherzigen Vater spricht (so wird das Gleichnis interpretiert in Kap. 2.2 [b]).

Der Handlungsüberschuß, in den hinein die dramatisch aufgebauten einzelnen Erzählschritte den Hörer und Leser mitzunehmen suchen, kann entweder ein positives oder auch ein negatives Existenzgefühl enthalten. Wer, mitgenommen von der Erzählung Jesu, hineingeht in das überschießende Engagement des suchenden Hirten oder, mehr noch, in die überschießende Liebe und das unergründliche Erbarmen des barmherzigen Vaters, ist, wenn er den notwendigen Befremdungseffekt[70] überwunden hat, *geradlinig* dem Weg der Erzählung folgend, hineingegangen in die Denk-, Lebens- und Gefühlswelt der anbrechenden »malkût Jahwe«; es hat sich ihm unmittelbar und geradlinig erschlossen, was »malkût Jahwe« ist und wie er diese auch in seinem eigenen Leben finden und realisieren kann. Dasselbe gilt für den, der sich *bis zuletzt*, auch noch im überschießenden Schlußakkord der Geschichte, mit dem *gütigen Arbeitsherrn* identifiziert, also darin mitgeht, daß dieser in seiner Güte einen vollen Tageslohn für nur eine Stunde Arbeit bezahlt; oder mit dem *barmherzigen Samariter*, der durch sein überschießendes Handeln der Liebe die Ausgangsfrage »Wer ist mein Nächster?« ad absurdum führt; oder auch mit dem *betrügerischen Verwalter*, der, von Entlassung und Hunger bedroht, den Weg, dessentwegen er entlassen werden soll, noch entschiedener als vorher zu Ende geht in der Hoffnung, daß dieser Weg ihm die Häuser der Menschen öffnen wird (vgl. dazu die inhaltlichen Interpretationen in Kap. 2.2 [g] und [d] sowie 2.3 [f]).

Der überschießende Schlußakkord kann jedoch auch in einer Art Schockwirkung bestehen; durch sie wird der Hörer des Gleichnisses zu einer »disclosure«, einer plötzlich und bestürzend in ihm aufbrechenden Einsicht darüber geführt, wo er mit seinem Leben, Denken und Handeln steht und wie unendlich weit dieser sein Standort von jenem Leben und jenen Erfahrungen entfernt ist, die in der Tradition des jüdischen Volkes mit »malkût Jahwe« umschrieben werden. Der sich gerecht dünkende Israelit, der von den Dirnen und Zöllnern, wenn sie sich bekehren, minuziös das an Wiedergutmachung verlangt, was die geltenden Regelungen dafür vorschreiben, erkennt sich im Gleichnis vom *unfairen Knecht* (Mt 18,23–33), wenn er wirklich mit der Geschichte *mitgeht*, zu Tode erschrocken selbst als den, dem im Angebot der »malkût Jahwe« eine Unendlichkeit geschenkt worden ist und der nun seinen Mitknecht würgt und in grausamer Unbarmherzigkeit die hundert Denare einfordert, die gegenüber den 10 000 Talenten, die ihm

70 Diesen Befremdungseffekt in den Gleichnissen arbeiten besonders heraus: Biser, Gleichnisse 41 ff, ders., Sprachtheorie 467 f, 475, 531 f, 552 u. ö.; ders., Jesus für Christen. Eine Herausforderung, Freiburg–Basel–Wien 1984, 52 f; ebenso Eichholz 30 f; Ricoeur spricht von der »Überschreitung« oder der »Extravaganz« der Gleichnisse (Ricoeur/Jüngel 66 f). Dabei wird diese Aussage bei allen Autoren ohne genaue Beschränkung auf einen bestimmten *Teil* der Gleichnisse (in unserer Arbeit »Handlungsgleichnisse« genannt) gemacht. Westermann 117 weist darauf hin, daß dieser Zug jedoch »nur einer Gruppe von Gleichnissen« eignet.

selbst geschenkt worden sind, eine lächerliche kleine Summe bilden. Gleichnisse dieser Art wirken wie ein Zauberspiegel, in dem der Angesprochene plötzlich sein wahres Gesicht erkennt, das er in vielleicht lebenslanger Arbeit vor sich selbst und vor anderen hinter einer Maske verborgen hat.

Zu den Handlungsgleichnissen dieser Art (mit schockierendem Schlußakkord) gehören außer dem schon genannten Gleichnis noch das von den *anvertrauten Geldern* (Mt 25,14–28; Lk 19,12–24), vom *Pharisäer und Zöllner* (Lk 18,10–14a), vom *Mord im Weinberg* (Mk 12,1b–8 par) sowie die etwas anders akzentuierten Gleichnisse von den *zehn Jungfrauen* (Mt 25,1–10), vom *reichen Kornbauern* (Lk 12,16–20), vom *reichen Prasser und armen Lazarus* (Lk 16, 19–31) und vom *großen Gastmahl* (Lk 14,16–24; Mt 22,2–10). In *diesen* Handlungsgleichnissen führen die Schritte der Erzählhandlung nicht *geradlinig*, wie in den oben genannten Erzählungen, sondern mit Hilfe des *Kontrasts* zur anbrechenden »malkût Jahwe« hin. Waren die oben beschriebenen Gleichnisse eine unmittelbare Einladung, in jene Welt der überschießenden Liebe, Güte und Barmherzigkeit hinein mitzugehen, die Zeichen und Ausdruck der anbrechenden »malkût Jahwe« ist, so bilden die hier genannten Gleichnisse eine ebenso intensive Einladung zur *Wahrheit*, die Vorbedingung der Liebe und eines unmittelbaren Gottesverhältnisses ist.

Die Handlungsgleichnisse mit negativem Handlungsüberschuß sind ein Wahrheits-Spiegel, der den Hörer in heilsamer Schockwirkung darüber aufklärt, daß sein Weg, seine Gesinnung und Einstellung *gegen* die (von allen im Volk Israel erwartete und ersehnte) »malkût Jahwe« gerichtet sind. In der Gestalt des negativen »Helden« dieser Geschichte sieht er dieses sein falsches Selbst vor sich und kann sich, wenn er will und sich von der Inspiration des Erzählers ergreifen läßt, von ihm abwenden und jene wahre Identität aufbauen, die auch ihn dazu befähigt, in das neue Wirksamwerden Gottes unter den Menschen hinein mitzugehen. Handlungsgleichnisse dieser Art führen so in ihren dramatisch aufgebauten Erzählschritten zu Läuterung und Bekehrung, freilich immer auf dem Hintergrund der Erfahrung, daß die »malkût Jahwe« angebrochen ist. Ihr Ziel ist, daß sich der Hörer erschrocken von seinem Spiegelbild abwendet und in ein Verhältnis zum positiven (»malkût Jahwe« anzeigenden) Hintergrund der Erzählung tritt, das konträr zum Verhältnis der negativen Gleichnisfigur ist, ihm also Reich Gottes öffnet.

Dabei sind deutlich zwei Gruppen dieser Bekehrungsgleichnisse zu unterscheiden: Die Gleichnisse vom *unfairen Knecht*, von den *anvertrauten Geldern*, vom *Pharisäer und Zöllner*, vom *barmherzigen Samariter* und vom *Mord im Weinberg* suchen den Hörer zu einer Abkehr von jener Haltung einer sklavischen Gesetzesfrömmigkeit zu bewegen, die ihn ängstlich und unbeweglich (vgl. den ängstlichen Knecht im Gleichnis von den anvertrauten Geldern), hart und unbarmherzig (unfairer Knecht), blind für die Todesnot des Nächsten (Priester und Levit im Gleichnis vom barmherzigen Samariter), hochmütig und selbstgerecht (Gleichnis vom Pharisäer und Zöllner), böse und mißgünstig, ja sogar skrupellos bis hin zur blutigen Mordtat (Gleichnis vom Mord im Weinberg) werden läßt.

In der anderen Gruppe von Handlungsgleichnissen mit negativem Handlungsüberschuß sucht das Gleichnis den Hörer von seinem Verhaftetsein an die »Welt«, von der ängstlich-gierigen Suche nach Reichtum und äußerer Sicherheit zu befreien: Der *reiche Kornbauer* (Lk 12,16–20), die Erstgeladenen im Gleichnis vom *großen Gastmahl* (Lk 14,16–24; Mt 22,2–10) und der *reiche Prasser* (Lk 16,19–31) sind in dieser Haltung befangen. Sie werden so sehr von ihren Kornscheunen (reicher Kornbauer), ihrer prächtigen Kleidung und üppigen Mahlzeit (reicher Prasser), ihren Äckern, Ochsengespannen und Frauen (Gleichnis vom großen Gastmahl) beansprucht, daß sie achtlos und blind am unscheinbaren Aufkeimen der »malkût Jahwe« vorübergehen, ja sich noch nicht einmal in der Unterwelt aus ihrer Haltung befreien können (reicher Prasser). Ähnlich blind sind auch die fünf Jungfrauen (Gleichnis von den *zehn Jungfrauen*, Mt 25,1–10), die ihre Jahwe-Religion und die darin beheimatete Verheißung der »malkût Jahwe« nur noch als leeres Gehäuse mit sich herumtragen und deshalb, wenn plötzlich der »laute Ruf« ertönt: »Der Bräutigam kommt! Geht ihm entgegen!« (Mt 25,6), feststellen, daß sie kein Öl in ihren Lampen haben.

Wie schon eingangs ausgeführt, sind alle Handlungsgleichnisse dadurch gekennzeichnet, daß in ihnen das Vergleichsgeschehen nicht als geschlossener Vorgang erzählt und vor Augen gestellt wird (wie in den Vorgangsgleichnissen), sondern in einzelne Schritte eines dramatisch aufgebauten Handlungsablaufs auseinandergelegt wird, der schließlich in einer (positiv oder negativ) überschießenden Konfliktlösung endet. Im Umgang mit diesen Gleichnissen kommt es deshalb darauf an, diese Erzählschritte zusammen mit den handelnden Personen möglichst konturiert herauszuarbeiten, um dadurch den Hörer oder Leser der Erzählung zur Identifikation und zum engagierten Mitgehen mit der Erzählhandlung zu bewegen. So lernt er (beim positiven Handlungsüberschuß) den Befremdungseffekt zu überwinden und in den überschießenden Schlußakkord mit hineinzugehen, der ihm unmittelbar das Existenzgefühl der anbrechenden »malkût Jahwe« erschließt, bzw. (bei negativem Handlungsüberschuß) angesichts des schockierenden Schlußakkordes den Wahrheits-Spiegel, den Jesus ihm vorhält, nicht aus der Hand zu schlagen, sondern gespannt weiter in ihn hineinzublikken und sich von dem falschen Selbst abzuwenden, da dieses nicht fähig ist, das anbrechende, seit Jahrhunderten ersehnte neue Wirksamwerden Gottes unter den Menschen wahrzunehmen und sich davon ergreifen zu lassen.

Dieser Zielsetzung im praktischen Umgang mit Handlungsgleichnissen kommt entgegen, daß die meisten von ihnen, wenn auch manchmal in variierter Form, folgende vier Erzählschritte beinhalten: 1. Die Situationsangabe – 2. Das Handeln der Akteure – 3. Die sich anbahnende, zu erwartende Konfliktlösung – 4. Die überschießende Konfliktlösung:

Am Anfang steht meistens eine recht knappe *Situationsangabe*. Ein äußerer, alltäglicher Vorgang wird aufgegriffen: Ein Sohn läßt sich seinen Anteil am Erbe auszahlen und zieht in die Welt; ein Weinbergbesitzer sucht Arbeiter und beschäftigt sie in seinem Weinberg; ein Handelsherr geht auf Reisen und vertraut seinen Knechten für die Zeit seiner Abwesenheit sein Vermögen an; ein Mann veranstaltet ein großes Festmahl und hat viele dazu eingeladen. Mit solchen schlichten und einfachen Situationsangaben wird beim Zuhörer eine erste Spannung erzeugt: Wie wird es dem Sohn in der Fremde ergehen? Welche Arbeiter wird der Weinbergbesitzer finden und wie wird er mit ihnen auskommen? Was werden die Knechte des Handelsherrn mit den anvertrauten Geldern tun, wie wird es ihnen dabei ergehen? Wie wird das große Gastmahl mit den vielen geladenen Gästen verlaufen?

Die folgenden Sätze greifen dann diese Erwartungshaltung des Hörers auf und erzählen – meist ebenso knapp – vom *Handeln der in der Situationsangabe genannten Personen:* Der Sohn verpraßt sein Vermögen und kommt völlig herunter; der Weinbergbesitzer stellt zu ganz verschiedenen Tageszeiten, ja sogar noch in der letzten Stunde des Tages, Arbeiter ein; zwei der drei Knechte, denen Geld anvertraut wurde, »wirtschaften« mit dem anvertrauten Gut, einer hebt es sorgfältig auf, weil er ängstlich ist und das Risiko fürchtet; die zum großen Festmahl Geladenen lassen sich, als das Mahl beginnen soll, wegen wichtiger Dinge entschuldigen. Dieser erste Teil des Handlungsverlaufs, das Handeln der Akteure, ist deutlich schon in der Situationsangabe angelegt. Er ergibt sich aus ihr, jedoch nicht so, daß daraus ein alltäglicher Regelfall wird, sondern vielmehr eine besondere Situation entsteht, welche die Spannung steigert und den Zuhörer fragen läßt, wie der auftauchende Konflikt wohl gelöst werden wird: Wird der heruntergekommene Sohn wieder »auf die Beine kommen«, und wie wird dies geschehen? Wie wird der Weinbergbesitzer die einzelnen Arbeiter entlohnen? Wie wird der Handelsherr, wenn er zurückkommt, das verschiedenartige Tun seiner Knechte beurteilen? Was wird der Mann tun, dessen Festmahl fertig zubereitet ist, dessen Gäste aber abgesagt haben?

Im Fortgang der Erzählung wird nun dieser in das Blickfeld genommene Konflikt aufgegriffen und einer Lösung nähergeführt. Die *sich anbahnende, zu erwartende Konfliktlösung* kommt ins Blickfeld: Der Sohn kehrt zum Vater zurück, und es ist zwar nicht selbstverständlich, aber doch erwartbar, daß er, wenn auch unter bestimmten Bedingungen, von seinem Vater wieder aufgenommen wird; der Zuhörer erwartet auch, daß der Weinbergbesitzer den Arbeitern der letzten Stunde etwas mehr geben wird als nur den Lohn für eine einzige Stunde, weil dies angesichts der Armut dieser Menschen beinahe zynisch wäre; auch daß sich der Herr über das gewinnbringend verwendete Geld mehr freut als über das bloß sorgfältig aufbewahrte, erwartet der Zuhörer, wenn er nun davon hört, daß der Handelsherr zurückkommt und die Knechte zu sich ruft; ferner liegt es auch nahe, daß der Mann, der das Festmahl veranstaltet, versuchen wird, noch andere Freunde und Bekannte für sein Mahl zu gewinnen.

Bis hierhin ist die Handlung einfach, spannend und psychologisch folgerichtig aufgebaut. Dieser Aufbau bewirkt, daß der Hörer sich mit den handelnden Personen identifiziert und intensiv, mit voller innerer Zustimmung, den Weg der Handlung *mitgeht*.

Indem er dies jedoch tut, gerät er plötzlich in eine Irritation. Der Konflikt wird zwar in der Richtung gelöst, in der der Zuhörer es erwartet; dabei aber taucht (sowohl in der positiven wie auch in der negativen Richtung) ein *irritierender* Überschuß auf, worin dem Zuhörer das Andere der anbrechenden »malkût Jahwe« begegnet und sich ihm ein Raum öffnet, der, obwohl im Fortgang der Handlung folgerichtig, ihm dennoch fremd und ungewöhnlich erscheint: Daß der Vater den Sohn nicht verhungern läßt und wieder bei sich aufnimmt, ist verständlich; aber muß er ihm entgegenlaufen, ihm *fraglos* sein Sohnsein wieder zusprechen und ein großes Fest feiern, wenn ein »solcher« Sohn zurückkommt? Und muß der Weinbergbesitzer den Arbeitern der letzten Stunde gleich den *vollen* Tageslohn geben und dadurch die anderen Arbeiter vor den Kopf stoßen? Daß der zurückkehrende Handelsherr die Mitarbeiter, die im Umgang mit dem ihm anvertrauten Geld etwas hinzugewirtschaftet haben und dadurch seinen Besitz vermehrten, stärker lobt als den treuen aber ängstlichen Knecht, der alles so zurückgibt, wie es ihm der Herr vor der Abreise übergeben hatte, ist zu erwarten; aber ist es denn »normal«, daß er den beiden ersten Knechten ihr anvertrautes Gut verdoppelt und sie als Teilhaber in seine Tischgemeinschaft aufnimmt, während er dem ängstlichen Knecht das anvertraute Gut ärgerlich abnimmt und ihn in seinem Knechtsstatus beläßt? Und ist es nicht maßlos »übertrieben«, daß der Gastgeber des großen Festmahls ohne Ansehen der Person nun einfach alle einlädt und seinen Festsaal mit Krüppeln, Blinden und Lahmen anfüllt, so daß von den zuerst geladenen Gästen, wenn sie später vielleicht doch noch zum Mahl hinzukommen wollten, keiner mehr einen Platz finden kann?

Dies ist die Stufe der überschießenden Konfliktlösung, die ebenso wie der in Schritte eingeteilte Handlungsablauf für die Handlungsgleichnisse kennzeichnend ist. Gegenüber den Vorgangsgleichnissen sind die Handlungsgleichnisse stärker vom Künstlerisch-Ästhetischen her durchdacht und gestaltet. Es sind kunstvollere Gebilde als die Vorgangsgleichnisse. Deshalb besitzen sie diesen gegenüber auch eine größere relative Autonomie als »ästhetisches Objekt« (Via). Dennoch können auch sie nicht von der Person und dem Geschick ihres Schöpfers abgelöst werden. Freilich gibt es hier Unterschiede. Das Gleichnis vom barmherzigen Vater gewinnt zwar sehr an Intensität und Ausdruckskraft, wenn ich mir beim Hören die Situation Jesu vor Augen halte, der sich hier mit dem Vorwurf seiner theologischen Gegner, er feiere den von ihm verkündeten Anbruch der »malkût Jahwe« mit Zöllnern und Sündern, auseinandersetzt. Diese Zusammenschau von Erzählung und existentieller Situation des Erzählers läßt mich wirklich, wie es schon Jülicher formuliert hat, dem Erzähler »ins Herz sehen«.[71] Das überschießende Erbarmen des Vaters ist dann eben nicht nur eine literarische Fiktion, nicht nur Ausdruck einer absolut guten Phantasie des Dichters, sondern das Zu-Wort-Kommen jener Liebe, mit der sich Jesus *tatsächlich* den religiös Deklassierten seiner Zeit zuwendet und ihnen die Verheißungen zurückgibt. Es ist eine Liebe und Zuwendung, die ihr irritierendes Übermaß gerade auch darin zeigt, daß sie den älteren, zu Hause gebliebenen Sohn, der den Einwänden der Gegner Jesu Raum gibt, ebenso umfaßt. Dennoch spricht diese Geschichte auch sehr stark aus sich selbst heraus als autonomes, ästhetisches Gebilde: Das überschießende Erbarmen des Vaters ist so konkret und anschaulich ausgestaltet, daß es von sich selbst her den Charakter des Fiktiven verliert und als wirklich und wirksam im Hören der Geschichte gleichsam real gespürt und erfahren wird.

Im Gleichnis vom gütigen Arbeitsherrn oder von den anvertrauten Geldern dagegen ist die Einbeziehung der existentiellen (nicht historischen) Entstehungssituation für die Wirkung der Erzählung schon ungleich wichtiger. Das »Ist dein Auge böse, weil ich gut bin?« (Mt 20,15, Übersetzung nach Weder), das den Abschluß des erstgenannten Gleichnisses bildet, kommt in seiner ganzen Eindringlichkeit und Tiefe erst zur Geltung, wenn diese Frage nicht nur an den murrenden Arbeiter, sondern mehr noch an den theologischen Gegner Jesu gerichtet ist, der ihm die Zusage der anbrechenden »malkût Jahwe« auch noch an die Zöllner

71 Jülicher I, 148 f, 150; Weder 15

und Sünder mit innerer Erbitterung zum Vorwurf macht; und die Geschichte von den anvertrauten Geldern gewinnt ihre atemberaubende Spannung erst, wenn sich im ängstlichen Knecht, der das ihm anvertraute Gut in der Erde vergräbt, aufhorchend der strenge Gesetzeslehrer wiedererkennt, der mit Hunderten von Gesetzesbestimmungen einen Zaun um die Tora errichtet hat, um diese zu schützen, und voll Erbitterung und Haß auf jene religiösen Lehrer in Israel blickt, die dieses Gut auf die Märkte und Gassen hinaustragen, ja noch den Sündern und Zöllnern die »malkût Jahwe« zusagen.

Das Gleichnis vom »ungetreuen Verwalter« ergibt bis heute in den verschiedenen Auslegungen, wie die Interpretation in Kap. 2.3 (f) zeigt, keinen wirklich klaren und unmittelbar einleuchtenden Sinn, weil man die Erzählung zu wenig auf die existentielle Situation bezogen hat, aus der heraus sie Jesus gedichtet hat: Verteufelt und angeschwärzt durch seine theologischen Gegner, er verschleudere die anvertrauten Überlieferungen, erfährt er, daß die religiöse Obrigkeit in Jerusalem seine »Absetzung« beschlossen hat, und er entschließt sich dazu, dennoch seinen Weg – nun noch entschiedener als vorher – bis zum Ende weiterzugehen.

So gilt auch für die Handlungsgleichnisse, daß sie ihre Wirkung auf den Hörer nicht an der Person und dem Geschick Jesu vorbei entfalten können; ihr (positiver oder negativer) Handlungsüberschuß kommt nur dann richtig zur Geltung, wenn die existentielle Situation mitschwingt, in der Jesus die Erzählung gedichtet hat. Der positive Handlungsüberschuß ist nicht, als abstraktes »Bild« für sich genommen, eine »Veranschaulichung« des anbrechenden Gottesreiches, den es dem Erzähler glaubend »abzunehmen« gilt, sondern er bildet, wenn ich die existentielle Erzählsituation mitsprechen lasse, einen Impuls, der meine innere *und* äußere Wahrnehmung schärft und mich die keimhaft da und dort, wenngleich senfkornklein und unscheinbar auch in meinem Leben und meiner Welt anbrechende »malkût Jahwe« sehen oder doch zumindest ahnen läßt.

Noch weniger bildet der negative Handlungsüberschuß eine autoritativ vorgetragene Aufforderung zur Bekehrung, die von mir Unterwerfung fordert; vielmehr bringt mir, vom Ganzen des Sprachgeschehens her gesehen, in diesen Handlungsgleichnissen der Erzähler Jesus eine Zuwendung entgegen, in deren Licht ich mich gleichermaßen in meinem falschen Selbst durchschaut und demaskiert wie auch in meinem anderen, wahren Selbst als angenommen, ja geliebt erfahre. Die Einladung zur Wahrheit ist auch hier umgriffen von der Einladung zur Liebe. Ja, ich kann dieser Einladung zur Wahrheit im Sinne des Erzählers nur folgen, wenn ich diesen Entschluß nicht wiederum aus ängstlicher und knechtischer Gesinnung vollziehe. Eine solche »Umkehr« wäre gar keine Bekehrung, wie Jesus sie in seinen Gleichnissen anzielt, sie würde ja nur das eine Abhängigkeitsverhältnis (gegenüber dem mechanisch gedachten Gesetz oder auch gegenüber der Welt) durch ein anderes Abhängigkeitsverhältnis (nämlich gegenüber Jesus) ersetzen; doch nur der innerlich befreite Mensch kann die anbrechende »malkût Jahwe« erfahren. Zu eben dieser Läuterung und inneren Befreiung laden die Handlungsgleichnisse mit negativem Handlungsüberschuß ein, um auf diese Weise den Menschen dazu zu befähigen, das keimhafte Anbrechen der Gottesherrschaft auch in seinem Leben zu entdecken.

1.3 Die Anrede zur Geltung bringen

Methodische Schritte und Prinzipien im Umgang mit Vorgangs- und Handlungsgleichnissen (anhand von Unterrichtsbeispielen)

Der richtige und sachgemäße methodische Umgang mit Vorgangs- und Handlungsgleichnissen soll hier auf induktivem Wege entfaltet werden. Es wird dazu zunächst, ohne größeren Kommentar, vorgestellt, wie in einer 6. bzw. 7. Hauptschulklasse das Gleichnis vom Senfkorn (als Vorgangsgleichnis) und das Gleichnis vom unfairen Knecht (als Handlungsgleichnis) erarbeitet wurden.[72] Anschließend sollen dann anhand dieser Beispiele die methodischen Schritte und Prinzipien reflektiert werden, die auch auf andere Vorgangs- bzw. Handlungsgleichnisse übertragen werden können.

(a) *Das Vorgangsgleichnis vom Senfkorn (Lk 13,18–19 par)[73] im Religionsunterricht*

Das Gleichnis sollte in einer 6. Klasse, also mit Schülern im Alter von 12–13 Jahren, erarbeitet werden; es standen dafür nur zwei Unterrichtsstunden zur Verfügung, was sich als etwas zu knapp erwies. Die

72 Der Unterricht wurde von mir in Absprache mit dem Lehrer der Klassen, Dietmar Havenith, geplant (viele der didaktischen Ideen stammen von ihm), dann von ihm – durch die konkrete Situation in der Klasse bedingt, teilweise nochmals in variierter Form – durchgeführt und von Hilde Laschet, einer studentischen Mitarbeiterin, und mir aufgezeichnet; vgl. zum ersten Unterrichtsbeispiel: D. Havenith/H. Laschet, Vorgangsgleichnisse im Religionsunterricht. Ein Unterrichtsprojekt zum Gleichnis vom Senfkorn (Klasse 6), in: ru (Zeitschrift für die Praxis des Religionsunterrichts) 15 (1985) 112–115; zum zweiten Unterrichtsbeispiel: G. Baudler/D. Havenith, Das Handlungsgleichnis vom unfairen Knecht im Religionsunterricht, in: Katechetische Blätter 111 (7/1986) 554–559.

73 Zur Interpretation des Gleichnisses von seiner existentiellen Entstehungssituation bzw. seiner Gefühls- und Denkstruktur her vgl. die Ausführungen zu dem Gleichnis in Kap 2.3 (g) bzw. in Kap 3.1 (a)

Gruppe umfaßte 23 Schüler, 9 Jungen und 14 Mädchen. Es sollte darum gehen, den von Jesus erzählten Vergleichsvorgang mit den Schülern zu meditieren und ihn lebensmäßig anzueignen. Damit das Gleichnis seine genuine Wirkung entfalten kann, ist es notwendig, die existentielle Entstehungssituation des Gleichnisses zu reflektieren und sie, sowie die genuine Textstruktur[74], in die assoziative und kreative Aneignung mit einzubeziehen.

Das Gleichnis erschließt sich am stärksten und »sprechendsten « in seinem Anredecharakter, wenn ich als seine *existentielle Entstehungssituation* die letzte Phase des Wirkens Jesu annehme (vgl. dazu das ganze Kap. 2, besonders 2.3): Jesus hat im Vertrauen auf seinen »abba« das auf ihn zukommende Todesgeschick innerlich als Teil seiner Sendung angenommen und geht seinen Weg zu Ende: Unentwegt sät der *Sämann* seinen Samen; einiges wird Frucht bringen (Mk 4,3–8 par). Er ist bereit, von seinem Wirkungsfeld abzutreten, wie der Bauer, der in der Nacht schläft und darauf vertraut, daß die Saat von selber wächst (*selbstwachsende Saat*, Mk 4,26–28). Auch wenn der Same klein und unscheinbar ist – sagt dann das *Gleichnis vom Senfkorn* in diesem Zusammenhang – wird er heranwachsen zu einer Staude oder einem Baum, »so daß in seinem Schatten die Vögel des Himmels nisten können« (Mk 4,32). Der Vorgang des selbsttätigen Wachstums, der aus kleinen Anfängen große und gute Wirkungen hervorbringt (*Kontrast* zwischen dem winzigen Senfkorn und dem Baum), wirkt in der existentiellen Sprechsituation tröstend; er intensiviert den Ausdruck und Zuspruch des Vertrauens, worin Jesus sich auch jetzt noch den Menschen zuwendet. Der Baum mit seinen sich ausbreitenden Ästen ist dabei zur Zeit Jesu eine bekannte metaphorische Wendung für die verschiedenen Weltreiche (vgl. den Traum des Königs Nebukadnezar aus dem Buch Daniel, Dan 4,7b–9, auf den das Gleichnis im letzten Vers durch ein Zitat Bezug nimmt).

Die *Struktur* des Textes ist einmal durch den Kontrast zwischen dem beinahen Nichts des Anfangs und dem Großen und Bergenden des Endes und zweitens durch den Hinweis auf das Wunderbare des selbsttätigen Wachsens bestimmt; aus einem beinahen Nichts entsteht durch selbsttätiges Wachsen ein großes, die Menschen bergendes und beschützendes Reich, in dem die Erwartung des Gottesreiches an ihr Ziel kommt.

In der *assoziativen Aneignung* muß das Tröstend-Befreiende, das (bezogen auf die existentielle Redesituation Jesu) in diesem Vorgang

74 Vgl. hierzu die Hinweise zur analytisch-assoziativen Übertragung (bzw. zum »bibeldidaktischen Viereck«) in der folgenden Reflexion der methodischen Schritte und Prinzipien (Kap. 1.3 [c])

steckt, auf die Lebenssituation der Schüler »überspringen« und auch ihnen helfen, Zweifel und Resignation zu überwinden.

Eine *kreative Neugestaltung* kann diese Sprachwirkung des Gleichnisses festigen, stärker im Bewußtsein des Schülers verankern und eine Grundlage für den Vergleich mit dem ursprünglichen Bibeltext bilden. Aufgrund dieser Vorüberlegungen entstand folgender Unterricht.

Erster Lernschritt: Den metaphorischen Gehalt des Vorgangs nachempfinden

Als *Einstieg* zeigt der Lehrer ein Dia mit einem Baum. Der Betrachter steht dabei unter dem Baum und blickt empor in die mächtigen Äste und Zweige, die sich über ihn ausbreiten. Die Schüler sollen sich vorstellen, wie sie an einem heißen Sommertag unter die mächtige Baumkrone treten, und sie sollen äußern, welche Gefühle sie dabei empfinden.

Begründung:

Durch diesen Einstieg wird der Baum von vornherein den Schülern in seinem symbolischen Ausdrucksgehalt vor Augen gestellt. Dies ist in dieser Altersstufe besser, als den Unterschied zwischen Symbol und naturwissenschaftlich faßbarem Gegenstand begrifflich zu erörtern. Der Lehrer muß so lange bei diesem Lernschritt verweilen, bis er aus den Reaktionen der Schüler ersieht, daß den meisten von ihnen diese symbolische Qualität des Baumes aufgegangen ist (was nicht heißen muß: als solche *bewußt* geworden ist).

Durchführung:

Der Lehrer stellt den Bezug zu den winterlichen Temperaturen her, die in der Zeit der Durchführung dieses Unterrichtsprojekts herrschten, um in den Schülern den Wunsch und die Vorstellung eines heißen Sommertages entstehen zu lassen. Nach einer kurzen Sammlung erfolgt die Bildbetrachtung. Der Lehrer projiziert das Dia »Blick von unten in die Baumkrone« möglichst groß (Weitwinkelobjektiv!) an die Wand. Die Schüler lagern sich unter dem Bild auf den Boden. Es gelingt ihnen dabei, das Bild so auf sich wirken zu lassen, daß sie der Symbolqualität des Baumes zugänglich werden. Die gemachten Äußerungen lassen darauf schließen, daß einige Schüler entsprechende Erfahrungen gemacht haben (z. B.: »Man fühlt sich beschützt und nicht allein«).

Zweiter Lernschritt: Zur existentiellen Entstehungssituation des Gleichnisses hinführen

Der Lehrer erzählt den Schülern den Traum des Königs Nebukadnezar aus dem Buch Daniel (Dan 4,7b–9):

> »Da stand ein Baum mitten auf der Erde; er war sehr hoch. Der Baum wuchs zusehends und wurde immer mächtiger; seine Höhe reichte bis an den Himmel; er war bis ans Ende der ganzen Erde zu sehen. Er hatte prächtiges Laub und trug so viele Früchte, daß er Nahrung für alle bot. Unter ihm fanden die wilden Tiere des Feldes Schatten; die Vögel nisteten in seinen Zweigen; alle Lebewesen ernährten sich von ihm.«

Der Lehrer erzählt, wie die Könige besonders im Orient früher Traumdeuter an ihrem Hof hatten, die ihnen ihre Träume deuten mußten. In Gruppenarbeit oder als Rollenspiel sollen nun die Schüler versuchen, dem König seinen Traum zu deuten.

Begründung:

Die Vergegenwärtigung dieser politisch-messianischen Ausprägung des im Baum enthaltenen Symbolgehalts ist notwendig, weil sie auch in der historischen Situation gegeben war, in der Jesus das Gleichnis erzählte. In der Arbeit ist es wichtig, daß der Traum als der spezifische Traum eines *Königs* (der schon ein Reich hat, das nur noch zu einem Weltreich anwachsen muß) den Schülern deutlich wird.

Durchführung:

Um den Übergang zur 2. Lerneinheit zu erleichtern, wählt der Lehrer das Bild einer »Zeitmaschine«, die ihn und die Schüler in ein fernes Land und um 2500 Jahre zurück versetzt. Die Schüler schließen die Augen, während der Lehrer einige Stationen der Reise passieren läßt. Am Hof des großen und mächtigen Königs Nebukadnezar II. (babylonischer König 603–562 v. Chr., der ein Weltreich eroberte und die Juden in die babylonische Gefangenschaft führte) endet die Fahrt. Der Lehrer weist darauf hin, daß dieser König mächtig und selbstgefällig ist. Die von ihm beschäftigten Traumdeuter dürfen – wollen sie nicht Gefahr laufen, in Ungnade zu fallen – nur dem König wohlgefällige Dinge prophezeien. Es kommt zum Rollenspiel, bei dem der Lehrer als König seinen Traum berichtet und die Schüler als Traumdeuter fungieren. Die Autorität des Königs wird noch zusätzlich dadurch erfahrbar, daß die Schüler einzeln vor ihn hintreten müssen. Durch seine jeweilige Reaktion haben die Schüler schnell erkannt, welche Deutung der »König«

zuläßt, und bringen ihre Hochachtung mit den entsprechenden, dem König wohlgefälligen Äußerungen zum Ausdruck. So war es klar, daß jene Deutungen überwogen, in denen der König seine Macht positiv – zum Wohle der Menschen – anwendet.

Dritter Lernschritt: Die existentielle Entstehungssituation des Gleichnisses vertiefen

Daran anknüpfend stellt nun der Lehrer in einer freien Erzählung die o. g. existentielle Entstehungssituation des Gleichnisses Jesu vor Augen: Jesus ist *kein* König, der über ein Reich verfügt, das nur noch zu einem Weltreich anzuwachsen bräuchte, sondern er verkündet seinen Zeitgenossen das von diesen seit Jahrhunderten erwartete neue Wirksamwerden Gottes in seinem Volk; er findet auch Menschen, die sich seiner Botschaft öffnen und Jesu Erfahrung vom Anbrechen der Gottesherrschaft unter den Menschen nachvollziehen. Doch dies sind vornehmlich Menschen, die religiös und gesellschaftlich mißachtet sind (»Zöllner und Sünder«), und deshalb stößt er mit seinem Wirken auf den Widerstand der religiösen und politischen Führer Israels, die ihn zu töten suchen. Auch viele patriotisch und freiheitlich gesinnte Israeliten (»Zeloten«), die am Anfang einen möglichen Befreier von der Fremdherrschaft Roms in Jesus gesehen hatten, fallen von ihm ab, weil er völlige Gewaltlosigkeit fordert. Er aber, von den meisten Anhängern verlassen und den drohenden Tod vor Augen, verkündet unentwegt in Wort und heilendem Handeln, daß das verheißene messianische Reich, das neue Wirksamwerden Gottes in seinem Volk, schon im Anbrechen ist. Dabei erzählt er das Gleichnis vom Senfkorn. Während der Lehrer bisher mündlich erzählt hat, liest er nun das Gleichnis in der Fassung des Lukas (13,18 f) vor. Anschließend sollen die Schüler sich äußern, was Jesus mit der kleinen Geschichte wohl sagen wollte.

Begründung:

Die Gleichnisse können nicht unabhängig vom Leben und Geschick Jesu verstanden werden. Die Darbietung des Gleichnisses innerhalb einer mündlichen Rahmenerzählung soll ein erstes intuitives Verstehen des Gleichnisses in seiner existentiellen Entstehungssituation und seiner Wirkintention möglich machen und gleichzeitig dabei auch die Jesusgestalt beleuchten. In den folgenden Lernschritten soll dann das zuerst intuitive Verstehen in seinen einzelnen Zügen entfaltet und auf das Leben der Schüler übertragen werden.

Durchführung:

Wieder wählt der Lehrer das Bild der »Zeitmaschine«, in der die Schüler nun in das Land Palästina zur Zeit Jesu »reisen«. Er legt ganz kurz die politischen und religiösen Verhältnisse dar. Die Schüler – offenbar schon gut vertraut mit der Zeit und Umwelt Jesu – charakterisieren die Menschen, mit denen Jesus umging. Dann arbeiten sie heraus, wie einerseits Jesus und andererseits der mächtige König Nebukadnezar mit den ihn umgebenden Menschen umgingen. Ferner wird deutlich, welche Motive im einen wie im anderen Fall die Menschen dazu bewogen haben, ihm, Jesus, bzw. dem König, nachzufolgen (hier: persönliche Bindung, Trost und Geborgenheit; dort: zumindest teilweise Furcht und Lohnerwartung). Der Lehrer greift besonders den Gedanken der politisch-messianischen Erwartungen auf, die auf Jesus gerichtet sind, und stellt den Schülern die Enttäuschung der Anhänger vor Augen, als diese Erwartungen sich nicht erfüllen. Zweimal wird nun das Gleichnis vorgelesen. Die Übertragung des Gleichnisses auf die besondere Situation Jesu gelingt den Schülern gut. Sowohl das Motiv des *Kontrastes* als auch des *Wachstums* werden in den Äußerungen deutlich und durch den Lehrer vertieft.

Vierter Lernschritt: Den metaphorischen Gehalt des Vorgangs auf die eigene Lebenswelt übertragen

Die Schüler werden in ihrer Deutung des Jesusgleichnisses schon darauf verwiesen, daß das Senfkorn, in die Erde gesteckt, nicht sichtbar ist und doch aus ihm der bergende und schützende Baum herauswächst. Dieses Motiv des Kontrastes zwischen Anfang und Ende gilt es nun noch weiter zu entfalten. Der Lehrer erzählt den Schülern, daß von den ersten Christen das Gleichnis auch noch in einer anderen Fassung überliefert wurde, und liest ihnen die Markus-Fassung vor. Er läßt sie nach Unterschieden suchen und hält dabei die markinische Betonung der Winzigkeit des Senfkorns – Mk 4,31b: »Dieses ist das kleinste von allen Samenkörnern, die man in die Erde sät« – fest. Daran anknüpfend fordert er die Schüler auf, selbst Gegensatzpaare zu suchen, wo in ähnlichem Kontrast ein kleiner unscheinbarer Anfang einer großen und befreienden Wirkung am Ende gegenübersteht. Bei dieser kreativen Weiterführung des jesuanischen Vergleichs ist darauf zu achten, daß der bergende und beschützende Charakter des großen und befreienden Endes erhalten bleibt. Anders geartete Assoziationen der Schüler (z. B. kleines, noch blindes Katzenjunges und mächtiger Kater, der die gesamte Nachbarschaft zu seinem Revier macht) darf der Lehrer freilich nicht als »falsch« zurückweisen – das Kind hat eben so assoziiert und danach war ja gefragt worden – oder sie moralisierend abwerten; er muß aber den Schüler auf den Unterschied zwischen dem selbst gefundenen Vergleich und dem von Jesus erzählten aufmerksam machen.

Begründung:

Aus der strukturalen wie aus der historischen Analyse des biblischen Textes haben sich Kontrast und Wachstum als tragende Elemente der Textstruktur ergeben. Diese müssen deshalb von den Schülern erfaßt und kreativ auch auf die eigene Lebenswelt hin übertragen werden. Hier *praktiziert* der Schüler ein symbolisch-unmittelbares Verständnis des Textes; es geht ihm sein symbolischer Ausdrucksgehalt ganzheitlich-unmittelbar auf (z. B. ohne Reflexion auf den Symbolbegriff, auf ähnliche Mythen usw.).

Durchführung:

Nachdem das Motiv des Kontrastes anhand der markinischen Fassung des Senfkorn-Gleichnisses herausgestellt wurde, erteilt der Lehrer seinen Schülern den Arbeitsauftrag, ähnliche Gegensatzpaare aus ihrem eigenen Lebensumfeld zu suchen. Da die Stunde zu Ende ist, gibt er diesen Auftrag als Hausaufgabe. In der folgenden zweiten Unterrichtsstunde werden nach einer kurzen Wiederholung die selbst verfaßten Kontrast-Beispiele verlesen. Es handelt sich hauptsächlich um allgemein gehaltene Vergleiche, wie z. B. den Bau eines Hauses, das Pflanzen einer Kastanie oder auch die Vermehrung materiellen Reichtums (hier schien der jesuanische Aspekt des persönlichen Geborgenseins des Menschen im Gottesreich nicht erfaßt worden zu sein; der Lehrer arbeitet in Lernschritt 7 diesen Unterschied heraus). Eine Schülerin stellt ein anderes Beispiel vor, worin ein von allen belächelter Angler sein Hobby zum Beruf macht, viele Fischteiche anlegt und damit großen Erfolg hat. Hier setzt der Lehrer an und leitet zum 5. Lernschritt über.

Fünfter Lernschritt: Die existentielle Entstehungssituation des Gleichnisses auf die eigene Lebenswelt übertragen

Der Lehrer stellt den Schülern folgende Frage: In welchen Lebenssituationen könnte mir der Gedanke an einen Vorgang, wie Jesus ihn erzählt oder wie ich selbst ihn analog zur Erzählung Jesu gefunden habe, helfen? Hier gilt es einfach, die Antworten der Schüler zu sammeln; es ist auch möglich, die Frage in arbeitsgleicher Gruppenarbeit behandeln zu lassen. Die Antworten sind nicht als »richtig« oder »falsch« einzustufen. Wo jedoch Abweichungen von der Gedankenrichtung des jesuanischen Gleichnisses festzustellen sind, soll der Lehrer, evtl. durch Rückfragen, diese Unterschiede zur Sprache bringen.

Begründung:

Diese Assoziationsübung knüpft an die historische Analyse an und läßt sie didaktisch wirksam werden. Anders als bei einem Handlungsgleichnis gilt es dabei, den *ganzen* Vorgang auf die eigene Lebenssituation zu beziehen. Die Schüler sollen dadurch die Tröstung, Befreiung und neu aufkeimende Hoffnung spüren, den ein Vergleich dieser Art auszuüben vermag, wenn er mir in einer Situation zugesprochen wird, in der ich – vielleicht durch echte Verlusterfahrungen – deprimiert und niedergedrückt bin. Dadurch wird den Schülern sowohl ein Zugang zur Gestalt Jesu als auch zu dem, was Jesus als Anbrechen des Gottesreiches versteht, aus ihrer eigenen Lebenswelt heraus erschlossen.

Durchführung:

Der Lehrer fordert die Schüler auf, den Vorgang, der vom kleinen unscheinbaren Anfang (von einer Situation, in der man sich klein und schwach gefühlt hat) zum großen befreienden und bergenden Ende führt (wo man sich glücklich und geborgen fühlt), auf sich zu beziehen. Die Schüler erzählen nun eigene Erlebnisse. Es überwiegen hier Beispiele, die einen Schul- und Klassenwechsel beinhalten. In diesen Situationen fühlen sich die Schüler zunächst allein, minderwertig, teilweise auch bedroht. In der Loslösung und Abtrennung von der Klassengemeinschaft erleben sie eine existentielle Verlusterfahrung. Vorgänge nach Art des Senfkorngleichnisses können dabei trösten und die Hoffnung wecken, auch in der neuen Umgebung wieder Freunde und Anerkennung zu finden. – Einige erzählen auch von einer Krankheit, in der sie sich schwach und elend fühlten und in der ihnen der Zuspruch des Vergleichsvorgangs Trost und Hoffnung hätte spenden können.

Sechster Lernschritt: Kreative Neugestaltung des Vergleichsvorgangs in der eigenen Lebenswelt

Nun fordert der Lehrer die Schüler zu einer kreativen Neugestaltung des Vorgangs auf. Dabei kann er an die Lebenssituationen anknüpfen, die im vorausgehenden Lernschritt von den Schülern zusammengetragen wurden. Entsprechend diesen Lebenssituationen kann z. B. möglicherweise eine pantomimische Gestaltung erfolgen (tänzerische Darstellung des Vorgangs). Es ist auch möglich, das Gleichnis auf eine der assoziierten Lebenssituationen hin neu zu formulieren[75] oder es mit einer entsprechenden Rahmenhandlung neu zu erzählen.[76] Eine solche Erzählung kann auch in einem Rollenspiel dargestellt werden. Ferner ist es möglich, daß ein Schüler einem Mitschüler, der von einer Verlustsituation erzählt hat, einen Brief schreibt und ihm darin den Gleichnisvorgang (in der jesuanischen Form oder in selbst gefundenen analogen Vorgängen) als Trost und Hilfe vor Augen stellt. Vielleicht haben die Schüler auch noch eigene Gestaltungsideen.

Begründung:

Die assoziativen Lernschritte vier und fünf müssen durch kreative Gestaltungen gefestigt und in ihren Konturen klar dargestellt werden. Dadurch dringen sie tiefer in das Denken und Empfinden des Schülers ein und können ihre heilsame Wirkung entfalten. Gleichzeitig ermöglicht eine solche Gestaltung, die Assoziationstendenz mit dem ursprünglichen Bibeltext und dessen Wirkrichtung selbstkritisch zu vergleichen (s. nächster Lernschritt!).

Durchführung:

Der Lehrer initiiert die Umsetzung des Gleichnisses vom winzigen Anfang zum großen Ende in Bewegung, wobei Musik als Medium dient (Neil Diamond: Jonathan Livingstone Seagul, Prologue). Er wählt drei Schüler aus, die den Vorgang tänzerisch zum Ausdruck bringen sollen. Die Gruppe wird vom Lehrer aufgefordert, sich vorzustellen, daß sie als Samenkorn ganz winzig in der Erde stecken und langsam zum Baum emporwachsen, der seine Äste immer weiter und höher ausstreckt. Sie sollen sich dabei ganz von der Musik leiten lassen (den Schülern ist das gewählte Stück nicht bekannt). Obwohl die Schüler bei der Durchführung zunächst gehemmt waren, gelang es ihnen dennoch, sich von der langsam ansteigenden Musik erfassen zu lassen und den Vorgang in einer symbolischen Bewegung darzustellen.

75 Vgl. dazu K. H. Sorger, Kreativer Umgang mit Gleichnissen. Transformationen biblischer Texte, in: ru (Zeitschrift für die Praxis des Religionsunterrichts) 15 (1985) 109–111

76 Gleichnisse durch eine methodisch-didaktische Arbeit an der Rahmenhandlung den Schülern im Unterricht zu erschließen, wird auch von W. Neidhart vorgeschlagen: W. Neidhart/H. Eggenberger (Hg.), Erzählbuch zur Bibel, Theorie und Beispiele, Zürich u. a. 1975, 249–265.

Siebter Lernschritt: Die Übertragung (von Vorgang und existentieller Entstehungssituation) mit dem ursprünglichen Sprachgeschehen des Gleichnisses vergleichen

Abschließend gilt es, von diesen eigenen Gestaltungen aus nochmals auf den dritten Lernschritt zurückzublicken und die Wirkung der eigenen Gestaltung mit der Wirkung zu vergleichen, wie sie Jesus in seiner Situation mit seiner Gleichniserzählung intendiert: Ist die Wirkung hier in unserer gegenwärtigen Lebenssituation ähnlich? Was ist anders?

Begründung:

Die Neugestaltung des Textes darf den alten überlieferten Text nicht überdecken und überflüssig machen. Das überlieferte Gleichnis bleibt Ausgangs- und Zielpunkt des Unterrichtsprozesses. In diesem abschließenden Vergleich gilt es, das Evangelium vom gegenwärtigen Leben her und das gegenwärtige Leben im Licht des überlieferten Evangeliums zu sehen. Es kann dabei nicht darum gehen, möglichst eine Deckungsgleichheit zu erreichen, sondern nüchtern die Ähnlichkeiten und Unterschiede festzuhalten und entsprechend ein größeres oder kleineres Stück weit die befreiende Wirkung des Evangeliums im eigenen Leben zu spüren.

Durchführung:

Nachdem die tänzerische Neugestaltung von den anderen Schülern als Vorgang des Wachsens identifiziert ist, liest der Lehrer nochmals das Gleichnis vom Senfkorn vor. Er stellt die Frage, welcher wichtige Aspekt des Gleichnisses in der Umsetzung nicht dargestellt werden konnte. Nach anfänglichen Schwierigkeiten artikulieren die Schüler, daß der Baum als Symbol des Schutzes und der Geborgenheit nicht so stark zum Ausdruck kam wie im Evangelientext, daß aber doch, vor allem zusammen mit der Musik, die befreiende und erlösende Kraft des Vorgangs im Spiel erahnt werden konnte.

(b) *Das Handlungsgleichnis vom unfairen Knecht (Mt 18,23–33) im Religionsunterricht*

Das Gleichnis wurde in einer 7. Hauptschulklasse erarbeitet. Wiederum standen nur insgesamt zwei Unterrichtsstunden zur Verfügung, die sich erneut als etwas zu knapp erwiesen. Die Klasse bestand aus 8 Jungen und 14 Mädchen. Die Schüler sollten die dramatische Struktur des Handlungsgleichnisses in seiner genuinen und ursprünglichen Aussageabsicht auf sich wirken lassen und im lebendigen Mitgehen mit der

Handlungsstruktur mögliche Ansätze von »Reich Gottes« im eigenen Leben entdecken oder doch wenigstens erahnen.

Das Gleichnis erschließt am stärksten und lebendigsten »Reich Gottes«, wenn ich als seine *existentielle Entstehungssituation* jene Phase des Wirkens Jesu annehme, in der er sich engagiert mit seinen religiösen Gegnern auseinandersetzt. Es steht dabei in einer Reihe mit jenen Gleichnissen, in denen nach Art einer »Verschränkung«[77] die Position der Gegner Jesu mit in das Gleichnis hineinverflochten wird und in der Erzählung zum Sprechen kommt: Im Gleichnis vom *barmherzigen Vater* (Lk 15,11–32) geschah dies durch die Gestalt des älteren Sohnes, der die Vorbehalte der Gegner Jesu gegen dessen Zuwendung zu den »Sündern und Zöllnern« anklingen läßt: »So viele Jahre schon diene ich dir, und nie habe ich gegen deinen Willen gehandelt; . . . Kaum aber ist der hier gekommen, dein Sohn, der dein Vermögen mit Dirnen durchgebracht hat, da hast du für ihn das Mastkalb geschlachtet« (Lk 15,29 f). Im Gleichnis vom *gütigen Arbeitsherrn* (Mt 20,1–15) sind es jene, die den ganzen Tag über gearbeitet und »den ganzen Tag über die Last der Arbeit und die Hitze ertragen« haben (V 12), die sich darüber beschweren, daß sie »diesen Letzten« (V 12) gleichgestellt werden, die nur eine Stunde gearbeitet haben. Im Gleichnis vom *unfairen Knecht* (Mt 18,23–33) schließlich ist diese Verschränkungsfigur zur (negativen) Hauptgestalt der Erzählung geworden: Ihm ist eine Unendlichkeit geschenkt worden: »10 000 Talente« sind in der damaligen Situation die höchste gerade noch ausdrückbare Geldsumme, der Ausdruck steht also für »unendlich viel«. Gerade den Gerechten und Frommen in Israel gilt ja ursprünglich als ersten die frohmachende Botschaft Jesu, daß »Reich Gottes« angefangen hat zu wirken und die Menschen aus Knechten zu Töchtern und Söhnen Jahwes geworden sind. Dieser so unendlich Beschenkte packt nun seinen Mitknecht, würgt ihn und läßt ihn ins Gefängnis werfen, weil dieser ihm lächerliche 100 Denare schuldig ist und sie nicht sofort zurückzahlen kann. Die vom Gesetz etwa gegenüber einem Zöllner geforderten Wiedergutmachungsleistungen sind von diesem zwar kaum unmittelbar aufzubringen, doch handelt es sich hier um eine Kleinigkeit gegenüber der unendlichen Gabe der Sohnschaft, die mit dem anbrechenden Gottesreich allen Menschen in Israel zuteil wird und alle zu Brüdern und Schwestern, zu Söhnen und Töchtern des himmlischen Vaters macht.

Kennzeichnend für die Art, in der Jesus die Auseinandersetzung mit seinen Gegnern führt, ist dabei, daß sich der Vater, Arbeitsherr und

77 Auf das Strukturelement der »Verschränkung« in jesuanischen Gleichnissen hat besonders Linnemann aufmerksam gemacht; vgl. dazu die Ausführungen in Kap. 2 und dort die Anm. 106 u. 172.

König, also jeweils die positive Hauptgestalt der Erzählung, der Verschränkungsfigur intensiv und fragend zuwendet, um sie zu einem Positionswechsel zu bewegen: »Mein Kind«, sagt der barmherzige Vater, »du bist immer bei mir, und alles, was mein ist, ist auch dein. Aber jetzt müssen wir uns doch freuen . . .« (Lk 15,31 f); und zu den murrenden Ganztagsarbeitern sagt der gütige Arbeitsherr: »Mein Freund, dir geschieht kein Unrecht . . . oder bist du neidisch, weil ich (zu anderen) gütig bin?« (Mt 20,13 ff); etwas weniger freundlich, aber in der scheltenden Anrede mit um so größerer Intensität und Dichte sich dem unfairen Knecht zuwendend: »Du elender Diener! Deine ganze Schuld habe ich dir erlassen, . . . Hättest nicht auch du mit jenem, der gemeinsam mit dir in meinem Dienst steht, Erbarmen haben müssen, so wie ich mit dir Erbarmen hatte?« Die Erzählung wirkt in dieser Situation herausfordernd; sie möchte die Gegner Jesu aufrütteln und ihnen die Augen dafür öffnen, daß ihnen eine Unendlichkeit geschenkt worden ist und sie deshalb nicht mehr neidisch und mißgünstig den Sündern und Zöllnern gegenüberstehen dürfen, die nun auch in das anbrechende Reich Gottes mit einbezogen werden.

Die *Struktur* des Textes ist durch die dramatische Abfolge der Erzählschritte bestimmt, die das Gleichnis als negatives Handlungsgleichnis kennzeichnen: Im Mitgehen der einzelnen Erzählschritte soll der Hörer, indem er in den negativen Handlungsüberschuß mit hineingeht, spontan zu dem Urteil »Unmöglich!« kommen und so, von der negativen Handlungsfigur sich abwendend, der Güte des Königs innewerden, der seinem Knecht eine Unendlichkeit geschenkt hat. Der Umgang mit dem Gleichnis muß so erfolgen, daß auch bei den 13–14jährigen Schülerinnen und Schülern dieses spontane »Unmöglich!« geweckt wird, wobei sie diese innere Bewegung aber nicht nur auf die Situation von damals, sondern auch auf ihr eigenes Leben beziehen sollen.

In dieser *assoziativen Aneignung* kommt es nur sekundär darauf an, daß sich die Schüler an Situationen erinnern, in denen sie ähnlich wie der ins Gefängnis geworfene Mitknecht schlimm und unfair behandelt wurden (bzw. möglicherweise selbst in ähnlicher Weise unfair gehandelt haben); primär sollte sich die Assoziation auf die Frage richten, ob auch sie sich als mit »10 000 Talenten«, also einer Unendlichkeit, beschenkt erfahren und verstehen können. Denn darin liegt das keimhafte Anbrechen des »Reiches Gottes« auch in ihrem Leben.

Da (entsprechend dem Umgang mit einem Handlungsgleichnis) schon während beider Stunden mehrfach kreativ szenische Darstellungen erarbeitet und durchgeführt wurden, und weil die vorhin genannte Übertragung des zentralen Gleichnis-Impulses auf das eigene Leben eine individuelle Besinnung verlangt, steht hier anstelle einer *kreativen Neugestaltung* am Ende eine schriftliche Hausaufgabe. In ihr sollen sich die Schüler darüber Klarheit zu verschaffen suchen, wie das Gleichnis auf sie, in ihrer je individuellen Lebenssituation, wirkt. In der Aussprache über vorgelesene Hausaufgaben wird dann der rückblickende Vergleich zum ursprünglichen Bibeltext hergestellt.

Aufgrund dieser Vorüberlegungen entstand folgender Unterricht:

Erster Lernschritt: Den metaphorischen Gehalt der Handlungsstruktur nachempfinden

Der Lehrer hat zu Hause eine Comic-Transformation[78] des Gleichnisses auf eine Folie gezeichnet, die im wesentlichen den Textbestand nach Weder (bis einschließlich V 30) enthält[79].

Comic-Transformation zum Gleichnis vom unfairen Knecht

Der Lehrer projiziert die Folie auf die Leinwand und deckt dabei die unteren drei Bilder zunächst ab. Die Schüler lesen die oberen drei Bilder. Der Lehrer macht darauf eine kurze Zwischenbemerkung fol-

78 Eine ähnliche Comic-Transformation zum Gleichnis vom unfairen Knecht findet sich bei Baudler, Erziehung 128 (erarbeitet von Monika Wallbrecht)

79 Zur Begründung, warum der ursprüngliche Text des Gleichnisses mit Vers 30 bzw. 33 endet, vgl. die Ausführungen in Kap. 2.2 (c), dazu dort die Anm. 115 u. 116 sowie von der Struktur her Kap. 3.2 (b) – An diesen Stellen findet sich auch die ins einzelne gehende Interpretation des Gleichnisses.

gender Art: »Hans hat also nun das Fahrrad noch für einen Tag. Gerade als er zu seiner Tour aufbrechen will, trifft er noch einen Mitschüler. Er lehnt das Fahrrad an die Wand und läuft auf ihn zu. Dann entwickelt sich folgendes Gespräch.« Jetzt deckt der Lehrer auch die untere Hälfte der Folie auf. Die Schüler sollen sich dann zunächst spontan zu der Comic-Geschichte äußern. Dann sollen sie Adjektive finden, die das Verhalten der (negativen) Hauptfigur charakterisieren. Auch sollen sie ähnliche selbst erlebte Erfahrungen assoziieren (»Ist dir schon einmal etwas Ähnliches passiert?«). In Partnerarbeit sollen sich die Schüler darüber austauschen und dann in einem Stegreifspiel einige dieser Erfahrungen vorspielen.

Begründung:

Der Einstieg mit der Comic-Transformation soll verhindern, daß die Schüler das Gleichnis und seine Struktur als »heilige« Schrift einer religiösen Sonderwelt zuordnen, die von ihrer profanen Alltagswelt abgehoben ist. Es kommt ja darauf an, die ursprüngliche Funktion der Handlungsgleichnisse zur Geltung zu bringen: nämlich den Menschen in der ihm vertrauten Wirklichkeit anzusprechen und in diese Wirklichkeit dann die »gar nicht vertraute und nicht alltägliche Wirklichkeit der Herrschaft Gottes« hineinzuschreiben und ihn dazu zu bewegen, in diese neue Wirklichkeit hinein *mitzugehen*.[80] Dies geschieht hier durch den negativen Handlungsüberschuß, der in einer Rückwendung das Gutsein des ersten Jungen bzw. des Königs, der die große Schuld erläßt, als anbrechendes »Reich Gottes« aufscheinen läßt.

Entsprechend dieser Zielrichtung werden auch hier schon eigene Erfahrungen assoziiert; diese erfassen und übertragen freilich noch nicht den Grundimpuls des Gleichnisses, der erst durch die Erarbeitung der existentiellen Entstehungssituation in das Blickfeld treten kann. Sie dienen jedoch dazu, die *Handlungsstruktur* in der eigenen Erfahrungswelt zu verankern und den metaphorischen Gehalt dieser Struktur in dieser eigenen Lebenswelt zur Geltung zu bringen. Ohne daß *über* die Struktur als solche reflektiert zu werden braucht, wird sie dadurch in ihrem

80 Vgl. G. Bornkamm, Jesus aus Nazareth, Stuttgart 9. Aufl. 1971, 64: ». . . mitten in diese so vertraute Wirklichkeit des Lebens (wird) die gar nicht vertraute und alltägliche Wirklichkeit der Herrschaft Gottes hineingeschrieben«. Dieser Satz beschreibt genau das Wirkungs- und Gestaltungsprinzip der Handlungsgleichnisse. Daß die Gleichnisse auf das *Mitgehen* der Hörer (auch gerade der Gegner Jesu) hinzielen, arbeitet auch heraus: K. Gutbrod, Ein Weg zu den Gleichnissen Jesu, Stuttgart 1967, vgl. etwa 22–24 u. 29; freilich würde ich nicht davon sprechen, daß Jesus zum Mitgehen »zwingt«; auch gilt dieses Wirkungs- und Gestaltungsprinzip eben auch nicht für *alle* Gleichnisse, sondern nur für eine Gruppe.

Anrede- und Erschließungscharakter für die Schüler durchsichtig und wirksam.

Dabei entspricht es dem Charakter der Handlungsgleichnisse, diese Struktur durch ein Stegreifspiel einzuüben und nachempfinden zu lassen, weil sich in einem solchen Spiel die Schüler am stärksten mit den Personen der Handlung identifizieren und deren Weg »mitgehen«. Szenische Gestaltung und Spiel sind *die* geeignete Methode speziell im Umgang mit Handlungsgleichnissen.[81]

Durchführung:

Die Schüler zeigen sich von der Comic-Geschichte sehr angesprochen. Schon als die ersten drei Bilder projiziert werden, zeigen einige Schüler auf; der Lehrer bittet aber, erst die Geschichte einmal ganz anzusehen und mitzuverfolgen und erst dann ihre Meinung zu äußern. Nach dem Ansehen aller sechs Bilder ist das Äußerungsbedürfnis der Schüler sehr stark; fast alle Schüler zeigen auf. Es kommen spontan und rasch hintereinander mit Nachdruck gesprochene Äußerungen und Ausrufe etwa folgender Art: »Das Fahrrad ist doch viel wertvoller als der Comic!« – »Hans ist gemein!« – »Richtig gemein!« Diese Äußerungen zeigen, daß der negative Handlungsüberschuß des Gleichnisses voll zur Wirkung gekommen ist und eine starke Empörung der Schüler über das Verhalten der negativen Handlungsfigur hervorzurufen vermochte. Allerdings bleibt in dieser – nur strukturalen – Übertragung die Aufmerksamkeit noch fast vollständig an der negativen Handlungsfigur haften. Das Gute an dem Jungen, der sein Fahrrad noch einen Tag länger an Hans verleiht, taucht jedoch in Nebenbemerkungen auch schon auf: ». . . Wo doch der andere so nett zu ihm war! . . .«

Ein Schüler machte auch schon zögernd einen Hinweis, daß er eine ähnliche Geschichte auch schon in der Bibel gelesen habe. Antwort des Lehrers: »Da werden wir gleich noch darauf zurückkommen; doch bleiben wir jetzt zunächst einmal bei dieser Geschichte.«

In den Adjektiven, die für das Verhalten von Hans gesammelt werden, wird der negative Handlungsüberschuß noch einmal festgehalten; es kommen Äußerungen wie: »mies« – »egoistisch« – »habgierig« – »unfair«.

Dann assoziieren die Schüler spontan ähnliche Erlebnisse, in denen sie großzügig etwas ausgeliehen haben (Bücher, Schal, Kassette, Schallplatte), der andere aber sich bei einer ähnlichen Gelegenheit gar nicht

81 Vgl. Eichholz 27 f: »Sie legen eine Inszensierung oft geradezu nahe.« (bei Eichholz jedoch ohne Beschränkung auf die von uns so genannten »Handlungsgleichnisse«)

so großzügig gezeigt hat. In Partnergesprächen überlegen sich dann die Schüler besonders markante Beispiele dieser Art, die sie evtl. auch der Klasse vorspielen könnten. Es werden drei solcher Stegreifspiele vorgeführt, die teilweise recht eindrücklich das »Unmögliche« des negativen Handlungsüberschusses zum Ausdruck bringen. So setzen sich z. B. Melanie und Diane nebeneinander an einen Tisch vor die Klasse, wobei Diane einen schönen violetten Schal um den Hals geschlungen hat. Melanie bittet sie, ihr doch diesen Schal bis morgen zu leihen, er würde ihr so gut gefallen. Diane nimmt den Schal ab und gibt ihn Melanie. Dann schreiben beide auf ihren Blättern weiter (sie spielen offenbar Schulsituation). Nach einiger Zeit sagt Diane zu Melanie: »Leih mir doch bitte einen Kuli, meiner schreibt nicht mehr, und wie ich sehe, hast du doch zwei!« (Sie schaut dabei in Melanies Mäppchen, aus dem zwei Kulis herausragen). Darauf Melanie: »Nein, die brauche ich selber!« Auf dieses Spiel reagierten die Schüler mit einem betroffenen Schweigen. Das »Unmöglich« einer solchen Handlungsstruktur ist nun wirklich von allen in der Klasse nachempfunden worden.

Zweiter Lernschritt: Zum ursprünglichen Gleichnistext (und den wesentlichen Unterschieden gegenüber der Transformation) hinführen

Die Schüler sollen den Text im Neuen Testament nachlesen. Dabei sollen sie wirklich das Buch in der Hand haben und selber aufschlagen – nicht den Text abgezogen ausgeteilt bekommen –, um das Umgehen mit der Bibel einzuüben und das Gefühl der Fremdheit gegenüber diesem »heiligen« Buch zu verlieren. Entsprechend der Altersstufe und dem geringen Reflexionsniveau der Klasse (Hauptschule!) beschließt der Lehrer, den Schülern nicht im einzelnen die Argumente zu referieren, welche die Verse 34 f als sekundäre Bildung ausweisen. Er sagt einfach den Schülern, daß der ursprüngliche Text mit V 33 (das ist bei der benutzten Einheitsübersetzung gerade auch das Ende der Seite 60) endet und das andere später hinzugefügt wurde. Die Schüler sollen nur bis zum Ende von V 33 lesen. Dann sollen sie das Gleichnis mit der Comic-Geschichte vergleichen und Unterschiede feststellen. Dabei soll besonders der Unterschied herausgearbeitet werden, daß die 10 000 Talente gegenüber dem Fahrrad eine »Unendlichkeit« darstellen (auch, daß der König des Gleichnisses nicht bloß die Leihfrist verlängert, sondern das Geliehene dem Schuldner schenkt).

Begründung:

»Reich Gottes« erschließt sich dem Schüler erst, wenn ihn die Empörung über den negativen Handlungsüberschuß zur transzendenten Güte des »Königs« zurückführt, der dem Knecht eine *unendliche* Schuld erläßt. Diesem Ziel dient vor allem die Einarbeitung in die existentielle Entstehungssituation des Gleichnisses.

Durchführung:

Mit einem Rückverweis auf die schon eingangs referierte Schüleräußerung, es handle sich hier um eine biblische Geschichte, werden jetzt an alle Schüler Einheitsübersetzungen des Neuen Testaments ausgeteilt. Die Schüler tun sich etwas schwer, den Text nach der Angabe »Mt 18,23–33« zu finden; der Lehrer gibt schließlich den Hinweis, daß der Text auf » Seite 60« steht. Die Schüler lesen den Text zunächst still, dann wird er laut vorgelesen, wobei die Vorleser nach Angabe des Lehrers bei entsprechenden Sinneinheiten wechseln: Nach der Exposition mit V 25, nach der Szene des großen Schuldnachlasses mit V 27, nach der Szene des verweigerten Schuldnachlasses gegenüber dem Mitknecht (Ende von V 29); als letztes wird dann die Szene gelesen, in der sich der König nochmals dem ersten Knecht zuwendet und ihm »ins Gewissen redet« (bis Ende V 33). Durch diese Art des Vorlesens wird das Mitgehen der Schüler mit der dramatischen Handlungsstruktur erleichtert und verstärkt. Zur Festigung geben einzelne Schüler den Inhalt des Gelesenen dann noch in eigenen Worten wieder.

Dann schaltet der Lehrer den Tageslichtprojektor ein, auf dem noch die Folie der Comic-Geschichte liegt, und deutet auf die Leinwand mit der Frage: »Hatte Christoph recht, ist das die Geschichte?« Die Schüler bejahen die Frage zunächst und stellen dann als Unterschied hauptsächlich fest, daß es bei der Geschichte »um Geld geht«, aber auch, daß der König das Verliehene »ganz herschenkt«. Der Lehrer bestätigt die Beobachtung und fügt hinzu, daß hier wirklich ein bedeutsamer Unterschied liege, weil es nicht nur um »sehr viel Geld«, sondern um »unendlich viel« gehe. Um dies aufzuzeigen, fordert er die Schüler auf, die höchste Geldsumme zu nennen, die sie sich vorstellen könnten. Spontan kommen Äußerungen, die steigernde Geldsummen nennen: »1 Million« – »5 Millionen« – »1 Milliarde« – »3 Billionen« – darauf eine etwas erschrockene Stille, in die hinein der Lehrer sagt: »Genau soviel und noch mehr bedeuten die 10 000 Talente; das war damals die höchste benennbare Geldsumme. Schüleräußerungen wie »Und das alles hat der König seinem Knecht geschenkt?« – »Dann hätte doch der Knecht diese Schuld niemals zurückzahlen können« zeigten, daß dieses wichtige Element der ursprünglichen Gleichniserzählung von den Schülern erfaßt worden ist.

Dritter Lernschritt: Die existentielle Entstehungssituation des Gleichnisses erarbeiten

Die Schüler sollen sich zunächst in selbständiger Arbeit über die Begriffe »Zöllner« und »Pharisäer« informieren und auch schon eine Vorarbeit zu der Frage leisten, worin das Neue besteht, das Jesus in die religiöse geschichtliche Situation hineinbringt (nämlich das Vater-Sohn-Verhältnis). Durch ein angekündigtes Rollenspiel zwischen Pharisäern und Zöllnern sollen die Schüler dazu motiviert werden, sich noch intensiver mit den Charakteristika dieser Gruppen zu beschäftigen, um sich damit identifizieren zu können. In dem Rollenspiel soll dann die Feindschaft zwischen Pharisäern und Zöllnern ausgespielt werden (vgl. V 28b des Gleichnisses: »Er packte ihn, würgte ihn und rief: Bezahl, was du mir schuldig bist!«). In diese Situation hinein erzählt dann der Lehrer in der Rolle Jesu mit eigenen Worten das Gleichnis (bis einschließlich V 33).

Entsprechend den Vorschlägen Walter Neidhardts[82] soll also nicht das Gleichnis selbst (dessen Struktur wurde ja schon im einführenden Stegreifspiel dargestellt), sondern eine geeignete Rahmenhandlung zum Gleichnis gespielt werden. Im Kontext dieser Rahmenhandlung soll dann die ursprüngliche Erzählwirkung des Gleichnisses empfunden und nachvollzogen werden.

Begründung:

Die Gleichnisse können nicht unabhängig vom Leben und Geschick Jesu verstanden werden. Erst im Zusammenhang der existentiellen Entstehungssituation (und deren Übertragung in die gegenwärtige Erfahrungswelt) kann das Gleichnis seine ganze Anrede- und Erschließungskraft entfalten.

Durchführung:

Die Aufgaben zur Selbstinformation werden am Ende der ersten Stunde den Schülern ins Heft diktiert. 1. Aufgabe: »Versuche möglichst viel über die Zöllner in Palästina zur Zeit Jesu herauszufinden: In welcher Beziehung stehen sie a) zu den Römern und b) zu den strenggläubigen Juden? Versuche dasselbe zu den Pharisäern: In welcher Beziehung stehen diese a) zu den Römern und b) zu den Zöllnern?« 2. Aufgabe: »Für Gott gibt es viele Namen und Bezeichnungen. Welche ist für die Christen typisch?«

82 Vgl. Neidhardt/Eggenberger bes. 108–111 und 249–266 (hier finden sich viele Beispiele ähnlicher Rahmenerzählungen)

Die Schüler haben das Religionsbuch »Zielfelder ru 5/6« zu Hause und können dort im Lexikonteil die entsprechenden Stichworte nachlesen. Sie sollen die Aufgabe schriftlich durchführen.

Zu Beginn der nächsten Stunde werden die Hausaufgaben von einzelnen Schülern vorgelesen. Es wurde festgestellt, daß die Zöllner für die Römer »nützlich«, aber für die eigenen Volksgenossen, besonders für die strenggläubigen Juden und Pharisäer »verachtenswert« sind; sie dürfen nicht am Gottesdienst teilnehmen. Die Pharisäer dagegen sind hochgeachtete Menschen. Sie befolgen genau die Gebote Gottes und hassen die Römer, die das auserwählte Gottesvolk unterdrücken; noch mehr gilt ihr Haß den Zöllnern, die ihr eigenes Gottesvolk an die Römer verraten, mit diesen zusammenarbeiten und ständig die Gebote Gottes übertreten. Der Vater-Name als eine für Christen typische Gottesbezeichnung wurde von allen herausgefunden.

Nach dieser Arbeit an der Hausaufgabe kündigt der Lehrer ein Rollenspiel zwischen Pharisäern und Zöllnern an, wobei die ganze Klasse mitspielen soll. Unter Berücksichtigung eigener Spielwünsche werden die Schüler etwa zu gleichen Hälften in »Pharisäer« und »Zöllner« aufgeteilt. Dann verteilt der Lehrer das auf S. 98 f abgedruckte Arbeitsblatt[83], das er aus Ablichtungen zusammengestellt hat, und fordert die Schüler auf, anhand dieses Blattes noch einmal sowohl ihre eigene Rolle als auch die Rolle ihrer Gegenspieler genau zu studieren und sich in ihre Rolle hineinzudenken.

Die Schüler sind sehr motiviert und lesen still und konzentriert den Text. Nach einigen klärenden Rückfragen läßt der Lehrer die Schüler für einige Momente die Augen schließen und bittet sie, sich ganz in ihre Rolle hineinzuversenken. Die Schüler beteiligen sich rege. Dann verlassen die »Zöllner« das Klassenzimmer, wobei ihnen gesagt wurde, daß sie auf das Stichwort »meine Freunde« (das der Lehrer in der Rolle Jesu sprechen wird), in das Klassenzimmer hereinkommen und sich den anderen zugesellen sollen.

Die »Pharisäer« dagegen kommen nach vorne und setzen sich im Kreis um ihren Lehrer, der nun die Rolle der Jesusgestalt spielt. Er begrüßt die Pharisäer als »meine Brüder«, drückt seine Freude aus, daß sie zu ihm kommen, und sagt dann, er habe ihnen eine wichtige Botschaft mitzuteilen: »Das Reich Gottes beginnt anzubrechen. Wir sind jetzt nicht mehr Knechte und Sklaven, welche die Gebote eines fremden Herrn genau erfüllen müssen. Vielmehr sind alle Menschen im Volk

83 Das Arbeitspapier wurde aus Artikeln in: Zielfelder ru 5/6, hrsg. vom Deutschen Katecheten-Verein, München 1975, 101 (das Stichwort »Pharisäer«) und aus H. A. Mertens, Kleines Handbuch der Bibelkunde, Düsseldorf 1969, 250–252 (über »Zeloten« und »Zöllner«) zusammengestellt.

Pharisäer

Zur Zeit Jesu gab es eine Gruppe von Juden, die die zahlreichen Vorschriften des Gesetzes besonders streng befolgten.

Mit den übrigen Gläubigen, die das Gesetz nicht so gut kannten und nicht genau nach dem Buchstaben des Gesetzes leben konnten, wollten sie nichts zu tun haben. Deshalb hießen sie Pharisäer, das bedeutet »die Abgesonderten«.

Die Pharisäer glaubten, alles Unglück in der Geschichte Israels sei darauf zurückzuführen, daß das Volk die Gesetze Gottes nicht befolgte. Sie nahmen freiwillig Opfer auf sich und gaben den zehnten Teil (»den Zehnten«) von allem, was sie besaßen, dem Tempel für dessen Unterhalt; außerdem fasteten sie zweimal in der Woche.

Den Pharisäern war die Sache Gottes sehr wichtig; dennoch kritisierte sie Jesus oft. Er warf ihnen vor, daß sie vor lauter Einzelgesetzen das Gebot der Liebe übersahen.

Zeloten

Das Programm der Pharisäer läßt sich in zwei Worten zusammenfassen: »Kein Herr über uns als der Herr« und »völlige Erfüllung der Gesetze des Herrn«. Innerhalb dieser Pharisäerbewegung scheint es seit den Zeiten des Herodes zwei Richtungen gegeben zu haben: eine kämpferische, die gegen die gesetzeswidrigen Machttaten der Herrscher und ihrer Stellvertreter anging. Diese Zeloten (»Eiferer«) richteten sich vor allem gegen die Römer, die sie mit Gewalt vertreiben wollten. Sie hatten anfangs im großen und ganzen wohl ein pharisäisches Programm, das sich jedoch durch die Betonung des Kampfes, durch den sie notwendig das Gesetz nicht mehr in allem befolgen konnten, immer mehr von dem der Pharisäer abhob. Lediglich der Grundsatz »Kein Herr über uns als der Herr« blieb ihnen gemeinsam.

Zöllner

Die Zöllner waren nicht die Finanzbeamten der Zeit Jesu; und sie waren auch nicht die Zollbeamten jener Zeit. Die Zöllner waren im Grunde Geschäftsleute, die aber nicht Ware ordentlich kauften und verkauften, sondern die vom Spekulieren lebten, von der Hartherzigkeit und von der Erpressung. Daß die Zöllner so ihre Geschäfte machten, lag aber nicht zuerst an ihnen, sondern vor allem am System.

Die Arten der Zölle wurden von Rom bestimmt. Zoll wurde erhoben: an Straßen, an Pässen, an Brücken und Furten, beim Aus- und Einschiffen in den Häfen, für Ein- und Ausfuhr von Waren an den Provinzgrenzen (Judäa-Galiläa-Judäa, Judäa-Peräa-Judäa, Galiläa-Ituräa-Galiläa, Peräa-Ituräa-Peräa), für Ein- und Ausfuhr in die Stadtbezirke und schließlich auch für Transitverkehr. Besonders streng war der Kleiderzoll geregelt: für alle Kleider, die man nicht am Leibe trug; ferner der Perlenzoll, der Sklavenzoll.

Für die Zolleinnahme gab es aber nicht etwa einen Stab von Beamten oder Angestellten. Die einzelnen Zollbezirke wurden an finanzkräftige Leute meistbietend versteigert: z. B. alle Zollstellen im westlichen Jordangraben vom Süden des Sees Genezareth bis zum Toten Meer. Zu diesem Zweck waren die Provinzen in Bezirke eingeteilt. Jeder Bezirk oder ein halber Bezirk oder ein kleiner Teilbezirk wurde von einem Zollgeschäftsmann gepachtet: er zahlte eine feste Jahressumme, dafür durfte er dann seinerseits alle Zollstellen seines Bezirkes ausnutzen. Die Pachtsumme lag aber schon im Ansatz hoch und wurde durch die Versteigerung manchmal noch beträchtlich hinaufgetrieben.

Der Zöllner aber, der an der einzelnen Zollstelle saß, wollte ebenfalls verdienen, und so mußte er hart vorgehen, wenn er den zu zahlenden Pachtpreis und dazu noch einen Gewinn einnehmen wollte. Zwar wurde der Zollsatz von Rom für die Einzelwaren festgesetzt, aber die Zöllner wußten, die Zölle in die Höhe zu schrauben, indem sie falsch wogen, falsch rechneten, und da verschiedene Währungen in Umlauf waren, gab es auch dadurch für die Zöllner manche Möglichkeit, beim Umrechnen zu betrügen. Diese Zöllner aber kamen immer aus der einheimischen Bevölkerung; und da sie es waren, die an der einzelnen Zollstelle saßen, traf sie der ganze Haß und die ganze Verachtung der zollzahlenden Bevölkerung.

Dieser Haß und diese Verachtung hatten ihren doppelten Grund: Wegen ihres blutsaugerischen und erpresserischen Geschäftes waren sie in den Augen des Volkes nichts anderes als organisierte Wegelagerer und Räuberbanden, die außerdem – und das war der zweite Grund – indirekt für Rom arbeiteten.

Natürlich hatten sich auch die pharisäischen Schriftgelehrten mit dem Fall »Zöllner« beschäftigt. Da ihr Verdienst aus Betrug und Erpressung stammte, konnte von ihm nicht einmal der Zehnt gezahlt werden, so daß jeder, der bei einem Zöllner aß, nicht nur mit einem Unreinen verkehrte und nicht nur an seinem geraubten Verdienst teilnahm, sondern auch unverzehntete Speise aß.

Der Verdienst eines Zöllners war nicht einmal zum Almosen tauglich.

Jesus berief Levi/Matthäus, obwohl er ein Zöllner war, und er aß mit ihm in dessen Hause. Und Matthäus nennt sich selbst in der Apostelliste seines Evangeliums: »Matthäus, der Zöllner« (Mt 10,3). Es gibt so leicht keine größere Provokation gegenüber dem ritualistischen Judentum.

Arbeitsblatt zum Unterrichtsbeispiel vom »unfairen Knecht« (Dritter Lernschritt)

Israel nunmehr Söhne und Töchter des himmlischen Vaters, der sich allen mit unendlicher Liebe zuneigt« – Pause – »Er liebt *alle*« – Pause – Dann einige Pharisäer: «Alle?» – «Etwa auch die Zöllner?» – Jesus: «Ja, auch sie. Auch sie sind meine Freunde.«

Auf das Stichwort »meine Freunde« hin öffnet sich, wie vereinbart, die Zimmertür, und die »Zöllner« kommen herein; sie begrüßen freudig »ihren« Jesus und blicken etwas scheu auf die Pharisäer. Jesus lädt sie ein, in ihrem Kreis Platz zu nehmen. Schon vorher gab es Protest seitens der Pharisäer, der jetzt besonders laut wird: »Wir setzen uns nicht mit diesen Menschen an einen Tisch!« – »Nicht mit diesen Räubern!« – »Nicht mit diesen Verrätern!« – »Die stecken uns an mit ihrer Sünde und Unreinheit!« – »Gebt erst einmal den Menschen das Geld zurück, das ihr ihnen abgepreßt habt!« – »Und wo ihr betrogen habt, müßt ihr es vierfach zurückzahlen!« – Bald beginnen auch Handgreiflichkeiten: Der »Pharisäer« Frank sucht den »Zöllner« Michael von der Bank zu stoßen, auf die er sich gesetzt hat.

Als das Getümmel schon ziemlich groß ist, gebietet der Lehrer in der Rolle Jesu Ruhe. Er wendet sich besonders an die Pharisäer: »Hört zu! Ihr verachtet diese Menschen, weil sie Schuld auf sich geladen haben, und verlangt, daß sie diese Schuld zurückzahlen und bereinigen. Paßt auf! Ich erzähle euch dazu eine Geschichte.« Dann erzählt der Lehrer (Jesus) in eigenen und freien Worten die Geschichte vom unfairen Knecht, wobei er mit den Worten schließt: »Bedenkt, was ich euch ganz zu Anfang sagte: Ihr seid durch die Liebe und Güte eures himmlischen Vaters aus Sklaven und Knechten zu freien Söhnen geworden. Solltet ihr nun nicht auch gegenüber den Zöllnern Güte und Vergebung walten lassen, so wie Gott euch gegenüber Güte und Erbarmen gezeigt hat?« – Es wurde tatsächlich beim Erzählen der Geschichte wieder ganz ruhig im Klassenraum. Nun gehen die Schüler still auf ihre Plätze zurück.

Vierter Lernschritt: Die existentielle Entstehungssituation des Gleichnisses auf die eigene Lebenswelt übertragen

Entsprechend dem vorausgegangenen sehr lebendigen Spiel sollen nun die Schüler in Still- und Einzelarbeit schriftliche Fragen beantworten, die zunächst noch innerhalb der ursprünglichen Entstehungssituation des Gleichnisses verbleiben, dann aber den Schüler in seine eigene Lebenswelt hinüberführen. Der Lehrer schrieb die Fragen auf eine Folie, die er nun auf die Leinwand projiziert. Die Fragen lauten:

Frage 1: Was hat Gott den Menschen im Volk Israel (Pharisäern wie Zöllnern, auch uns?) geschenkt?
Frage 2: Welche Schuld wird den Zöllnern von den Pharisäern nicht verziehen?
Frage 3 Habe ich auch ein Geschenk erhalten, das »10 000 Talente« (3 Billionen DM und mehr: unendlich viel) wert ist?
Frage 4: Kann das Gleichnis auch mir (in meiner Lebenssituation) etwas sagen?

Je nach zur Verfügung stehender Zeit sollen die Schüler die Fragen noch innerhalb der Stunde oder als Hausaufgabe erarbeiten.

Begründung:

Das Gleichnis darf in seinem Anrede- und Erschließungscharakter nicht auf eine satzhaft sagbare »Aussage« oder »Botschaft« reduziert werden. Vielmehr müssen Struktur und existentielle Entstehungssituation einen Impuls bilden, der den Schüler »Reich Gottes« im eigenen Leben entdecken läßt. Die Struktur vermittelte hier – in einem Handlungsgleichnis mit negativem Handlungsüberschuß – den Impuls, nach der am Anfang der Erzählung stehenden Zuwendung und Güte zurückzufragen. Dies wurde durch den Rückgang auf die existentielle Entstehungssituation realisiert. Nun kommt es darauf an, diesen Impuls in das eigene Leben hinein zu verlängern und zu übertragen. Dem dient die Arbeit an den Fragen. In der Besprechung der Antworten muß dann noch einmal rückblickend ein Vergleich zum ursprünglichen Text und seiner Entstehungssituation gezogen werden.

Gleichzeitig beinhaltet die Beantwortung dieser Fragen eine Art Erfolgskontrolle: Sie gibt Auskunft darüber, wie weit der Umgang mit dem Gleichnis dessen Anrede- und Erschließungsfunktion in der Lerngruppe zur Geltung bringen konnte.

Durchführung:

Der Lehrer sagt den Schülern, sie sollten aus ihrem Spiel wieder »auftauchen« (was wirklich die Situation traf). Er schaltet den Tageslichtprojektor ein, die ersten drei Fragen sind an der Leinwand zu sehen, die vierte bleibt abgedeckt. Die Fragen 1 und 2 werden von den Schülern sofort verstanden, bei der Frage 3 interpretiert der Lehrer: »Was ist dir persönlich so unendlich viel wert, daß du es gar nicht bezahlen kannst – und doch hast du es?«

Die Schüler schreiben sofort die Antworten in ihr Heft. Der Lehrer geht dabei durch die Reihen, klärt noch die eine oder andere Frage eines einzelnen Schülers, schaut, was der einzelne schreibt, bestärkt und motiviert die Schüler dabei. Nach etwa 10 Minuten werden die Antworten verlesen.

Zur Frage, was Gott den Menschen im Volk Israel (und auch uns – dies wurde von einigen Schülern ausdrücklich bestätigt) geschenkt hat, kamen Antworten wie: »Leben«, »Freiheit« und »daß wir alle ins Himmelreich kommen« – »Daß sie Söhne sind und Gott ihr Vater« – »Daß wir uns wohl und frei fühlen können«. Es werden auch schon persönliche Werte genannt, wie sie eigentlich die Frage 3 anzielte: »Gesundheit und Freundschaft«.

Die Frage 2 nach der Schuld der Zöllner wird ziemlich einheitlich beantwortet: Die Pharisäer wollen ihnen nicht verzeihen, daß sie die Menschen betrogen haben und nicht nach den Gesetzen Gottes handeln.

In der Beantwortung der Frage 3 antworten die meisten Schüler mit dem Hinweis auf ihre Eltern: »Vater und Mutter« – »Meine Eltern« – »Eltern und Freunde« – oder: »Leben und Gesundheit«. Manche der genannten Werte sind auch wirklich ganz individuell. So nennt Tanja, die ein Augenleiden glücklich überstanden hat, als Geschenk (»das 3 Billionen DM und mehr wert ist«) ihre »Sehkraft«. Es überwiegen jedoch Beziehungs-Werte, auch in abstrakter Form genannt: »Freundschaft und Liebe«. Der Lehrer weist nochmals auf die Fragestellung hin: »Das ist euch 3 Billionen DM wert?« Die meisten Schüler bestätigen mit Nachdruck: »Ja, und noch viel mehr!« – »Das würde ich nie für Geld hergeben!« Doch *ein* Schüler, Marko, der aus einer sogenannten »Problemfamilie« stammt, wagt zaghaft eine Gegenrede: »Mir ist das alles nicht so viel wert.« Die Rede droht in der allgemeinen Zustimmung unterzugehen. Der Lehrer greift deshalb Markos Satz auf: »Ihr dürft niemanden hier vereinnahmen. Marko meint, so unendlich viel sei das alles auch nicht wert; und ich kann ihn gut verstehen.« Die Sache bleibt so im Raum stehen.

Darauf deckt der Lehrer die Frage 4 (»Kann das Gleichnis auch mir etwas sagen?«) auf und bittet die Schüler, sie in ihr Heft abzuschreiben und bis zur nächsten Stunde schriftlich zu beantworten. Zu Anfang der nächsten Religionsstunde werden dann die Antworten auf diese Fragen verlesen. Es kristallisieren sich drei verschiedene Antworttypen heraus: 3 der insgesamt 22 Schüler verneinen die Frage. Sie empfinden das Gleichnis als auf ihre Lebenssituation nicht zutreffend, denn »wenn man gut und gerecht zu mir ist, bin ich es auch zu anderen« – oder: »Ich bin nicht nachtragend.« 4 Schüler verbleiben in der geschichtlichen Entstehungssituation des Gleichnisses und vollziehen nicht den Schritt in die eigene Lebenswelt. Typische Antwort: »Wenn ich der Diener wäre, dem der König 10000 Talente schenkt, würde ich vor lauter Glück auch jeden, der mir etwas schuldet, von seiner Schuld freisprechen; sonst wäre ich ja unfair.« 7 Schüler bejahen die Frage, vollziehen aber die Übertragung in die eigene Lebenswelt in relativ allgemeinen Formulierungen, wie z. B. Manuela: »Ja, es würde mich auch treffen, denn man sollte sich mit anderen vertragen und sie nicht verstoßen.«

Doch über die Hälfte der Schüler bejaht die Frage mit einer relativ persönlichen Begründung: »Das Gleichnis kann auch mir in meiner Lebenssituation etwas sagen, denn ich habe ja auch das Leben geschenkt bekommen, ich habe auch meine Eltern geschenkt bekommen und vieles, vieles mehr« – »Ich habe mein Leben ja geschenkt bekommen, und ich lebe sehr gerne« – »Ich habe meinen Bruder und meine Eltern geschenkt bekommen.« Volker, der diesen Satz schrieb, fügt noch hinzu: »Aber das hängt ganz von meiner Stimmung ab.« Die Nachfrage, was er mit diesem Satz meine, beantwortet Volker mit dem Hinweis, daß er Tage hat, an denen ihn »so etwas berührt«, dann aber auch wieder Tage, wo ihn solche Dinge und Einsichten »ganz kalt lassen« und »das alles überhaupt nichts nützt«. In dieser Äußerung ist deutlich der Geschenk-Charakter der »disclosure« artikuliert, wie sie das Gleichnis anstrebt: Ob der Vorhang zum Blick auf das, was keimhaft schon »Reich Gottes« ist, aufgeht oder nicht, ist ein Geschenk der Stunde.

Bemerkenswert ist noch die Reaktion von Frank. Dieser hat schon im ersten Lernschritt nicht, wie alle anderen Schüler, davon erzählt, daß *er selbst* Undankbarkeit erfahren hat, sondern umgekehrt einem Mitschüler gegenüber unfair gewesen ist. Jetzt, als Antwort auf Frage 4, schreibt er: »Ja, das Gleichnis kann auch mir in meiner Lebenssituation etwas sagen, denn ich habe mich ja auch schon einmal verhalten wie der Diener, der 10000 Talente erhalten hat.«

Von diesen schriftlich festgehaltenen Äußerungen aus läßt sich nun gut ein rückblickender und vergleichender Dialog mit dem ursprünglichen Gleichnis führen. Ein Vergleich der Äußerungen des ersten Typs (»Wenn man gut und gerecht zu mir ist, bin ich es auch zu anderen«) mit dem Ursprungstext und seiner Entstehungssituation ergibt, daß nach dem Text des Gleichnisses *jeder* Mensch nicht nur »gut und gerecht« behandelt, sondern so überreich beschenkt ist, daß er eigentlich *immer alles allen vergeben* muß. Diese im Gespräch sich herausschälende Folgerung machte schließlich auch jene wieder nachdenklich, die positiv geantwortet hatten. Von daher ergab sich abschließend die vergleichende Frage, ob und wie die von den Schülern aufgezählten »Geschenke« mit dem zusammenhängen, was Jesus den Menschen als beginnendes Anbrechen des Gottesreiches zusagt.

Im darauffolgenden Gespräch erarbeiteten die Schüler, daß Jesus eine bedingungslose Vergebungsbereitschaft fordert und auch praktiziert. Die Feindesliebe wird genannt sowie die Liebe als Hauptgebot. In seinen Heilungen zeigt er auch, daß er Gesundheit und Leben für die Menschen will. Das alles ist für ihn keimhaftes Anbrechen des Gottesreiches. Den Schülern geht auch auf, daß das alles »Dinge« sind, die dem Leben Sinn geben, für die es sich zu leben lohnt.

(c) *Reflexion der notwendigen methodischen Schritte und Prinzipien im Umgang mit Gleichnissen*

Die folgenden methodischen Reflexionen beleuchten zuerst kurz den Umgang mit biblischen Texten im allgemeinen, konzentrieren sich dann speziell auf den Umgang mit Gleichnissen und differenzieren in einem dritten und letzten Schritt nochmals nach Vorgangs- und Handlungsgleichnissen.

– Notwendige Elemente im Umgang mit Bibeltexten (und ihr Zusammenspiel)

Das Stichwort für den heute notwendigen, methodisch richtigen Umgang mit biblischen Texten überhaupt heißt *integrative Bibelarbeit.*[84] Das Stichwort meint, daß keine der heute geübten Methoden des Umgangs mit biblischen Texten je für sich verabsolutiert angewandt werden sollte, sondern auf ein spezifisches, dem jeweiligen Bibeltext und der jeweiligen Situation entsprechendes *Zusammenspiel* dieser verschiedenen Methoden hingearbeitet werden sollte. Es sind vor allem vier Methoden, die sich in den letzten Jahren als wichtig und notwendig herausgeschält haben (auch wenn die beiden zuletzt genannten von der Exegese als einer wissenschaftlich-theologischen Disziplin teilweise noch skeptisch betrachtet werden; in der Praxis des Umgangs mit biblischen Texten nehmen sie dennoch schon einen relativ breiten Raum ein).

Erste Methode: Die historisch-kritische Auslegung

Hier handelt es sich um die klassische Methode der Exegese als einer wissenschaftlich-theologischen Disziplin. Es geht in ihr darum, kritisch danach zu fragen, wie die Entstehung, Weitergabe und Redaktion eines bestimmten Textes vor sich gegangen ist, um welche Art und Gattung von Text es sich handelt, wie die Motive des Textes in einer vorausliegenden Überlieferung schon vorgeprägt sind und wie sich von diesen historischen Momenten her die ursprüngliche Aussageabsicht des Textes darstellt. Für den Umgang mit Gleichnissen bildet diese Arbeit eine notwendige Voraussetzung, vor allem, weil durch sie in etwa rekonstruiert werden kann, wie das Gleichnis im Munde Jesu gelautet hat und was möglicherweise später durch die Urgemeinde an Ergänzungen hinzugewachsen ist. Am genauesten hat neben Joachim Jeremias diese Frage Hans Weder behandelt.[85] Die Ergebnisse dieser Auslegungsmethode bilden für die Gleichnisse die Grundlage, um ihre existentielle Entstehungssituation zu bestimmen, wie dies in Kap. 2 dieser Arbeit versucht wird (vgl. dort jeweils die Anmerkungen zu den einzelnen Gleichnissen). Im praktischen Umgang mit biblischen Texten werden diese Ergebnisse der Exegese meist als Information in die Lerngruppe eingebracht. Gelegentlich sollten aber ältere Schüler oder Erwachsene, wenn sie mit biblischen Texten umgehen, ansatzhaft auch selbst mit

84 Dies ist z. B. die durchgehende Forderung bei J. Thiele, Bibelarbeit im Religionsunterricht. Ein Werkbuch zur Bibeldidaktik, München 1981.

85 Vgl. die Darstellung des sprachhermeneutischen Ansatzes Weders vorne im ersten Teil von Kap. 1.1 (c).

diesen Methoden arbeiten. So könnten z. B. ältere oder stärker kognitiv motivierte Schüler den Text des Gleichnisses vom Senfkorn in der Fassung des Lukas mit der des Matthäus vergleichen und darüber reflektieren, welche Fassung der ursprünglichen Jesus-Erzählung möglicherweise am nächsten steht; beim Gleichnis vom unfairen Knecht könnten sie selbst nach Argumenten suchen, warum der ursprüngliche Text wohl mit V 30 bzw. 33 geendet hat, oder sie könnten diese (nach Weder bzw. Weiser) eingebrachten Argumente diskutieren.

Zweite Methode: Die linguistisch-strukturale Auslegung

Diese Methode nimmt den Text unabhängig von seiner Entstehungs- und Wirkungsgeschichte als eine »Welt für sich«, als »Textwelt«, in der bestimmte Motive, Wörter, Gedanken, handelnde Personen und Handlungsabläufe ineinandergreifen und zueinander in einer bestimmten Beziehung stehen. Diese Arbeit wird oft sehr differenziert durchgeführt.[86] Die Gleichnisse haben jedoch eine sehr einfache Struktur. So wurden oben im Gleichnis vom Senfkorn die beiden Motive Kontrast und Wachstum als tragende Strukturelemente in die Arbeit eingebracht; bei den Handlungsgleichnissen liegt die von der Wirkabsicht her wichtigste Struktur in der Abfolge der Erzählschritte, die zum Handlungsüberschuß hinführen; sie kann, wie in obigem Beispiel, »spielerisch« durch eine szenische Darstellung des Gleichnisses erarbeitet werden.

Dritte Methode: Der tiefenpsychologisch-gruppendynamische Umgang mit biblischen Texten

Ende der siebziger Jahre hat man erkannt, daß die rein *analytische* Auslegung biblischer Texte (hier vorgestellt in der ersten und zweiten Methode) ein entscheidendes religionspädagogisches und pastorales Anliegen *nicht* zu erfüllen vermag: nämlich dem heutigen Hörer die *Fremdheit* des biblischen Textes, der vor 2000 Jahren geschrieben wurde und einer völlig fremden Kultur entstammt, zu überbrücken und ihm die persönliche *Aneignung* eines solchen Textes zu ermöglichen.[87]

86 Eine pädagogisch sinnvolle Elementarisierung der strukturalen Analyse biblischer Texte sehe ich in dem von H. Zirker, G. Hilger u. a. erarbeiteten Kommentar zur Grundschulbibel: Zugänge zu biblischen Texten, Düsseldorf 1980 (NT) – 1981 (AT); dort werden die biblischen Texte nach den Kategorien »Zeit«-»Raum«-»Akteure«-»Handlungsablauf« analysiert und dann (über die strukturale Methode hinausgehend) auch »Anschlüsse an die Welt des Lesers« erarbeitet.

87 Einen starken Impuls in dieser Richtung gab W. Wink, Bibelauslegung als Interaktion. Über die Grenzen historisch-kritischer Methode, Stuttgart u. a. 1976; von

Man hat deshalb Methoden entwickelt, in denen es darum geht, persönliche Assoziationen mit biblischen Texten zu verbinden und die Texte als Anstöße zu nehmen, um sich selbst und die eigene Lebenssituation in neuem Licht zu sehen und zu erfassen.[88] In unseren Beispielen wird diese Methode beim Senfkorngleichnis im vierten und fünften Lernschritt durchgeführt (Kontrastbeispiele aus der eigenen Lebenswelt assoziieren und das Gleichnismotiv auf die eigene Lebenswelt übertragen); im Umgang mit dem Handlungsgleichnis vom unfairen Knecht erfolgte sie im ersten und vierten Lernschritt (im ersten Lernschritt hinsichtlich der Struktur, im vierten hinsichtlich der existentiellen Entstehungssituation des Gleichnisses).

Vierte Methode: Kreativ-gestalterischer Umgang mit biblischen Texten

Diese Methode wird meistens mit der tiefenpsychologisch-gruppendynamischen Methode verbunden. Denn Assoziationen und persönliche Gedanken und Stellungnahmen, wie sie im Gespräch geäußert werden, bleiben meist zu vage; damit aus ihnen dem einzelnen sowohl eine neue Sicht seiner Lebenssituation als auch ein neues Verständnis des biblischen Textes erwachsen kann, ist es notwendig, diesen Assoziationen (etwa in einer Pantomime, einer bildlichen Darstellung, in der Zuordnung von Photos, in der Erstellung einer Collage, in der Abfassung eines Textes usw.) eine festere Gestalt zu geben.[89]

Sollen biblische Texte, insbesondere Gleichnisse, in ihrem genuinen Sprachcharakter für den heutigen Menschen zum Sprechen kommen, dürfen diese vier Methoden des Umgangs mit biblischen Texten nicht isoliert und unverbunden nebeneinander angewandt werden. Vielmehr gilt es, sie so einander zuzuordnen, daß sie sich – entsprechend einer

dieser tiefenpsychologischen Perspektive aus arbeiten in die gleiche Richtung: E. Drewermann, Tiefenpsychologie und Exegese. Bd. I: Die Wahrheit der Formen. Dramen, Mythos, Märchen, Sage und Legende, Olten–Freiburg 1984; dazu: J. H. Schroeder, Remythologisierung der Bibel? Bemerkungen zu einer Situationsanalyse Eugen Drewermanns, in: Herder-Korrespondenz 39 (1985) 275–279. Zu den Gleichnissen vgl. bes. Bd. II von »Tiefenpsychologie und Exegese«, 712–753 (vgl. dazu oben Anm. 69)

88 Z. B.: H. Barth/T. Schramm, Selbsterfahrung mit der Bibel. Ein Schlüssel zum Verstehen, München 1977; A. Grabner-Haider, Ich bin gemeint. Selbsterfahrung durch die Bibel (Für den einzelnen und für Gruppen), Graz–Wien–Köln 1984

89 Anregungen dazu bei: A. Stock, Umgang mit theologischen Texten, Zürich–Einsiedeln–Köln 1974; B. Grom, Formen der Bibelarbeit, in: Katechetische Blätter 108 (1983) 378–382; speziell für Gleichnisse: Sorger, Umgang

Didaktik der Korrelation – gegenseitig mit dem Ziel unterstützen, den biblischen Text und seine Wirkintention mit der Lebenssituation des heute hier und jetzt lebenden Menschen kreativ und produktiv zu verflechten und in das Gespräch zu bringen.[90] Dabei ist – dies ist in den obigen Beispielen deutlich zu sehen – dieses Zusammenspiel der Methoden so zu organisieren, daß die beiden analytischen Methoden als *Grundlage* für die beiden synthetischen Methoden genommen werden: Die historisch-kritische Analyse erarbeitet das historische Umfeld und die ursprüngliche Erfahrungssituation, in der der Text entstanden ist, und ermöglicht es so dem heutigen Hörer oder Leser, sich in die damalige Situation hineinzuversetzen und seine eigene Situation mit dieser zu vergleichen. Nur auf diese Weise ist eine Einfühlung in die existentielle Entstehungssituation eines Gleichnisses möglich. Die strukturale Analyse arbeitet die Strukturelemente des Textes heraus, die der Hörer auf Texte, Motive und Erfahrungen aus seiner eigenen Lebenswelt übertragen kann. So hat im Beispiel vom Senfkorn-Gleichnis die Analyse des Kontrast-Motivs die Aufgabenstellung ermöglicht, Assoziationen zu diesem Motiv in der eigenen Lebenswelt zu suchen (vierter Lernschritt); im Umgang mit dem Handlungsgleichnis vom unfairen Knecht bildet die strukturale Analyse des Textes (in der Unterrichtsvorbereitung des Lehrers) die Voraussetzung dafür, daß entsprechend dieser Struktur die Comic-Transformation erarbeitet und gleich zu Anfang in den Unterricht eingebracht werden konnte. In den Assoziationen und Stegreifspielen des ersten Lernschritts wurde diese Struktur des Gleichnisses eingeübt und nachempfunden.

Beide Analyse-Methoden zielen auf die Aneignung des Textes in der eigenen Lebenswelt. Im Gleichnis vom Senfkorn wurde im vierten, fünften und sechsten Lernschritt das Gleichnis für die eigene Lebenswelt angeeignet (im sechsten Lernschritt dabei auch in einer kreativen Neugestaltung durch die beschriebene Pantomime). Im Beispiel vom unfairen Knecht wurde eine Neugestaltung des Bibeltextes in der Lebenswelt des Schülers vom Lehrer gleich zu Anfang vorgegeben und dann in eigenen Assoziationen hinsichtlich der Struktur (erster Lernschritt) und hinsichtlich der existentiellen Entstehungssituation (im vierten Lernschritt) von den Schülern assimiliert. Abschließend gilt es

90 Die korrelative Verflechtung von biblischem Text und gegenwärtigem Leben durch eine Integration der heute hauptsächlich üblichen bibeldidaktischen Methoden (historische Analyse, strukturale Analyse, Assoziationen aus der heutigen Lebenswelt und kreative Neugestaltung), ist unter dem Stichwort der »analytisch-assoziativen Übertragung« bzw. des »bibeldidaktischen Vierecks« im einzelnen dargestellt und anhand von Unterrichtsbeispielen beschrieben in: Baudler, Erziehung 96–147; vgl. dazu auch G. Lange/W. Langer, Zur Praxisrelevanz des bibeldidaktischen Vierecks, in: Katechetische Blätter 100 (1975) 344–352.

dann, diese Aneignung des Bibeltextes nochmals mit dem ursprünglichen Text, wie er durch die analytischen Methoden erhoben wurde, zu vergleichen. Denn der ursprüngliche Bibeltext muß Ausgangspunkt *und* Zielpunkt des Umgangs mit ihm sein.

Wie die dargestellten Beispiele deutlich zeigen, bedingt dieses Zusammenspiel der Methoden *nicht*, daß in der konkreten unterrichtlichen Arbeit mit dem Text immer *zuerst* die analytischen und *dann* die assoziativ-kreativen Methoden angewandt werden. Diese Reihenfolge gilt nur für die Vorbereitung, nicht aber für die Durchführung des Unterrichts. So hat der Lehrer im Beispiel vom unfairen Knecht (nach entsprechendem Studium des Bibeltextes, besonders hinsichtlich der Frage des ursprünglichen Textbestandes) eine von ihm in der Literatur gefundene und umgestaltete Comic-Transformation als sicher sinnvollen Einstieg in die Arbeit mit dem Gleichnis genommen und dann mit den Schülern zuerst die strukturalen und dann die historischen Elemente des Textes zur Aneignung und Übertragung in die eigene Lebenswelt erarbeitet und aufbereitet. Auch im Beispiel vom Senfkorn-Gleichnis sind mit dem Ziel einer lebendigen und abwechslungsreichen Gestaltung des Unterrichts (immer jedoch auch so, daß ein Element auf dem anderen aufbauen konnte) analytische und assoziative Methoden auf differenzierte Weise miteinander verbunden und verflochten worden (vgl. z. B. den Einstieg mit der Dia-Meditation).

– *Notwendige Elemente im Umgang mit Gleichnissen*

Speziell im Umgang mit Gleichnissen sind die genannten methodischen Schritte und Prinzipien so zu wählen, daß dabei die sprachliche Eigenart der Gleichnisse, d. h. ihre Anrede- und Erschließungsfunktion, möglichst stark zur Geltung kommt. Die Erschließungsfunktion wurde oben (Kap. 1.1 [c]) besonders im Zusammenhang der sprachhermeneutischen Gleichnisforschung herausgearbeitet, ihr Anrede-Charakter innerhalb eines dialogischen Sprachgeschehens ergab sich aus dem Charakter der Vergleiche und Gleichnisse im Alten Testament.

Diese beiden Funktionen hängen eng miteinander zusammen: Die Intensivierung der Anrede durch den Vergleich bewirkt beim Angesprochenen einen Erschließungsprozeß (es »fällt ihm wie Schuppen von den Augen«, er sieht bestimmte Dinge ganz neu: er erfährt eine »disclosure«[91]); und umgekehrt: die »disclosure«, die der Erzähler im Gesprächsvorgang dem Gesprächspartner zuspielt, bedeutet eine Intensi-

91 Vgl. dazu oben den letzten Absatz von Kap. 1.1 (c) und die dort in den Anmerkungen 61 u. 62 gegebenen Literaturhinweise

vierung seiner Zuwendung und seiner Anrede. Trotz dieses Zusammenhangs ist es im praktischen Umgang mit den Gleichnissen möglich, einmal mehr den Erschließungscharakter und einmal mehr den Anrede-Charakter stärker zu akzentuieren. Welcher Akzent vorherrschen soll, richtet sich nach der Adressatengruppe: Wenn innerhalb eines Gottesdienstes oder einer Gemeindekatechese mit Gleichnissen gearbeitet wird, liegt die Betonung auf dem Anrede-Charakter; innerhalb des schulischen Religionsunterrichts, der kirchlichen Jugendarbeit und der Erwachsenenbildung, also in stärker säkularisierten Gesprächssituationen, liegt der Akzent mehr auf der Erschließungsfunktion.

Methodisch geschieht die Akzentuierung der *Anrede-Funktion* durch eine stärkere Gewichtung der existentiellen Entstehungssituation des Gleichnisses, in der Person und Geschick Jesu begegnen, während die *Erschließungsfunktion* dadurch stärker zur Geltung kommt, daß die metaphorische bzw. strukturale Eigenart des jeweiligen Gleichnisses stärker zum Tragen kommt. Dies war besonders im ersten der beiden Unterrichtsbeispiele deutlich der Fall; das Gleichnis vom unfairen Knecht (als Handlungsgleichnis mit negativem Handlungsüberschuß) bringt auch seine *Erschließungskraft* nur bei starker Einbeziehung der existentiellen Entstehungssituation in der richtigen Weise zur Geltung; auf dieser Erschließungsfunktion lag auch hier der Akzent.

Beiden Akzentuierungen aber ist gemeinsam, daß der Umgang mit dem jeweiligen Gleichnis als ein sprachlicher *Prozeß* gestaltet wird, dessen Wirkung auf den Hörer bzw. Leser nicht von vornherein feststeht, sondern individuell verschieden ist (stärker oder weniger stark, Zustimmung oder auch Kritik hervorrufend, diesen oder jenen Punkt der eigenen Lebenswelt ansprechend). Der Lehrer geht nicht von einer fertigen Einsicht über eine bestimmte Eigenart des Gottesreiches aus, um diese mit Hilfe des Gleichnisses (besonders mit Hilfe einer sogenannten »Bildhälfte«) zu veranschaulichen (etwa indem der »Vergleichspunkt« herausgearbeitet wird). Diese Kategorien werden dem genuinen Sprachcharakter der Gleichnisse nicht gerecht. Es handelt sich in der Gleichnisrede nicht, wie Weymann treffend ausführt[92], um ein *»feststellendes Vergleichen«* (z. B. auf das obige Unterrichtsbeispiel bezogen: So, wie sich der gütige König gegenüber dem ersten Knecht verhält, so verhält Gott sich gegenüber uns Menschen)[93], sondern um

92 V. Weymann, Gleichnisse als Gesprächsvorgang, in: Steiner/Weymann 15–27; hier 17 f (Hervorhebung von Weymann)

93 Das ist z. B. die Grundlinie der Auslegung des Gleichnisses vom gütigen Arbeitsherrn (Mt 20,1–15) bei Jeremias 25 sowie 95: Das Gleichnis schildert und veranschaulicht: *»So ist Gott. So gütig«* (Hervorhebung von Jeremias); diese Tendenz wurde dann vielfach übernommen, bis in die jüngste Zeit: z. B. Kemmer 47, der

ein *»bewegendes Vergleichen«*, wo dem Hörer in einem lebendigen Sprachprozeß je individuell realisierbare Möglichkeiten eines neuen Standpunkts, einer neuen Sicht von Leben und Welt, »neue Lebensmöglichkeiten« (die der anbrechenden »malkût Jahwe« entsprechen) »zugespielt werden«[94].

Um die Gleichnisse in solcher Weise als einen offenen Sprachprozeß, als »bewegendes Vergleichen« im praktischen Umgang zur Geltung zu bringen, sind vor allem drei methodische Elemente notwendig, die jedoch je nach der Adressatengruppe verschieden stark entfaltet und gewichtet und in jeweils verschiedener Reihenfolge zusammengestellt werden können. Immer aber sollten beim Umgang mit einem Gleichnis Jesu, auf die eine oder andere Weise, in der einen oder anderen Gewichtung, in dieser oder in jener Reihenfolge, folgende Elemente eine Rolle spielen:

Erstes Element: Die Vergegenwärtigung und Einübung des metaphorischen Gehalts des Gleichnisses

Es kommt, auf die obigen Beispiele bezogen, *nicht* darauf an, zu *wissen*, daß das Kontrastmotiv wesentlich die Struktur des Senfkorn-Gleichnisses bestimmt, sondern darauf, den metaphorischen Gehalt dieses Motivs *empfinden* zu können, ihn also einzuüben und gefühlsmäßig zur Wirkung zu bringen (im obigen Beispiel geschah dies durch die Dia-Meditation im ersten und durch die Assoziationsübung im fünften Lernschritt).

Ähnlich müssen bei den anderen Vorgangsgleichnissen die metaphorischen Gehalte *eingeübt* und dem gegenwärtigen Erleben und Empfinden lebendig vermittelt werden: das beglückende Finden (Gleichnis vom *Schatz im Acker* und der *kostbaren Perle*), die belebende Wirkung des Anblicks eines grünenden Zweiges (Gleichnis vom *grünenden Feigenbaum*), die Freude einer belohnten Aufmerksamkeit (*Wachsamkeitsgleichnisse*), das Glück, sich als Sohn, nicht als Sklave, fühlen zu dürfen (Gleichnisse vom *Knechtslohn* und von den *ungleichen Söhnen*), das Leid einer nicht erwiderten Zuwendung (Gleichnis von den *Kindern*

als »Hauptakzent der Parabel« herausarbeitet: »Gott vertritt nicht den Rechtsstandpunkt, sondern den der Güte«; ähnlich Knoch 204 ff, der als »Botschaft« und als »Aussage« des Gleichnisses herausstellt: »Jesus will also sagen: So gütig wie jener Weinbergbesitzer handelt Gott, wenn er Sünder (durch ihn) begnadigt« (ebd. 206); vgl. zu dieser Art der Auslegung Merklein, Gottesherrschaft, 196: ». . . die Interpretation des Verhaltens in Gleichnissen besagt eben nicht allgemein ›so ist Gott‹, sondern konkret: So handelt Gott jetzt in meinem Handeln!«; vgl. dazu auch Fiedler, Jesus, 155–172.

94 V. Weymann, Reich Gottes in Gleichnissen, in: Steiner/Weymann 36–45, hier 41

auf dem Marktplatz), das Gefühl der Fürsorge für eine Pflanze oder für ein Tier (Gleichnis vom *fürbittenden Weingärtner*), der Schrecken eines *zurückkehrenden Dämons*, die Not einer vor mir liegenden schweren Entscheidung (Gleichnis vom *planenden Baumeister und vom Feldherrn*), die innere Sicherheit, die ich aus dem Wissen um die Gutheit der Sache, der ich mich verschrieben habe, gewinnen kann (Gleichnisse vom *bittenden Sohn, bittenden Freund* und der *fordernden Witwe*), sowie das Tröstende und Aufrichtende, das durch die Betrachtung des Wachsens und Waltens in der Natur in mir geweckt werden kann *(Saat- und Wachstumsgleichnisse)*. Diese Erfahrungen müssen durch Einübung nachvollziehbar gemacht werden; es genügt nicht, nur davon zu *wissen*.

Analog genügt es beim Umgang mit Handlungsgleichnissen nicht, sich den dramatischen Handlungsaufbau kognitiv zu vergegenwärtigen und klug (etwa in einer strukturalen Analyse) darüber zu reden. Vielmehr muß der Lernende sich im Umgang mit einem solchen Gleichnis mit seiner Phantasie und seinem Empfinden *selbst* in die spannende Abfolge dieser Schritte hineinbegeben. Er muß, in Identifikation mit den handelnden Personen der Geschichte, *selbst* den durch die Handlungsschritte vorgezeichneten Weg mitgehen und schließlich *selbst* den Befremdungseffekt und die Irritation *spüren* –, nicht nur davon wissen und entsprechende Aufbauelemente benennen können –, die mir im Handlungsüberschuß begegnen. In obigem Beispiel geschah dies sehr stark durch die verfremdete Einführung des Gleichnisses in einer Transformation, die, sofort auch als Spiel gestaltet, den Schülern unmittelbar den Befremdungseffekt des Gleichnisses erfahren und spüren ließ.

Zweites Element: Die Einarbeitung und Einübung in die existentielle Entstehungssituation eines Gleichnisses

Die Notwendigkeit dieses Schrittes ergibt sich daraus, daß (wie oben in Kap. 1.1 [c] gezeigt wurde) es bei den Gleichnissen nicht möglich ist, Erzähler und Erzählung, Jesus und seine Botschaft voneinander zu trennen. Der Vergleich und das Gleichnis als Intensivierung der Anrede und als Erschließung von Gottesreich kommen nur dann zur Geltung, wenn ich auf Person und Geschick dessen blicke, der im Gleichnis redend sich mir zuwendet. Erst so gewinnen sowohl die von Jesus herangezogenen Vergleichsvorgänge als auch die mehr oder weniger kunstvoll aufgebauten fiktiven Erzählhandlungen die ihnen eigene Ausdruckskraft. In den obigen Beispielen wurde deshalb trotz der säkularisierten Gesprächssituation im schulischen Religionsunterricht dieser notwendige und wichtige methodische Schritt doch auch relativ genau und intensiv erarbeitet. Je stärker die Lerngruppe glaubensmäßig engagiert und motiviert ist, desto stärker kann dieses methodische Element im Umgang mit Gleichnissen auch als affektiver Lernprozeß gestaltet werden. Durch Rollenspiele (vgl. das Beispiel vom unfairen Knecht), Bildmeditationen (z. B. Holzschnitt von Sr. Sigmunda May »Christus als Lebensbaum« zum Gleichnis vom Senfkorn, vgl. ru Heft 3/1985 S. 113), durch kreative Einfühlung in die damaligen Verhältnisse (z. B. Gedanken eines Tagelöhners, der auf dem Marktplatz darauf wartet, angeworben zu werden, beim Gleichnis vom gütigen Arbeitsherrn usw.) kann dieser methodische Schritt weiter ausgebaut werden. Zuvor ist es bei diesem Schritt jedoch notwendig, *auch* durch kognitive Arbeit den »garstig breiten Graben« der Geschichte und Kultur (G. E. Lessing) zu überwinden und beim jeweiligen Gleichnis zu fragen, in welcher Dimension des Lebens und Wirkens Jesu es beheimatet ist und wie sich von daher die existentielle Entstehungssituation näher darstellt (diese Frage wird für die einzelnen Gleichnisse in Kap. 2 erarbeitet).

Drittes Element: Die assoziativ-gestalterische und im Rückblick vergleichende Übertragung sowohl des metaphorischen Gehalts (vgl. erstes Element) als auch der existentiellen Entstehungssituation (vgl. zweites Element) in die gegenwärtige Lebenswelt

Da die Gleichnisse entsprechend ihrem Sprachcharakter nicht eine zeitlos geltende Erkenntnis oder Moral vermitteln und veranschaulichen, sondern ein je unmittelbares Angesprochensein des Hörers und Lesers und, damit verbunden, eine je individuell akzentuierte »disclosure« vom keimhaft beginnenden »Reich Gottes« im eigenen Leben bewirken wollen, ist dies der wichtigste methodische Schritt im Umgang mit Gleichnissen. In ihm realisiert sich die Zielsetzung dieses Umgangs. Er ist deshalb für den schulischen Religionsunterricht (oder andere stärker säkularisierte Gesprächsgruppen) wie für Gottesdienst und Katechese gleichermaßen wichtig.

Im Beispiel vom Senfkorn wurde dieses methodische Element in den letzten vier Lernschritten erarbeitet (daß vier von insgesamt sieben Lernschritten diesem methodischen Element zugeordnet sind, veranschaulicht seine didaktische Bedeutung). Zwar hatte der vierte Lernschritt auch noch die Aufgabe, in den metaphorischen Gehalt des Gleichnisses einzuüben (erstes Element), aber es ging doch auch hier schon um die Übertragung des Vorgangs in die eigene Lebenswelt; im fünften Lernschritt kam dann noch die existentielle Entstehungssituation des Gleichnisses in den Übertragungsvorgang hinein, im sechsten Lernschritt wurde der Übertragungsvorgang durch eine kreative Neugestaltung gefestigt und konturiert, so daß er im siebten Lernschritt in einem rückblickenden Vergleich mit dem ursprünglichen Gleichnistext nochmals zusammengehalten werden konnte. Im Beispiel vom unfairen

Knecht begann der unterrichtliche Umgang mit dem Gleichnis mit der (hier vom Lehrer vorgegebenen) kreativ-gestalterischen Übertragung des dramatischen Handlungsablaufs in die gegenwärtige Lebenswelt in Form einer Comic-Geschichte. Von daher motiviert, wurde dann versucht, die existentielle Entstehungssituation des Gleichnisses zu erarbeiten (zweiter Lernschritt), und im dritten Lernschritt wurde das Ergebnis dieser Arbeit (wie schon vorher die Handlungsstruktur) auf die eigene Lebenswelt übertragen. Der Übertragungsvorgang setzt also stets unmittelbar den Analyseprozeß fort.

Wichtig und notwendig innerhalb dieser Übertragungsarbeit ist dann der rückblickende Vergleich. Auch wenn er zeitlich keinen großen Raum einnimmt, gehört er konstitutiv zum vorgeschlagenen Umgang mit Bibeltexten. Er hat die »Re-flexion«, die Rück-wendung zum ursprünglichen Text und zur ursprünglichen Situation des Gleichnisses zum Inhalt: Die Interpretationsarbeit darf sowohl bei literarischen als auch bei religiösen Texten nicht von diesem Text wegführen, sondern muß zu ihm zurückkehren, freilich auch angereichert mit der Welt und dem Leben (dem Verstehenshorizont) des Menschen, den der Interpretationsvorgang mit dem Text vermitteln will. Die kreative Neugestaltung des Gleichnis-Vorgangs bzw. der dramatischen Handlungsstruktur im Medium gegenwärtigen Denkens und Empfindens – an sich schon notwendig, um den Übertragungsprozeß aus dem bloßen Assoziationsbereich herauszuführen und ihn durch *Gestaltwerdung* in der Vorstellungswelt des Hörers und Lesers des Gleichnisses zu konturieren und fester zu verankern – bildet dabei meistens den Ausgangs- und Anknüpfungspunkt für die Rückwendung zum ursprünglichen Text und seiner Situation.

Im zweiten Beispiel ging der Rückblick von einer schriftlichen Hausaufgabe aus. Bloße Assoziationen sind zu verfließend und verschwommen, um von ihnen aus rückblickend einen Dialog mit dem Ursprungstext führen zu können. Indem jedoch schriftliche oder künstlerische Gestaltungen, in denen mein gegenwärtiges Denken und Empfinden Gestalt geworden ist, mit dem Ursprungstext und der darin sich ausdrückenden Erfahrung einen freilassenden und offenen Dialog führen (etwa unter den Gesichtspunkten: Was ist gleich? – Was ist ähnlich? – Was ist anders?) und ich vor allem über die Unterschiede genauer nachdenke, ereignet sich eine kreativ-produktive und freilassende Wechselbeziehung zwischen überliefertem Text und darin Gestalt gewordener Erfahrung einerseits und neuer Gestaltung und der dieser zugrunde liegenden gegenwärtigen Erfahrung andererseits – also genau das, was heute unter dem Stichwort *Korrelation*[95] bekannt ist und in breiter

95 Vgl. zum Begriff der Korrelation die Ausführungen in der »Einleitung« S. 24f.

Übereinstimmung als Grundprinzip des Umgangs mit christlicher Überlieferung in unserer heutigen Welt gilt.

Zuletzt gilt es nun noch, diese methodischen Prinzipien und Elemente einerseits auf *Vorgangsgleichnisse*, andererseits auf *Handlungsgleichnisse* hin genauer zu entfalten und zu präzisieren. Grundsätzlich ist dabei zu sagen: Die Unterschiede in der Ausgestaltung der beschriebenen drei Elemente beim Umgang mit den beiden Gleichnisformen beziehen sich in erster Linie auf die Einübung des metaphorischen Gehalts (erstes Element). Dieses Element des Umgangs mit Gleichnissen spielt, wie oben ausgeführt, besonders im schulischen Religionsunterricht (und anderen säkularisierten Gesprächssituationen) eine bedeutsame Rolle; von der dichterischen Qualität des Erzählgebildes muß ja in dieser Lernsituation der Anspruch ausgehen, so daß von ihr (wie in den beiden vorgestellten Unterrichtsbeispielen) die didaktische Struktur des Umgangs mit dem Gleichnis geprägt ist.

– Die methodischen Elemente im Umgang mit Vorgangsgleichnissen

In den *Vorgangsgleichnissen* bildet ein in sich abgerundeter Vorgang einen Vergleich und intensivierenden Ausdruck für das, was Jesus in der jeweiligen existentiellen Lebens- und Wirksituation, in der er steht, als das Anbrechen der »malkût Jahwe« erfährt und was er als ihn zuinnerst angehendes Anliegen den Menschen seines Volkes erschließen will. Im praktischen Umgang mit diesen Erzählstücken besteht deshalb das methodisch-didaktische Ziel darin, den metaphorischen Gehalt des Vorgangs als Ausdruck der Betroffenheit Jesu zu verstehen und in seiner Ausdruckskraft nicht nur historisch, sondern je aktuell (d. h. innerhalb der gegenwärtigen Lebens- und Erfahrungswelt des Hörers bzw. Lesers des Gleichnisses) möglichst stark zur Geltung zu bringen und wirksam werden zu lassen.

Ähnlich wie schon bei den Hörern Jesu wirkt dann der Vergleich wie eine Art »Vergrößerungsglas«, das meine inneren Sehorgane zu einer »disclosure« aufschließt und mich so befähigt, das noch winzig kleine, keimhafte Anbrechen der »malkût Jahwe« auch in der eigenen Lebenswelt zu entdecken. Im obigen Beispiel konnten die Schüler, indem sie den von Jesus geprägten (oder einen analogen) Gleichnisvorgang – als Ausdruck des Gottvertrauens Jesu angesichts seiner bevorstehenden Passion – auf ihr eigenes Leben bezogen, in einer scheinbar so profanen Situation wie dem Einsamkeitsgefühl nach einem Schulwechsel, das Vertrauen und die Hoffnung, in der neuen Umgebung wieder Freunde zu finden, als Wirkung und Ausdruck der (auch in ihrem Leben) keimhaft beginnenden »malkût Jahwe« begreifen und verstehen. Der Unterricht lehrte sie, dieses Element ihrer Erfahrung – oder ein ähnliches

Element (vgl. z. B. die auch von Schülern erwähnte Situation einer Krankheit und das Vertrauen, wieder gesund zu werden) – als einen durch Jesus erschlossenen religiösen Sinngehalt ihres Lebens zu sehen und nach weiteren Sinngehalten dieser Art in ihrem Leben Ausschau zu halten. Religiöse Sinngehalte bilden hier nicht mehr, wie die neuzeitliche Religionskritik dies dem Christentum vorwarf, eine abgetrennte Sonderwelt (die als ideologischer »Überbau« fungiert und dem Menschen den offenen und freien Blick auf die Realität und die mögliche Qualität seines Lebens verbaut), sondern umgekehrt Elemente, welche die tiefste Sinnqualität menschlichen Lebens aufdecken und zum Tragen bringen.[96]

Dieser Zielsetzung dienen alle drei oben beschriebenen methodischen Elemente für den Umgang mit Gleichnissen. Der Unterschied zwischen Vorgangsgleichnis und Handlungsgleichnis besteht nur darin, daß im Vorgangsgleichnis der metaphorische Gehalt in einem in sich abgerundet dargestellten Vorgang liegt und das didaktische Bemühen deshalb dahin gehen muß, diesen Vorgang möglichst intensiv zu *meditieren* und in seinem Ausdrucksgehalt zu erspüren.

Bei Gleichnissen, die einen Vorgang aus dem Wachsen und Walten der *Natur* artikulieren (vgl. die Übersicht in Kap. 1.2 [a]) kann gut, wie im obigen Beispiel vom Senfkorn-Gleichnis durchgeführt, die einfühlende Betrachtung eines entsprechenden Photos aus der Natur den Einstieg bilden z. B. das Photo des grünenden Zweiges eines Feigenbaums zum Gleichnis vom *grünenden Feigenbaum*, Mk 13,28; Mt 24,32 (vgl. ru Heft 3/1985 S. 102). Als Meditationsbild zum Gleichnis vom *unentwegten Sämann* (Mk 4,3-8 par) kann gut das Bild »Der Sämann« des späten van Gogh herangezogen werden: Es bringt mit großer Intensität zum Ausdruck, wie der Sämann, im Gegenlicht der untergehenden Sonne stehend, als schon dunkel werdende Gestalt und von einem schräg über ihn sich neigenden Baum bedroht, ganz auf die breite, Samen streuende Hand konzentriert, Dunkelheit und Drohung mißachtend, völlig seinem Werk hingegeben ist: restlos erfüllt und bewegt von der absoluten Sinnhaftigkeit seines Tuns. Zum Gleichnis von der selbstwachsenden Saat (Mk 4,26-28) kann eine keimende Bohne oder eine aus einem Bodenspalt herauswachsende Blume betrachtet werden. Immer geht es um die möglichst intensive *Einfühlung in den metaphorischen Vorgang*.

96 Vgl. auch C. Meves, Die Bibel antwortet uns in Bildern. Tiefenpsychologische Textdeutungen im Hinblick auf Lebensfragen heute, Freiburg–Basel–Wien 4. Aufl. 1974, 79: In den Gleichnissen (z. B. vom Schatz im Acker und der Perle) ist das Himmelreich »nicht in irgendeine unwirkliche Ferne gerückt, sondern als ein zu findender höchster Wert mitten in unserem Leben«.

Vorgangsgleichnisse, die aus dem *Alltagsleben* genommen sind, können gut durch sogenannte Kontextgeschichten in ihrem metaphorischen Gehalt vergegenwärtigt und eingeübt werden. In den heute vielfach auf dem Markt befindlichen Vorlese-Büchern und Geschichtensammlungen[97] finden sich unmittelbar eingängige und ansprechende Erzählungen, die etwa das Glück des Findens (Gleichnisse vom *Schatz im Acker*, der *kostbaren Perle*, der *verlorenen Drachme*), den Sinngehalt einer wachsamen und aufmerksamen Wahrnehmung (*Wachsamkeitsgleichnisse*; vgl. dazu z. B. die Aufmerksamkeit und Sensibilität der Goldmarie im Unterschied zur Blindheit und Dummheit der Pechmarie im Märchen der Frau Holle[98]), die Freude einer geglückten bzw. das Leid einer mißglückten menschlichen Kommunikation (Gleichnisse von den *ungleichen Söhnen, ungleichen Schuldnern, Knechtslohn, Kindern auf dem Marktplatz*) oder jene innere, Gefängnis, Folter und Tod überwindende Sicherheit, wie sie das Festhalten an der als unbedingt gut erkannten Sache vermitteln (Gleichnisse vom *bittenden Sohn*, vom *unablässig bittenden Freund* und der *unbeirrt fordernden Witwe*), zum Ausdruck bringen. Auch Märchen können, wie im Beispiel der »Frau Holle« schon angedeutet, nicht nur in der Grundschule als Kontexte dieser Art herangezogen werden.

Es würde nicht der Eigenart des Gleichnisses als eines Vorgangsgleichnisses entsprechen, den Vorgang (etwa: wie der Freund an die Tür klopft) in einem Rollen- und Szenenspiel darstellen zu lassen; dabei wird die Aufmerksamkeit zu stark auf den (dann dramatisch verstandenen) Handlungsablauf gelenkt (etwa auf die Frage: Wird der Freund die Tür öffnen oder nicht?), so daß der Vorgang zu wenig als *in sich abgerundete Größe* gesehen wird, wovon ja hier die metaphorische Wirkung ausgehen soll. Möglich sind jedoch (mit Musik untermalte) pantomimische Darstellungen, die den Vorgang einheitlich und in sich abgerundet

97 Vgl. z. B. S. Berg (Hg.), In den Sand geschrieben. 80 Kurzgeschichten für Religionsunterricht und Jugendarbeit, 2 Bde., Stuttgart 2. Aufl. 1974; H. u. U. Halbfas, Das Menschenhaus. Ein Lesebuch für den Religionsunterricht, Zürich–Stuttgart–Düsseldorf 3. Aufl. 1974 (dazu das entsprechende »Lehrerhandbuch Religion«); R. Krenzer/A. Prokrandt/R. Rogge (Hg.), Kurze Geschichten zum Vorlesen und Nacherzählen im Religionsunterricht, München-Lahr 1975; L. Graf/U. Kabitz/M. Linhard/R. Pertsch (Hg.), Geschichten zum Weiterdenken. Ein Lesebuch für Schule, Gruppe und Familie, München–Mainz 1977 (dazu das entsprechende Lehrerhandbuch); P. Eggers (Hg.), Wo der Himmel ist. Ein (Vor-)Lesebuch für Kinder, Düsseldorf 1981; J. Thiele (Hg.), Eine neue Sprache finden. Lesebuch für Religionslehrer, München 1982; H. Halbfas, Das Welthaus. Ein religionsgeschichtliches Lesebuch, Stuttgart–Düsseldorf 1983

98 Zur Interpretation dieses Märchens vgl. E. Drewermann/I. Neuhaus, Frau Holle. Grimms Märchen tiefenpsychologisch gedeutet, Olten–Freiburg 1982

ausdrücken (vgl. dazu die Pantomime im obigen Unterrichtsbeispiel vom Senfkorn-Gleichnis).

Das für die Wirkung eines Gleichnisses wohl entscheidendste Element ist die Übertragung der Metapher in die eigene Lebens- und Erfahrungswelt. Hier überschneiden sich das erste und dritte Element: Die Suche nach analogen metaphorischen Motiven aus der eigenen Erfahrung im obigen Unterrichtsbeispiel vom Senfkorn-Gleichnis hatte sowohl die Funktion der Einübung und Einfühlung in den metaphorischen Gehalt des Gleichnisses (erstes Element) als auch schon die Funktion der Übertragung (drittes Element). Kontextgeschichten, die aus Lese- und Märchenbüchern an den Lernenden herangetragen werden, haben nur die Aufgabe, die Eingebundenheit des metaphorischen Gehalts in den historischen Text aufzulockern, um dadurch seine Übertragung in die eigene Lebenswelt vorzubereiten. Erst in *dieser* Übertragung der Metapher auf die *eigene* Lebens- und Erfahrungswelt – freilich vorher oder nachher angereichert durch das Wissen um die Wirkung der Metapher in ihrer existentiellen Entstehungssituation (zweites Element) – wirkt das Gleichnis als eine Art »Lupe« oder lichtstarkes »Fernglas«, mit dessen Hilfe ich auch in meinem eigenen Leben die Keime des Anbrechens der »malkût Jahwe« entdecken kann (wodurch ich befähigt werde, Jesus und seiner Erfahrung zu glauben und ihm darin nachzufolgen).

– *Die methodischen Elemente im Umgang mit Handlungsgleichnissen*

Die Handlungsgleichnisse drücken Jesu Erfahrung von der anbrechenden »malkût Jahwe«, wie er in einer bestimmten Situation seines Lebens und Wirkens von ihr betroffen wird, dadurch aus, daß sie den Hörer oder Leser zum *Mitgehen* in einem dramatischen Handlungsverlauf einladen, ihm im Schwung und der Dynamik dieses Mitgehens einen irritierenden Handlungsüberschuß erschließen und ihm dadurch direkt (bei positivem Handlungsüberschuß) oder indirekt, d. h. durch Kontrast (bei negativem Handlungsüberschuß), eine »disclosure« jener Erfahrung vermitteln, von der Jesus betroffen ist und die er als beginnendes Anbrechen der »malkût Jahwe« den Menschen vermitteln will.

Dasselbe Ziel, anbrechende »malkût Jahwe« im eigenen Leben zu entdecken, wird also hier nicht, wie bei den Vorgangsgleichnissen, durch das Erzählen und Internalisieren eines in sich abgerundeten Vorgangs erreicht, sondern durch den Mit- und Nachvollzug eines dramatischen Handlungsablaufs. Deshalb gilt der in der Gleichnisliteratur verschiedentlich zu findende Hinweis auf die gute Möglichkeit, Gleichnisse im szenischen Spiel darzustellen[99], nicht, wie meist gegeben, undifferenziert, sondern spezifisch für Handlungsgleichnisse. Dies kam auch im obigen Beispiel vom Umgang mit dem Gleichnis vom unfairen Knecht gut zum Ausdruck: in beiden Unterrichtsstunden spielten szenische Gestaltungen eine wichtige Rolle. Ihr Ziel ist die gleichzeitige Bewußtmachung *und* Überwindung des Befremdungseffekts (ebenfalls spezifisch ein Element allein der Handlungsgleichnisse) und dadurch das Hineingehen in die überschießende Problemlösung.

Diesem Ziel steht in der heutigen Glaubenssituation ein großes Hindernis entgegen. Es ist dies das weit verbreitete Bewußtsein, daß es sich bei Texten der »Heiligen« Schrift um eine *religiöse Sonderwelt* handelt, die von ihrem genuinen Ansatz her nichts mit der profanen Alltagswelt zu tun hat. In solchen Geschichten – aber eben nur in *solchen* – ist es deshalb völlig »normal«, daß ein Vater seinen heruntergekommenen Sohn in der beschriebenen überschießenden Liebe und Zuwendung wieder aufnimmt und daß ein König seinem Diener 10 000 Talente, also eine unendliche Schuld, einfach erläßt. Ein solches Element des dramatischen Handlungsablaufs erweckt im Hörer und Leser unseres Kulturkreises, der weiß, daß es sich hier um biblische Erzählungen handelt, und dem diese Erzählungen auch schon aus frühen Kindheitstagen bekannt sind, keineswegs eine überraschende Wirkung; im Gegenteil: sie bestätigen das mitgebrachte Vorurteil. Dies ist eine *große didaktische Schwierigkeit* im Umgang mit Handlungsgleichnissen heute. Denn es kommt ja gerade darauf an, diesen Befremdungseffekt bzw. das, worauf er im Kontrast hinzielt, nicht nur verstandesmäßig zu erkennen und literarisch festzustellen, sondern ihn beim Mit- und Nachvollzug der Geschichte als selbst erlebtes Gefühl (bzw. als Gefühlswiderstand) zu spüren und, der Kontrastierung folgend (bei negativem Handlungsüberschuß) oder den Widerstand (geradlinig) überwindend (bei positivem Handlungsüberschuß), ein Stück keimhaft anbrechende »malkût Jahwe« im eigenen Leben zu entdecken und anzueignen.

Im obigen Beispiel wurde die Schwierigkeit dadurch zu lösen versucht, daß nicht sofort das biblische Gleichnis, sondern eine aktuelle Transformation (die den Schülern nicht sofort als solche durchsichtig war) in die Lerngruppe eingebracht wurde. Dies ist sicher eine generell anwendbare didaktische Möglichkeit. Die Struktur aller Handlungsgleichnisse ist ja so einfach und durchsichtig, daß es leichtfällt, die Handlungsträger und Handlungselemente durch Personen und Motive aus dem gegenwärtigen Leben zu ersetzen, dadurch das Gleichnis aus seiner religiösen Sonderwelt herauszunehmen und es in seiner dramati-

99 Vgl. z. B. Eichholz 27

schen Struktur und Ausdruckskraft unmittelbar zur Geltung zu bringen.[100]

In Gruppen mit Erwachsenen ist es besser, das Bewußtsein, biblische Texte würden eine religiöse Sonderwelt beinhalten, dadurch zu überwinden, daß der jeweilige Text nicht in einer bloß aktualisierten (sonst aber der Handlungsstruktur des Gleichnisses genau analogen) Form eingebracht wird, sondern in einer Übertextung, in der die bekannten Elemente des biblischen Textes alle enthalten sind, aber doch eine neue Geschichte erzählt wird, die in ihrer Pointe oft gerade umgekehrt zum biblischen Text verläuft.

So erzählt z. B. Walter Rupp das Gleichnis von den *anvertrauten Geldern* (Mt 25,14-28; Lk 19,12-24) zwar durchaus in seinem historischen Gewand, bringt dabei aber Fragestellungen unserer Zeit mit ein und erzählt die Geschichte so, daß am Ende der sogenannte letzte Knecht derjenige ist, der vom Herrn gelobt wird.[101] Ähnlich erzählt Graham Jeffery in seinen biblischen Bildergeschichten das Gleichnis vom *verlorenen Schaf* so, daß in den Bildern die übereifrige Suche des Hirten in liebenswürdiger Weise karikiert wird und er am Ende der Geschichte, als er das gefundene Schaf voll Freude zu den anderen Schafen zurückbringen möchte, feststellen muß, daß inzwischen die anderen 99 Schafe davongelaufen sind[102]; diese Neufassung des biblischen Gleichnisses macht also in einer humorvollen Weise unmittelbar auf den befremdlichen Handlungsüberschuß in der Problemlösung aufmerksam. Der Umgang mit Übertextungen solcher Art hat das Ziel einer *sprachlichen Lockerungsübung*: Er befreit den biblischen Text gleichsam von seinem »Heiligenschein«, der ihn unberührbar macht und als Teil einer religiösen Sonder- und Überwelt ausweist, die mit dem konkreten gegenwärtigen Leben nichts zu tun hat. Er macht den Text erst wieder einmal »normal« lesbar, so daß ich dann auch innerhalb des eigentlichen Bibeltextes den befremdlichen Handlungsüberschuß erspüren und gefühlsmäßig nach- und mitvollziehen kann.

Die didaktische Struktur des Umgangs mit einem Gleichnistext kann dann z. B. durch die Aufgabe bestimmt sein, selbst – entweder in Einzel- oder Gruppenarbeit – eine Übertextung zu formulieren, die das Befremdliche des Handlungsüberschusses (so wie ich diesen von meiner

100 Eine entsprechende Transformation zum Gleichnis vom barmherzigen Vater, in dieser Weise in den Unterricht eingebracht, findet sich z. B. bei Baudler, u. a., Religionsunterricht 113f; zum Gleichnis vom unfairen Knecht: ders., Erziehung 127f

101 Rupp 95

102 G. Jeffery, Die Bibel des Bruder Barnabas, Oldenburg–Hamburg 2. Aufl. 1974, 121–124

Lebenserfahrung und meinem Lebensgefühl aus empfinde) sichtbar macht und herausstellt. Auch hier sollten durch Rollenspiele und Identifikationsübungen die Teilnehmer zu einem möglichst intensiven »Mitgehen« mit der Erzählhandlung motiviert werden.

Ein Gleichnis kommt jedoch auch mit diesem Einstieg nur dann in seinem befreienden und aufrichtenden Anspruch und Zuspruch zur Geltung, wenn der Umgang mit dem Bibeltext sich nicht darin erschöpft, die Motive der biblischen Erzählung pointenreich mit gegenwärtigen Fragestellungen anzureichern und durch eine neue Konstellation der Handlungsschritte tiefsinnige Überraschungseffekte zu erzeugen, sondern (entsprechend dem oben beschriebenen notwendigen zweiten methodischen Element im Umgang mit Gleichnissen) darüber hinaus das Ziel verfolgt wird, die Erzählung von der Person und dem Geschick Jesu her zu lesen, sich also in die existentielle Entstehungssituation des Gleichnisses einzuarbeiten und einzufühlen und von daher die Übertragungsarbeit (nochmals) zu überdenken und neu zu gestalten (drittes Element).

Handlungsgleichnisse können den »Heiligenschein«, der ihnen als biblischen Texten anhaftet, auch dadurch verlieren, daß sie in einer *Comic-Fassung* entweder vorgestellt oder von den Teilnehmern selbst erarbeitet werden.[103] Die Comic-Fassung ermöglicht einen unverkrampften und unmittelbaren Rezeptionsvorgang. Während es *nicht* sinnvoll wäre, *Vorgangsgleichnisse* in Comic-Form darzustellen, weil der Vorgang hier als ganzer, als in sich abgeschlossenes Geschehen (also nicht aufgeteilt in einzelne Bilder) auf den Hörer und Leser wirken soll, legt sich die Comic-Fassung bei *Handlungsgleichnissen* insofern nahe, als die dramatische Strukturierung des Handlungsablaufs in einzelne Handlungsschritte auch deren Abbildung in einzelnen Szenenbildern ermöglicht. Die Bilderfolge sollte dann möglichst genau die Abfolge der Erzählschritte des Gleichnisses, also deren Spannungsstruktur, wiedergeben.

Hier liegt freilich auch das Problem einer Comic-Fassung von Handlungsgleichnissen. Wie das abgebildete Beispiel einer Comic-Fassung[104] des Gleichnisses vom verlorenen Sohn zeigt, wird zwar (ebenso wie im obigen Unterrichtsbeispiel) bei einer genaueren Betrachtung der Handlungsüberschuß durchaus im Bild deutlich; so, wenn ich z. B. das Bild 1,

103 Vgl. dazu G. Lange/R. Wertz, Ist die Bibel comic-able? in: Katechetische Blätter 101 (1976) 174–191; N. Scholl, Gleichnisse als Comics – Comics als Gleichnisse. Materialien für den Religionsunterricht, Freiburg 1980; Sorger, Gleichnisse 100–102, 106, 138–140, 142 f; ders., Umgang

104 Aus: E. O. Plauen: Vater und Sohn; Gesamtausgabe © 1982 Südverlag Konstanz, mit Genehmigung der Gesellschaft für Verlagswerte, Kreuzlinger

wo nur *ein* Fenster zerbrochen ist, aber der Vater wutentbrannt seinem Sohn hinterherläuft, mit dem Bild 6 vergleiche, wo nunmehr *beide* Fensterscheiben zertrümmert sind, aber der Vater seinen Sohn voll Freude umarmt. Auch in der unmittelbaren Bilderfolge (vgl. besonders die Folge der Bilder 4, 5 und 6) wird einerseits das Überschießende dieser Problemlösung spürbar: Der Vater bekommt bei der Rückkehr in seine Wohnung nochmals eine zertrümmerte Fensterscheibe zu sehen und dazu noch den Ball an den Kopf geschossen; doch angesichts der Sorge und Suche des Vaters, wie sie in den Bildern 2, 3 und 4 zum Ausdruck kommen, wird doch auch nachvollziehbar, daß all dies letztendlich für den Vater Äußerlichkeiten sind und er – in überschießender Freude und Zuwendung – den wiedergefundenen Sohn in seine Arme nimmt.

Dennoch spricht andererseits dieser Handlungsüberschuß erst aufgrund einer mehr oder weniger intensiven Beschäftigung mit den einzelnen Bildern zu mir; er wird deutlich, indem ich die Bilder immer wieder der Reihe nach betrachte. Dadurch aber bleibe ich der Geschichte und ihrem Handlungsüberschuß wesentlich stärker (eben als Betrachter) *gegenüber*, als dies beim identifizierenden Hören der Geschichte oder beim Spielen bzw. Mitverfolgen einer dramatischen Darstellung geschieht. (Dieser Nachteil kann durch ein vorläufiges Abdekken einzelner Bilder und Bildelemente – wie in obigem Unterrichtsbeispiel – reduziert werden.)

Bei diesen letztgenannten Methoden werde ich vom Erzählvorgang Schritt für Schritt mitgenommen und in das mir zunächst fremde Land des Handlungsüberschusses bzw. dessen Gegenteil – in einer Art Sprung – unmittelbar selbst hineingeführt. Das Medium Bild ist der Sprachgattung Gleichnis, gerade dem Handlungsgleichnis, doch relativ fremd. Eine Comic-Fassung kann zwar als Einstieg dienen, um eine unbefangene Rezeption des Textes zu ermöglichen, jedoch sollte die Erarbeitung einer solchen Fassung nicht den Rahmen, die Struktur des Umgangs mit dem Gleichnis bestimmen (wie dies etwa durchaus die Erarbeitung einer literarisch *und* theologisch »richtigen« Spielfassung leisten kann).

Alles kommt im Umgang mit Handlungsgleichnissen darauf an, daß der befremdliche Handlungsüberschuß vom Hörer und Leser internalisiert wird. Den Schwung und die Energie zum Überschreiten und Überwinden des Befremdlichen an der Konfliktlösung der Geschichte gewinnt die Erzählung aus der dramatischen Abfolge der Erzählschritte. Der Erzähler und der »mitgehende« Hörer oder Leser nehmen gleichsam einen *Anlauf*, um die Schwelle des Befremdungseffekts überspringen zu können. Es ist deshalb im erzählerischen Umgang mit Handlungsgleichnissen (sei es in unmittelbarer oder in transformierter Form) nicht gut, die Erzählung vor ihrem Ende abzubrechen und die Schüler selbst nach Lösungen suchen zu lassen. Dadurch würde didaktisch eine Zäsur zwischen den Handlungsschritten und dem Handlungsüberschuß gesetzt, die die Überwindung des Befremdungseffekts nicht erleichtert, sondern wesentlich erschwert. Der Hörer oder Leser des Gleichnisses ist von sich aus nicht in derselben Weise in der anbrechenden »malkût Jahwe« zu Hause, wie dies Jesus ist, und so ist von ihm kaum anzunehmen, daß er die überschießende Konfliktlösung selbständig nach der Art Jesu finden wird. Tut er dies jedoch nicht, dann bleibt er im »Anlauf« vor der Schwelle zum Gottesreich stehen; vielleicht kann er sich von da aus mühsam mit Hilfe einer kognitiven Arbeit einen Blik über diese Schwelle hinweg verschaffen, aber um gefühlsmäßig in dieses Sein und Leben eindringen zu können, müßte er erst einen neuen »Anlauf« nehmen.

Beim obigen Unterrichtsbeispiel eines Umgangs mit Handlungsgleichnissen handelt es sich um ein Handlungsgleichnis mit *negativem* Handlungsüberschuß (vgl. die Einteilung der Handlungsgleichnisse in der Gesamtübersicht über die Vorgangs- und Handlungsgleichnisse in Kap. 1.2 [a]). Hier führt nicht das geradlinige Überspringen der Schwelle des Befremdungseffekts (wie beim Gleichnis vom barmherzigen Vater durch Identifikation mit seiner überschießenden Güte) zur »disclosure« der anbrechenden »malkût Jahwe«; vielmehr erschließt sich diese Lebensmöglichkeit vom *Kontrast* her: Indem das »Unmögliche« geschieht, nämlich daß der mit 10 000 Talenten beschenkte Knecht seinen Mitknecht wegen 100 Denaren würgt und ins Gefängnis werfen läßt, leuchtet die Möglichkeit des Vergebens und des Schulderlasses als das auf, was in der gegebenen Situation notwendig ist und »malkût Jahwe« keimhaft anbrechen läßt (bzw. hier: ihr Anbrechen fortsetzt).

Hier ist es noch wichtiger als bei Handlungsgleichnissen mit positivem Handlungsüberschuß, im didaktischen Umgang mit der Geschichte zwischen den einzelnen Schritten des Handlungsablaufs und der überschießenden Konfliktlösung keine Zäsur entstehen zu lassen. Das Gefälle der Handlung muß den Leser oder Hörer zu einer unmittelbaren emotionalen Zustimmung führen, im Beispiel vom unfairen Knecht zu einer Identifikation mit dem Herrn, der den unfairen Knecht vorwurfsvoll fragt: »Hättest nicht auch du mit jenem, der gemeinsam mit dir in meinem Dienst steht, Erbarmen haben müssen, so wie ich mit dir Erbarmen hatte?« (Mt 18,33).

Sobald der Hörer und Leser sich von dieser Schlußfrage[105] des Gleichnisses differenzierend absetzt (etwa indem er einen Mittelweg sucht, der darauf hinausläuft, daß der so reich beschenkte Knecht zumindest den größten Teil der Schuld seinem Mitknecht hätte erlassen und für den Rest ihm eine großzügige Stundung hätte gewähren müssen), hat das Gleichnis (bei diesem Adressaten) schon seine beabsichtigte Wirkung verfehlt.

Von der Motivstruktur der Erzählungen her ergibt sich die Notwendigkeit der (hier negativ) überschießenden Konfliktlösung aus dem Kontrast, der dann zwischen den positiven Elementen der Erzählung (im Beispiel vom unfairen Knecht: dem Nachlaß von 10 000 Talenten) und der negativen Handlungsfigur besteht. Diesen Kontrast gilt es deshalb im Umgang mit Handlungsgleichnissen dieser Art möglichst deut-

105 Zur Begründung, warum das Gleichnis im Munde Jesu mit der Frage in V 33 geendet hat, vgl. die Ausführungen zum Text des Gleichnisses in Kap. 2.2 (c) und die dortigen Anmerkungen 115 u. 116 sowie die Ausführungen in Kap. 3.2 (b)

lich herauszuarbeiten. Denn in den positiven Elementen zeigt sich schon jenes Anbrechen der »malkût Jahwe«, angesichts dessen die Erzählung eben genauso enden muß, wie sie endet; so daß ich mich – indem ich dieses Ende mit- und nachvollziehe – auch schon zuinnerst von dem negativen Gefälle der Geschichte ablöse und seinem entsprechenden Gegensatz (d. h. der anbrechenden »malkût Jahwe«) zuwende.

Dies gilt es kurz an den Handlungsgleichnissen mit negativemHandlungsüberschuß (vgl. die Übersicht in Kap. 1.2 [a]) aufzuzeigen, um diese im Umgang relativ schwierigen Gleichnisse didaktisch zu erschließen.

Angesichts des »unendlichen« Schuldnachlasses von 10 000 Talenten ist das Handeln des *unfairen Knechts* (Mt 18,23–33) »einfach unmöglich«, und indem ich dieses Urteil fälle, löse ich mich von dem üblichen Verhalten des Menschen in dieser Welt (wonach Schulden eingefordert und zurückbezahlt werden müssen) und nehme die in der Erzählung mir zugespielten Denk-, Gefühls- und Lebensmöglichkeiten der anbrechenden »malkût Jahwe« an.

Das Gleichnis vom *großen Gastmahl* (Lk 14,16–24; Mt 22,2–10) ist erfüllt vom Pathos des Gastgebers, der das »große Festmahl« veranstaltet und dazu einlädt; dieser Wille zum Fest ist so stark und unbedingt, daß er, zum Zorn gesteigert, am Ende Krüppel, Blinde und Lahme (also den auch religiös deklassierten Abschaum der damaligen Gesellschaft) in Gäste eines großen Festmahls zu verwandeln vermag; erst angesichts dieses ungeheuren Atems der Liebe und Zuwendung des Gastgebers erscheinen die Entschuldigungen der Erstgeladenen, die alle durchaus beachtliche Gründe vorzubringen haben, als dennoch »unmöglich«, weil diese Menschen eine unendliche Chance vertan haben und nicht mehr am Mahl teilnehmen werden. Wieder öffnet sich der Hörer, indem er diese Logik der Geschichte mit- und nachvollzieht, dem göttlichen Willen zum Fest und wendet sich damit der anbrechenden »malkût Jahwe« zu.[106]

Ähnlich hat die Erzählung von den *zehn Jungfrauen* (Mt 25,1–10) ihr alle Erzählzüge prägendes Motiv im Kommen des Bräutigams. Wenn »mitten in der Nacht« »plötzlich laute Rufe« ertönen: »Der Bräutigam kommt! Geht ihm entgegen!« (Mt 25,6b), wird deutlich, welche unend-

106 Dieser (positive) Wille zum Fest als Kern des Gleichnisses kommt sehr gut zum Ausdruck in den Vorschlägen zum Umgang mit diesem Gleichnis, wie sie H. Stotzer-Kloo, Eingeladen zum Fest. Die Einladung zum großen Festmahl (Lukas 14,15–24), in: Steiner/Weymann 191–216, macht; hier kommt allerdings umgekehrt das »unmögliche« Verhalten der Erstgeladenen etwas zu kurz. Aus dem Kontrast zwischen beiden Elementen jedoch erwächst am stärksten die »disclosure« des Gottesreiches.

liche (positive) Bedeutung im Kommen des Bräutigams liegt. Für die ursprünglichen Hörer der Erzählung war ja auch – ohne daß die Bilder nach Art einer Allegorie erst mühsam entschlüsselt werden mußten – jedem klar, daß die Ankunft des Bräutigams das Anbrechen der »malkût Jahwe« versinnbildlicht. Die Freude und das Glück dieser Ankunft spiegeln sich in dem zitierten Ruf. Erst angesichts dieses unendlich freudigen Ereignisses, dem die Jungfrauen entgegengehen, ist es absolut unverständlich, daß fünf von ihnen »leere Lampen« in den Händen haben, wenn der Ruf ertönt, und wiederum ist klar, daß sie damit ihre Chance vertan haben und ihnen die Tür zum Hochzeitssaal verschlossen ist.[107]

Im Gleichnis von den *anvertrauten Geldern* (Mt 25,14–28; Lk 19,12–24) kommt der positive Hintergrund, das Anbrechen der »malkût Jahwe« im Verhalten der beiden ersten Knechte zum Ausdruck: Weil diese sich eben (entsprechend dieser Erfahrung) von ihrem Herrn unendlich geliebt und angenommen fühlen, können sie nicht mehr distanziert als Knechte handeln; sie können nicht mehr tun, was damals üblich war: nämlich das anvertraute Gut in der Erde verwahren (wie dies der ängstliche Knecht tut), um es später unbeschädigt zurückzugeben, sondern sie müssen mit dem Anvertrauten »wirtschaften« und es vermehren, so, als wären sie Teilhaber, Söhne und Erben. Erst angesichts dieses Pathos der Mündigkeit, das Ausdruck der anbrechenden »malkût Jahwe« ist, kommt das »Unmögliche« im Tun des ängstlichen Knechts zum Vorschein, und es ist klar, daß der zurückkehrende Herr ihm das Wenige, was er bekommen hat, abnimmt, um es den beiden anderen zu geben, und daß er diese endgültig als Partner und Teilhaber an seinem Wirken bestätigt: ». . . nimm teil an der Freude deines Herrn« (V 21; V 23). Wieder hat der Hörer, der diese Logik der Geschichte mit- und nachvollzieht, sich innerlich der anbrechenden »malkût Jahwe« geöffnet und sich deren Lebensmöglichkeit, hier die religiöse Mündigkeit, zuspielen lassen.

Ebenso gewinnt im Gleichnis vom *Mord im Weinberg* (Mk 12,1b–8par) das Verhalten der Weinbergpächter seine überschießende Negativität, die wiederum das Urteil »unmöglich« und die Abwendung von diesem Verhalten (und damit die Hinkehr zur »malkût Jahwe«) hervorrufen soll, aus dem Kontrast zwischen ihnen und dem Besitzer des Weinbergs, der in unermüdlicher Geduld und Zuwendung seine Knechte zu den Pächtern schickt, um die ihm zustehende Pacht abholen zu lassen, und der am Ende, nachdem sie diese Knechte verhöhnt,

107 Zur Begründung, daß im ursprünglichen Text die Erzählung mit V 10 ». . . und die Tür wurde zugeschlossen« endet, vgl. die Ausführungen in Kap. 2.1 (b)

verprügelt und mit leeren Händen zurückgeschickt, ja einen sogar getötet haben, anstelle eines Strafgerichts[108], nichtachtend der Gefahr, seinen »geliebten Sohn« und Erben zu den Pächtern schickt.

Etwas schwieriger zu bestimmen ist dieses Umgreifende der anbrechenden »malkût Jahwe«, das den Kontrast und das negative Urteil hervorruft, bei den verbleibenden drei Handlungsgleichnissen.

Dennoch ist auch beim Gleichnis vom *Pharisäer und Zöllner* (Lk 18,10–14a) das abschließende Urteil des Erzählers: »Ich sage euch: Dieser kehrte als Gerechter nach Hause zurück, der andere nicht« (V 14), worin sich das »Unmöglich« als Urteil über das Verhalten des Zöllners ausdrückt, nur verständlich auf dem Hintergrund der Haltung des Zöllners, der sich seiner Schuld stellt und »ganz hinten« im Tempel stehend – wie der verlorene Sohn in seinem Elendsdasein als Schweinehirt – von der Liebe des Vaters eingeholt wird, die es ihm ermöglicht, sich an die Brust zu schlagen und zu beten: »Gott sei mir Sünder gnädig.« Erst angesichts dieses bewegenden Vater-Sohn-Geschehens, dieser Gottunmittelbarkeit, in der die »malkût Jahwe« anbricht, hebt sich das Verhalten des Pharisäers als starre und unbarmherzige Selbstgerechtigkeit, als sündiger Hochmut, mit einem Wort: als »unmöglich« ab.

In der Erzählung vom *reichen Prasser* (Lk 16,19–31) liegt der kontrastierende positive Hintergrund in dem Motiv, wie Lazarus von den Engeln in Abrahams Schoß getragen wird und darin ruht (V 22f). Angesichts dieser Geborgenheit, ist das »Herrlich-und-in-Freuden-Leben«, das der reiche Prasser vor seinem Tod praktiziert, eine traurige Groteske, die sich auch darin ausdrückt, daß der Prasser die Not des Armen vor seiner Haustür nicht bemerkt. Hier wird dann in der Erzählung selbst der »tiefe, unüberwindliche Abgrund« ausdrücklich genannt, der die Lebenshaltung und das Existenzgefühl des Lazarus von dem des Prassers trennt und unterscheidet. Noch einmal wird an dem (wahrscheinlich erst von Jesus hinzugedichteten)[109] Schluß der Geschichte das »Unmögliche« dieser Haltung deutlich, wenn der Prasser zur Rettung seiner Brüder das Mirakel einer Auferstehung von den Toten erbittet, statt auf »Moses und die Propheten« zu vertrauen.

Völlig zu fehlen scheint jedoch ein positives Element im Gleichnis vom *reichen Kornbauern* (Lk 12,16–20). Hier scheint nichts anderes als ein völliger Leerlauf vor Augen geführt, der am Ende notwendig in der

108 Zur exegetischen Begründung, warum die Erzählung mit V 8 (oder V 9a) endet, also das »Strafgericht« in den VV 9bf erst von der Urgemeinde hinzugefügt wurde, vgl. Kap. 2.3 (a) und die dortigen Anmerkungen

109 Wie in Kap. 2.1 (c) und 3.3 dargestellt, fand Jesus die Geschichte vom Reichen und Armen und der ausgleichenden Gerechtigkeit in seiner Zeit schon vor; er hat sie auf seine Aussageabsicht hin akzentuiert und den Epilog hinzugedichtet.

Leere der Gottlosigkeit – »Du Narr« heißt in der damaligen Zeit »Du Gottloser« – enden muß. Tatsächlich gilt es, im Umgang mit dieser Erzählung auch die innere Leere dieses Tuns nachzuempfinden und mitzugehen, um dann, sich vom negativen Schlußakkord ablösend und abstoßend, die *andere* Lebensfülle und Sicherheit zu suchen, wie die anbrechende »malkût Jahwe« sie gewährt. Darin liegt das Baugesetz dieser Erzählung. Es ist jedoch auch in dieser Erzählung, sieht man genauer hin – nämlich im ersten Satz, von dem die Geschichte ausgeht und der atmosphärisch im Ablauf aller Handlungsschritte im Hintergrund des Geschehens stehen bleibt – wiederum die anbrechende »malkut Jahwe« als jene Lebensfülle angedeutet, der sich der Hörer des Gleichnisses letztendlich zuwenden soll: »Auf den Feldern eines reichen Mannes stand eine gute Ernte« (V 16). Die gute Gabe des Schöpfers müßte eigentlich den so Beschenkten von sich aus schon innerlich zur Ruhe kommen lassen und ihn dazu befähigen, »zu essen und zu trinken und sich des Lebens zu freuen« (vgl. V 19b). Statt jedoch in der guten Ernte die Zuwendung des Schöpfers in solcher Weise zu spüren und zu realisieren, »überlegt(e) er hin und her« (V 17) und meint, er könne diese Ruhe erst finden, wenn er sein ganzes Getreide und seine Vorräte in neuen und größeren Scheunen untergebracht hat. Darin liegt auch hier der Kontrast, auch wenn er in dieser Geschichte nicht so deutlich zum Tragen kommt.

Die »Vergegenwärtigung und Einübung des metaphorischen Gehalts« (also des ersten methodischen Elements im Umgang mit Gleichnissen) besteht bei Handlungsgleichnissen mit negativem Handlungsüberschuß in der erzählerischen und/oder spielerischen Vergegenwärtigung und Einfühlung in den beschriebenen Kontrast dieser Erzählungen. Ihn gilt es durch die Abfolge der zu spielenden Szenen herauszuarbeiten und nachempfindbar zu machen; von ihm aus kann dann auch die Übertragung dieses so herausgearbeiteten metaphorischen Gehalts in die gegenwärtige Lebenswelt erfolgen, etwa indem Schüler und Lerngruppen analoge Kontraste aus ihrer eigenen Erfahrungswelt artikulieren, erzählen und spielen. Immer jedoch muß auch hier, wie im Unterrichtsbeispiel vom unfairen Knecht im zweiten und dritten Lernschritt durchgeführt, die existentielle Entstehungssituation des betreffenden Gleichnisses in der Person und im Geschick Jesu mitbedacht und zum Sprechen gebracht werden. Erst dann können uns die Gleichnisse dazu befähigen, auch in unserem gegenwärtigen Leben das keimhafte Anbrechen der »malkût Jahwe« zu entdecken und wahrzunehmen.

Diesem wichtigen Schritt im Umgang mit Gleichnissen (zweites methodisches Element) soll Kap. 2 dienen. In ihm werden die einzelnen Gleichnisse ihren existentiellen Entstehungssituationen im Rahmen des Lebens und Wirkens Jesu zugeordnet und dadurch die 38 Erzählstücke zu einem lebensgeschichtlich gewachsenen erzählerischen Gesamtwerk zusammengefügt. In Kap. 3 soll die literarische und theologische Struktur dieses dichterischen Gesamtwerks herausgearbeitet und in den einzelnen Gleichnissen aufgezeigt werden. Daraus erwächst dann eine Hilfe für das notwendige dritte methodische Element im Umgang mit den Gleichnissen, nämlich der »kreativ-gestalterischen und im Rückblick vergleichenden Übertragung in die gegenwärtige Lebenswelt«. Was sich hier schon als sprachliche und (dadurch) didaktische Struktur der einzelnen Gleichnisse ergeben hat, kann dann in Kap. 3 noch genauer erfaßt werden: Es werden dort die einzelnen Gleichnisse strukturell miteinander verbunden, so daß der Lehrer und Leiter eines Lernprozesses dazu befähigt wird, Gleichnisse sich gegenseitig erhellen zu lassen und sie als Teil jenes erzählerischen Gesamtwerks zum Sprechen zu bringen, das Jesus selbst, als das letzte und ausdrucksstärkste Gleichnis Gottes, ist, und das er erzählt, indem er es lebt.

2. Das erzählerische Lebenswerk Jesu

Die Gleichnisse als erzählerisches Gesamtwerk, geschichtlich (diachron) strukturiert durch Weckruf, Kampf und Passion als den Dimensionen des Lebens und Wirkens Jesu

2.0 Die Leitvorstellung

Zielsetzung, Methode und Kategorien der Deutung

(a) *Die Leitvorstellung: Konvergenz und innere Einheit von Person, Reden und Handeln bei Jesus (und darin Realisation von »malkût Jahwe«)*

Jesus hat in seiner eigenen Person, in seinem Leben, Sterben und todesjenseitigen Lebendigsein jene transzendente Erfüllung menschlicher Heilssehnsucht heraufgeführt und in sich selbst verwirklicht, die, wie in der Einleitung dargestellt, in jüdisch-christlicher Tradition »malkût Jahwe«, neues Wirksamwerden Gottes unter den Menschen (Reich Gottes), heißt. Wie besonders Eugen Biser hervorhebt, ist er der Mensch, der sich, von außen gesehen, dadurch von allen anderen Menschen abhebt und unterscheidet, »selbst von den Größten der Menschheitsgeschichte«, daß bei ihm Person und Werk identisch sind: »Er lebt in einer bis zur Selbstaufopferung gehenden Hingabe seinem Werk, der Proklamation und Heraufführung des Gottesreiches, so wie umgekehrt dieses Werk seine reinste Selbstdarstellung ist.«[1] Sein Lebenswerk besteht darin, daß er sich in seinen Heilungen und Gastmählern, also in symbolischen Handlungen[2], mit einer unergründlichen Liebe den Men-

1 E. Biser, Jesus 103. Wegen dieser Identität von Jesu Sein, Leben und Wirken einerseits und der von ihm angesagten »malkût Jahwe« andererseits – das Anbrechen der Gottesherrschaft ist *seine* Erfahrung und ereignet sich in *seinem* Leben und Wirken – ist es nicht möglich zu sagen, Jesus habe in einer bestimmten Gruppe von Gleichnissen die Gottesherrschaft und in einer anderen Gruppe sich selbst verkündigt (vgl. H. Frankemölle, Jesus 184–207; 186). Wo das eine geschieht, geschieht immer auch das andere; allenfalls der sprachliche Ausdruck ist verschieden.

2 Diese sind behandelt bei G. Stählin, Die Gleichnishandlungen Jesu, in: H.-D. Wendland (Hg.), Kosmos und Ekklesia (Festschrift für W. Stählin), Kassel 1953, 9–22; H. Schürmann, Die Symbolhandlungen Jesu als eschatologische Erfüllungszeichen, in: Bibel und Leben 11 (1970) 29–41, 73–78; M. Trautmann, Zeichenhafte Handlungen Jesu. Ein Beitrag zur Frage nach dem geschichtlichen Jesus, Würzburg 1980. Jeremias 151 f bezieht die »Gleichnishandlungen« als (additiv hinzugefügtes) Kapitel in seine Monographie mit ein. Es wäre eine eigene (und sehr wichtige) Aufgabe, auch Jesu Gleichnishandlungen seiner »inneren Biogra-

schen zuwendet und dadurch einen persönlichen Daseinsgrund erschließt, in den eingebunden zu sein, von ihm getragen zu werden, Reich Gottes ist. Diese symbolisch ausdrucksstarke Zuwendung Jesu zu den Menschen, die »Lahme gehend« und »Tote lebendig« macht (vgl. Mt 11,4 ff) und also »Reich Gottes« anbrechen läßt, drängt von eben diesem seinem sprachlichen Wesen her auch in das *gesprochene* Wort. Dieses freilich kann, so entsprungen, keine diskursive Aussage und Lehre über göttliche Dinge und Wahrheiten sein (auch nicht in bildhafter Veranschaulichung), sondern nur ein Wort der unmittelbaren persönlichen Anrede und des persönlichen Zuspruchs, ein Wort, in dem sich der Sprechende dem Angesprochenen öffnet, sich ihm, freilassend und unaufdringlich, aber in existentieller Tiefe, mitteilt und erschließt: in seinem Leben und Sein, seinem Denken und Fühlen, seiner Freude und seinem Leid. Jesus sagt den Menschen, denen er sich zuwendet, nicht etwas über etwas, und sei dieses »Etwas« auch »Gott« oder das »Reich Gottes«, sondern er sagt *sich selbst* ihnen zu[3]; und in eben dieser Selbstzusage Jesu begegnet ihnen sein »abba« und dessen göttlicher Lebens- und Liebesatem und in beidem zusammen das »Reich«.

Eine Rede dieser Art ist stets »dichte«, »dichterische Rede«, wie immer man »Dichtung« literaturwissenschaftlich definieren mag. Von der kulturellen Tradition, in der der Sprecher steht, von seinem Charakter, von der Konstellation der Rede hängt es ab, ob solche Rede sich in der Form lyrischen Sprechens ereignet oder sich des dramatischen oder epischen Ausdrucks bedient. Jesus fand die Sprachform des Gleichnisses in seiner Tradition vor und bediente sich ihrer, wobei die kleinen Erzählgebilde in der großen Zahl der Vorgangsgleichnisse ihren ursprünglichen epischen Charakter zumeist bewahren, sich in den Handlungsgleichnissen jedoch (entsprechend der Kampfsituation, in der diese fast ausnahmslos gesprochen sind) zu dramatischen Gestaltungen steigern und in einzelnen Fällen – z. B. im Gleichnis von den Kindern auf dem Marktplatz (Mt 11,16–17; Lk 7,31–32) – auch lyrisch-elegische Züge gewinnen können. Dichterische Gleichnisrede ist die adäquate Sprachform, in der sich der Jude Jesus ausdrückt, um aus der beschriebenen Einheit von Person, Reden und Handeln heraus zu wirken und sich seinen Mitmenschen zuzuwenden.

phie« zuzuordnen und auf diese Weise das Gleichnishafte des Lebens und Handelns Jesu als ganzes (Jesu gesamtes Leben und Wirken als *eine* Gleichnishandlung) herauszuarbeiten. Hier geht es jedoch um das literarisch-*erzählerische* Gesamtwerk Jesu und also um seine Wort-Gleichnisse.

3 Für die »vormarkinischen Parabeln« arbeitet dies Frankemölle, Jesus, heraus (vgl. dazu oben die Anm. 1).

So überrascht es nicht, daß uns nach Auskunft der Forschung in den Gleichnissen das »Urgestein« des Redens Jesu begegnet. So sehr die Erzählgebilde auch im einzelnen von der Urgemeinde überformt und in neue und andere Redezusammenhänge eingefügt worden sind, wird insgesamt aus ihnen doch eine Art zu reden, zu denken und zu fühlen spürbar, die unverwechselbar Jesus ist. In der vielfältigen Geschichte der neueren Gleichnisforschung, angefangen von Jülicher über Jeremias, Linnemann, Eichholz, Kahlefeld, Biser, Weder, Knoch und Westermann, um nur einige Namen zu nennen[4], ist ablesbar, wie sich aus der Betrachtung der kleinen Vergleiche und Erzählungen immer deutlicher die Gestalt Jesu herausschält. Schon Adolf Jülicher, der die Gleichnisse als bildhafte (wenn auch nicht mehr allegorische) Veranschaulichung der »Lehre« Jesu versteht, sieht den engen Zusammenhang zwischen Gleichnis und Jesusgestalt: Die Gleichnisse machen am »getreuesten offenbar, was und wie Jesus gelehrt hat«. Sie sind der »Teil seiner Lehre . . ., wo wir ihm am tiefsten ins Herz sehen.«[5]

Ein Zeitgenosse Jülichers, der damalige Privatdozent der Theologie in Bonn, Heinrich Weinel[6], hat – von der neueren Gleichnisforschung vergessen – schon damals diesen von Jülicher erwähnten »Nebenpunkt«[7] stärker ins Licht zu rücken versucht. Er knüpft an bei Jülichers Charakterisierung der Schriftauslegung als einer »psychologisch orientierten Hermeneutik« und sucht in einem »psychologischen Analogieschluß«[8], d. h. durch »Nachfühlen«[9], von der eigenen Erfahrung aus zu verfolgen und aufzuschlüsseln, wie die von Jesus in seinen Gleichnissen verwendeten Bilder psychologisch-historisch entstanden sind.[10] So bringt die Bilderwelt Jesu zum Ausdruck, daß er – im Gegensatz zu

4 Die Geschichte der neueren Gleichnisforschung, geordnet nach ihren verschiedenen methodischen Ansätzen, beschreibt Weder 11–57; über die neueren Ansätze (einschließlich des Ansatzes von Weder) gibt Westermann 105–123 unter dem Gesichtspunkt seiner aus der Erörterung der Vergleiche und Gleichnisse im Alten Testament gewonnenen Kriterien einen kritischen Überblick. Übersehen wird dabei sowohl von Weder wie von Westermann der m. E. wichtige christologisch-sprachtheologische Ansatz der Gleichnisinterpretation bei E. Biser (vgl. ders., Gleichnisse; wichtig auch das Gleichniskapitel in: ders., Sprachtheorie 459–469 sowie 525–566, und neuerdings die Ausführungen in: ders., Jesus 50–56 u. 122–139). Vgl. als Überblick auch Kissinger. Eine gute Übersicht geben – von ihrem handlungstheoretischen Standpunkt aus – auch Arens 111–169 sowie Frankemölle, Handeln 70–82 (s. die Namen im Literaturverzeichnis unter Nr. 1).

5 Jülicher I. 150 u. 148 f; vgl. auch Weder 15

6 H. Weinel, Die Bildersprache Jesu in ihrer Bedeutung für die Erforschung seines inneren Lebens, Gießen 1900

7 Ebd. 12

8 Ebd. 5

9 Ebd. 6

10 Ebd. 18, 20, 21

Paulus – auf dem Land, in dörflichem Milieu aufgewachsen ist und empfänglich war für »die Sprache der Saaten und Fluren«.[11]

Es kann heute nicht mehr um eine psychologisch-*historische*, wohl aber um eine psychologisch-*existentielle* (und mithin *theologische*) Fragestellung gehen. Diese freilich setzt voraus, daß ich nicht einzelne Bilder aus den Gleichnissen herauslöse[12] und ihre (psychologische) Entstehung untersuche, sondern die Erzählstücke in ihrer geprägten Gestalt auf mich wirken lasse und interpretiere, ja versuche, die kanpp 40 Gleichnisse *zusammen* nochmals als lebensgeschichtlich gewachsenes erzählerisches Gesamtwerk zu lesen und daraus die »innere Biographie« Jesu zu mir sprechen zu lassen. Immerhin aber hat Weinel schon zu seiner Zeit die Rede von Jesus als dem »Lehrer« abgewiesen und einen Dichter und Propheten in ihm gesehen[13], der in seinen Schöpfungen sein »inneres Leben« ausdrückt und mitteilt, so daß ich mich auch mit den Kräften der Seele (»Nachfühlen«) um einen Zugang zu seiner Gestalt bemühen kann und bemühen muß.

Die spätere historisch-kritische Forschung weiß sich in den Gleichnissen der von ihr gesuchten »ipsissima vox Jesu« in besonderer Weise nahe.[14] Erst der hermeneutische Ansatz aber fragt genauer nach der Art von Rede und Sprache, wie sie in den Gleichnissen vorliegt; er gibt, wie in Kap. 1.1 dargelegt, die Unterscheidung von Bild- und Sachhälfte in den Gleichnissen Jesu auf und versteht sie als diejenige notwendige Sprachform, in der Gott in Jesus den Menschen nahekommt und dadurch »Reich Gottes« anzubrechen beginnt[15]: »Jesus erzählt sich in seinen Gleichnissen selbst«, wie Pfister im Anschluß an Weder sagt[16], und, so muß man hinzufügen, indem er sich selbst erzählt, erzählt er, wie Gott auf neue Weise (in ihm) unter den Menschen wirksam zu werden beginnt.

11 Ebd. 21

12 Vgl. ebd. 18

13 Ebd. 8f

14 Jeremias 5

15 Gut referiert ist dieser hermeneutische Ansatz der Gleichnisauslegung bei Weder 32ff u. 42f, der in seiner eigenen Gleichnisinterpretation wesentlich auf Jüngel und Fuchs aufbaut (dort auch weitere Literaturangaben). Ebenso: G. Scholz, Gleichnisaussage und Existenzstruktur. Das Gleichnis in der neueren Hermeneutik unter besonderer Berücksichtigung der christlichen Existenzstruktur in den Gleichnissen des lukanischen Sonderguts, Frankfurt–Bern–New York 1983

16 X. Pfister, Jesus als Gleichniserzähler, in: Steiner/Weymann 56–62; 56. Weder spricht im Anschluß an E. Fuchs von den Gleichnissen als den »Selbstzeugnissen Jesu«, Aurelio 234 im Anschluß an Vincent von einer »selfrevelation« Jesu in den Gleichnissen; vgl. auch Petzoldt 129: Die Gleichnisse fragen den Hörer »nach seiner Stellung – nun nicht zum Inhalt des Gleichnisses, auch nicht zu Gott, sondern – zu Jesus selbst . . . . . . Insofern gehört Jesus ›in‹ seine Gleichnisse hinein«.

In den detaillierten traditions- und redaktionsgeschichtlichen Analysen und den scharfsinnigen Rekonstruktionen der Gleichnisse Jesu, wie sie Weder in engem Anschluß an diese hermeneutische Tradition der Gleichnisauslegung entwickelt, tritt der enge Zusammenhang zwischen den Gleichnissen und der in ihnen angesagten Gottesherrschaft einerseits und der Person Jesu andererseits sehr deutlich hervor: »Die Gleichnisse sind weder theologisch (als Aussagen über Gott) noch anthropologisch (als Aussagen über das rechte Selbst- oder Existenzverständnis), sondern christologisch (als Bilder Jesu Christi bzw. der in ihm nahen Gottesherrschaft) auszulegen.«[17] Dabei ist in den Analysen und Rekonstruktionen Weders zu sehen, wie das unmittelbare Angesprochensein von der Gestalt Jesu, das aus dem Gesamtbestand der Gleichnisse herauswächst, gleichsam den Scheinwerferkegel bildet, dessen Licht die detaillierten Beobachtungen und Schlußfolgerungen ermöglicht. Weder betreibt damit auf seine Weise das, was E. Biser als »Christologie von innen« bezeichnet: eine Beschäftigung mit der Jesusgestalt, die ihre Wurzel in einer unmittelbaren, »präsentischen« Begegnung mit Jesus, dem Überspringen der Jesus-Inspiration über den garstig breiten Graben der Geschichte hinweg, besitzt.[18]

Dieses Überspringen kann tatsächlich am besten aus der Beschäftigung mit den Gleichnissen Jesu entstehen. »Rede, damit ich dich sehe«, sagte schon Johann Georg Hamann.[19] Den Menschen, die heute wie in der ebenfalls religiös pluralen Zeit der Ausbreitung des Christentums Jesus sehen wollen (vgl. Joh 12,20f), gilt es, Jesus zu zeigen, wie er aus den Gleichnissen spricht, damit sie, sehend gemacht durch das Gleichnis-Werk Jesu, schließlich auch den Gekreuzigten als den auferstandenen Gottessohn sehen können: jenes letzte und zusammenfassende Gleichnis Gottes, das Jesus ist.[20] Wenn wir nach den Erkenntnissen, die Westermann aus der alttestamentlichen Vorgeschichte der Gleichnisse gewonnen hat, heute endgültig davon Abstand nehmen müssen, die Gleichnisse als bildhafte Veranschaulichung der Lehre und Weisung Jesu zu nehmen, sie vielmehr als die mit innerem Engagement geschehende Intensivierung einer persönlichen dialogischen Anrede an die ihm konkret gegenüberstehenden Menschen verstehen, dann wird nicht nur in einer bestimmten *Gruppe* von Gleichnissen, die Biser als »Erlö-

17 Weder 96

18 Biser, Jesus 26ff u. 103ff

19 J. G. Hamann, Historisch-kritische Ausgabe von J. Nadler, Wien 1949ff, Bd. II, 198 u. 28

20 Vgl. dazu Kap. 2.3 (g) die letzten Abschnitte, wo dieser Ansatz ausgeführt wird (und die zugehörige Anm. 207), sowie bes. den Schlußteil: Jesus – das Gleichnis Gottes

sungs- und Passionsgleichnisse« bezeichnet[21], in Umrißlinien die Gestalt Jesu als des Schöpfers dieser kleinen Sprachgebilde sichtbar, sondern in *allen* (direkt oder indirekt) auf Jesus zurückgehenden Gleichnistexten. *Alle* Gleichnisse, die einen stärker, die anderen weniger stark, wirken – aus dem dialogischen Geschehen heraus verstanden, in dem sie gesprochen wurden – als »sprachliche Selbstanzeige« Jesu, so daß sich »im Profil der Gleichnisfigur seine eigenen Züge abzeichnen«.[22]

So, wie sich nach Freud in den Träumen eine »königliche Straße« in das Unbewußte des Menschen hinein auftut[23], so erschließen die Gleichnisse in bevorzugter Weise den Weg zur »inneren Biographie« Jesu[24]. Zwar erlauben uns die Quellen nicht, eine historisch aufweisbare Geschichte des Lebens Jesu zu schreiben, denn sie haben ihren literarischen Impuls in der Begegnung der ersten Christen mit dem vom Tod auferweckten Gekreuzigten. Wenn uns jedoch in diesem wirklich *Jesus* begegnet, er selbst, wie er sich sterbend und auferstehend den Mitmenschen erschlossen hat, dann bilden die aus dieser Begegnung erwachsenen Evangelien eine genuine Quelle jener inneren Dynamik und Inspiration, die das Leben und Wirken Jesu bestimmt und ihn zu dem macht, als der er in Tod und Auferstehung erscheint. Die Gleichnisse sind der Ausdruck der schöpferischen Phantasie Jesu, wie sie aus dieser Inspiration erwächst; sie bilden die »königliche Straße«, um zu diesem Jesus zu finden, ihn zu »sehen« und dadurch selbst von seiner Inspiration erfaßt zu werden.

Sofern dabei dieser Jesus als Gekreuzigter und Auferstandener in eigener Person das Gottesreich ist und heraufführt, bildet diese »innere Biographie« Jesu gleichzeitig die Geschichte des anbrechenden Gottesreiches. Es ist dies keine Geschichte im Sinn historisch aufweisbarer und rekonstruierbarer Fakten, wohl aber die in den Evangelien erkennbare Gestalt einer Dynmaik, in der Jesus und Reich Gottes sich als das herausschälen, was sie sind.

21 Biser, Jesus 51
22 Ebd. 56
23 S. Freud, Die Traumdeutung. Über den Traum, Frankfurt 4. Aufl. 1968
24 Biser, Jesus 106. Die Gleichnisse sind damit der vielleicht beste Weg, um zu jener »Christologie von innen« zu kommen, wie Biser sie schon in seinem Jesus-Buch, Der Helfer, München 1973, anstrebt. Vgl. dazu W. Kern, Christologie »von innen« und die historische Jesusfrage. Ein Gespräch mit Eugen Biser, in: W. Kern, Disput um Jesus und um Kirche, Innsbruck–Wien–München 1980, 73–87. Die vorliegende Arbeit versteht sich deshalb auch als Beitrag zu einer »Christologie von innen«.

(b) *Zielsetzung und Methode: Wechselseitige Erschließung der Gleichnisse und der »inneren Biographie« Jesu*

Unter neuem Aspekt greift die vorliegende Arbeit den mit Dan Otto Via einsetzenden Weg der literarwissenschaftlichen Gleichnisinterpretation auf, der heute besonders in den strukturalistisch-linguistischen Gleichnisdeutungen[25] anzutreffen ist. Beide Richtungen versuchen, das einzelne Gleichnis als in sich selbst ruhendes »ästhetisches Objekt« zu nehmen und als in sich geschlossene Textwelt zu interpretieren (wenngleich Via, wesentlich stärker als die heutige Linguistik, auch die geschichtlich-diachrone Verankerung der Gleichnisse sieht und betont). Nach Via kommt aus den Gleichnissen ein bestimmtes Verständnis menschlicher Existenz zum Ausdruck, das zwar nicht mit Jesu Selbstverständnis »identisch« ist, aber doch den »Schlüssel zu Jesu Selbstverständnis« bildet.[26] Als »ästhetische Objekte« besitzen die Gleichnisse zwar eine »relative Autonomie« und lösen sich von der Geschichte ihres Sprechers ab, »wie das andere Logien nicht tun«; andererseits aber – Via sagt »paradoxerweise« – tragen sie, eben als von Jesus geschaffene Sprachkunstwerke »den einzigartigen Stempel seiner Phantasie« und sind »viel intimer Jesu Eigentum« als seine anderen Logien; »sie dramatisieren die existentiale Situation, die er bringt und sind Teil dieser zur Sprache kommenden Situation«.[27]

Es ist Vias großes Verdienst, auf den Charakter der Gleichnisse als ästhetischer Gebilde, als sprachlich-dichterischer Kunstwerke, aufmerksam gemacht zu haben, und es entspricht durchaus dem ersten Impuls dieser Entdeckung, diese Gebilde zunächst in ihrer »relativen Autonomie« zu sehen und zu interpretieren. Sie gewinnen dadurch den Charakter literarischer Kunstwerke, die als solche auch den säkularisierten Menschen anzusprechen vermögen, was in der heutigen missions- und religionspädagogischen Situation dem Gleichniswerk Jesu ein besonderes pastorales und religionspädagogisches Gewicht verleiht.[28] Diese »relative Autonomie« der Gleichnisse macht es auch erst möglich, sie aus dem Zusammenhang der Evangelien, in dem sie überliefert sind, herauszunehmen und entsprechend der Zielsetzung dieser

25 E. Güttgemanns, Die linguistisch-didaktische Methodik der Gleichnisse Jesu, in: ders., studia linguistica neotestamentica, München 1971, 99–183. Vgl. dazu auch die Anm. 30 und 31 in Kap. 1

26 Via 191

27 Ebd. 200

28 Vgl. dazu die Einleitung. Auch Flusser wendet sich den jesuanischen Gleichnissen besonders unter literarischen Aspekten zu (vgl. z. B. 51 ff: »Ästhetik der Gleichnisse« und 283 ff: »Der epische Stil der Gleichnisse Jesu«).

Arbeit zu versuchen, sie zu einem lebensgeschichtlich gewachsenen erzählerischen Gesamtwerk Jesu zusammenzufügen. Aber Vias Interpretationsergebnisse – wie etwa seine Interpretation des Gleichnisses vom »betrügerischen Verwalter« (Lk 16,1–7) als eines der Komik zugeordneten »Schelmenstücks«[29] (vgl. dazu die Deutung dieses Gleichnisses hier in Kap. 2.3 [f]) – zeigen, daß die »synchrone«, literarisch-linguistische Interpretation eines Gleichnisses immer noch abgestützt werden sollte durch eine »diachrone«, historisch-kritische, auf Jesu Leben und Wirken zurückfragende Deutung.[30]

Zwar kann, das haben die Arbeiten Güttgemanns, Stengers, Dormeyers, Aurelios[31] u. a. (eben auch Vias) gezeigt, eine strukturale Interpretation innerhalb eines einzelnen Gleichnistextes Zusammenhänge und tragende Strukturelemente aufdecken, die für die Sinnrichtung eines Gleichnisses maßgebend sind und die *so* durch die historisch-kritische Rückfrage allein nicht in den Blick kommen; aber die Gleichnisse Jesu sind auch lebensgeschichtlich gewachsene Gebilde, die in gewisser Weise aufeinander aufbauen, ja teilweise sich auch auseinander entwikkeln. Das Anliegen einer strukturalen Textbetrachtung wird ja auch dadurch realisiert, daß die einzelnen Gleichnisse zu einem erzählerischen Gesamtwerk verbunden werden und dadurch dem einzelnen Gleichnis sein genuiner Stellenwert erschlossen wird.

29 Via 146ff

30 Ein Zusammenwirken synchroner (linguistischer) und diachroner (geschichtlicher) Interpretationsmethoden in einem »pragmatischen« Modell der Gleichnisauslegung fordert auch Frankemölle, Handeln 62f; streng nach diesen beiden Grundmethoden aufgegliedert ist auch die Arbeit von F. Schnider, Die verlorenen Söhne. Strukturanalytische und historisch-kritische Untersuchungen zu Lk 15, Freiburg/Schweiz–Göttingen 1977.

31 Besonders T. Aurelio, der die disclosure-Theorie I. T. Ramseys auf die Gleichnisse anwandte, hat der vorliegenden Arbeit wichtige Impulse gegeben. Seine Untersuchung, obwohl linguistisch-sprachtheoretisch orientiert, hat mir die Augen geöffnet für den Zusammenhang von Jordantaufe, Gleichniswerk und Tod und Auferstehung: vgl. zur Jordantaufe Aurelio 237–240 (»Eine Grund-disclosure Jesu?«); zu Tod und Auferstehung 248–254: Jesus enthüllt sich in diesem Ereignis als die »disclosure«, d. h. als Gleichnis Gottes, das durch sein Leben und Wirken geschrieben wurde: »Die beste Parabel, die man über Gott schreiben konnte, war, so meinte die Urgemeinde, das Leben Jesu selber.« (ebd. 254) Da sich dieses Leben, Leiden und Wirken in den knapp 40 Gleichnissen fortlaufend sprachlich-dichterich ausdrückt und mitteilt (vgl. ebd. 237: »Jesus wollte über die einzelnen disclosures der Gleichnisse hinaus den Hörern eine tiefere disclosure, sozusagen eine Ur- oder Grunddisclosure vermitteln, *nämlich sich selbst*«; Hervorhebung von Aurelio!), muß es möglich sein, diese 38 Gleichnisse so zusammenzufügen, daß sich daraus »diese beste Parabel, die man über Gott schreiben konnte«, gleichsam als (innere) *Autobiographie* Jesu ergibt.

Die Gleichnisse sind Ausdruck der Inspiration, in und aus der Jesus wirkte, lebte, litt, starb und auferstand. Dies gilt zunächst von den einzelnen Gleichnissen: Die Gleichnisse vom »barmherzigen Vater« und vom »betrügerischen Verwalter« (vgl. die Interpretationen in Kap. 2.2[b] bzw. 2.3[f]) sind Dichtungen, in denen das, was Jesus ist und den Menschen bringt, symbolisch-ganzheitlich verdichtet ist. Noch mehr und potenziert gilt dies aber von dem lebensgeschichtlich gewachsenen erzählerischen Gesamtwerk Jesu, das unmittelbar jenen »abba« und jenes »pneuma« sichtbar und erlebbar macht, durch die sich der eine und dreifaltige Gott in Jesus, dem »geliebten Sohn«, offenbart. Ohne aufzuhören, ein »ästhetisches Objekt« (Via), nämlich ein in drei Jahren gewachsenes dichterisches Lebenswerk, zu sein, beinhaltet es doch in sich das Christusmysterium, das den Menschen über den Tod hinaus rettet und heilt, und für das aufzuschließen, die Grundaufgabe der Evangelisation heute ist. Als Sprachkunstwerk fordert es – und fordern die einzelnen Gleichnisse – ohne glaubensmäßige Vorbedingung, kraft eigener Sprachdynamik, den Hörer und Leser auf, Leben und Welt in den Augen Jesu zu sehen und sich von seiner Dynamik des Fühlens und Denkens mitnehmen zu lassen: »tiefer sehen lernen« (bei Vorgangsgleichnissen) und »zum Mitgehen bewegen« (bei Handlungsgleichnissen) ist ihre eigene sprachliche Funktion als eines dichterischen Kunstwerks, das so auch den Nichtchristen anspricht und ihm, wenn er der Sprachbewegung folgt, das Christusmysterium und darin Gott und Gottesreich (als freilassendes Angebot) aufschließt.

Während in Kap. 1 Kategorien und Methoden gesucht wurden, um mit einzelnen Gleichnissen in dieser Weise arbeiten zu können, geht es im vorliegenden und im folgenden Kapitel darum, diese missions- und religionspädagogische Erschließungskraft der Gleichnisse zu potenzieren, indem diese zu einem lebensgeschichtlich gewachsenen Gesamtkunstwerk verbunden werden und dieses dann in seiner Struktur interpretiert und dadurch auf heutige Lebenserfahrung übertragbar gemacht wird.

Die *Methode*, um von den einzelnen Gleichnissen zu einem dichterischen Gesamtwerk zu kommen, ist dabei folgende: Ich gehe von zwei Gegebenheiten aus. Gegeben ist auf der einen Seite eine Reihe von knapp 40 Erzählstücken[32], die sich in den synoptischen Evangelien fin-

32 Die Zahl variiert, je nachdem, ob man Doppelgleichnisse (z. B. vom planenden Baumeister und Feldherrn Lk 14,28–32 oder vom Schatz im Acker und der Perle Mt 13,44–46) als solche ansieht und sie entsprechend als *ein* Gleichnis aufführt und wieweit man einfache Bildworte (z. B. vom »Salz, das seinen Geschmack verliert«; vgl. Mt 5,13–16) oder vergleichende Hinweise auf das Alte Testament (z. B. den Hinweis auf das Verhalten der Menschen vor der Sintflut und vor dem

den und die in der intensiv betriebenen und vielfältig arbeitenden Gleichnisforschung schon gründlich erörtert und interpretiert worden sind. Wenn man dabei auch heute keineswegs von einem Konsens in der Gleichnisforschung sprechen kann, hat sich in der jahrzehntelangen Geschichte dieses Forschungsgebiets doch für fast alle Gleichnisse ein Grundverständnis herauskristallisiert, das zwar von den verschiedenen Interpreten verschieden akzentuiert, aber kaum als ganzes in Frage gestellt wird (eine Ausnahme bildet vielleicht das Gleichnis vom »betrügerischen Verwalter« Lk 16,1–7, von dem noch mehrfach zu sprechen sein wird).

Wenn auch aus den Evangelien keine Biographie Jesu zu gewinnen ist, so zeichnet sich doch mit genügender Klarheit eine innerlich notwendige und folgerichtige Struktur der Geschichte von Jesu religiösem Wirken ab. Sie beginnt mit der Jordantaufe, der Reich-Gottes-Verkündigung, den Heilungen und Gastmählern in Galiläa, führt dann zur Auseinandersetzung Jesu mit seinen religiösen Gegnern und schließlich zu seiner Auslieferung und Hinrichtung in Jerusalem. Diese zeitlich und faktisch, also historisch-biographisch, im einzelnen nicht bestimmbare und auffüllbare[33] Struktur der Geschichte des öffentlichen Wirkens Jesu ist, wie der folgende Abschnitt zeigen wird, das zweite wichtige Element in der Suche nach dem erzählerischen Lebenswerk Jesu; aus ihm ergeben sich die zentralen Kategorien für die diachrone Interpretation.

Feuerregen auf Sodom und Gomorra: Lk 17,26–29 par Mt) zu den Gleichnissen rechnet oder nicht. So kommt z. B. Jeremias auf 39, H. Kahlefeld, Gleichnisse und Lehrstücke im Evangelium, Bd. 1 u. 2, Frankfurt 2. Aufl. 1964, auf 38, Knoch auf 36 Gleichnisse; ich arbeite mit 38 Erzählstücken, wobei ich das Gleichnis vom Turmbau und vom Feldherrn als Doppelgleichnis nur einmal zähle und die o. g. Bildworte und vergleichende Hinweise nicht als »Gleichnisse« (im Sinne eines »Erzählstücks«) betrachte.

33 Man sprach in der Exegese von einem »galiläischen Frühling« im Leben und Wirken Jesu, der sich später in eine »Krise« umwandelte (vgl. F. Mußner, Gab es eine »galiläische Krise«?; in: P. Hoffmann, Orientierung an Jesus, Freiburg–Basel–Wien 1973, 238–252). Kritisch dazu: L. Oberlinner, Todeserwartung und Todesgewißheit Jesu. Zum Problem einer historischen Begründung, Stuttgart 1980, 81–93. Die genannte grundsätzliche »Struktur« von Jesu Leben und Wirken ist unabhängig von historischen Rekonstruktionen dieser Art: Ob und in welchem historischen Zusammenhang man von »Frühling«, »Krise«, »Ablehnungssituation« usw. sprechen kann, ist hier nicht von Belang. Hier wird nur vorausgesetzt, daß Jesus das beginnende Anbrechen der »malkût Jahwe« erfahren und angesagt hat, dabei – früher oder später, hier oder dort – theologische Gegner gefunden hat und schließlich in Jerusalem vom Synedrium an die Römer ausgeliefert und von diesen hingerichtet wurde. Diese so gefaßte, gleichsam »leere« Struktur der Geschichte seines öffentlichen Wirkens ist wohl kaum in Frage zu stellen.

Zusätzlich zu dieser Struktur sind noch jene erzählerischen und hymnischen Überlieferungen vorgegeben, die den gekreuzigten und auferstandenen Jesus als den Messias und Gottessohn verkünden, indem sie von seinem irdischen Leben und Wirken erzählen. Gerade wenn diese Erzählungen und Überlieferungen keine historisch-biographischen Berichte sind, sind sie doch um so mehr Zeugnisse, in denen sich (von Ostern her) die Wirkung auch des irdischen Jesus auf seine Jünger widerspiegelt; sie geben Kunde vom Charakter und Verhalten jenes Menschen, der, im Leben von den meisten verkannt, in Kreuz und Auferstehung sein wahres Wesen als Messias und Gottessohn enthüllte. So ergibt sich zusätzlich zur o. g. Grundstruktur seines Weges doch auch noch ein (vom Osterglauben her bestimmtes) Profil seines Charakters und seines Verhaltens. Beides zusammen bildet die zweite Gegebenheit, die zu den vorliegenden knapp 40 Erzählstücken hinzukommt.

Diese beiden Gegebenheiten gilt es zueinander in Beziehung zu setzen. Dabei wird die durch kerygmatische Erzählung aufgefüllte Grundstruktur des Lebensweges Jesu als eine Art Folie den 38 von mir behandelten Erzählstücken unterlegt. Wie Eisenfeilspäne auf einer Glasplatte, unter der sich zwei Magnetpole befinden, setzen sich auf dieser Unterlage die kleinen Erzählstücke gleichsam von selbst in Bewegung und formieren sich entsprechend den »Kraftlinien«, die im Lebensfeld Jesu wirksam sind. Natürlich geschieht dies nicht völlig von selbst. Wie ich die Platte mit den Eisenfeilspänen immer wieder anstoßen und schütteln muß, bis sich die Späne in Linien angeordnet haben, in die hinein sie bei Veränderungen immer wieder zurückkehren, so muß ich auch in einem Prozeß des »trial and error« die einzelnen Gleichnisse immer wieder hin- und herwenden, muß sie versuchsweise einmal der einen und einmal der anderen Dimension des Wirkens und Lebens Jesu zuordnen, muß sie auch innerhalb der einzelnen Dimensionen immer wieder neu einander zuordnen und in eine aussagefähige Folge bringen – solange, bis diese einzelnen Gebilde in ihrer Gesamtheit eine dichterische und existentielle Aussage ergeben und damit als erzählerisches Lebenswerk Jesu im Zusammenhang lesbar werden.

Drei Kriterien entscheiden dabei, ob der Versuch als gelungen gelten kann oder nicht.

Erstes Kriterium

Alle Gleichnisse müssen sich in einer exegetisch vertretbaren Deutung in das Gesamtwerk einfügen und dürfen dabei nicht gegen den relativen Konsens der bisherigen Gleichnisforschung mehr oder weniger gewaltsam neu gedeutet werden. Freilich bringt es der vorliegende, an der »inneren Biographie« Jesu orientierte Interpretationsansatz mit sich, daß in Einzelfällen aus der Perspektive des Gesamtwerks her auch ein neues Licht auf exegetische Einzelfragen und Einzeldeutungen der Gleichnisse fällt, wie z. B. beim Gleichnis vom betrügerischen Verwalter in Kap. 2.3(f).[34] Vielleicht gelingt es dem hier vorliegenden missions- und religionspädagogisch motivierten Ansatz der Gleichnisinterpretation dabei, in diesem und jenem Punkt eine gewisse »Betriebsblindheit« zu überwinden, die in allen relativ abgeschlossenen Einzeldisziplinen (wie z. B. die Exegese sie darstellt) als Gefahr droht.

Dies gilt auch für andere exegetische Einzelfragen. Im allgemeinen versuche ich, auf einem gegebenen exegetischen Grundkonsens aufzubauen und mit ihm auszukommen, so daß die Einfügung in das dichterische Gesamtwerk nur einen besonderen *Akzent* innerhalb dieses Grundkonsenses setzt. Im Anmerkungsteil versuche ich, die Interpretationen anzugeben, in denen sich, je verschieden akzentuiert, der Grundkonsens abzeichnet. Freilich gibt es auch viele offene exegetische Fragen, z. B. ob ein Gleichnis als ganzes von Jesus selbst stammt, ob ein oder mehrere Verse zum ursprünglichen Bestand des Gleichnisses gehören usw. Diese Fragen, die alle schon vielfach diskutiert sind, sollen durch die vorliegende, an der »inneren Biographie« Jesu orientierte (existenzbiographische) Interpretation nicht gelöst oder entschieden werden; dies liegt nicht in meiner Kompetenz und Arbeitsrichtung. Im allgemeinen versuche ich, in solchen Fällen eine existenzbiographische Deutung zu geben, die, wenn auch vielleicht mit einigen Abstrichen, grundsätzlich doch *unabhängig* von einer genaueren Lösung der offenen exegetischen Fragen bestehen kann. Zwar bringt es auch dieses Vorgehen mit sich, daß die *eine* Lösung der existenzbiographischen Deutung nähersteht als eine *andere*, und in solchen Fällen *optiere* ich für die meiner Deutung näherstehende Lösung; doch sollte dies nicht als eine exegetische Entscheidung für die eine oder gegen die andere Position mißverstanden werden. Historische und textkritische Fragen können letztgültig und kompetent nur durch historisch-kritische Analysen, nicht aber durch eine religionspädagogisch motivierte Zusammenschau der Gleichnisse in einem erzählerischen Gesamtwerk entschieden werden. Es ist deshalb in dieser Arbeit auch nicht notwendig, bei jedem Gleichnis von der (doch meist ziemlich umstrittenen) genaueren Rekonstruktion des Textbestandes auf der Jesusstufe auszugehen. Wichtig ist nur, daß die anstehenden exegetischen Fragen gesehen werden und

34 Diese neue Interpretation eines einzelnen Gleichnisses legte ich deshalb auch schon in einem Zeitschriftenaufsatz vor: G. Baudler, Das Gleichnis vom »betrügerischen Verwalter« (Lk 16,1–8a) als Ausdruck der »inneren Biographie« Jesu, in: Theologie der Gegenwart 28 (1985) 65–76. Die Interpretation ist hier noch ein Stück weiter ausgebaut.

die vorgenommene Einfügung des einzelnen Gleichnisses in das zu suchende Gesamtwerk als eine exegetisch mögliche Option gelten kann.

Zweites Kriterium
Das wohl wichtigste Kriterium für das Gelingen oder Mißlingen des Versuchs ist die Frage, ob die hier vollzogene Zusammenfügung der Gleichnisse und der Versuch, sie als fortlaufenden Text eines Gesamtwerkes zu lesen, überhaupt einen (neuen) *Sinn* ergibt oder ob gegenüber den bisherigen Gleichnis-Monographien hier nur eine andere Einteilung gehandhabt wird.

Abgesehen von ihrer formalen Einteilung in Gleichnisse im engeren Sinne, Parabeln, Beispielerzählungen und Allegorien hat man bisher die Gleichnisse meistens nach ihren inhaltlichen Elementen eingeteilt, wobei freilich dieses Einteilungsprinzip nicht immer streng durchgehalten wurde, sondern bisweilen eine Gleichnisgruppe auch nach der (vermuteten) historischen Situation oder auch durch ein stärker formales Element benannt wurde (vgl. z. B. im Inhaltsverzeichnis von J. Jeremias das Kapitel 5: »Das drohende Zu-Spät« als offenbar auf die Redesituation bezogen und Kapitel 10: »Die Gleichnishandlungen« als auf ein formales Element bezogen).

In der Einteilung E. Bisers in »Natur- und Arbeitsgleichnisse« – »Lebens- und Konfliktgleichnisse« – »Heils- und Gerichtsgleichnisse« – »Erlösungs- und Passionsgleichnisse« spielt vor allem die letzte Gruppe in die historische, aber auch schon in die »existentielle« Rede- und Entstehungssituation hinüber.[35]

Am strengsten hält sich die von C. Westermann vorgeschlagene Einteilung an inhaltliche Elemente; er unterscheidet vier größere Gruppen: »Erzählungen von einer Wandlung« – »Wachstumsgleichnisse« – »Gerichtsankündigung im Gleichnis« – »Weisungen für ein gegenwärtiges oder zukünftiges Handeln«[36], um sie dadurch den verschiedenen Redefunktionen zuordnen zu können. Diese Einteilung der Gleichnisse streng nach ihren inhaltlichen Elementen führt aber letzten Endes doch nicht recht weiter, weil gleiche Inhaltselemente bei einer auch nur geringfügigen Variation oder Ausweitung der Struktur schon eine andere Adressatensituation und damit eine andere Gesamtkonstellation des Sprechens bedingen (z. B. beinhalten zwar die Gleichnisse vom bittenden Freund und der unbeirrt fordernden Witwe einerseits und die vom Schatz im Acker und der kostbaren Perle andererseits alle die »Erzählung von einer Wandlung«, dennoch weisen sie auf eine je verschiedene existentielle Entstehungssituation zurück: in der erstgenannten Gruppe geht es um das *Durchhalten* und Zu-Ende-Gehen eines Weges, in der letztgenannten dagegen um die *Freude* über den gefundenen Schatz).

Andere Gleichnismonographien verzichten überhaupt darauf, die einzelnen Gleichnisse in Gruppen zusammenzuordnen, und reihen die Texte, wenn

35 Biser, Jesus 51 f
36 Westermann 123 f

auch unter Zusammenstellung verwandter Motive ohne Untergruppierung aneinander, so zuletzt Knoch, der einführend über die verschiedenen Möglichkeiten einer Einteilung der Gleichnisse nach formalen und inhaltlichen Elementen in einem eigenen Kapitel referiert[37], dann aber die Gleichnisse ohne Untergruppierung aneinanderreiht.

Andere treffen nur eine bestimmte Auswahl (z. B. Linnemann, Via, Eichholz, Aurelio), die dann meistens nicht mehr untergliedert wird (Via untergliedert seine Auswahl nach literaturwissenschaftlichen Gesichtspunkten in »tragische« und »komische« Gleichnisse)[38].

Weder stellt die Erzählstücke entsprechend ihrem Vorkommen in den einzelnen Traditionssträngen der verschiedenen Evangelien zusammen.

Es ist klar, daß durch solche Einteilungen und Zusammenfügungen nicht der Eindruck eines erzählerischen Gesamtwerks entstehen kann. Dies gilt insgesamt auch für Biser, der in seinem letzten Buch zwar schon von dem »Sprachwerk der Gleichnisse«[39] spricht und einzelne Gleichnisse in einen Bezug zur »inneren Biographie« Jesu stellt; aber auch bei ihm kommt das Gesamtcorpus der Gleichnisse noch nicht als zusammenhängendes Werk in den Blick. Doch Jesus hat seine kleinen Erzählungen in dem relativ kurzen Zeitraum von etwa drei Jahren in fortlaufender Folge als Ausdruck seines – sehr »folgerichtig« verlaufenden – öffentlichen Wirkens gedichtet, und so müßte sich ein lebensgeschichtlicher »Faden« finden lassen, der die einzelnen Gleichnisse zusammenbindet. Um diesen Versuch geht es hier. Gelungen ist er nur, wenn die Zusammenfügung der einzelnen Gleichnisse so erfolgt, daß dabei die Erzählstücke nicht mehr nur einzeln je für sich zum Sprechen kommen, sondern das Ganze ein neues, nochmals in sich selbst lebendiges und aussagefähiges Erzählwerk ergibt.

Drittes Kriterium

Da die Arbeit nicht primär literaturwissenschaftlich, sondern religionspädagogisch, und damit theologisch motiviert und ausgerichtet ist[40], gilt

37 Knoch 59–63
38 Via 109 ff und 138 ff
39 Biser, Jesus 50
40 Ich habe wohl auch Literaturwissenschaften studiert und unterrichtete in deutscher Literatur an der gymnasialen Oberstufe; dabei ist mir immer schon aufgefallen, daß der Dichter des Gleichnisses vom barmherzigen Vater, der mit seiner Dichtung viele andere Autoren, Dichter und Künstler angeregt hat, selbst in keiner Literaturgeschichte behandelt wird. Nicht einmal W. Muschg, Tragische Literaturgeschichte, Bern 3. Aufl. 1957, der in besonderer Weise die religiöse Dichtung mit einbezieht – die prophetische Literatur des AT wird z. B. ausführlich von ihm behandelt (vgl. 94 f) – widmet Jesus auch nur einen einzigen Absatz (sondern erwähnt ihn nur beiläufig als Dichter der Gleichnisse).

es danach zu fragen, ob die aus dem dichterischen Gesamtwerk sich ergebende »innere Biographie« Jesu ein theologisch vertretbares Profil der Jesusgestalt erkennen läßt. Maßgebend ist für mich in dieser Frage das (christologische) Konzil von Chalzedon (451), das in der Person Jesu eine wahre und unverfälschte menschliche Natur mit der göttlichen Natur geeint sieht, wobei beide Naturen weder als miteinander vermischt und sich einander durchdringend, noch als voneinander abgetrennt gedacht werden dürfen. Da Sprache das Menschsein konstituiert und also das sprachschöpferisch-dichterische Wirken eine genuin menschliche Tätigkeit ist, begegnet uns Jesus als Dichter seiner Gleichnisse zunächst in seiner menschlichen Natur. Wie bei jeder Interpretation eines Dichters und Künstlers ist deshalb Einfühlung und schöpferisches Nachgestalten der Weg, um das Kunstwerk in einer bestimmten Zeit und Situation je neu zum Sprechen zu bringen. Daß mit einer solchen »Einfühlung« immer auch eine gewisse »Psychologisierung« verbunden ist, ist klar und entspricht einer unverfälschten menschlichen Natur, die eben von der Psyche bewegt wird. Da indes das Stichwort »Psychologisierung«, bezogen auf die Jesusgestalt, ein besonderes Problem aufwirft, wird diese Frage im Anschluß an die Suche nach dem dichterischen Gesamtwerk in einem eigenen »Exkurs« behandelt.

Andererseits spricht ein Dichter aus dem innersten Zentrum seiner Person heraus. Deshalb schimmert in den schlichten kleinen Erzählgebilden, die Jesus formt, auch schon etwas von dem durch, was er seinen »abba« und die Evangelien das »pneuma«, Jesu göttlichen Lebensatem, nennen. Wieder gilt dies schon für die Gleichnisse als Einzelkunstwerke (sehr stark z. B. für das Gleichnis vom barmherzigen Vater[41]), mehr und potenziert aber noch von dem postulierten dichterischen Gesamtwerk. So, wie aus dem Gesamt des Wirkens, Lebens und Sterbens Jesu, wie es den ersten Jüngern in Tod und Auferstehung gegenübertritt, seine Messianität und Gottessohnschaft aufleuchtet, so muß auch das erzählerische Gesamtwerk etwas von der offenbarenden Kraft des Auferstehungsgeschehens in sich bergen und den Leser und Hörer einladen zum Bekenntnis zu Jesus als dem großen »Handlungsgleichnis« Gottes, in dem dieser selbst auf den Menschen zukommt und sich ihm erschließt. Darin liegt die missions- und religionspädagogische Absicht der vorliegenden Arbeit.

41 Bischof Klaus Hemmerle aus Aachen bemerkte einmal in einem Gespräch, das Gleichnis vom barmherzigen Vater könne nicht von einem (bloßen) Menschen gedichtet worden sein.

(c) *Weckruf, Kampf und Leiden als aufeinander aufbauende Dimensionen des Lebens und Wirkens Jesu und die ihnen entsprechenden Gleichniskategorien: Weckgleichnisse – Kampfgleichnisse – Passionsgleichnisse*

Wie aus allen Evangelien hervorgeht, beginnt das öffentliche Wirken Jesu mit seiner Taufe am Jordan durch Johannes den Täufer und findet seinen Höhepunkt in Tod und Auferstehung. Bei der Jordantaufe hört Jesus die Stimme aus dem »geöffneten Himmel« (vgl. Mk 1,10), die ihm sagt, daß er der »geliebte Sohn« seines himmlischen Vaters ist. In diesem nunmehr unzerstörbar aufbrechenden Sohnesbewußtsein beginnt, so deutet Jesus das Geschehen (vgl. Mk 1,15), jenes neue Wirksamwerden Jahwes unter den Menschen anzubrechen, das von den Propheten als »Reich Gottes« vorausverkündet wurde. Das bis zum Tod am Galgen sich selbst treu bleibende und sich durchhaltende Wirken Jesu besteht darin, diese Erfahrung von der keimhaft anbrechenden »malkût Jahwe« an seine Mitmenschen weiterzugeben, also »Blinde sehend, Lahme gehend, Aussätzige rein, Taube hörend und Tote lebendig« zu machen (vgl. Mt 11,4–6; Lk 7,22).

Die Gleichnisse sind der sprachliche Ausdruck dieses Wirkens: Jesus intensiviert in ihnen seine Anrede und Ansage, worin er den Mitmenschen im Volk Israel das Anbrechen des Gottesreiches zusagt. Dabei geht es in dieser ersten Dimension des Wirkens Jesu darum, dem Menschen die Chance vor Augen zu stellen, die sich mit dem beginnenden Anbrechen der »malkût Jahwe« vor ihm auftut. Viele Gleichnisse dieser ersten Dimension bilden einen fast beschwörenden Appell, aus dem blinden und dumpfen Dahinleben im Alltag dieser Welt aufzuwachen und die unendliche Chance und Verheißung zu sehen und zu ergreifen. Ich nenne diese Gruppe von Gleichnissen deshalb *Weckgleichnisse*. In ihnen will Jesus noch vor aller Auseinandersetzung mit seinen Gegnern den Menschen in seiner Weltverhaftetheit ansprechen, ihn aufwecken und aufmerksam machen auf das, was beginnend mit der Jordantaufe in Jesu eigenem Leben und Wirken und damit auch im Volk Israel anzubrechen beginnt. Dieser ihr Charakter als Weckruf ist die erste und ursprünglichste Dimension der Gleichnisse Jesu, der sich in allen Gleichnissen (auch in den weiter zu nennenden Dimensionen) durchhält; es ist die bleibende Grundstruktur jesuanischer (Gleichnis-)Rede.

Eine neue Dimension kommt zu den Gleichnissen hinzu aus der Auseinandersetzung mit den Widerständen, mit denen Jesus konfrontiert wird. Seinem Wirken tritt ein Phänomen entgegen, das für ihn, der zuinnerst erfüllt ist vom Gefühl des Gutseins und des befreienden Glücks seiner Erfahrung und seines Wirkens, eigentlich unverständlich sein muß: Viele Menschen, und zwar gerade aus der Gruppe der Frommen, die treu an der religiösen Überlieferung hängen, sperren sich gegen die Ansage, daß die »malkût Jahwe« anzubrechen beginnt. Statt sich ergreifen zu lassen von der Dynamik und dem heilenden Atem Jahwes, der ihnen aus Jesu Wirken entgegenweht, blicken sie neidisch und mißgünstig darauf, daß dieser Gottesatem, dieses »pneuma«, offenbar keine großen Unterschiede zwischen den Menschen macht und auch die religiös deklassierten Randexistenzen der damaligen Gesellschaft, wie Zöllner, Dirnen, Arme und Ungebildete erfaßt. Das Bewußtsein, etwas Besonderes zu sein und sich von den »Zöllnern und Sündern« deutlich genug abheben und unterscheiden zu können (vgl. die Rede des Pharisäers im Gleichnis vom Pharisäer und Zöllner, Lk 18,10–14a), ist ihnen, den Gerechten und Frommen, wichtiger und wertvoller, als daß nun endlich das Wirklichkeit zu werden beginnt, wonach sich Israel seit Jahrhunderten sehnt und um dessen baldige Ankunft es in seinen täglichen Gebeten Gott anfleht. Indem das Wirken Jesu diesen Widerstand zu überwinden sucht, gewinnt es eine neue zusätzliche Dimension.

Ohne ihren Charakter als Einladung und als Weckruf zu verlieren, kommt dieses neue Element dadurch in die Gleichnisse hinein, daß sie die religiösen Gegner in ihrer spezifischen Gegenpositon – ausdrücklich (durch »Verschränkung«, vgl. unten Anm. 107) oder unausdrücklich, jedenfalls aber betont und engagiert – in den Weckruf und die Einladung mit einbeziehen und ihren Widerstand zu überwinden suchen. Die Gleichnisse dieser Gruppe nenne ich deshalb *Kampfgleichnisse*, weil in ihnen ein kämpferisches Engagement Jesu sichtbar wird, ein äußerstes Engagement, das freilich nicht darauf ausgerichtet ist, die Gegner zu besiegen, zu unterwerfen und zu zerstören, sondern umgekehrt, sie als Freunde zu gewinnen und auch sie mit hineinzunehmen in das anbrechende neue Wirksamwerden Gottes unter den Menschen.

Ich bin mir der Problematik bewußt, die darin liegt, das Wort »Kampf« auf das Wirken und Reden Jesu anzuwenden. Zu leicht und zu rasch wird »Kampf« mit »Krieg«, d. h. mit der gewaltsamen und zerstörerischen Durchsetzung eigener (gerechter oder ungerechter) Ziele assoziiert.[42] Freunde ha-

42 Diese für Jesus nicht zutreffende Bedeutung des Wortes »Kampf« kann besonders dort aufkommen, wo zu einseitig die politische Dimension des Wirkens Jesu (auch in seinen Gleichnissen) herausgestellt wird. Diese in den Gleichnissen Jesu jedoch *auch* angelegte Dimension arbeitet besonders heraus: A. v. Jüchen, Die Kampfgleichnisse Jesu, München 1981. Jesus ergreift tatsächlich entschieden Partei für die Unterdrückten und Verachteten, die religiös Deklassierten seiner Zeit, die – paradoxerweise – seine Botschaft verstehen –, und er hält noch angesichts der Todesdrohung an dieser seiner Parteinahme fest; doch geht er lieber selber, einsam und von den Anhängern verlassen, in den Tod, als in eine kriegeri-

ben mir geraten, besser von »Streitgleichnissen« zu sprechen, weil »Streit« mehr die Ebene der verbalen Auseinandersetzung anspricht. Doch eben dieser Akzent des Wortes »Streit« hindert mich daran, den Vorschlag aufzugreifen. Die möglichen Assoziationen »Streit um Worte«, »akademische Streitigkeiten« usw. scheinen mir das Gemeinte ebenso zu verdunkeln wie die Assoziation des Krieges. Jesus hat in diesem Kampf sein Leben eingesetzt und hingegeben; das ist mehr als ein »Streit«. Wenn ich deshalb bei dem Wort »Kampfgleichnisse« bleibe, möchte ich die mögliche Nebenbedeutung »Krieg« (im o. g. Sinne) sowie alle sonstigen Assoziationen von Gewalt ausdrücklich ausschließen. »Kampf« meint ursprünglich »Einsatz«, Engagement. Ähnlich wie im fairen, sportlichen Wettkampf zielt dieses Engagement nicht darauf ab, den Gegner zu schädigen und zu zerstören, sondern sucht umgekehrt, ihn dazu zu bewegen, im gemeinsamen Tun über sich hinauszuwachsen und zu einer befreienden und beglückenden, identitätsstärkenden Leistung zu finden. »Kampf« beinhaltet die brüderlich-dialogische Zuwendung zum Gegner; das Engagement, das den »Kampf« ausmacht, entspringt aus der Wertschätzung des Gegners und dem Wunsch, mit ihm gemeinsam, in gemeinsamem Ringen, über sich hinauszuwachsen und eine neue Vollkommenheit zu erreichen.

Auch diese Dimension bleibt, von dem Zeitpunkt an, da sie Eingang gefunden hat, in allen folgenden Gleichnissen erhalten. Auch wenn noch eine dritte Dimension, geboren aus der Einsicht in die Notwendigkeit des gewaltsamen Todes, zu den Gleichnissen hinzukommt, wird damit diese zweite Dimension nicht mehr ausgelöscht. Auch dort, wo die bevorstehende Passion den Hintergrund der Erzählstücke bildet, die Jesus dichtet, ist immer noch das Bemühen spürbar, den Gegnern, die diesen Tod über ihn bringen, die Augen zu öffnen und sie – vielleicht durch den zu erleidenden Tod hindurch – aufzuwecken für die Erfahrung, daß in ihm und seinem Wirken die »malkût Jahwe« begonnen hat anzubrechen und auch in ihnen anbrechen will.

Der Beginn dieser dritten und letzten Dimension, die zum Wirken Jesu hinzutritt, ist in den Evangelien greifbar in den Leidensvoraussagen und dem damit verbundenen Aufbruch zur Wanderung nach Jerusalem, von der er voraussieht (vgl. Lk 13,31–33), daß sie in den Tod führt. An diesem Punkt erkennt Jesus, daß er den Widerstand seiner Gegner durch seine redende und beredte Zuwendung nicht überwinden kann. Er steht damit vor der Frage, entweder aufzugeben oder seinen Weg weiterzugehen, auch auf die Gefahr, ja auf das immer klarer werdende Bewußtsein hin, daß der Widerstand kulminieren und ihm den

sche Auseinandersetzung einzutreten (die über viele andere, Anhänger wie Gegner, den Tod bringen würde); vgl. dazu die kulturgeschichtliche Jesus-Interpretation als »Das Ende der Gewalt« in René Girards gleichnamigem Buch (Freiburg 1983)

Tod bringen wird. Indem Jesus das dunkle Wissen annimmt, daß die Weitergabe des am Jordan empfangenen Gottesatems an seine Mitmenschen ihn in den Tod treiben wird, und er sich entscheidet, dennoch an seinem Wirken festzuhalten, gewinnt es die letzte und stärkste Dimension. In der im Geliebtsein vom Vater verwurzelten Auferstehungshoffnung gewinnt er die Freiheit und Offenheit, das drohende Geschick anzunehmen und seinen am Jordan begonnenen Weg zu Ende zu gehen. Hier ist schon jene Kraft spürbar, die dann tatsächlich den Tod überwinden und zur Auferweckung führen wird.

Diese neu hinzukommende Dimension findet ihren Ausdruck in einer Gruppe von Gleichnissen, die E. Biser *»Erlösungs- und Passionsgleichnisse«* nennt.[43] Wie auch Biser sieht, sind diese Gleichnisse in besonderer Weise eine Selbstdarstellung Jesu. In ihnen kommt der Gottesatem der Liebe als todüberwindende Hoffnung zum Ausdruck. Es spiegelt sich in ihnen die tiefe Überzeugung, daß sich die angebrochene, von Liebe getragene »malkût Jahwe« gegen den Augenschein des Scheiterns verwirklichen wird. Notwendig sind Geduld, Ausdauer und die existentielle Einsicht, daß erst das *Ende* des Prozesses, der das Reich Gottes heraufführt, die Vollendung, die durch den Tod hindurchgeht, darüber entscheiden kann und entscheiden wird, ob er oder seine Gegner im Recht sind: Erst dieses Ende, keine noch so hohe Instanz vorher, kann und wird zeigen, was Spreu und was Weizen ist und was eingefahren wird in die Scheunen Gottes.

Weckruf, Kampf und in Hoffnung übernommene Passion sind die drei Dimensionen, die sich in den Gleichnissen Jesu als dem sprechenden Ausdruck seines Lebens und Wirkens widerspiegeln. Wie schon ausgeführt, reihen sich diese Dimensionen nicht linear aneinander, so daß eine die andere ablösen würde, sondern bauen aufeinander auf: Alle Gleichnisse sind Weckgleichnisse, aber von einem bestimmten (historisch nicht festlegbaren) Punkt seines Lebens und Wirkens an tritt (mehr und mehr) die Dimension des Kampfes hinzu. Von da an sind alle von ihm gedichteten Gleichnisse sowohl Weck- als auch Kampfgleichnisse, auch wenn das Element des Kampfes in den Passionsgleichnissen nicht mehr so stark hervortritt. Mit der Einsicht in die Unabwendbarkeit seines gewaltsamen Todes kommt dann die Passion als dritte Dimension hinzu, und es entstehen jene Passionsgleichnisse, die alle drei Dimensionen in sich enthalten.

Graphisch dargestellt stehen also »Weck-, Kampf- und Passionsgleichnisse« so zueinander, wie es die Abbildung zeigt.

43 Biser, Jesus 55 f, nennt als zu dieser Gruppe gehörig das Gleichnis vom Mord im Weinberg (Mk 12,1b–8 par) sowie das Gleichnis vom fürbittenden Weingärtner (Lk 13,6–9)

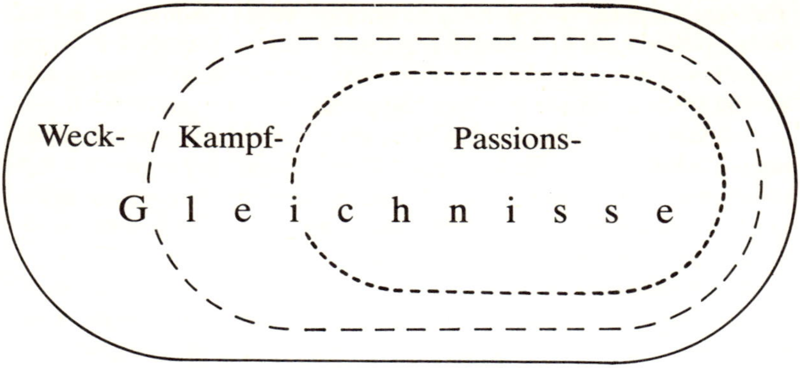

Zusammenhang von Weck-, Kampf- und Passionsgleichnissen

Weckruf, Kampf und Passion bilden die Brennpunkte der Folie, die ich den 38 Erzählstücken unterlege; sie sind die Pole, die die Kraftlinien auf dem Feld des Lebens und Wirkens Jesu strukturieren – und damit auch die Gleichnisse als den sprachlichen Ausdruck dieses Wirkens und Lebens. Dabei sind die Zuordnungen nicht starr und unbeweglich. Wie bei jedem organisch gewachsenen Gebilde sind die Grenzen fließend: Das Gleichnis vom großen Gastmahl (Lk 14,16–24; Mt 22,2–10), das in der folgenden Interpretation die Weckgleichnisse abschließt, könnte ebenso auch schon als Kampfgleichnis gedeutet werden; und das Gleichnis vom Mord im Weinberg (Mk 12,1b–8 par), das in Kap. 2.3 die Passionsgleichnisse einleitet, trägt noch sehr deutlich die Züge des Kampfes und der Auseinandersetzung. Die neue Dimension wächst jeweils langsam hinzu; von einem nicht statisch, sondern nur »atmosphärisch« zu bestimmenden Punkt an aber ist sie da und prägt den Charakter der Erzählungen.

Natürlich ist auch die Reihung innerhalb der drei Kategorien keineswegs statisch zu sehen. Ich habe im Laufe dieser Ausarbeitungen – oft angeregt durch Seminare, Vorträge und Gespräche – die Reihenfolge der einzelnen Gleichnisse immer wieder umgestellt, immer wieder versucht und probiert, ob und wie das einzelne Gleichnis als organischer Teil des erzählerischen Gesamtwerks am besten zu lesen ist. Ich glaube auch, daß es hier durchaus einen subjektiven Spielraum gibt und geben muß. Entscheidend ist nur, daß aus der einfühlenden Zuordnung der einzelnen Gleichnisse zu den genannten drei Polen des Lebens und Wirkens Jesu *tatsächlich* ein im ganzen nochmals aussagefähiges und ausdrucksstarkes Sprachgebilde entsteht und daß uns daraus Jesus rettend und erlösend (d. h. als Christus, als Messias) entgegentritt: Jesus, wie er lebt und wirkt, kämpft und leidet, stirbt und aufersteht.

Dieses neue dichterische Sprachgebilde so aussagefähig und ausdrucksstark wie möglich zu machen, ist der Sinn der einzelnen Zuordnungen. Der Leser dieses Buches ist eingeladen und aufgefordert, *selbst* die Methode anzuwenden: sich einzufühlen in den erzählenden und dichtenden Jesus und bei sich zu prüfen, in welcher Reihung und Gestaltung die Gleichnisse als organischer Teil des dichterischen Gesamtwerks für ihn am aussagefähigsten werden. Meine Gestaltung ist nur als Vorschlag zu verstehen, der *eine* Möglichkeit aufzeigt, aus den einzelnen Gleichnissen ein erzählerisches Gesamtwerk entstehen zu lassen; er ist ein Lese-Vorschlag für das Gleichniswerk Jesu. Variationen sind möglich und bereichern den hier durchgeführten Ansatz; wichtig ist nur, auch in diesen Variationen auf die drei Kriterien zu achten, von denen, wie oben herausgearbeitet, das Gelingen des Versuchs abhängt.

Hinweis zur weiteren Lektüre:

Im Schlußteil dieser Arbeit sind in einer narrativen Zusammenfassung die Gleichnisse in derjenigen Abfolge zusammengestellt, wie sie sich hier in Kap. 2 von den existentiellen Lebenssituationen Jesu her zusammenfügen; in Kap. 3 werden sie dann von der Struktur her als Gesamtwerk erschlossen. Es ist möglich, diese Zusammenfassung, in der Jesus sich als das Gleichnis Gottes erzählt, schon hier zu lesen und die folgenden Ausführungen in Kap. 2 und 3 dann als die wissenschaftliche Begründung dieses »christlichen Gleichnisbuches« zur Kenntnis zu nehmen.

In diesem Schlußteil ist auch der jeweilige Gleichnistext in derjenigen Textgestalt abgedruckt, mit der die Interpretationen in Kap. 2 und 3 arbeiten. Die Reihenfolge entspricht der in Kap. 2. Bei der Lektüre der folgenden Abschnitte kann also der herangezogene Gleichnistext (fortlaufend) jeweils im Schlußteil nachgeschlagen werden.

2.1 Weckgleichnisse

Gleichnisse als (unmittelbare) Verkündigung der anbrechenden »malkût Jahwe«

Die erste Dimension des Wirkens Jesu entspringt unmittelbar seiner Erfahrung am Jordan: Jesus litt wie seine Schwestern und Brüder im Volk Israel unter der erdrückenden Fremdherrschaft der Römer. Er sah und erlebte mit, wie Menschen seines Volkes sich in Schuldsklaverei verkaufen mußten und in den römischen Bergwerken elend umkamen, nur weil sie die ihnen zugemutete Steuerlast nicht mehr aufbringen konnten. Er sah die Kreuzesgalgen, die zur Unterdrückung jüdischen

Freiheitsstrebens am Wegrand standen und an denen die Hingerichteten zur Abschreckung oft tagelang hingen. Täglich betete er mit seiner Familie um die Befreiung aus der Knechtschaft, um die Ankunft des verheißenen Messias und das neue Mächtigwerden Gottes in seinem Volk. Begeistert hörte er davon, daß der Bußprediger Johannes diese jahrhundertealte Verheißung des Gottesreiches den religiösen Elitegruppen seiner Zeit aus der Hand wand und sie wieder dem ganzen Volk Israel zusprach. Er ging zu ihm, und er hörte die apokalyptische Bußpredigt dieses Asketen, der die Axt schon an die Wurzel des jetzigen Weltenbaumes gelegt sah (Mt 3,10; Lk 3,9) und dessen Einsturz, also den Untergang des jetzigen Äons, als unmittelbar bevorstehend verkündete.

Aus diesem Zorngericht kann nach seiner Predigt nur der Mensch gerettet werden, der sich innerlich radikal von diesem untergehenden Äon abwendet und sich in tiefer Bußgesinnung, in Gottesfurcht zitternd, über den kommenden Gerichtstag hinaus nach dem neuen Äon sehnt. Das Zeichen dieser Umkehr war die Taufe im Jordan. Daß Jesus sich dieser Taufe unterzog, zeigt, daß er sich der Buß- und Gerichtspredigt des Johannes innerlich geöffnet hatte: er wollte ja auch an sich vollziehen, was Johannes als einzige mögliche Rettung vor dem bevorstehenden Zorngericht Gottes verkündete.

Dann aber geschah das eigenartige Ereignis, das nach allen Evangelien konstitutiv am Anfang des Wirkens Jesu steht. In knappen Bildern, nur andeutend, erzählen die Texte: Als er aus den Fluten des Jordanflusses auftauchte, in die hinein ihn Johannes untergetaucht hatte und neu den Atem in sich hineinzog, »sah er, daß der Himmel sich öffnete und der Geist wie eine Taube auf ihn herabkam. Und eine Stimme aus dem Himmel sprach: Du bist mein geliebter Sohn, an dir habe ich Gefallen gefunden« (Mk 1,10–11 par).

Die Wasserfluten, die das Verhaftetsein des Menschen am alten Äon lösen und ihn dadurch reinigen, symbolisieren und antizipieren auch schon die Chaosgewalten – das Wasser ist in der Antike immer auch Symbol des Chaos (vgl. Gen 1,2) –, die im angekündigten Zorngericht Jahwes hervorbrechen und die Welt für das anbrechende Gottesreich reinwaschen sollen: fortschwemmen, was nicht Eingang finden kann in dieses Reich. Dem Menschen, der in diese Fluten eintaucht, »geht der Atem aus«, Erstickungsangst überfällt ihn. Doch wenn er standhält, taucht er gereinigt aus den Fluten empor und zieht befreit den heilenden Atem in sich hinein.

Hier wird auch schon deutlich, in welchem Verhältnis Gericht und Heil in der Predigt des Täufers stehen: *Zuerst* kommt das Gericht, und wer im Gericht standzuhalten und zu bestehen vermag, gelangt dann in das Heil der »malkût Jahwe«. In der Taufe Jesu am Jordan aber gelangt

Jesus zu einer anderen Einstellung. Das Verhältnis von Gericht und Heil stellt sich für ihn umgekehrt dar.

Das Verhältnis zwischen Jesus und Johannes historisch zuverlässig zu bestimmen, ist sehr schwierig. Die umgekehrte Rang- und Reihenfolge von Gericht und Heil bei Johannes einerseits und Jesus andererseits hat sich aber doch als gemeinsamer Nenner in der neueren Literatur herausgeschält.

Ein relativ enges Verhältnis zwischen den beiden religiösen Gestalten sieht Joachim Becker gegeben, der darauf verweist, »daß Jesus jedenfalls teilweise in direkter Form und in relativ ungebrochener Kontinuität die täuferische Gerichtspredigt fortsetzte«.[44] Neben anderen Texten ist nach Becker auch in Lk 17,21 ff bei Jesus eine »sachlich nuancierte, sprachlich umgestaltete Gerichtsbotschaft« anzutreffen, die in Harmonie mit der des Täufers steht.[45] Ausgehend von Mk 9,43–48 und verschiedenen Gleichnissen (vgl. Lk 18,2–5; Lk 18,10–14a u. a.) sieht Becker allerdings auch, daß bei Jesus in direktem Gegensatz zum Täufer das drohende Gericht »nicht mehr unabwendbar und ausweglos« ist. Wenn es auch nach wie vor drohe, so bekomme bei Jesus doch die Gottesherrschaft, von der der Täufer nicht redete, »Prävalenzcharakter«.[46] »Im Unterschied zum Täufer rückt bei Jesus die Gerichtsbotschaft aus dem Zentrum der Verkündigung heraus. Ist sie beim Täufer einziges Thema, so wird sie bei Jesus begrenzt und umgestaltet durch die Mitte seiner Botschaft, die Reichspredigt.«[47] So konstatiert auch Becker ein umgekehrtes Verhältnis von Heil und Gericht zwischen Johannes und Jesus: »Sofern der Täufer überhaupt eine Heilserwartung kannte, gehörte sie für ihn in die Zeit nach dem Gericht. Bei Jesus ist umgekehrt das Heilsangebot dem Gericht vorgeordnet«; der »nahe Richtergott (ist) durch den präsentischen Gott der Güte überboten«.[48]

Die von Becker vorgenommene Gewichtung verschiedener Texte ist von Peter Fiedler als zum Teil falsch kritisiert worden. Nach Fiedler vermittelt das Gleichnis vom »ungerechten Verwalter« (Lk 16,1–7) die Aufforderung, »die jetzt gebotene Heilschance zu nutzen«, *ohne* dabei das Gericht als Umkehrmotiv und treibende Kraft zu verstehen; für Johannes naht Gott primär zum Gericht, »indem er das ›Recht‹ seiner Heiligkeit einfach einfordern wird, für Jesus naht er in erster Linie zum Heil, indem er das ›Recht‹ seiner Liebe verwirklichen will«.[49] Betont Johannes noch »überstark das Gericht«, predigt Jesus »das in seinen Wundern und in seiner Verkündigung schon erfahrbar gewordene Heil der Gottesherrschaft«; ahnt Johannes zwar die Gegenwart des Heils, droht aber dennoch die Zukunft des Gerichts an, weiß Jesus – das

44 J. Becker, Johannes der Täufer und Jesus von Nazareth, Neukirchen-Vluyn 1972, 86 f
45 Ebd. 95
46 Ebd. 96 f
47 Ebd. 106
48 Ebd. 100 und 81
49 P. Fiedler, Jesus und die Sünder, Bern–Frankfurt 1976, 264–269; hier 268 und 267

unterstreicht Josef Ernst – das Heil gegenwärtig und blendet das zukünftige Gericht »nur noch als den dunklen Hintergrund« ein.[50]

Sehr genau hat Helmut Merklein das Verhältnis zwischen Johannes und Jesus bestimmt. Er faßt zusammen: »Johannes argumentiert von der Zukunft bzw. von Gott her: Das Gericht ist bei Gott eine beschlossene Sache (apodiktische Aussage): Ergreift also die letzte Chance! Jesus argumentiert von der Gegenwart bzw. vom Menschen her: So wie ihr jetzt lebt, muß das unweigerlich zum Gericht führen; ändert euch also, sonst verfallt ihr dem Gericht (bedingte Aussage). Für Johannes ist das Gericht das kommende (aktiv auf den Menschen zu-kommende), für Jesus das folgende (aus der tatsächlichen menschlichen Schuld folgende).« Von hier aus erklärt sich, daß das Gericht in der Predigt des Johannes in anderer Weise handlungsmotivierend ist als das Gericht in der Verkündigung Jesu. Ist es bei Johannes primär Gegenstand einer Drohung, stellt es sich in der Sicht Jesu als Folge menschlichen Versagens dar. Sofern es auf den Ernst der menschlichen Lage hinweist, »um von hier aus (also unmittelbar) eine Neuorientierung des Handelns zu provozieren«, ist es bei Jesus weniger Drohung als Warnung. Darüber hinaus ist zu berücksichtigen, »daß Jesus nicht primär das Gericht verkündigt, sondern das kommende Heil der Basileia«.[51] Bei Jesus ist die Basileia (diese ist nicht gleichbedeutend mit Gericht) eine selbständige, aktive, auf den Menschen zukommende, vom Tun und Lassen des Menschen unabhängige, bei Gott beschlossene Größe und als solche unmittelbares Handlungsmotiv. »Nun wird verständlich, warum das Gericht bei Jesus eine andere Funktion hat als bei Johannes und warum bei Jesus Basileia- und Gerichtsbotschaft kaum verbunden sind. Basileia- und Gerichtspredigt argumentieren auf verschiedenen Ebenen, letztere vom Menschen her (bedingt), erstere von Gott her (apodiktisch). Dabei verhindert gerade die apodiktische Qualifizierung der Zukunft als Heil eine Ausnützung der Zukunft als Drohung. Das Gericht kann nicht mehr apodiktisch ausgesagt werden, soll nicht die apodiktische Heilsaussage gefährdet werden. Als Handlungsmotiv kann es nur noch als Warnung vor den Folgen mangelnder menschlicher Heilskondition oder bestenfalls als Warnung vor dem Ausschlagen göttlichen Heilsangebotes zum Zuge kommen.«[52]

Ulrich von Hasselbach sucht sich in das Verhältnis der beiden Männer hineinzudenken und einzufühlen. Er legt dar, daß das Verhältnis Jesu zu Johannes dem Täufer anfänglich von Zuwendung und Faszination bestimmt war, daß sich Jesus aber bald nach der Taufe von Johannes distanziert und abgewandt habe. In dieser seiner Abkehr sieht v. Hasselbach »eine Wende von größter religionsgeschichtlicher, ja weltgeschichtlicher Bedeutung«: In den religiösen Überlieferungen, Vorstellungen und Bräuchen des Judentums aufgewachsen, habe Jesus »auf Grund der bei seiner Taufe erfahrenen Offen-

50 J. Ernst, Öffnet die Türen dem Erlöser. Johannes der Täufer – seine Rolle in der Heilsgeschichte, in: Theologie und Glaube 74 (1984) 137–165; 158

51 H. Merklein, Die Gottesherrschaft als Handlungsprinzip. Untersuchung zur Ethik Jesu, Würzburg 2. Aufl. 1981, 148

52 Ebd. 149. Vgl. auch H. Merklein, Die Umkehrpredigt bei Johannes dem Täufer und Jesus von Nazaret, in: Biblische Zeitschrift, N.F. 25 (1981) 29–46

barung alle Enge durchbrochen« und erkannt, »daß der Täufer auf dem falschen Weg war«; Jesus sei »offenbar mit zwingender Intensität etwas aufgegangen, das er als Wahrheit begriff und das seine künftige Haltung und Verkündigung bestimmte«, nämlich ein neues Gottesverständnis. »Unter dem unmittelbaren Eindruck der Drohbotschaft des Johannes muß Jesus eine überwältigende Frohbotschaft aufgegangen sein: Ich Mensch bin für Gott ein ›lieber Sohn‹ – es ist alles ganz anders. Ich brauche mich gar nicht zu fürchten vor einem drohenden schrecklichen Gericht . . .«[53]

Jesus hat den »ruach Jahwe«, den Gottesatem und Gotteswind, der jeden Propheten Israels erfüllt und in seinem Wirken bewegt, in einem anderen Charakter erlebt und erfahren als Johannes. Jesus sieht und spürt ihn »wie eine Taube« (Mk 1,10) auf sich herab- und in sich hineinkommen. Die Taube, in der Antike das heilige Tier der Liebesgöttin Aphrodite, ist für den Israeliten Jesus das Symbol des Friedens, den Jahwe mit den Menschen schließt: Nachdem die Welt in der Sintflut untergegangen ist, bringt eine Taube dem Noah den frischen Olivenzweig, der ihm anzeigt, daß die Chaosfluten gesunken sind und die Erde wieder lebt und grünt für den Menschen. Gott will, so erzählt die Geschichte, von da an niemals mehr die Erde verfluchen und alles Lebendige vernichten; obwohl er weiß, »daß das Trachten der Menschen böse ist von Jugend an«, will er doch künftighin keine Chaosfluten mehr senden, und es sollen nicht mehr »aufhören Aussaat und Ernte, Kälte und Hitze, Sommer und Winter, Tag und Nacht« (vgl. Gen 8,6–22).

Diesen göttlichen Friedensatem sieht Jesus vom Himmel her auf sich herabkommen, in sich hinein. »Himmel« und »Himmelsgewölbe« sind für den antiken Menschen der Ort, an dem Gott wohnt, und der fromme Israelit, der sich scheut, den Namen Gottes auszusprechen, gebraucht oft den Namen »Himmel« anstelle des Gottesnamens. Matthäus zum Beispiel spricht immer von »Reich der Himmel« (Mt 3,2; 5,3; 7,21; 11,12 u. v. a.). Wenn Jesus also die Himmelsgewölbe sich öffnen sieht, dann sieht er, wie Gott sich ihm öffnet, seinen göttlichen Liebes- und Lebensatem auf ihn herabsendet und in ihn hineinziehen läßt. Die Stimme, die dabei »vom Himmel her«, d. h. von Gott her, zu ihm spricht, faßt dann das, was Jesus in dieser Atembewegung in sich und mit sich geschehen spürt, in altbekannte Worte aus Jesaja (42,1), den Psalmen (2,7) sowie der Abrahamserzählung (Gen 22,2): Er ist von Gott angenommen, geliebt, als einzigartig geliebter Sohn erkannt und berufen.

Wie immer man diese entscheidend wichtige Perikope des Neuen

53 U. v. Hasselbach, Die Abkehr von Johannes, in: Deutsches Pfarrerblatt 82 (1982) 263–265, hier 265

Testaments im einzelnen interpretiert[54]: ob mit Matthäus und Lukas als die am Anfang des öffentlichen Wirkens stehende öffentliche Proklamation Jesu zum Messias und Gottessohn oder – mit Markus, der das Geschehen nur auf Jesus bezieht (Mk 1,10: *Er sah* die Himmel sich öffnen . . .) als die nach außen hin noch verhüllt bleibende Berufung Jesu zum eschatologischen Heilbringer[55], und ohne die Erzählung psychologisierend zum Bericht über einen notwendigen und aus Jesu Vorgeschichte ableitbaren Bewußtseinswandel abzufälschen[56], ist doch das eine deutlich: Der Gott, der Jesus hier beruft und den Jesus erfährt, ist nicht der Gott des kommenden Zorngerichts, wie Johannes ihn gepredigt hat. Der drohende Richter tritt zurück hinter den liebenden Vater. Mit der Aufspaltung der Himmelsgewölbe, einem Bild, das dem antiken Denken als Ausdruck einer Theophanie vertraut war[57], beginnt das eschatologische Ereignis des neuen Wirksamwerdens Jahwes, es ereignet sich das Anbrechen des Gottesreiches, und – dies ist das Neue gegenüber Johannes – dieses Anbrechen des Gottesreiches ereignet sich nicht als furchtbares Zorngericht und als Zerstörung des bisherigen Äons, sondern als liebende Zuwendung Gottes zu seinem Sohn Jesus. Ein von Angst und Furcht bestimmtes Lebensgefühl weicht dem Lebensgrundgefühl eines transzendenten Geliebtseins. Das Reich Gottes ist dort im Anbrechen, wo der Mensch sich in solcher Weise geliebt fühlt.

Damit hat sich das Verhältnis von Heil und Gericht umgekehrt: Was als erstes kommt, ja in der Erfahrung am Jordan schon begonnen hat anzubrechen, ist das Heil der »malkût Jahwe«. Wo dieses Heil angenommen und erfahren wird, tritt der Gerichtsgedanke zurück. An seine Stelle tritt der Jubelruf und die Seligpreisung derer, die sich der Erfahrung Jesu öffnen und sie nachvollziehen, auch wenn es gerade die religiös Deklassierten seiner Zeit sind, die dies tun: die Kranken, die »Sünder und Zöllner« und die »Armen«, denen aufgrund mangelnder Bildung die Tora verschlossen ist: Sie sind es, die für Jesus von nun an Mutter, Schwester und Bruder sind (vgl. Mk 3,32–34) und für die er seinem Vater dankt und ihn jubelnd preist: »Ich preise dich, Vater, . . .

54 Vgl. W. Schmithals, Das Evangelium nach Markus, Kap. 1–9, 1 (Ökumenischer Taschenbuch-Kommentar zum Neuen Testament, Bd. 2/1), Gütersloh 1979, 82–89

55 Ebd. 83, 85 u. 87

56 Zur Frage nach der Möglichkeit, Notwendigkeit und Grenze einer »Psychologisierung« des Geschehens der Jordantaufe vgl. G. Baudler, Darf ich Jesus »psychologisieren«? Eine Grundfrage des Neuerzählens biblischer Texte (erörtert am Beispiel der Jordantaufe), in: Katechetische Blätter 110 (1985) 267–276

57 Nachweise dafür bei Schmithals 83 (vgl. z. B. die Vision des Stephanus bei seiner Steinigung, Apg 7,56, wo dasselbe Motiv erscheint)

weil du den Unmündigen geoffenbart hast, was den Weisen und Klugen verborgen ist . . . Selig ihr Armen, euer ist das Reich Gottes!« (vgl. Mt 11,25; Lk 10,21 f sowie Mt 5,3; Lk 6,20b)

Erst als im Laufe seines Wirkens sich herausstellte, daß keineswegs, wie eigentlich zu erwarten, ganz Israel die seit Jahrhunderten ersehnte Botschaft freudig aufgreift und sich in ihr sammelt, vielmehr gerade die Bessergestellten, die Gebildeten und Frommen, der Botschaft skeptisch und mehr und mehr ablehnend gegenüberstehen, tritt der Gerichtsgedanke wieder hervor. Das Gericht steht dann aber nicht am Anfang, sondern am Ende des Anbrechens der Gottesherrschaft. Wenn diese zu ihrer Vollendung gelangt, wenn die Zeit der Ernte da ist, erst dann wird sich zeigen, wer die Chance vertan hat und sich ausgeschlossen sieht von jenem Reich, das im Leben und Wirken Jesu anzubrechen beginnt: Erst kommt das Heil und will alle einbeziehen; dort aber, wo es beharrlich und in unverständlicher Herzenshärte oder Gleichgültigkeit bis zuletzt abgelehnt wird, ereignet sich das Gericht, oder genauer: es *hat* sich schon ereignet: »Wer an ihn glaubt, wird nicht gerichtet; wer nicht glaubt, ist schon gerichtet« (Joh 3,18).

Die erste und unmittelbar aus dem Ereignis der Jordantaufe fließende Dimension des Wirkens Jesu besteht darin, daß er die liebende Zuwendung Gottes, wie er sie erfahren hat – ein Ereignis, dem auf der Seite des Menschen das Lebensgefühl eines transzendenten Geliebtseins korrespondiert – an seine Mitmenschen weiterzugeben sucht. Das Reich Gottes kann ja nicht nur für ihn allein anbrechen. Wenn er sich auch in der Jordantaufe ähnlich wie Isaak gegenüber Abraham (vgl. Gen 22,2) als *den* geliebten Sohn seines Vaters, »neben dem kein anderer steht«, erfährt[58], kann sich diese Erfahrung doch nur dadurch bewahrheiten, daß auch seine Mitmenschen sich diesem befreienden Gottesatem öffnen und *auch*, wenn auch vermittelt durch ihn, zu geliebten Söhnen und Töchtern Gottes werden: »Welche der Atem Gottes treibt, die sind Gottes Kinder« (vgl. Röm 8,14).

Deshalb steht im Zentrum dieser ersten Dimension des Wirkens Jesu die aus abgrundtiefem Engagement heraus gesprochene *Einladung*, sein Weckruf: »Die Zeit ist erfüllt, das Reich Gottes ist im Anbrechen. Kehre um, vertraue dieser Freudenbotschaft!« (vgl. die Zusammenfassung des Wirkens Jesu nach der Jordantaufe bei Mk 1,15). Man könnte variieren: Öffne dich dem Lebens- und Liebesatem Jahwes, wie ich ihn in der Jordantaufe erfahren habe! Laß dich in diesen Gotteswind des liebenden Vaters hineintauchen, dann bedarfst du der Wassertaufe nicht mehr, wie Johannes sie predigt und vollzieht. Darum läßt das Johannes-

58 Dies betont besonders Schmithals 85.

evangelium (Joh 1,33) den Täufer selber sprechen: »... er, der mich gesandt hat, mit Wasser zu taufen, er hat mir gesagt: Auf wen du den Geist herabkommen siehst und auf wem er bleibt, der ist es, der mit dem Heiligen Geist tauft.« Und in der Apostelgeschichte heißt es: »Johannes hat mit Wasser getauft, ihr aber werdet schon in wenigen Tagen mit dem Heiligen Geist getauft« (Apg 1,5). Wer sich diesem Gottesatem öffnet, in ihn hineintaucht, sich *dieser* Taufe unterzieht, erfährt wie Jesus, daß er nicht mehr Knecht, sondern geliebter Sohn und geliebte Tochter ist und also das Gottesreich anzubrechen beginnt.

(a) *Vom Glück des Findens*

Jesus hat am Jordan den Lebensatem seines himmlischen Vaters eingeatmet; dieser zog in ihn hinein und ließ ihn sich erkennen als den, der er war: der geliebte Sohn. Der Himmel hatte sich geöffent und die »malkût Jahwe« hatte begonnen anzubrechen: Dies ist der unendliche Schatz, der im Acker seines Lebens verborgen lag und den er am Jordan entdeckte; in seiner Freude ging er hin, verkaufte alles, was er besaß und erwarb diesen Acker (Gleichnis vom *Schatz im Acker*, Mt 13,44). Er kehrte nicht mehr zu seiner Familie zurück und verzichtete damit auf die Sicherungen eines angestammten Handwerksbetriebs, so daß seine Familienangehörigen ihn für verrückt erklärten und ihn »mit Gewalt« zurückholen wollten (Mk 3,21).

Freilich kann Jesus seine Erfahrung nicht einfach anderen Menschen überstülpen. Sein Schatz ist nicht der ihre. Sie müssen selbst – auf dem Acker ihres eigenen Lebens – den Schatz entdecken, das Anbrechen des Gottesreiches in ihrem eigenen Leben erspüren. Jesus kann ihnen nur von seiner Erfahrung erzählen, sie dadurch darauf aufmerksam machen, daß auch auf dem Acker, auf dem *sie* arbeiten, dieser Schatz verborgen ist und auch *sie* ihn finden können.

Er will zu dieser Suche ermuntern, sie aufwecken zu der Erfahrung, die er am Jordan gemacht hat: Mit dem Anbrechen des Himmelreiches ist es wie mit einem Kaufmann, der schöne Perlen suchte. Als er eine besonders wertvolle Perle fand, verkaufte er alles, was er besaß, und kaufte sie (Gleichnis von der *kostbaren Perle*, Mt 13,45–46).

Gewiß steckt in beiden Erzählungen auch der Hinweis auf das Engagement, das derjenige aufbringt, der in seinem Leben das Anbrechen der Gottesherrschaft entdeckt und erfahren hat. Aber dieses Engagement ist die notwendige Folge des Findens; in ihm wird der Wert dessen deutlich, was gefunden wurde.[59] So können sicher später diese beiden

59 Die schon vormatthäisch zu einem Doppelgleichnis verbundenen Gleichnisse thematisieren nach Weder 140 »das Verhältnis des Fundes zu seinem Finder«: in

Gleichnisse auch erzählt werden, um darauf hinzuweisen, wie sich derjenige richtig verhält, der in den Gottes-Atem hineingetaucht ist und das Anbrechen des Gottesreiches in seinem Leben erfahren hat. Aber die primäre existentielle Entstehungssituation dieser Vergleiche ist die aus dem eigenen Finden des Gottesreiches erfließende Aufforderung und Einladung an die anderen, ebenfalls zu suchen und zu finden. Es ist der Versuch, jene Aufmerksamkeit, jenes »Wachsein«, jene Sensibilität zu wecken, welche die »Schatzfindung« ermöglicht.

Wie der wachsame Bauer bemerkt, daß die Zweige seines Feigenbaumes saftig werden und Blätter treiben und ihm daran aufgeht, daß der Sommer nahe ist (Gleichnis vom *grünenden Feigenbaum*, Mk 13,28; Mt 24,32)[60], so wird auch der, der wie der Kaufmann wachen Auges nach schönen Perlen sucht, in Jesu Leben und Wirken und dann auch in seinem eigenen Leben die nahende Ankunft des »Sommers«, die Zeit der Fülle und Erfüllung entdecken.

(b) *Wachsein läßt finden*

Auf diese Sensibilität, dieses Wachsein, dieses Ausschau-Halten, kommt es entscheidend an. Es ist die Voraussetzung dafür, daß das Anbrechen der Gottesherrschaft in der Weise Jesu erfahren werden kann. Ein und dasselbe Ereignis, das Anbrechen der verheißenen Got-

beiden Fällen reagieren die Finder auf den Fund »selbstverständlich«, ist »im Moment des Findens die Entscheidung bereits gefallen«, ist der eigentliche Aktant der Fund. In gleicher Weise wird die in Jesus zu findende Basileia Handlungsträger. »Wer die Gottesherrschaft findet, findet sich selbst als einen, der mit dem ganzen Dasein auf jenen Fund reagiert.« (ebd. 140f) Beide Gleichnisse vermitteln den »Zusammenhang zwischen Gottesherrschaft als agens und dem Hörer als re-agens«. (ebd. 141) Vgl. auch E. Jüngel 145. Sehr treffend ist die Überschrift zu den praktischen Vorschlägen im Umgang mit diesen beiden Gleichnissen bei A. Steiner, Eingeladen zum Entdecken. Der Schatz im Acker (Matthäus 13,44), in: Steiner/Weymann 63–75.

60 Gerade weil der Feigenbaum, im Vergleich mit anderen Bäumen Palästinas (dagegen Lk 21,29), im Winter sein Laub verliert und wie erstorben aussieht, wird bei seinem Ergrünen besonders deutlich, daß der Winter endgültig vergangen ist und der Sommer vor der Tür steht. Wie sich im sprossenden Feigenbaum kommender Segen anzeigt (vgl. Joel 2,22), so kündigt sich im Wirken Jesu die Heilszeit an (vgl. Knoch 161–163). Das im Blick auf die Heilszeit und nicht auf die Schrecken der Endzeit geprägte Gleichnis fügt sich offensichtlich »nicht gut« (Kahlefeld 44) in den Gang der markinischen Vorzeichenrede ein; es hat ursprünglich nicht zur Endzeitrede gehört (vgl. Jeremias 80, Knoch 161). Kahlefeld 44 rechnet »zumindest mit der Möglichkeit«, daß es aus der Zeit »vor dem Ausbruch der letzten Krise«, der Anfangszeit, dem sogenannten »galiläischen Frühling«, datiert.

tesherrschaft, kann von dem einen, wie Johannes dies predigte, als Gericht und Untergang, von dem anderen aber als beseligende Liebe und Zuwendung erfahren werden. Entscheidend ist die Wachheit: Der Knecht, der in der Abwesenheit seines Herrn treu und klug das Haus verwaltet und den Mitknechten zur rechten Zeit die Nahrung zuteilt, wird in seliger Freude die Anerkennung und Zuwendung seines Herrn erfahren, wenn dieser zurückkommt (Gleichnis *vom guten (bzw. brutalen) Knecht*, Lk 12,42–46; Mt 24,45–51).[61] So erfährt auch der Türhüter, der seiner Aufgabe gemäß wachsam geblieben ist, die Rückkehr seines Herrn als beglückende Bestätigung und Zuwendung (Gleichnis vom *Türhüter*, Mk 13,34–37; Lk 12,36–38).[62] Selbst ein an sich so schlimmes Ereignis wie der Einbruchsversuch eines Diebes wird von demjenigen, der wachsam geblieben ist und durch seine Wachsamkeit den Einbruch verhindern konnte, noch als gute Erfahrung erlebt und weitererzählt (Gleichnis vom *Dieb in der Nacht*, Mt 24,43–44a; Lk 12,39–40a).[63]

61 In dem irreführend auch schon mit »der gerechte und der böse Knecht« (z. B. H. Kahlefeld) überschriebenen Gleichnis (es ist nur von einem, nicht von zwei Knechten die Rede!) deuten Lk und Mt den »Herrn« als den Menschensohn, der als Weltenrichter wiederkehren wird. Gegen Mt, der das Gleichnis im Sinne einer Mahnung zur Treue an die Adresse der Jünger Jesu versteht, und gegen Lk, der darin die Apostel vor Amtsmißbrauch gewarnt sieht, ordnet J. Jeremias das aus der Q-Quelle stammende Gleichnis seiner ursprünglichen Bedeutung nach unter die zahlreichen »Weckrufe an die Führer des Volkes, insbesondere an die Schriftgelehrten« ein, davon ausgehend, daß Jesu Hörer bei »Knecht« an die aus dem AT bekannten »Knechte Gottes« (Könige, Propheten) und damit an die zeitgenössischen religiösen Führer gedacht haben werden (Jeremias 38 f). Unter diesem Gesichtspunkt könnte man das Gleichnis auch zu den Kampfgleichnissen zählen (vgl. dazu die Behandlung des Gleichnisses in Kap. 3.1 [a]). Nach Knoch 172 handelte es sich ursprünglich »nicht um eine Mahnung, stets bereit zu sein für die Wiederkunft Christi und das Endgericht, sondern um einen Hinweis auf die durch das Wirken Jesu eingetretene Situation«, um eine Aufforderung an *alle* Israeliten, sich für Jesu Botschaft zu öffnen.

62 Gegen J. Jeremias, der das Kommen der Basileia als Krisis definiert und in dem Gleichnis ein im Kampf mit den Schriftgelehrten eingesetztes Krisis-Gleichnis sieht, verweist Weder 165 darauf, daß die Ankunft der Basileia im Verständnis Jesu eine Ankunft des Heils ist.

63 Der »befremdliche« Vergleich des Kommens eines Einbrechers mit dem Kommen des Menschensohnes geht auf die nachösterliche christologische Ausdeutung des Gleichnisses zurück, das ursprünglich wie die anderen Weck- und Wachsamkeitsgleichnisse auf das im Wirken Jesu nahegekommene Reich Gottes verweisen wollte; bezeichnenderweise fehlt die allegorisierende Umgestaltung im ThEv (vgl. Jeremias 32–34, 60–62; Knoch 177–181). Mit H. Merklein, Gottesherrschaft 142 ff, muß die Annahme von J. Jeremias, daß Jesus (wie die Urkirche) die endzeitliche Wende als eine über den Erdkreis hereinbrechende »letzte Notzeit« und »Enthüllung der satanischen Macht« verstanden habe, in Frage gestellt werden.

Die *Zehn Jungfrauen* (Mt 25,1–10), die dem Bräutigam entgegengehen und ihn in den Hochzeitssaal geleiten dürfen, warten alle auf die Ankunft des Bräutigams. Dieses freudige Ereignis kann aber auch zur Erfahrung des Gerichts und des Ausgeschlossenseins werden für die, die nicht lebendig und sensibel blieben, sondern das Öl in ihren Lampen ausgehen ließen. Nicht daß sie müde werden und einschlafen, bewirkt in dieser Erzählung das Verhängnis, sondern daß sie bei aller (zugestandenen) Müdigkeit und allem notwendigen Schlaf – es schlafen ja alle – nicht brennbereite Lampen bei sich haben und diese sofort anzünden können[64], wenn man plötzlich laute Rufe hört: Der Bräutigam kommt, geht ihm entgegen! Das ursprüngliche Gleichnis lautet in der Rekonstruktion nach Hans Weder (ohne die Verse 11 f[65]):

> Mit der Gottesherrschaft verhält es sich wie folgt: Zehn Jungfrauen nahmen ihre Lampen und gingen aus, den Bräutigam einzuholen. Fünf von ihnen nahmen die Lampen, nicht aber Öl mit sich. Die anderen fünf dagegen nah-

64 Nicht daß die später (!) als »töricht« charakterisierten Jungfrauen kein Ersatzöl mitgenommen hatten, muß ihnen – einer interessanten Interpretation von Weder zufolge – als Nachlässigkeit zum Vorwurf gemacht werden, sondern daß sie den Zeitpunkt bestimmen, an dem der Bräutigam zu erscheinen hat: »Ihr Fehler besteht im Grunde darin, daß sie den Bräutigam gar nicht (im strengen Sinne) als Kommenden erwarten, indem sie glauben, über sein Kommen zu verfügen. Sie scheinen zu wissen, wann er kommt. Darum waren sie zwar bereit, als er nach ihrer Meinung kommen sollte, aber nicht bereit, als er tatsächlich kam.« (Weder 244; ebenso Via 123) Unter der Berücksichtigung, daß die Allegorie Bräutigam-Messias weder im alttestamentlichen noch spät-jüdischen Schrifttum begegnet (vgl. Jeremias 35), dagegen »Bräutigam« als Metapher für Gott bekannt ist, sieht Weder 245 in unserem Gleichnis »Gott als Kommenden« und darin als eigentlich handlungsbestimmendes Subjekt der Menschen zur Sprache gebracht.

65 Weder 240–242 hält allerdings auch die VV 11 f (in seiner Übersetzung: »Später kamen auch die übrigen Jungfrauen und sagten: ›Herr, öffne uns!‹ Er aber sagte: ›Ich kenne euch nicht!‹«) für ursprünglich; ebenso Linnemann 133, für die V 12 der »Schlüsselvers der Parabel« ist. Via 120 dagegen sieht in diesen Versen Reminiszenzen an Mt 7,22 f und Lk 13,25–27, die beide »Elemente von zweifelhafter Echtheit« enthielten, und vermutet, »daß Mt 25,11b f ursprünglich etwa lautete: ›Herr öffne uns!‹ Aber er antwortete: ›Ich sage euch, ich werde nicht öffnen.‹« Jeremias 177 weist darauf hin, daß durch diese Formel des Verweises der jüdische Schriftgelehrte seinem Schüler für sieben Tage die Gemeinschaft aufsagt; vgl. auch W. Grundmann, Das Evangelium nach Matthäus (Theologischer Handkommentar zum Neuen Testament, Bd. 1), Berlin 5. Aufl. 1981. Nach Kahlefeld I, 137 ist in der überlieferten Fassung die Szene um die verschlossene Tür »gewaltig überhöht«, indem Worte des richterlichen Menschensohnes dem Bräutigam in den Mund gelegt werden. Ich optiere hauptsächlich aus strukturellen Gründen für einen ursprünglichen Textbestand Mt 25,1–10. Die Einordnung in die Gruppe der Weck- und Wachsamkeitsgleichnisse wäre auch mit einem erweiterten Textbestand möglich und notwendig.

men Öl mit in Krügen, samt ihren Lampen. Da aber der Bräutigam sich Zeit ließ, wurden alle schläfrig und schliefen ein. Mitten in der Nacht aber erhob sich ein Geschrei: »Siehe, der Bräutigam! Geht aus, ihn einzuholen!« Da erwachten alle jene Jungfrauen und brachten ihre Lampen in Ordnung. Die ersten fünf aber sagten zu den zweiten: »Gebt uns von eurem Öl, denn unsere Lampen verlöschen!« Diese aber antworteten: »Keineswegs! Es wird niemals reichen für uns und für euch. Geht lieber zu den Händlern und kauft für euch (welches)!« Während sie nun weggingen zu kaufen, kam der Bräutigam, und die bereit waren, gingen mit ihm zur Hochzeitsfeier; und die Tür ward verschlossen.

Daß Menschen das Öl in der Lampe ihrer Hoffnung und Sehnsucht haben ausgehen lassen, daß ihnen die jahrhundertealte Verheißung ihres Volkes zum leeren Klischee erstarrt, daß ihr äußeres religiöses Tun, das Lampengehäuse, innerlich leer und hohl geworden ist und sie deshalb nicht mehr reagieren können, wenn endlich die Zeit der Erfüllung anbricht und ausgerufen wird, dies ist eine zutiefst ernüchternde und erschütternde Erfahrung für den, der im eigenen Dasein die beginnende Erfüllung der Sehnsucht und Verheißung erfährt und diese Erfahrung anderen mitteilen will.[66] Diese Erfahrung findet ihren Ausdruck in dem auch dichterisch sehr eindrucksvoll gestalteten Gleichnis.[67]

66 Insofern optiere ich insgesamt für die Jesus-Echtheit des Gleichnisses, die gelegentlich in Frage gestellt wurde. Vgl. z. B. neuerdings W. Radl, Zur Struktur der eschatologischen Gleichnisse Jesu, in: Trierer Theologische Zeitschrift 92 (1983) 122–133: Ausgehend von einer Gegenüberstellung der Gleichnisse vom Mahl (Mt 22,1–14; Lk 14,15) und den zehn Jungfrauen (Mt 25,1–10), meint Radl, daß beide Gleichnisse »gegensätzlich strukturiert« sind und diametral entgegengesetzte Perspektiven aufweisen, und vertritt deshalb die Ansicht, daß das Gleichnis von den zehn Jungfrauen insgesamt aus der nach der Ankunft Christi Ausschau haltenden Gemeinde kommt. In der hier vorgestellten Rekonstruktion steht das Gleichnis jedoch sowohl vom Inhalt her (Motiv der Wachsamkeit) als auch von der Struktur her (vgl. dazu Kap. 1.3 (c): Handlungsgleichnis mit negativem Handlungsüberschuß) durchaus in einer Reihe mit den genuin jesuanischen Gleichnissen.

67 Nach Flusser, dem jüdischen Neutestamentler, ist das späte Kommen des Bräutigams (und nicht nur dieses Motiv) durch das »Sujet« bedingt, hat der erst spät in der Nacht erschallende Ruf also nichts mit Parusieverzögerung zu tun. Flusser, der das Gleichnis von den zehn Jungfrauen als »ein gutes Beispiel für ein vorzüglich konzipiertes und gut erzähltes jüdisches Gleichnis« anführt, in dem sich Jesus nicht unbedingt als Messias, aber als Brennpunkt einer messianischen Bewegung verstanden habe, macht in diesem Zusammenhang den modernen Exegeten zum Vorwurf, daß sie »aus neurotischer Furcht vor der angeblich urkirchlichen Allegorese« das Gleichnis gesprengt hätten, und »in fachmännischer Unfähigkeit« die »Epik Jesu« nicht »als literarische Kunst zu verstehen und zu genießen« verstünden (Flusser 188). Dabei unterscheidet Flusser 188–191 zwischen einem guten Gleichnis, das auch rein epische Motive aufweist, und der gekünstelten, barocken Allegorie.

(c) *Im Vordergründigen verhaftet*

Woran liegt es, daß Menschen das Glück und die Erfüllung nicht sehen und erfassen können, nach der sie, offengehalten durch ihre Religion, eigentlich immer schon warten und ausschauen, obwohl sie nun auf sie zukommt und offen die Einladung an sie ergeht? Es ist zunächst (in den Weckgleichnissen) die Verhaftung an den Alltag, an das Handhabbare und Machbare, die berauschende Illusion des Vordergründigen und dessen scheinbare Wichtigkeit.

Es gab ja schon zu Zeiten des Propheten Amos jene Menschen, denen der Jahwe-Glaube ein äußeres und leeres Gehäuse war. »Wann ist endlich das Neumondfest vorbei«, sagen sie, »wir wollen Getreide verkaufen; und wann ist der Sabbat vorbei, wir wollen den Kornspeicher öffnen, das Maß kleiner und den Preis größer machen« (vgl. Am 8,5 ff).[68] Die Sorge um die Mehrung und Erhaltung der materiellen Güter lassen nicht nur die Lampen verlöschen, sondern auch das Öl in den Lampen versiegen und Religion zur leeren Hülse werden. Die Erfahrung der lebendigen und transzendenten Geborgenheit, das Geliebtsein vom Vater, wird ersetzt durch das Vertrauen auf die Sicherheit, die Reichtum und äußere Absicherungen geben (vgl. Mt 6,24) – ein Vertrauen, das notwendig enttäuscht werden muß.[69]

68 Jesus hat nach Lk 17,27–39 auf das im Vordergründigen verhaftete Verhalten der Menschen vor der Sintflut und vor dem Feuerregen auf Sodom und Gomorra hingewiesen: »Die Menschen aßen und tranken und heirateten . . . dann kam die Flut und vernichtete alle . . . (sie) kauften und verkauften, pflanzten und bauten. Aber an dem Tag, als Lot Sodom verließ, regnete es Feuer und Schwefel vom Himmel und alle kamen um«. G. Schneider, Parusiegleichnisse im Lukas-Evangelium, Stuttgart 1975, 42–46, sowie Knoch 189–193 sprechen hier im Anschluß an Jeremias von jesuanischen Krisis-Gleichnissen. Kahlefeld II, 145 geht bei den Versen von einer »Spruchüberlieferung« aus, der »auf der Seite der Gleichnisreden jene Gleichnisse« entsprechen, die eine »Mahnung an Israel« beinhalten (wie z. B. das Gleichnis vom Gastmahl, Lk 14,16–24 u. Mt 22,2–10, wo die zuerst Geladenen auch im Vordergründigen verhaftet sind – sie kauften und heirateten – und deshalb ihre Chance vertun). Auch das im folgenden zu besprechende Gleichnis vom Kornbauern (Lk 12,16–20) entspricht in Inhalt und Struktur diesen Hinweisen Jesu auf das Alte Testament. Die Erinnerungen an die Sintfluterzählung stehen jedoch im Lk-Evangelium nicht im Zusammenhang der Reich-Gottes-Verkündigung, sondern der Menschensohnthematik (vgl. Lk 17,26 und 30; Knoch 190 ersetzt »Menschensohn« durch »Reich Gottes«). Diese Sätze sind deshalb (mit Kahlefeld) eher der Spruchüberlieferung (nicht den eigentlichen Gleichnisreden) zuzuordnen.

69 So warnt schon im Alten Testament der Prophet Jesaja vor dem Vertrauen auf das Streitroß, die Wunderwaffe der Antike (Jes 31,1–3); vgl. dazu E. Spiegel, Pferd oder Gott. Anmerkungen zu den Begriffen Gewaltverzicht, Gewaltlosigkeit, Gewaltfreiheit, in: Bruder Franz 36 (1983) 70 f. Parallel dazu warnt in der Gegenwart F. Kamphaus, Was dir zum Frieden dient, Freiburg 2. Aufl. 1983, vor

So ist auch das Gleichnis vom *reichen Kornbauern* (Lk 12,16–20)[70] ein dringender Aufruf Jesu, das Öl der messianischen Hoffnung und Sehnsucht in den Lampen des Herzens nicht versiegen zu lassen: Die »gute Ernte«, die »auf den Feldern« steht (V 16), läßt wie der grünende Ölzweig die Erfüllung ahnen, die nun auf die Menschen zukommt. Eine große innere Ruhe und Freude müßte dadurch über die Menschen kommen. Doch was tut der »reiche Mann« in Jesu Erzählung? Er wird unruhig: Er überlegt nur ständig hin und her, wo er seine reiche Ernte unterbringen soll, und verbraucht sein Engagement, um große Scheunen zu bauen. Dadurch erweist er sich als Narr, d. h. nach damaligem Sprachgebrauch als gottloser Mensch, der sich nicht in seinem wahren Wesen als sterblicher Mensch begriffen hat, der auf Gott angewiesen ist.

Die Geschichte schildert in unnachahmlicher Eindringlichkeit den emsigen Leerlauf und das sinnlose Umgetriebensein dessen, dem die transzendente Sehnsucht und Verheißung verlorengegangen ist. Jesus erzählt die Geschichte, um dem innerlich leer gewordenen Menschen die Augen zu öffnen, damit auch er angesteckt werden kann von jener Erfahrung des größeren Geliebtseins und der lebendigeren Geborgenheit.

einem götzendienerischen Vertrauen auf militärische Sicherheitspolitik, vor der Versuchung, »von der Rüstung das Heil zu erwarten«. »Sie (die Rüstung; G. B.) kann sich zu einem Götzen verselbständigen, der Sicherheit zu garantieren scheint und in Wirklichkeit den Tod in sich birgt.« Für Kamphaus stellt sich hier ein »Entweder-oder«: »Bauen wir auf die Rüstung, oder bauen wir auf Gott?« (alle Zitate ebd. 23)

70 Nach Knoch 214 wurde »aus einer Parabel über das rechte Verhalten gegenüber dem bevorstehenden Anbruch des Reiches Gottes« bei Lk »eine Beispielgeschichte über die rechte Einstellung der Christen zum Besitz angesichts des drohenden Todes«; ebenso A. Kemmer 73: »Weil die Wiederkunft Christi sich verzögert, denkt der Evangelist nicht mehr in erster Linie an das Schicksal der ganzen Menschheit, sondern stellt dem einzelnen Christen sein persönliches Geschick vor Augen, das sich bei seinem Tod endgültig entscheidet.« Vgl. auch Jeremias 111, der das Gleichnis allerdings ebd. 112 im Licht eines bevorstehenden endzeitlichen Gerichts deutet; kritisch dazu E. W. Seng, Der reiche Tor. Eine Untersuchung von Lk XII 16–21 unter besonderer Berücksichtigung form- und motivgeschichtlicher Aspekte, in: Novum Testamentum 20 (1978) 138–141. In beiden Perspektiven (der individual-eschatologischen des Lk wie der kollektiv-eschatologischen Jesu) stellt sich das naiv-berechnende Verhalten des Kornbauern, eines »Durchschnittsjuden, der sich seines Reichtums erfreut und darin einen Segen Gottes sieht« (Knoch 212), als Torheit (= Gottlosigkeit) dar. Nach Jeremias 111 ist ein Narr, wer Gott »praktisch« dadurch verleugnet, daß er nicht mit ihm rechnet. Vgl. auch L. Ragaz zum Gleichnis: »Im Besitz meint man das Leben zu haben.« Aber »Gott allein gewährt das wahre Leben. Gott allein gibt Sicherheit« (L. Ragaz, Die Gleichnisse Jesu. Seine soziale Botschaft, Hamburg 1971, 38 u. 47)

Die Erfahrung, daß Reichtum und geschäftige Betriebsamkeit den Menschen taub und blind machen gegenüber der Einladung, das Reich Gottes zu erfahren und sich als geliebter Sohn an den reich gedeckten Tisch des Vaters zu setzen, bedeutet eine erste Enttäuschung und Herausforderung für den Sohn, der die Einladung angenommen und sich ihr ganz geöffnet hat. An diesem Widerstand verstärkt sich die Gestaltungskraft der erzählerischen Phantasie: Der einfache Vorgangsvergleich wird hier ausgeweitet und ausgestaltet zu einer fiktiven Erzählhandlung, die in dramatisch sich steigernden Schritten auf eine überschießende und schockierende Lösung hinführt. Dies war schon deutlich in den beiden zuletzt behandelten Gleichnissen zu sehen: Sie verlaufen in einzelnen Szenen, die es intensiv mitzugehen gilt, um vom schockierenden Ende der Geschichte aufgeweckt zu werden für die Erfahrung der anbrechenden »malkût Jahwe«. Dies gilt besonders auch für das Gleichnis vom *großen Gastmahl* (Lk 14,16–24, in anderer Fassung Mt 22,2–10)[71], das in seinem Motiv von den Lahmen und Blinden als den schließlichen Gästen des Mahls schon zu den Kampfgleichnissen überleitet.

Die Ausgangssituation besteht in diesem Handlungsgleichnis darin, daß ein Mann ein großes Gastmahl veranstaltet, zu dem er viele eingeladen hat. Dies ist die Situation des Volkes Israel: Seit Jahrhunderten hat Jahwe sein Volk eingeladen zum großen Gastmahl des Gottesreiches und seit Jahrhunderten wartet dieses Volk darauf, daß die Stunde des Gastmahls kommt. Nun ist endlich diese Stunde da. Der Gastgeber schickt seinen Knecht zu den Geladenen und läßt ihnen sagen: »Kommt, es steht alles bereit« (Lk 14,17), setzt euch an den Tisch, das langersehnte Mahl kann beginnen!

Nun aber geschieht das Deprimierende und eigentlich nicht zu Erwartende. Es zeigt sich, daß die Eingeladenen nur noch leere Lampen in ihren Händen tragen; das Öl der Sehnsucht, der Hoffnung und Erwartung auf das verheißene Reich ist versiegt. Sie sind mit anderen Dingen

71 Das Gleichnis ist im Bild des himmlischen Hochzeitsmahls schon vom Ansatz her auf das Gottesreich bezogen, wurde von Mt aber stärker noch als von Lk verändert (vgl. die Rekonstruktion des mutmaßlichen Wortlautes bei Weder 185 f). Mit dem Gegensatz zwischen solchen, die die Zeit falsch eingeschätzt hatten (und aus allen möglichen, durchaus einsichtigen Gründen nicht zum Festmahl erschienen waren), und solchen, die dem »Jetzt« der Einladung Jesu entsprachen, sind nach Frankemölle, In Gleichnissen Gott erfahren, Stuttgart 1977, 73 f, und dem Comic-Versuch in Sorger, Gleichnisse 138–144, nicht zwei Volksgruppen gegenübergestellt, sondern »zwei Seiten« im Hörer beleuchtet: »seine alte Einstellung zur Jenseitigkeit des Freudenmahls und seine neue Einsicht in das, was jetzt an der Zeit ist«; entsprechend fehlt auch ein noch von Jeremias angenommener Gerichtsaspekt für die Ablehnenden, also etwa die Pharisäer (Weder 189).

zu sehr beschäftigt. Der eine hat einen Acker gekauft und muß jetzt hingehen und ihn besichtigen, der andere hat fünf Ochsengespanne erworben und ist auf dem Weg, sie genauer anzusehen; wieder ein anderer hat geheiratet und kann deshalb nicht kommen. Die Spannung wächst: Was wird jetzt geschehen? Wird der Gastgeber, der die Himmelsgewölbe aufgespalten hat, um seinen Söhnen und Töchtern ein liebender Vater zu sein im Gastmahl des Gottesreiches, nun die Himmel wieder verschließen? Wird er sich auf immer von den Menschen zurückziehen? Wird er sein Mahl verschieben, um den Geladenen (die jetzt gerade alle so beschäftigt sind) später Gelegenheit zur Teilnahme an dem Gastmahl zu geben? (Wann werden sie einmal nicht so beschäftigt sein?)

Doch das Mahl ist schon bereit, die Himmel sind schon geöffnet, der Lebens- und Liebesatem Gottes ist schon ausgeströmt, Jesus ist schon von ihm ergriffen, es ist Gottes unwiderruflicher Entschluß und Wille, sich jetzt mit seinen geliebten Söhnen und Töchtern an den Tisch des himmlischen Hochzeitsmahles zu setzen.[72] Er schickt deshalb seinen Knecht hinaus auf die Straßen und Gassen der Stadt und läßt hereinholen, wen er findet.

Und das Haus wird voll. Den Armen und Behinderten, den Blinden und Lahmen geht auf, was die Stunde geschlagen hat. Sie öffnen sich dem Jordan-Atem und kommen als geheilte, als verlorene und wiedergefundene Söhne und Töchter an den Tisch des Reiches. So findet das Mahl statt ohne die Geladenen. Es muß stattfinden. Gott kann seinen Liebes- und Lebensatem nicht mehr zurücknehmen in die Himmel. Er hat ja am Jordan den Erstgeborenen, den geliebten Sohn schon erfaßt und muß nun bei den Menschen bleiben. Die Chance ist da und sie ist nicht aufschiebbar.[73]

72 Vgl. zu diesem Motiv des Gleichnisses Stotzer-Kloo, Eingeladen 194f

73 Mit Fiedler, Jesus 238–241, ist davor zu warnen, in die auf Jesus rückführbare Gestalt und Aussageabsicht des Gastmahlgleichnisses (im Gegensatz freilich zur nachösterlichen Anwendung des Gleichnisses) eine Bevorzugung der »Sünder« vor den »Gerechten« bzw. einen endgültigen Ausschluß (ganz) Israels zugunsten der Heiden hineinzulesen. Mit der Anfügung des Gleichnisses vom festlichen Gewand (V 11–13/14) ist Mt in Verlängerung seiner der Missionssituation entstammenden (Jeremias 45) Deutung des Gleichnisses vom Gastmahl (Juden als unwürdige Erstgeladene, Heiden als folgsame Zweitgeladene) der »Gefahr einer abermaligen Überheblichkeit und securitas des neuen Gottesvolkes«, in dem »Gute« und »Böse« nebeneinander leben, begegnet (Weder 191). Stärker sozial orientiert (vgl. Knoch 140f), weniger allogisierend, den ursprünglichen Sinn eher bewahrend, reflektiert auch die lk Gleichnisfassung (vgl. dort die Qualifikation der Zweitgeladenen) die Missionserfahrungen der Gemeinde (ebd. 177–193). Gegen eine innere, sachlich begründete Verknüpfung der beiden Gleichnisse bei Mt spricht allein schon die Überlegung, daß unverhofft Eingeladene nicht im Handumdrehen ihre Kleider waschen können (vgl. Weder 183).

Wer bis zu dieser überschießenden Lösung des Konflikts den Weg der Erzählung mitgegangen ist, sich hat mitnehmen lassen von den bewegenden Bildern des Geschehens, wird sich abwenden von der Geschäftigkeit des Reichtums; er wird die Chance erfassen und sich ihr öffnen. Dies ist es, was Jesus zutiefst ersehnt. Es ist die Dynamik, die ihn bei der Jordantaufe erfaßt hat und die nun als formende Kraft seiner dichterischen Worte und Erzählungen wirkt.

Wahrscheinlich hat hier auch das alte Erzählstück vom *reichen Prasser und vom armen Lazarus* (Lk 16,19–31) schwerpunktmäßig seine existentielle Gestaltungssituation. Der erste Teil (VV 19–23) wurde vom Erzähler Jesus als in seiner Zeit umlaufendes Erzählgut vorgefunden. Es demonstriert die göttliche Gerechtigkeit, die einen Ausgleich im Jenseits schafft.[74] Dieses Erzählgut griff Jesus auf und gestaltete es aus, um der ihn zutiefst bedrückenden Erfahrung, daß Menschen nicht mehr fähig sind, das Anbrechen der Gottesherrschaft in ihrem Leben zu entdecken, einen dichterischen Ausdruck zu geben.

Die gute Ernte des reichen Kornbauern und der unbedingte Wille zum Fest im Gleichnis vom großen Gastmahl (als kontrastierender Hintergrund zum Tun der Handlungsträger in den Erzählungen) wird hier transzendiert zur beglückenden Erfahrung des armen Lazarus, der in Abrahams Schoß geborgen ist. Allein *dieses* Geborgensein und Sich-Geborgen-Wissen in der größeren Liebe des Vaters ist wahre Geborgenheit, die auch der Tod nicht vernichten kann. Sie entsteht, wo Menschen sich dem wahren Gottesatem öffnen, wie er durch Moses und die Propheten gesprochen hat: ». . . auf die sollen sie hören« (Lk 16,29).

74 So G. Schneider, Das Evangelium nach Lukas (Ökumenischer Taschenbuchkommentar zum Neuen Testament, Bd. III, 2), Gütersloh und Würzburg 1977, 340, wogegen noch J. Schmid herausgestellt hatte, daß der Grundgedanke des seit H. Gressmann (1918) vorausgesetzten ägyptischen Märchens: »Wer auf Erden gut ist, zu dem ist man es auch im Totenreich, und wer auf Erden böse ist, zu dem ist man auch dort böse« gerade *nicht* der des Gleichnisses Jesu sei (J. Schmid, Das Evangelium nach Lukas (Regensburger Neues Testament, Bd. 3), Regensburg 3., von neuem umgearbeitete Aufl. 1955, 268). Dagegen verweist aber Jeremias 123 darauf, daß Jesus auch im Gleichnis vom Großen Gastmahl an der Erzählung vom reichen Zöllner Bar Ma'jan als einer späteren jüdischen Aktualisierung des besagten Märchens anknüpft. Im Gleichnis vom armen Lazarus fügt nun Jesus dieser Erzählung vom umgekehrten Geschick im Jenseits (sie umfaßt die VV 19–23) entscheidend Neues hinzu (das Gespräch zwischen dem Reichen und Abraham im Jenseits in den VV 24–31). Gegen die hier und in der Forschung durchgängig behauptete Spannung zwischen dem ersten und dem zweiten Teil des Gleichnisses (mit V 26 als Übergangsbildung) vgl. F. Schnider/W. Stenger, Die offene Tür und die unüberschreitbare Kluft. Strukturanalytische Überlegungen zum Gleichnis vom reichen Mann und armen Lazarus (Lk 16,19–31), in: New Testament Studies, Vol. 26 (1979/80) 318–331

Die falsche Sicherheit dagegen, die im Tode zerbricht und den Menschen in die qualvolle Unterwelt stürzen läßt, entsteht durch jenen falschen Lebensatem, der betriebsam äußere Reichtümer sammelt und konsumiert und noch in der Unterwelt auf äußerliche Mirakel und Demonstrationen, auf »handfeste« Wunder baut: Der verstorbene Lazarus soll (als eine Art mirakulöses Gespenst) in das Haus des Reichen zurückkehren und dort dessen fünf Brüder warnen (Lk 16,27).[75]

So sehr ist der reiche Prasser (ebenso wie die Gestalten vorher) an die handfesten und handhabbaren Wirklichkeiten verhaftet, an die Scheunen und Ochsengespanne, die Äcker und Grundstücke, daß nicht einmal der Tod ihn aus dieser Haltung befreien kann und er auch noch im Jenseits auf das Handhabbare setzt; darin besteht die (wiederum ins Negative) überschießende Problemlösung (in der Geschichte selbst ausgedrückt durch den »unüberbrückbaren Abgrund«, der ihn vom »Schoß Abrahams« trennt). Dies ist die erschreckende Einsicht, die Jesus erfahren hat; und er erzählt sie, nicht um eine definitive Verdammnis für den reichen Prasser dogmatisch zu konstatieren[76], sondern um durch die erschreckende Geschichte besonders die reichen Israeliten, die wegen ihres Reichtums in ihrer Zeit als gerecht und fromm galten, aus ihrem Verhaftetsein an die äußeren Dinge aufzuschrecken und sie für die Erfahrung vom Anbruch der »malkût Jahwe« zu öffnen. Er grenzt seine Jordanerfahrung und sein Jordanpneuma gegenüber einer falschen Geborgenheitserfahrung und einem in sich leeren und trügerischen Lebensatem ab.

75 Für Jeremias 125 beinhaltet das von Jesus erzählte Gleichnis weder eine Lehre über das Verhältnis von arm und reich noch über das Leben nach dem Tod, sondern eine Warnung vor einem selbstsüchtigen, diesseitsorientierten und für das Wort Gottes tauben Leben. In diesem, nach Jeremias besser mit »Von den sechs Brüdern« überschriebenen Gleichnis ist Lazarus, so gesehen, nur eine Nebengestalt, eine Kontrastfigur (ebd. 125; vgl. dagegen die Hervorhebung des Lazarus als »Steckbrief des Elends« und als ein von Gott angenommener und gerade darin uns, die wir ohne Lazarus und an ihm vorbei leben, den biblischen Gott bezeugenden Menschen bei Eichholz 221–228). Den Bezug des Gleichnisses im Munde Jesu zur Botschaft vom Reich Gottes sieht Knoch 221 in der Aufforderung an die Oberschicht (in der späteren lk Fassung: individuelle Mahnung an einzelne Christen), »seiner Botschaft vom Anbruch des Reiches Gottes zu glauben und Nächstenliebe an den vielen Armen und Notleidenden in Israel zu üben«.

76 Nach Knoch 219 ist der reiche Prasser erst in der »Scheol«, einem Übergangsort bis zur Neugestaltung der Welt am Ende der Zeit, wo erst das eigentliche Gericht und die Scheidung erfolgt.

2.2 Kampfgleichnisse

Gleichnisse als Ausdruck der Auseinandersetzung Jesu mit seinen Gegnern

Das Gleichnis vom großen Gastmahl hat schon in diese zweite Dimension des Wirkens Jesu hinübergeführt. Wie in allen Dimensionen seines Wirkens, so behält er auch hier sein Grundziel, die Weitergabe der Jordan-Erfahrung, bei. Doch, wie das Gleichnis vom Gastmahl schon andeutete, muß er sich jetzt *zusätzlich* mit der Erfahrung auseinandersetzen, daß diejenigen, von denen er erwarten durfte, daß sie seine Botschaft am ehesten verstehen würden, ihn nicht verstanden und abwiesen: Die religiösen Eliten, die in ihrem meist handwerklichen Alltag genau die Bestimmungen der Tora befolgten, die feurigen Patrioten, die bereit waren, ihr Leben im Kampf gegen die heidnische Unheilsmacht der Römer für die Freiheit des Gottesvolkes hinzugeben, die Synagogenvorsteher und Tempelpriester, die ihre freie Zeit dem kultischen Jahwedienst widmeten, die Johannesjünger und Qumram-Mönche, die sich asketisch von der gegenwärtigen Welt abwandten und auf den neuen Äon harrten – gerade diese Menschen, denen er mit seiner Botschaft am nächsten stand, verstanden ihn größtenteils nicht.

Sie hatten zwar allen sichtbar die Lampe der Jahwe-Religion und Jahwe-Verheißung in ihren Händen, aber das Öl in ihren Lampen war versiegt; sie trugen ein leeres, sinnlos gewordenes Gehäuse in ihren Händen herum. Dagegen waren es gerade die Randexistenzen der damaligen Gesellschaft, die religiös Deklassierten, die seinen Ruf begriffen und sich ihm öffnen konnten: die Armen des Volkes, die »anawim«, die von der Hand in den Mund lebten, keine Bildung besaßen, die hunderterlei Bestimmungen der Tora nicht kannten und deshalb auch nicht einhalten konnten: Menschen, die nur dunkel die Verheißungen ahnten, die ihrem Volk gegeben waren und von denen sie ausgeschlossen waren[77] – gerade sie verstanden die Botschaft Jesu und feierten mit ihm den Anbruch des Gottesreichs. Auch die Hirten und Dirnen, die Angehörigen verachteter Berufe, besonders auch die Zollpächter, die mit der heidnischen Besatzungsmacht paktierten und in deren Auftrag

77 Knoch 277 weist auf den Ausspruch des Rabbi Jehuda (um 50 n. Chr.) hin, den ein Frommer an jedem Tag als Lobspruch beten sollte: »Gepriesen (sei Gott), daß er mich nicht als einen Heiden geschaffen hat, denn alle Heiden sind nichtig vor ihm; gepriesen sei er, daß er mich nicht als Weib erschaffen hat, denn das Weib ist nicht zur Gesetzeserfüllung verpflichtet; gepriesen sei er, daß er mich nicht als Ungebildeten (im Gesetz) . . . erschaffen hat, denn der Ungebildete ist nicht sündenscheu.«

von ihren eigenen Volksgenossen die Steuern erpreßten, Menschen, denen man gleich Aussätzigen aus dem Wege ging – sie drängten zu Jesus und öffneten sich dem Lebensgefühl des Geliebtseins und der Liebe. Frauen, in Jesu Zeit gering geachtet wie die »anawim«, folgten Jesus nach und unterstützten ihn aus ihrem Vermögen (namentlich aufgezählt bei Lk 8,2–3).

Dies war für Jesus eine sich dramatisch zuspitzende Situation: Je mehr die Mißachteten sich ihm anschlossen, desto mehr grenzten die anderen sich von ihm ab und standen ihm als Gegner, später auch als tödliche Feinde gegenüber. In dieser Situation kommt eine neue Dimension in Jesu Wirken. Einerseits weist er diejenigen, die zu ihm kommen, trotz all ihrer Mängel, die sie mitbringen, nicht zurück, sondern bestätigt sie in ihrem neugefundenen Lebensgefühl als geliebte Söhne und Töchter des himmlischen Vaters: »Selig, ihr Armen, denn euch gehört das Reich Gottes« (Lk 6,20b; Mt 5,3). Aufjubelnd preist er seinen Vater, weil er den »Unmündigen« geoffenbart hat, was den »Weisen und Klugen verborgen« ist (sog. »Jubelruf« Jesu; Mt 11,25–26 par Lk 10,21 f). Andererseits sind ihm aber auch die anderen, die den Privilegierten und Eliten nahestehen, nicht gleichgültig. Er wendet sich ihnen in besonderer Intensität zu, um ihre starre Haltung aufzubrechen und auch sie in die Schar derer, die sich als von Jahwe neu geliebt erfahren, hineinzunehmen.

(a) *Nicht mehr Knecht und Schuldner, sondern Sohn (und Tochter)*

In dem allgemein als sehr schwierig empfundenen Vorgangsvergleich vom *Knechtslohn* (Lk 17,7–9)[78] sucht er ihnen die Augen dafür zu öffnen, daß sie, die treu und gewissenhaft ihre religiösen Pflichten erfüllen, dadurch allein nicht schon »geliebte Söhne« ihres himmlischen Vaters sind:

78 Kahlefeld II, 71 nennt den uns heute zunächst schockierenden Punkt und versucht ihn im Rahmen der Hauptaussage des Gleichnisses zu deuten: »Die Zeichnung ist hart; sie sieht von der Möglichkeit ab, daß ein gütiger und freundlicher Herr auch anders mit seinem Arbeiter umgehen könnte.« Jeremias erwähnt lediglich das Gleichnis unter dem Stichwort des »demütigen Verzicht(s) auf alle pharisäische Selbstgerechtigkeit« (Jeremias 128 f); Linnemann, Eichholz, Via und Weder gehen im Gegensatz zu Ragaz 72–74, Kahlefeld 70–74, A. Weiser, Die Knechtsgleichnisse der synoptischen Evangelien, München 1971, 105–120, J. Mánek, . . . und brachte Frucht. Die Gleichnisse Jesu, Stuttgart 1977, 108–110, Kemmer 112 f, Knoch 269–274 nicht auf das Gleichnis ein. E. Schillebeeckx, Jesus. Die Geschichte von einem Lebenden, Freiburg 7. Aufl. 1980, 144, sieht in dem Erzählstück das »vor dem Hintergrund der jüdischen Spiritualität in Jesu Tagen vielleicht . . . schockierendste Gleichnis«.

»Wenn einer von euch einen Sklaven hat, der pflügt oder das Vieh hütet, wird er etwa zu ihm, wenn er vom Feld kommt, sagen: Nimm gleich Platz zum Essen? Wird er nicht vielmehr zu ihm sagen: Mach mir etwas zu essen, gürte dich und bediene mich; wenn ich gegessen und getrunken habe, kannst auch du essen und trinken. Bedankt er sich etwa bei dem Sklaven, weil er getan hat, was ihm befohlen wurde?«

Das Knechtverhältnis gegenüber Gott kann durch noch so genaue und treue Knechtsarbeit nicht aufgehoben werden. Er, Jesus, hat dagegen erfahren, daß Gott von sich aus, aus reiner, überströmender Liebe, die Himmelsgewölbe geöffnet, ihn mit seinem Lebensatem erfüllt und als seinen geliebten Sohn bestätigt hat; und er lädt sie ein, selbst hineinzutauchen in diesen Gottesatem der Liebe und durch diese Taufe aus Knechten zu Söhnen zu werden.

Warum gelingt es den verloren Geglaubten, den religiös Deklassierten besser und leichter als den Gerechten und Frommen, diesen Schatz des Gottesreichs zu finden und den Fund in überschwenglicher Freude zu feiern? Jesus baut seinen Gegnern eine Brücke im Gleichnis von den *ungleichen Schuldnern* (Lk 7,41–42), das Lukas im Zusammenhang des Gastmahls erzählt[79], das der Pharisäer Simon für Jesus gibt.

Ein Geldverleiher hatte zwei Schuldner; der eine war ihm fünfhundert Denare schuldig, der andere fünfzig. Als sie ihre Schulden nicht bezahlen konnten, erließ er sie beiden. Wer von ihnen wird ihn nun mehr lieben?

Und wie Simon, so muß jeder, der diese Erzählung hört, antworten: »Ich nehme an, der, dem er mehr erlassen hat« (Lk 7,43). Indem sie jedoch diese Antwort geben, ist ihnen das Verständnis dafür erschlossen, daß die Menschen am Rande der religiösen Verheißungen Israels – wie jene »Sünderin, die in der Stadt lebte« (Lk 7,37)[80] aus der Rahmenerzählung zu dem Gleichnis – noch stärker als sie, die Gerechten, von der Botschaft des anbrechenden Gottesreichs betroffen sein müs-

79 Nach Jülicher I, 290, Eichholz 56f, Knoch 253f und auch Kahlefeld II, 31, anders R. Bultmann, Die Geschichte der synoptischen Tradition, Göttingen 9. Aufl. 1979, 19f, ist das Gleichnis eng mit der Rahmenhandlung (VV 36–40.44–47) verbunden.

80 Die Frau gehört zu den religiös Deklassierten; sie ist nicht unbedingt eine »stadtbekannte Dirne« (so die weithin akzeptierte Übersetzung von F. Pfäfflin). Sie beantwortet die ihr (vielleicht in einer vorausgegangenen Predigt; so Jeremias 85) von Jesus zugesprochene, bedingungslose (vgl. dagegen die sekundären VV 48–50) Vergebung (Kahlefeld II, 34: »Sie hat Gott neu und anders zu sehen gelernt . . . und ist seiner barmherzigen Vergebung so gewiß geworden, daß sich ihr Leben verwandelt hat.«) mit großer Dankbarkeit (in biblischer Terminologie, vgl. V 47: »mit viel Liebe«).

sen. Gleichzeitig aber schließt das Gleichnis in einer einzigen Erzählbewegung diese »Sünder und Zöllner« mit den Frommen und Gerechten zu *einer* Gemeinschaft zusammen: Beiden ist ja vergeben worden, über beide ist der Gottesatem der Liebe ausgegossen, beide sind zu Söhnen und Töchtern Jahwes geworden.[81]

Doch es kommt darauf an, dieses Sohnsein zu realisieren, jetzt, da die »malkût Jahwe« im Anbrechen ist, die Knechtsgesinnung abzulegen, der Einladung zu folgen und befreiten und freudigen Herzens hineinzugehen in jenen »Weinberg des Herrn«, in dem die Menschen nicht mehr Knechte, sondern Söhne sind, und darin zu wirken. Das Gleichnis von den *ungleichen Söhnen* (Mt 21,28–31a)[82] sucht ihnen dafür die Augen zu öffnen: Wenn sie nämlich nur in leeren Worten und Riten, mit Lampen ohne Öl in Händen, ihren Gehorsam gegen Jahwe ausdrücken und dann, wenn dieser Jahwe sie in seinen Weinberg bittet, der Bitte nicht nachkommen, sind eben nicht *sie* die wahren Söhne Jahwes, sondern jene anderen, die z. B. als Zöllner zuerst den Gehorsam ablehnten, aber jetzt, wo es darauf ankommt, doch der Einladung folgen.

(b) *Freude über das Finden des Verlorenen*

Jesus spricht seine rechtgläubigen Gegner genau in dem Punkt an, wo sich ihre Gegnerschaft festmacht und das Verhältnis zu erstarren droht:

81 Eichholz 59 betont zu Recht, daß in diesem Gleichnis das schematische Bild von den Pharisäern (als den Feinden Jesu von Anfang an) eine Korrektur erfährt: Hier (wie auch im Gleichnis vom barmherzigen Vater und vom gütigen Arbeitsherrn) ist die Situation zwischen den Pharisäern und Jesus durchaus noch offen.

82 Weder 236 f stellt überzeugend heraus, daß der Schwerpunkt des Gleichnisses auf dem Verhalten des Neinsagers liegt: vgl. die Beschreibung der Gefühlsreaktion »nachher besann er sich eines andern« (V 30, in der Einheitsübersetzung: »Später aber reute es ihn«), die den bloßen Parallelismus der Verhaltensbeschreibung sprengt; es geht ursprünglich nicht um die Verurteilung des Jasagers (gegen Knoch 261 f), sondern »um die Gegenüberstellung von zwei (auch logisch) entgegengesetzten Verhaltensweisen« mit dem Ziel, dem Hörer deutlich zu machen, »daß er sein anfängliches Nein in ein gehorsames Ja verwandeln kann, und daß es nur auf dieses wirklich ankommt« (Weder 236). Damit sind tatsächlich alle, Sünder wie Fromme, vom Gleichnis gemeinsam umfaßt und in die Anrede einbezogen (Knoch 264); doch die Verurteilung der Sünder durch die Gerechten ist der Anstoß zu dieser Gleichnisrede und deshalb ist es in erster Linie auf diese Gerechten hin erzählt (Kemmer 34). H. Merkel, Das Gleichnis von den ›ungleichen Söhnen‹ (Mt XXI 28–32), in: New Testament Studies, Vol. 20 (1974) 254–261, stellt die weithin (nach Abstrich des V 32) »wie selbstverständlich« vorausgesetzte Jesus-Echtheit des Gleichnisses zugunsten einer Bildung durch Mt in Frage. Er versteht dabei das Gleichnis jedoch nicht als Kampfgleichnis, sondern als »Gerichtsparabel«, die sich (als solche) »nahtlos« in die Struktur und Theologie des Mt-Evangeliums einfüge.

nämlich in ihrem Ärger darüber, daß Jesus auch den Zöllnern und Dirnen, den »anawim« und den Frauen, das Geliebtsein vom Vater zuspricht und in Gastmählern mit ihnen das Anbrechen der »malkût Jahwe« – frevlerisch und überschwenglich, wie sie meinen – feiert. Wenn – so lautet ihr Einwand – *diese* im anbrechenden Reich Söhne und Töchter Jahwes sind, dann will *ich* darauf verzichten, einer zu sein und in diesem Reich zu leben (vgl. das Verhalten des zu Hause gebliebenen Sohnes im Gleichnis vom barmherzigen Vater Lk 15,25–32[83]). Doch sind für Jahwe nicht alle Menschen des von ihm erwählten Volkes kostbar? Hat er sie nicht alle wie Efraim erwählt, sie wie eine Mutter das Gehen gelehrt und sie auf seinen Arm genommen (vgl. Hos 11,3)? Sind sie nicht alle Söhne und Töchter Abrahams (vgl. Lk 19,9)? Für ihn sind *alle* Menschen in Israel so kostbar wie für die Frau die Drachme, die sie verloren hat (Gleichnis von der *verlorenen Drachme*, Lk 15,8–9).[84] Überraschend für die alttestamentliche Tradition vergleicht hier Jesus Jahwe und sein Verhalten mit dem Verhalten einer Frau: Sie zündet ein Licht an, fegt das Haus und sucht unermüdlich, bis sie das Geldstück gefunden hat; dann feiert sie mit ihren Freundinnen und Nachbarinnen aus Freude über den Fund. Die neun Drachmen, die sie bei sich behalten und nicht verloren hat, sind dadurch nicht abgewertet. Auch das Verlorene ist ja eine Drachme. Doch die Menschen am Rande des Gottesvolkes, die Jahwe durch Jesus sucht, bedürfen einer besonderen Zuwendung, denn es sind ja Verlorene oder verloren Geglaubte, die er zurückholen will.

83 Via 23 und Eichholz 216 sehen in diesem Gleichnis diese zwei Typen einander gegenübergestellt.

84 Das Gleichnis geht wohl in der vorliegenden Gestalt (ohne die später von der Gemeinde angefügten »Anwendungen«, V 10) auf Jesus zurück. Es thematisiert nach Weder 250 neben der überschwenglichen *Freude* über das Wiederfinden der Drachme (diese ist ein Teil des bescheidenen Brautschmuckes einer armen Frau und bildet eine Art Notgroschen) auch die intensive *Suche* nach dem Verlorenen; Jeremias 92, Linnemann 72, Knoch 238f sehen dagegen allein die Freude im Mittelpunkt des Gleichnisses. (Vgl. dazu Weder 250, Anm. 11: »Dies ist zu stark von der (sekundären) Anwendung (in V 10) her gedacht« und übersieht die strukturelle Zweiteiligkeit des Gleichnisses.) – Es ist an diesem und den beiden folgenden Gleichnissen zu sehen,wie sich *ein* Erzählmotiv (das der Dichter als passenden Ausdruck seiner Erfahrung gefunden hat und beibehält) entsprechend der neuen Rede-Situation (hier der Situation des Angriffs wegen seiner Zuwendung zu den »Verlorenen«) weiter entfaltet: Ging es in den Gleichnissen vom Schatz im Acker und von der kostbaren Perle allein um das Glück des Findens der anbrechenden »malkût Jahwe«, wird dieses Motiv jetzt weiter entfaltet zur Freude über das Finden des *Verlorenen*, wobei sich der Wert des Verlorenen mehr und mehr steigert (Drachme – Schaf – Sohn) und in dieser Ausfaltung dramatisch gestaltete Handlungsgleichnisse entstehen.

Dieser Vorgang der Suche nach dem Verlorenen und der Freude über das Wiedergefundene als Vergleich dazu, wie sich für Jesu Erfahrung das Anbrechen der Gottesherrschaft ereignet, wirkt in seiner Phantasie weiter, er wird ausgebaut und intensiviert, indem andere Akteure den Vergleichsvorgang vollziehen. Dabei ist hier gut zu verfolgen, wie ein ursprünglicher Vorgangsvergleich (Gleichnis von der verlorenen Drachme) zu einem Handlungsgleichnis ausgeformt wird. Im Gleichnis vom *verlorenen Schaf* (Mt 18,12–13; Lk 15,4–6)[85] zeigt sich diese Intensivierung einmal in der Frageform, in die das Gleichnis bei Lukas gekleidet ist[86], vor allem aber in der Hinzufügung des Erzählzuges, daß

85 Dasselbe Gleichnis, das bei Mt (im Kontext einer sicherlich nachösterlichen Gemeindeordnung) an die Adresse der Jünger gerichtet ist, gilt bei Lk (im Zusammenhang mit zwei anderen Gleichnissen über das Verlorene) den Gegnern Jesu; vgl. zu den Kontexten: Weder 168, zu den verschiedenen Adressen: Eichholz 14–16. Ein Vergleich der bei Lk eng verbundenen Gleichnisse vom verlorenen Schaf und von der verlorenen Drachme zeigt, daß es sich um ein Doppelgleichnis handelt (Kahlefeld II, 22) mit (nach Knoch 238) auffallend gleichem Grundgedanken (große Freude über das Wiederfinden beim Verlierer und Finder), gleichem Aufbau (Einleitung jeweils durch Frage, weithin gleiche Worte und Wendungen, gleichartige abschließende Feststellungen über die Wirklichkeit des Reiches Gottes) sowie der Wahl einander sich ergänzender Handlungsträger (relativ wohlhabender Mann, arme Frau). Nach Weder 170 hat Lk die beiden Gleichnisse schon mit Anwendungen (VV 7 u. 10) vorgefunden und eine ursprünglich im Gleichnis von der verlorenen Drachme beschriebene Reaktion (V 9) unpassend ins Gleichnis vom verlorenen Schaf (V 6) hineinkomponiert. Mit den Gleichnissen vom verlorenen Sohn »zu einer Trias von einzigartiger Leuchtkraft vereinigt« bilden sie (nach Biser, Gleichnisse 109) »das eigentliche Herzstück des lukanischen Gleichnisgutes«. Sie sind »die Antwort Jesu auf die Angriffe der Pharisäer und Schriftgelehrten, die ihm die Tischgemeinschaft mit Zöllnern und Sündern zum Vorwurf machen« (Linnemann 75), wobei die später hinzugefügte absolute Aussage, daß im Himmel »mehr« Freude über einen einzigen, umgekehrten Sünder herrschen werde als über 99 Gerechte, die es nicht nötig haben umzukehren, nicht im Sinne Jülichers (vgl. I, 71, 74, 154) als die Festlegung eines absoluten »Mehrwertes« des Büßers vor dem Gerechten verstanden werden darf, sondern als ein an die Situation gebundenes und nur im Augenblick des Findens gültiges Wort. Zur alttestamentlichen Wurzel der in unserem Gleichnis verwendeten Hirtensymbolik vgl. B. Willmes, Die sogenannte Hirtenallegorie Ez 34. Studien zum Bild des Hirten im Alten Testament, Frankfurt–Bern–Nancy–New York 1984, insbes. 478 ff

86 Der Anredecharakter von Gleichnissen spricht sich nach Eichholz 31 besonders deutlich in »Frage-Gleichnissen«, so auch in dem vorliegenden, aus. Im Frage-Gleichnis (vgl. dazu auch H. Greeven, »Wer unter euch . . .?«, in: Wort und Dienst. Jahrbuch der Theologischen Schule Bethel, N.F. 4 (1952) 86–101) wird der Hörer auf seine Welt hin angesprochen, und insofern formt er das Gleichnis mit, »wird seine Welt für ihn selbst zum Gleichnis« (Eichholz 35). Weder hält mit S. Schulz, Q. Die Spruchquelle der Evangelisten, Zürich 1972, 387, die Einleitungsfrage bei Mt (»Was dünkt euch?« Einheitsübersetzung: »Was meint ihr?«) im Gegensatz zur lk (»Wer unter euch . . .?« Einheitsübersetzung: »Wenn einer

der Hirte die 99 Schafe auf den Bergen (bzw. in der Steppe) zurückläßt und dem einen Verlorenen nachgeht. Durch diesen Erzählzug (der im Gleichnis von den Drachmen noch keinen Sinn ergeben hätte), wird aus dem alltäglichen Vorgang (daß etwas verlorengeht und intensiv danach gesucht wird) ein Einzel- und Sonderfall, in dem sich eine Situation dramatisch zuspitzt. In dem Zurücklassen der 99 Schafe zeigt sich auch bereits ein gewisser *Überschuß* in der zu erwartenden Problemlösung: Erwartbar wäre gewesen, daß er das Verlorene sucht oder suchen läßt, jedenfalls aber die 99 erst in sichere Obhut bringt. Indem das Gleichnis jedoch erzählt, daß er die 99 auf den Bergen zurückläßt, wird die überschießende Intensität deutlich, mit der es ihn drängt, das verlorene Schaf zu suchen. Aus einem ursprünglichen Vorgangsvergleich ist ein Handlungsgleichnis geworden, das seinen Gegnern, die ihn wegen seines Umgangs mit »Sündern und Zöllnern« kritisieren, mit noch größerer Intensität und Zuwendung klarmachen will, daß und warum er sich diesen Verlorenen zuwenden muß und daß dies für die anderen, die Gerechten und Frommen, kein Grund ist, sich der Botschaft vom anbrechenden Gottesreich zu verschließen.

Eine weitere Intensivierung dieser Zuwendung an seine Gegner enthält das Gleichnis vom *barmherzigen Vater* bzw. vom verlorenen Sohn (Lk 15,11–32). Das Gleichnis steht von seinem Inhalt her in der Mitte zwischen den Gleichnissen von der Freude über das Finden des Verlorenen und den Erzählungen, die Gottes Güte widerspiegeln (vgl. den folgenden Abschnitt c).

Diese Mittelstellung drückt sich eindrucksvoll in der Diskussion um die richtige Überschrift dieses Gleichnisses aus; sie ändert sich je nachdem, ob ich den verlorenen Sohn oder den barmherzigen Vater im Mittelpunkt der Erzählung sehe. Schon Jeremias überschreibt: »Gleichnis von der Liebe des Vaters.«[87] In einer gewissen Inkonsequenz behält dagegen Franz Mußner, der in der Einschätzung des Vaters als »Mittelpunkt der Geschichte« Jeremias folgt, die traditionelle Überschrift »vom verlorenen Sohn« bei[88], ebenso Günter

von euch . . .?«) für nicht ursprünglich; er rekonstruiert aus Lk 15,4 einerseits und Mt 18,13 andererseits die aller Wahrscheinlichkeit nach auf Jesus selbst zurückgehende Gleichnisform: »Welcher Mensch (= Wer) unter euch, der hundert Schafe hat und verliert davon eines, läßt nicht die neunundneunzig zurück in der Wüste und geht dem Verlorenen nach, bis daß er es findet? Und wenn er es findet, wahrlich ich sage euch, daß er sich über es mehr freut als über die neunundneunzig nicht verlorenen (Schafe)«. (Weder 173)

87 Jeremias 86; vgl. dazu auch R. Hoppe, Gleichnis und Situation. Zu dem Gleichnis vom guten Vater (Lk 15,11–32) und gütigen Hausherrn (Mt 20,1–15), in: Biblische Zeitschrift, N.F. 28 (1984) 1–21

88 Mußner, Botschaft 62

Bornkamm, obgleich er hervorhebt, daß der Vater die »Hauptgestalt« im Gleichnis sei.[89] Kahlefeld sucht beide Erzählelemente in die Überschrift hineinzunehmen und formuliert »Der Vater des verlorenen Sohnes«.[90] Die »möglichst neutrale Benennung« von R. Pesch »Vom Vater und den beiden Söhnen« ist am Erzähleinsatz V 11 und an den beiden Hälften der Erzählung (VV 12–24.25–32) orientiert.[91] Knoch wiederum, der bereits in seiner Überschrift (»Parabel vom unbegreiflich gütigen Vater«) die überschießende Problemlösung des Gleichnisses mit dem Wort »unbegreiflich« akzentuiert, sieht den Vater nur in seinem Verhalten gegenüber dem schuldig gewordenen Sohn in der Mitte des Geschehens.[92] Linnemann, die zwar im Verhalten des Vaters die ursprüngliche Mitte der Parabel, die »das Psychologisch-Wahrscheinliche und Durchschnittlich-Übliche übersteigt«, ausgesprochen sieht[93], aber das Gleichnis vor allem als Rechtfertigung der Tischgemeinschaft Jesu mit Sündern versteht[94], übernimmt die traditionelle Überschrift; ebenso Weder, für den aber trotzdem auch die »Zentralfigur der Erzählung« (auch wenn nicht durchwegs Handlungsträger) der Vater ist.[95] Im Gegensatz zu Via, der die verbreitete Benennung »Der verlorene Sohn« mit dem Argument zu rechtfertigen sucht, daß der Sohn mit seinen Erfahrungen nicht nur dem Erzählgerüst seine formale Gestalt gebe, sondern auch die Handlung initiiere[96], unterstreicht Eichholz die »beherrschende Figur« des Vaters: »Der Vater kommt Szene um Szene vor. Selbst in der Szene der Einsamkeit des verlorenen Sohnes, in der Ferne vom Vater, spielt der Vater noch eine Rolle, besser: die entscheidende Rolle. Denn den verlorenen Sohn überkommt die Erinnerung an den Vater. Diese Erinnerung ist es, die ihn zurückruft.«[97] Ähnlich formuliert Biser: »Und doch spiegelt sich in dieser Erkenntnis (des verlorenen Sohns) nur die Wirkung der Liebe, die nie von ihm abgelassen und ihn nun endgültig eingeholt hat.«[98] Anders als Kemmer, der seiner eigenen Empfehlung nicht folgt (»statt des gewöhnlichen Titels sollte man richtiger die Überschrift ›Gleichnis vom liebenden Vater‹ geben; denn sein Grundthema ist die grenzenlose Liebe Gottes«) und herkömmlich überschreibt[99], zieht Frankemölle die Konsequenz aus der Feststellung, daß der Vater »als Hauptfigur und eigentlicher Handlungsträger« beide Abschnitte zu einer Erzähleinheit vereinigt (»was in der Überschrift deutlich werden sollte«) und betitelt mit »Von der Liebe des Vaters«.[100]

89 Bornkamm 116 f
90 Kahlefeld II, 45; vgl. auch Mánek 99: »Der liebende Vater – Der verlorene Sohn«, wo ebenfalls beide Elemente in die Überschrift hineinfließen.
91 R. Pesch, Zur Exegese Gottes durch Jesus von Nazareth. Eine Auslegung des Gleichnisses vom Vater und den beiden Söhnen (Lk 15,11–32), in: Jesus. Ort der Erfahrung Gottes, Festschrift B. Welte, Freiburg 2. Aufl. 1977, 140–189; 150
92 Knoch 244
93 Linnemann 84
94 Ebd. 79 f, 156 (Anm. 18) und 157 f (Anm. 26)
95 Weder 259
96 Via 153
97 Eichholz 219 f
98 Biser, Jesus 55
99 Kemmer 42
100 Frankemölle, Gleichnissen 58

Die von Bultmann vertretene Sicht, daß in unserem Gleichnis zwei verschiedene Typen gegenübergestellt sind[101], begegnet in extremer Form bei Ragaz, der im weggelaufenen Sohn die »Kinder der Welt in ihrer weltverlorenen Freiheit« und im daheimgebliebenen Sohn die »Kinder Gottes in ihrem religiösen Gefängnis« ausgedrückt findet.[102] Die Barmherzigkeit des Vaters und die Verlorenheit des Sohnes sind in der Deutung und Einordnung der vorliegenden Arbeit in je gleicher Weise die beiden Brennpunkte der Erzählung: Die überschießende Güte und Barmherzigkeit des Vaters entzündet sich einerseits am Elend und der Verlorenheit des Sohnes, der wiedergefunden wurde, liegt ihr andererseits aber latent schon voraus und schafft die Möglichkeit der Umkehr des Sohnes. Um die Trilogie der Gleichnisse vom Verlorenen, die sich in ihrer Ausdruckskraft entsprechend der wachsenden Beziehung zum Verlorenen steigern (Drachme – Schaf – Sohn) beizubehalten, interpretiere ich das Gleichnis noch in Kap. 2.2 (b) »Freude über das Finden des Verlorenen«; um aber dennoch das Gewicht der Barmherzigkeit des Vaters zum Ausdruck zu bringen, überschreibe ich mit den meisten heutigen Auslegern mit »Der barmherzige Vater«.

Das Gleichnis steht lebensgeschichtlich in der Mitte des jesuanischen Erzählwerks: Es markiert den Punkt, wo sich die Gegner Jesu zwar schon engagiert formieren und mit konkreten Vorwürfen an ihn herantreten, aber doch noch die Chance besteht, die Gegnerschaft zu überwinden und die Gegner in die am Jordan aufgebrochene Erfahrung von der anbrechenden »malkût Jahwe« mit einzubeziehen und dadurch alles zum Guten zu wenden. Das Gleichnis ist der ungeheuer dichte Ausdruck dieses Bemühens; es beschwört in dichterischer Sprache die Liebe und Barmherzigkeit Gottes. Es handelt sich deshalb auch um das »dichteste« Gleichnis Jesu; um eine Erzählung, die in allen Jahrhunderten Dichter und Künstler ebenso bewegte und inspirierte wie den einfachen Menschen.[103] Es bildet dichterisch wie theologisch den Höhepunkt des jesuanischen Erzählwerks.

Schritt für Schritt führt diese zum Handlungsgleichnis ausgestaltete Erzählung den Hörer in die überschießende Problemlösung hinein und sucht ihn so für die Jordan-Erfahrung vom anbrechenden Gottesreich zu öffnen: In der Ausgangssituation läßt sich der jüngere der beiden Söhne das ihm zustehende Vermögen auszahlen und geht von zu Hause fort. Eine Spannung entsteht: Was wird mit ihm geschehen? Wie wird es ihm ergehen? Der zweite Erzählschritt geht unmittelbar auf diese Frage

101 Bultmann 212; vgl. oben auch Anm. 83
102 Ragaz 91–98
103 Vgl. W. Brettschneider, Die Parabel vom verlorenen Sohn. Das biblische Gleichnis in der Entwicklung der europäischen Literatur, Berlin 1978; bekannt ist die Erzählung von A. Gide, Die Rückkehr des verlorenen Sohnes, Leipzig 1931.

ein: Der Sohn verschleudert sein Vermögen in einem liederlichen Leben, wird durch seine Not zur niedrigsten, ihn unrein machenden Arbeit gezwungen, leidet dennoch großen Hunger und beschließt in dieser Not, zum Vater zurückzukehren, um bei ihm als Tagelöhner zu arbeiten. Die Spannung hat sich gesteigert: Wird der Vater ihn wieder aufnehmen? Wie wird er sich ihm gegenüber verhalten? Es kommt auch eine zu erwartende Problemlösung in Sicht: Der Vater wird den Sohn wahrscheinlich nicht verstoßen. Auf die eine oder andere Weise wird er ihn wieder aufnehmen, zuerst wohl als Tagelöhner und später, wenn er sich bewährt hat, vielleicht auch wieder als Sohn.

So durch die Spannung mitgenommen, geht der Hörer des Gleichnisses mit dem verlorenen Sohn den Weg zurück zum Vater. Dort aber trifft ihn mit unvermittelter Wucht jener Handlungsüberschuß, der ihm das Gottesreich aufschließt. Die erwartete Problemlösung wird durch das erzählte Geschehen vollkommen überholt[104]: Der Patriarch als in sich ruhender Pol des Gemeinwesens fängt plötzlich an zu laufen; »er lief dem Sohn entgegen« (V 20), für die damalige Zeit ein völlig unwürdiges Verhalten. Er fällt dem Sohn um den Hals, küßt ihn, läßt ihn in seiner Entschuldigung gar nicht bis zu Ende ausreden (die Bitte, als Tagelöhner arbeiten zu dürfen, kommt gar nicht mehr zur Sprache), das beste Gewand, das der Sohn früher getragen hat, wird ihm angezogen, Ring und Schuhe als Insignien seiner Teilhabe an der Herrschaft über das väterliche Gut werden ihm gereicht und das für besondere Festlichkeiten aufbewahrte Mastkalb wird geschlachtet und ein fröhliches Fest gefeiert, »denn mein Sohn war tot und lebt wieder; er war verloren und ist wiedergefunden worden« (V 24).

104 Der hier zu überschreitende Befremdungseffekt wird besonders deutlich, wenn ich die rechtliche Situation des zurückkehrenden Sohnes mitbedenke: Gegen Schottroff, Pesch u. a., die davon ausgehen, daß das Gleichnis vom barmherzigen Vater ohne rechtliche Voraussetzungen auskomme, ist W. Pöhlmann davon überzeugt, daß Jesus in Lk 15,12f bewußt an eine bestehende Rechtsordnung anknüpft, um sie an ihre Grenze zu führen und am Verhalten des barmherzigen Vaters zerbrechen zu lassen. »Denn die Wiederannahme des Zurückkehrenden ist nicht einfach eine ›Rückkehr in die nie unterbrochene Liebe des Vaters‹, kein Wiedereintritt in eine stets verfügbare Sphäre der Menschlichkeit und Güte, sondern ein Rechtsakt, der altes Recht abrogiert und neues Recht setzt.« (W. Pöhlmann, Die Abschichtung des Verlorenen Sohnes (Lk 15,12f) und die erzählte Welt der Parabel, in: Zeitschrift für Neutestamentliche Wissenschaft 70 (1979) 194–213; 213) Erst dadurch, daß dem Hörer »seine bewährten menschlichen und rechtlichen Urteilskriterien aus der Hand geschlagen« werden, wird er in den Stand gesetzt, »nach der Wirklichkeit und Botschaft der Basileia zu fragen. Der Erzähler der Parabel zwingt seine Hörer also, die Spannung auszuhalten, die entsteht zwischen einer alten, auf Erfahrung und Recht gestützten Sicht der Welt und der neuen Sicht, die auf neues Recht gegründet ist und im Handeln des Vaters erfahrbar wird« (ebd.)

Wer in dieser überschießenden Art der Problemlösung noch mitgeht, wer den Vater versteht und sich mit seinem Handeln identifizieren kann, und wer sich so mit dem Sohn identifizieren kann, daß er die überschießende Liebe des Vaters spürt und nachvollzieht, der hat nachvollzogen und erfahren, was Jesus am Jordan geschehen ist: Die Himmel sind auch für ihn geöffnet und das Reich Gottes ist angebrochen.[105]

Doch Jesus hat seine Adressaten im Auge, jene Gerechten und Frommen, die ihn wegen seines Umgangs mit den verlorenen Söhnen und Töchtern des Volkes Israel kritisieren[106]; er kann nachvollziehen, wie sie vor der erzählten überschießenden Problemlösung zurückschrecken, sie für nicht richtig, für nicht »gerecht« und angemessen erachten. Darum wendet er sich in einem neuen, in den bisherigen Gleichnissen vom Verlorenen noch nicht dagewesenen Erzählzug ihnen in besonderer Weise zu. Ihr Urteil gewinnt Raum im Einwand des

105 Dazu ein Realisierungsbeispiel: Kindern eines vierten Schuljahres wurde das Gleichnis in einer transformierten Form erzählt (der Vater ist Besitzer einer Möbelfirma; als er seinen Sohn durch das Fabriktor kommen sieht, bringt er es nicht fertig, auf den Aufzug zu warten, der ihn am schnellsten von der Chefetage nach unten bringen würde, sondern läuft – dummerweise – die vielen Stufen hinab, seinem Sohn entgegen). Durch diese Verfremdung wurde es von den Kindern nicht sofort als biblisches Gleichnis erkannt und eingestuft, und der Befremdungseffekt, der in der überschießenden Problemlösung steckt, kam voll zum Tragen. Es überwogen Äußerungen wie: »Der Vater ist von Kopf bis Fuß bescheuert« – »die Firma macht bestimmt bald pleite« – »er hätte den Sohn eine Zeitlang erst als Möbelträger anstellen sollen, um zu sehen, ob er sich wirklich gebessert hat« – usw. Erst nach einiger Zeit sagte ein sonst sehr stiller Schüler, dessen Vater als Fernfahrer selten zu Hause war: »Ich versteh' das schon, der Vater hat eben seinen Sohn sehr gern gemocht.« – Dieses Kind hat in diesem Augenblick in seinem Fühlen und Denken begriffen und (zumindest in seiner Phantasie) ergriffen, was »malkût Jahwe«, das neue Wirksamwerden Gottes unter den Menschen, ist und bedeutet. (Das Unterrichtsprojekt ist näher erläutert in: Baudler u. a., Religionsunterricht 106–115)

106 Nach Eichholz 217–219 wiederholt sich in der Distanzierung des älteren Bruders die Distanzierung der Schriftgelehrten und Pharisäer; der Hörer muß sich in der Rolle des älteren Bruders wiedererkennen und »ins Spiel« gebracht sehen, er begegnet sich im Spiel selbst, wobei »selbstverständlich mit einer Weiträumigkeit der Spielfigur zu rechnen« ist und »das Auf-den-Leib-Zugeschnitten-sein« der Kritikerrolle »nicht zu eng gefaßt« werden darf. Rückschlüsse vom Gleichnis auf die historische Situation (d. h. die Situation der Hörer in ihrem Verhältnis zum Erzähler) sind auch nach Linnemann 35 f, wenn auch nur »unter starkem Vorbehalt«, möglich: So dürfe man in der Figur des älteren Bruders zwar eine Anspielung Jesu auf die Pharisäer sehen, doch keine Identifizierung; denn der Protest des älteren Bruders sei nicht der ihre. »Der Vorwurf der Pharisäer war: Wie kannst du mit solchen Leuten feiern! Die Antwort Jesu lautete: Das Verlorene ist gefunden. Das muß gefeiert werden! Ich feiere Gottes Fest mit. Und wie steht es mit Euch?« (86; vgl. auch ebd. 157 und dazu Fiedler, Jesus 161)

älteren Sohnes.[107] »So viele Jahre schon diene ich dir, und nie habe ich gegen deine Gebote gehandelt; und mir gabst du niemals auch nur einen Ziegenbock, daß ich mit meinen Freunden hätte ein Freudenmahl feiern können. Kaum aber ist dieser dein Sohn da gekommen, der deinen Besitz mit Huren verpraßt hat, hast du für ihn das Mastkalb geschlachtet« (vgl. VV 29 f). Der Vater geht auf den in seiner ganzen Schärfe vorgetragenen Einwand ein, wendet sich mit ganzer Intensität seinem älteren Sohn zu, spricht ihn an und wirbt um ihn: »Mein Kind, du bist immer bei mir, und alles, was mein ist, ist auch dein. Aber jetzt müssen wir uns doch freuen und ein Fest feiern; denn dein Bruder war tot und lebt wieder; er war verloren und ist wiedergefunden worden« (VV 31 f).

So wiederholt sich das Leitmotiv: Er »war tot und lebt wieder; er war verloren und ist wiedergefunden worden« (vgl. V 24). Die Gerechten und Frommen, die Jesus kritisieren, stehen, so sagt ihnen Jesus, ja eigentlich immer schon auf der Seite Jahwes. Sie sollten und müßten fühlen und denken wie dieser. In diesem Gleichnis gewinnt die Einladung Jesu, sich der Botschaft vom anbrechenden Gottesreich aufzuschließen, eine ungeheure Intensität und dichterische Tiefe. Im Gleichnis vom barmherzigen Vater hat der Gottesatem Jesu eine starke dichterische Ausprägung gefunden; er weht uns unmittelbar aus ihm entgegen.[108]

107 Linnemann 35 sieht in der Figur und in dem Zu-Wort-Kommen des älteren Sohnes eine *Verschränkung* zwischen dem Urteil des Erzählers über die fragliche Situation mit dem Urteil der Hörenden: »Beide Beurteilungen der Situation gehen in die Parabel ein. Die Wahl des Stoffes, der Vergleichspunkt und somit das Gefälle der Erzählung werden zwar in erster Linie durch das Urteil des Erzählers bestimmt. Aber auch das Urteil der Hörer über die Situation findet in der Parabel seinen Niederschlag. Der Erzähler nimmt es auf, indem er den Hörern etliches einräumt, damit sie den Bezug der Parabel zur Sache erkennen müssen.«

108 Von daher optiere ich mit fast allen Auslegern für die Jesus-Echtheit des Gleichnisses. Es ist zwar von Lk stilistisch überarbeitet (vgl. Weder 252); doch es ist gewiß nicht von ihm geschaffen (vgl. I. Broer, Der Verschwender und die Theologie des Lukas, in: Neutestamentliche Studien 20 [1974] 453–462; gegen L. Schottroff, Das Gleichnis vom verlorenen Sohn, in: Zeitschrift für Theologie und Kirche 68 [1971] 27–52); auch eine teilweise lukanische Schöpfung (vgl. E. Schweizer, Zur Frage der Lukasquellen. Analyse von Luk. 15,11–32, in: Theologische Zeitschrift 4 [1948] 469–471) ist unwahrscheinlich (vgl. die kritische Einlassung von Weder 252 f auf den jüngeren Versuch von J. T. Sanders, Lk 15,25–32 dem Evangelisten zuzuschreiben). Vielmehr ist das Gleichnis »jesusecht«, d. h. in der ursprünglichen, von Jesus stammenden Form überliefert (vgl. Knoch 243, aber auch Weder 252 zu den VV 24/32) und »im wesentlichen einheitlich« (Weder 253); aus der inhaltlich in sich geschlossenen Parabel können nach Weder 252 keine Einzelzüge ausgeschieden werden, ohne daß das Erzählgefüge zerstört würde. Selbst Via, der »in der Erlösung des verlorenen Sohnes« das Hauptinteresse der Erzählung sieht, anerkennt »gute Gründe«,

Es ist der Atem jenes mütterlichen Erbarmens, wie er in dem hebräischen Wort für Erbarmen »rahamim« unübertrefflich zum Ausdruck kommt: »rahamim« ist abgeleitet von »rehem«, Mutterschoß.[109] Es meint jene unzerstörbare Verbundenheit der Mutter mit ihrem Kind, das ihrem Leib entspringt und deshalb immer ein Stück von ihr selbst sein und bleiben wird: »Vergißt wohl eine Frau ihren Säugling, hört eine Mutter auf, ihren eigenen Sohn zu lieben? Und wenn sie ihn vergäße, ich, dein Gott, vergesse dich nicht« (vgl. Jes 49,15), sagt Jahwe zu seinem Volk Israel. Diese »rahamim« umgreift auch noch den im Elend verlorenen Sohn, sie weckt in ihm die Erinnerung an das verlorene Zuhause und gibt ihm die Kraft, aufzubrechen und zu seinem Vater zurückzukehren.[110]

Doch auch der zu Hause gebliebene Sohn ist bleibend von dieser mütterlichen Liebe umfangen und in ihr geborgen: »Mein Kind, du bist immer bei mir, und alles, was mein ist, ist auch dein« (V 31). Es ist ihm nur durch das ständige Zuhausesein nicht so deutlich bewußt geworden. Jetzt aber, bei der Rückkehr seines verlorenen Bruders, soll es ihm bewußt werden, und er soll sich mit seinem Bruder darüber freuen.

Mit dieser Hinwendung zum älteren Sohn und damit zu den eigentlichen Adressaten dieses Gleichnisses, die in diesem Sohn zu Wort kommen, hat die Geschichte von ihrem Aufbau her notwendig ein offenes Ende. Wir erfahren nicht mehr, ob sich dieser ältere Sohn umstimmen läßt und in das Haus hineingeht, um mit dem jüngeren Sohn und allen anderen zusammen zu feiern. Jesus *kann* die Geschichte nicht zu Ende

den zweiten Teil »für einen ursprünglichen Bestandteil des Gleichnisses zu halten« (Via 156): so wären nicht zwei Söhne im ersten Teil genannt worden, hätten sie nicht beide in Erzählung umgesetzt werden sollen; außerdem kontrastiere das Gleichnis zwei menschliche Typen in einer etwa mit Mt 21,28–31 vergleichbaren Weise; schließlich reflektiere es in dem über den älteren Bruder handelnden Teil Jesu historische Situation (153).

109 Vgl. das Lehrschreiben Johannes Paul II., »Dives in misericordia« (hrsg. vom Pressedienst des Sekretariats der Deutschen Bischofskonferenz, Bonn, vom 1. 12. 1980 mit dem Zeichen P5/80), 21–24. Ebd. 23 ist von einer »inneren Notwendigkeit«, von einem »›Zwang‹ des Herzens« zur »rahamim«, zur ungeschuldeten Liebe, die Rede; vgl. dazu auch E. Spiegel, Wege in die Gewaltfreiheit. Materialien – Argumente – Impulse (unveröffentlichtes Manuskript), Bd. I, 151 ff. Auch das andere hebräische Wort für Erbarmen, »häsed«, das die »Treue zu sich selbst und die Verantwortung der eigenen Liebe gegenüber« (Dives in misericordia 22) beinhaltet, kommt im Verhalten des barmherzigen Vaters gut zum Ausdruck: Jahwe ist der »Ich bin da«, auch für den in Sünde und Elend verlorenen Sohn.

110 Vgl. Biser, Jesus 55: In der Erkenntnis des verlorenen Sohnes, von seiner Schuld und seinem Entschluß aufzubrechen, spiegelt sich »nur die Wirkung der Liebe, die nie von ihm abgelassen und ihn nun endgültig eingeholt hat«.

erzählen, sie ist ja unmittelbare Anrede[111], die eine *offen bleibende* Einladung an seine Gegner zum Inhalt hat.

(c) *Gottes Güte*

In den folgenden beiden Gleichnissen wird die unendliche Güte, die »rahamim«, die den Vater des verlorenen Sohnes bewegt und den eigentlichen Handlungsträger des Gleichnisses beinhaltet, gesondert herausgestellt und mit der Haltung konfrontiert, in der sich seine Gegner bewegen. Jesus stellt dieses ihnen aus ihrer Tradition bekannte Bild vom Erbarmen Gottes als einen Spiegel vor sie hin, in dem sie erschrokken erkennen sollen, wie weit sie von dem Gott entfernt sind, dessen getreue Knechte sie zu sein glauben und in dessen Namen sie Jesus und sein Wirken ablehnen.

Im Gleichnis vom *gütigen Arbeitsherrn* (Mt 20,1–15)[112] wendet sich Jesus erneut seinen Gegnern zu, die an seiner Gemeinschaft mit den religiösen Randexistenzen seiner Zeit Anstoß nehmen. Es handelt sich um ein Handlungsgleichnis, bei dem zwar einerseits deutlich der Überschuß in der Problemlösung ersichtlich wird, andererseits aber vom Aufbau her auch eine gewisse Nähe zu den Vorgangsgleichnissen fest-

111 Vgl. Eichholz 219, der die Intensität der »Anrede« hervorhebt, die in diesem Gleichnis (als ganzem) unübertrefflich zum Ausdruck kommt.

112 Das heute allgemein als jesus-echt angesehene Gleichnis (vgl. Weder 220: »Es gibt kaum eine neutestamentliche Parabel, die . . . so sicher auf den historischen Jesus zurückgeht wie die vorliegende.«) ist nach Jeremias 26 »offensichtlich . . . zu Menschen gesagt, die den Murrenden gleichen, die die Frohbotschaft kritisieren, an ihr Anstoß nehmen – etwa zu den Pharisäern« (ebenso nach Eichholz 96–98, der es vom Gleichnis vom barmherzigen Vater her zu verstehen versucht und im protestierenden älteren Bruder einen »Doppelgänger« der protestierenden Arbeiter sieht). Dagegen darf nach Weder 227 (u. a. mit E. Schweizer) vom Aufbegehren der Arbeiter so nicht direkt auf den Hörerkreis (in der Aktualisierung des Mt wäre das die Jüngergemeinde) geschlossen werden. Hatte schon Eichholz 97 betont, daß es dem Weinbergbesitzer wie dem Vater des älteren Sohnes nicht um Abweisung, sondern um »äußerste Werbung« ging (in beiden Gleichnissen bleibt die Tür zum Schluß offen!), so bezweifelt Weder 227 f, »ob das Gleichnis überhaupt jemanden tadeln will«; L. Schottroff, Die Güte Gottes und die Solidarität von Menschen, Das Gleichnis von den Arbeitern im Weinberg, in: Schottroff, W./Stegemann, W. (Hg.): Der Gott der kleinen Leute. Sozialgeschichtliche Auslegung, Bd. 2 (Neues Testament) München–Gelnhausen–Berlin–Stein 2. unveränderte Aufl. 1979, 71–93; 72, stellt heraus, daß das Gleichnis »als Bestandteil einer Diskussion zwischen Jesusanhängern und Pharisäern . . . nicht Kritik und Angriff auf die Pharisäer (ist), sondern der Versuch, sie dazu zu bringen, auf die Seite der Jesusnachfolger zu treten, solidarisch zu sein mit den Armen und den Zöllnern und Sündern«, also »freundschaftliche Werbung um die Pharisäer, wie sie auch sonst für die älteste Jesustradition zu beobachten ist«.

stellbar ist. Tatsächlich ist es ja in jener Zeit ein alltäglicher Vorgang, daß ein Weinbergbesitzer Tagelöhner für seinen Weinberg anwirbt und ihnen am Abend den ausbedungenen Lohn auszahlen läßt, sich vielleicht auch in gewisser Weise gütig erweist, indem er den Arbeitern mehr gibt, als er vorher vereinbart hatte. Durch zwei fiktive Erzählzüge wird jedoch aus diesem alltäglichen Vorkommnis ein besonderes, dramtisch aufgebautes Ereignis. Der Weinbergbesitzer dingt nämlich nicht nur am Morgen die notwendigen Tagelöhner, sondern geht mehrmals auch noch tagsüber aus, zuletzt noch am späten Nachmittag, um immer neue Arbeiter in seinen Weinberg zu holen. Dadurch entsteht eine Spannung hinsichtlich der Frage, wie er am Abend diese verschiedenartigen Arbeitsverhältnisse entlohnen wird, wobei jeder Zuhörer wußte, daß ein Tagelöhner zum Unterhalt seiner Familie pro Tag etwa einen Denar benötigte. Der zweite fiktive Erzählzug besteht dann darin, daß er seinem Verwalter den Auftrag gibt, bei dem zuletzt Eingestellten mit der Entlohnung zu beginnen und jedem einen Denar zu geben. Er legt also vor aller Augen offen, was er tut; er handelt nicht wie mancher Firmenchef, der einigen Angestellten in großer Heimlichkeit mehr gibt als den anderen und seine Geheimhaltung damit begründet, daß diese anderen sonst neidisch werden könnten. Nein, er handelt offen: Jeder bekommt einen Denar. Damit ist der Konflikt vorprogrammiert und der Hörer ist gespannt auf seine Lösung. Diese Lösung besteht wie im vorhergehenden Gleichnis im überschießenden Erbarmen Gottes und ist dabei doch denkbar einfach: »Mein Freund«, sagt der Weinbergbesitzer zu einem derer, die den ganzen Tag gearbeitet haben und der sich nun bei ihm beschwert, »dir geschieht kein Unrecht. Hast du nicht einen Denar mit mir vereinbart? Nimm dein Geld und geh! Ich will dem Letzten ebensoviel geben wie dir. Darf ich mit dem, was mir gehört, nicht tun, was ich will? Oder bist du neidisch, weil ich gütig bin?« (Mt 20,13–15)

Damit ist sehr genau die Situation nachgezeichnet, in der Jesus in der Auseinandersetzung mit seinen Gegnern steht: Die Himmelsgewölbe haben sich geöffnet; der Gottesatem strömt auf Jesus und durch Jesus auf alle Menschen nieder, um sie zu geliebten Söhnen ihres himmlischen Vaters zu machen. Die Gerechten und Frommen in Israel aber lehnen sich murrend auf gegen dieses neue Wirksamwerden Jahwes in seinem Volk, das seit Jahrhunderten verheißen und von ihnen erwartet worden war. Der Grund ihrer Auflehnung ist, daß auch die Sünder und Zöllner, die sich erst durch Jesu Wirken wieder Jahwe und seinen Verheißungen zugewandt haben, dieselbe Zuwendung Gottes erfahren. Wie der ältere Sohn im Gleichnis vom barmherzigen Vater können sie sich nicht freuen an dem, was ihnen gehört und jetzt in seiner ganzen Fülle aufzugehen beginnt: »Ist dein Auge böse, weil ich gut bin?« (V

15b). Gerade der Gerechte und Fromme in Israel, der bemüht ist, sein eigenes Verhalten am Maßstab Jahwes auszurichten, dürfte diese Haltung nicht an den Tag legen. Denn er müßte wissen um die unendliche Güte und Liebe dieses Gottes zu seinem Volk. Als Gerechter und Frommer muß er die grundsätzliche Aussage im 3. Buch Mose kennen (Lev 19,2), auf die Jesus verweist: »Seid barmherzig (Lev: ›heilig‹), wie es auch euer Vater ist!« (Lk 6,36 par Mt 5,48); diese Güte des himmlischen Vaters zeigt sich darin, daß er »seine Sonne aufgehen läßt über Bösen und Guten und regnen läßt über Gerechte und Ungerechte« (vgl. Mt 5,45).

In der Art, wie in diesem Gleichnis der Konflikt zugespitzt und in radikaler Offenheit ausgetragen wird, liegt die überschießende Konfliktlösung. Wer mit der Erzählung bis zum Ende mitgeht und sich auch noch in diesem Ende mit dem Hauptakteur der Handlung identifiziert, dem ist die unendliche Güte und Zuwendung erschlossen, die Menschen zu Kindern Gottes macht und Gottes Reich anbrechen läßt.

Angesichts dieser »malkût Jahwe« ist eine Weigerung, ja schon ein Zögern, der Einladung in dieses neue Reich hinein zu folgen, eigentlich unbegreiflich. In Jesu Vorstellungskraft formt sich als Reaktion auf die unbegreifliche Erfahrung dieser Verweigerung die Figur des unfairen und undankbaren Knechts, der eine übergroße Zuwendung erfahren hat, jedoch selbst nicht bereit ist, dem in Not geratenen Mitknecht gegenüber Güte und Vergebung zu üben (Gleichnis vom *unfairen Knecht*, Mt 18,23–33).[113]

Zum Verständnis des Gleichnisses gilt es folgendes zu bedenken: 10000 Talente war in der damaligen Welt die höchste denkbare Geldsumme (10000 war die höchste Zahl, mit der man rechnete, und das Talent war die größte Geldeinheit im ganzen vorderasiatischen Raum.[114] In Denaren ausgedrückt – also der Geldeinheit, die eine Fa-

113 Weder 212f vertritt die Ansicht, daß das Gleichnis auf der Jesusstufe etwa folgendermaßen gelautet haben könnte: »Mit der Gottesherrschaft verhält es sich wie mit einem Mann, der mit seinen Knechten Abrechnung halten wollte. Und als er abzurechnen begann, wurde einer vor ihn gebracht, der schuldete ihm zehntausend Talente. Da dieser aber nicht imstande war, (die Schuld) zurückzuzahlen, befahl der Herr, ihn (selbst) zu verkaufen und seine Frau und seine Kinder und all seinen Besitz und (so) Bezahlung zu leisten. Da fiel der Knecht nieder, kniete vor ihm und sagte: ›Hab Geduld mit mir, und ich werde dir alles zurückzahlen.‹ Da erbarmte sich der Herr jenes Knechtes, und er ließ ihn gehen, und die Schuld erließ er ihm. Jener Knecht aber ging hinaus und traf einen seiner Mitknechte, der ihm hundert Denare schuldig war, und er packte ihn und sagte: ›Zahle zurück, was du schuldest!‹ Nun fiel sein Mitknecht nieder, bat ihn und sagte: ›Habe Geduld mit mir, und ich werde (es) dir zurückzahlen.‹ Der aber wollte nicht, sondern ging hin und warf ihn ins Gefängnis, bis er das Geschuldete zurückzahle.«

114 Vgl. Weder 213 (Anm. 15); Jeremias 138f

milie brauchte, um einen Tag leben zu können – beläuft sich die Summe auf 100 000 000 Denare). Diese fiktionale, unvorstellbar hohe Summe ist der Knecht seinem Herrn schuldig – und sein Herr schenkt sie ihm! Dieser Zug der Geschichte ergibt nur einen Sinn, wenn er vom Hörer unmittelbar auf das Verhältnis Jahwes zum Menschen übertragen wird: Der Mensch schuldet seinem Gott alles, er ist seiner Natur nach Gottes Knecht und Sklave; aber die Erfahrung Jesu war, daß dieser Gott dem Menschen seine Schuld erläßt und ihn vom Schuldsklaven zum geliebten Sohn beruft.

Wie kann der so unendlich reich Beschenkte nun seinen Mitknechten vorrechnen, daß sie – vielleicht weil sie Zöllner oder Dirnen waren – noch zusätzlich Schuld auf sich geladen haben, und diese Schuld im einzelnen einfordern? Das ist unmöglich. Um diese Unmöglichkeit zu demonstrieren, erzählt Jesus das Verhalten des Knechtes in dieser Weise. »Seht«, sagt er damit seinen Gegnern, »ein solch unmögliches Verhalten legt ihr an den Tag und erwartet es von mir.« Wenn in VV 31–34 dann weiter erzählt wird, daß der Herr seinen unendlichen Schuldnachlaß, also seine unendliche Zuwendung zum Menschen, seine Berufung des Menschen zum »geliebten Sohn«, widerruft und diesen Menschen den Folterknechten übergibt (V 23), dann ist damit der erste Teil des Gleichnisses entwertet; der Herr hat dann seine Zuwendung gleichsam nur probehalber gegeben, um seinen Knecht zu prüfen, ob auch er sich gut zu seinen Mitknechten verhält. So jedoch verliert das Gleichnis an Aussagekraft und fügt sich nicht mehr ein in die Grundbotschaft Jesu, daß die Himmel bereits geöffnet sind und der Gottesatem des Erbarmens unwiderruflich auf die Menschen herabströmt.

Weder läßt deshalb – auch aufgrund sprachlicher Beobachtungen – das Gleichnis auf der Jesusstufe mit V 30 enden.[115] Ich bin jedoch mit

115 Für die Streichung der VV 31–35 führt Weder 211 f, 215, 217 f u. a. folgende Gründe an: die Zurücknahme des Freispruchs (vgl. VV 31–34 mit 27) stehe »einem Herrn, auf dessen Wort Verlaß ist, nicht an«; V 31 enthalte deutlich mt Vokabelmaterial; die mt überarbeiteten VV 32–34 wiesen bemerkenswerte Unterschiede zu den VV 23–30 auf (so orientiere sich im zweiten Teil der Herr am Verhalten des Knechts); das nach V 34 über den Knecht hereinbrechende Gericht dürfe gar nicht mehr erzählt werden, da es die zuvorkommende Barmherzigkeit Gottes relativiere; mit V 35 sei die Argumentationsrichtung der Parabel ins Gegenteil verkehrt: »Movens der menschlichen Vergebung ist nicht mehr die zuvorkommende Freisprechung durch Gott, sondern die dem menschlichen Versagen nachfolgende Verurteilung. . . . Der drohende, ja wohl auch gesetzliche Ton ist unüberhörbar geworden.« (Weder 218) – Auch die in Kap. 1.3 (c) gegebene formale Analyse des Gleichnisses spricht für die Unechtheit der VV 34 f, sofern sonst der in allen Gleichnissen – auch als Kontrast – tragende Hintergrund der »malkût Jahwe« hier vollkommen verwischt wäre.

A. Weiser[116] der Meinung, daß die Frage des barmherzigen Königs an den unfairen Knecht in V 33 noch zum ursprünglichen Bestand des Gleichnisses gehört. Denn darin artikuliert sich sehr ausgeprägt die Einstellung Jesu zu seinen Gegnern in den meisten Kampfgleichnissen: Er gibt auch sie nicht verloren, er wendet sich ihnen zu, bezieht sie lebendig in seine Gleichnisse mit ein (vgl. die o. g. Gleichnisfigur der »Verschränkung«) und läßt diese mit einer Frage enden, in der sie den Gottesatem der Liebe und des Geliebtseins auch auf sie selbst gerichtet erfahren können. »Hättest nicht auch du mit jenem, der gemeinsam mit dir in meinem Dienst steht, Erbarmen haben müssen, so wie ich mit dir Erbarmen hatte?« (V 33). Ganz ähnlich stand am Ende der Gleichnisse vom barmherzigen Vater und vom gütigen Arbeitsherrn eine solche »verschränkende« Frage an seine zuhörenden Gegner, in der das Gleichnis offen endete.

Die Erzählung ist ein Handlungsgleichnis mit negativem Handlungsüberschuß. Kontrastierender Hintergrund zum überschießend negativen Handeln des unfairen Knechts ist der unendliche und unbedingte Schuldnachlaß des Herrn zu Beginn der Handlung. Erst angesichts dieses Hintergrundes gewinnt das Verhalten des unfairen Knechts, der seinen Mitknecht wegen 100 Denare würgt, ihn anschreit: »Bezahl, was du mir schuldig bist« (V 28b), und ihn schließlich erbarmungslos ins Gefängnis werfen läßt, seine ganze Ungeheuerlichkeit. Es formt sich so im Urteil des Hörers der Geschichte jenes »unmöglich«, worin er sich von seinem brutalen Knechtsverhalten abwendet und sich der Dynamik der anbrechenden »malkût Jahwe« öffnet, in der Menschen einander vergeben, so wie Gott ihnen allen schon vorher vergeben hat.

116 Weiser 92 f; übrigens gibt auch Weder 215 (Anm. 28) zu, daß V 33 ursprünglich sein kann, weil sich ein so abrupter Schluß, wie er mit V 30 gegeben wäre, kaum bei einem anderen Gleichnis wiederfinden läßt. Wenn auch Lk 15,11–32 und Mt 20,1–15 in gewisser Weise abrupt enden, so münden doch beide ein in eine Zuwendung, in eine Frage und Anfrage (»Aber jetzt müssen wir uns doch freuen . . .« bzw. ». . . bist du neidisch, weil ich . . . gütig bin?«); könnte das nicht auch in unserem Gleichnis mit V 33 (»Hättest nicht auch du . . .?«), der dann nicht gestrichen werden dürfte, der Fall sein? – Neben Weiser läßt auch N. Perrin, Was lehrte Jesus wirklich? Rekonstruktion und Deutung. Göttingen 1972, 139, das Gleichnis mit V 33 enden. Kahlefeld II, 132 beurteilt zwar 34 f nicht als sekundär, sagt aber von der Struktur der Geschichte her: »Damit (d. h. mit dem unfairen Tun des begnadigten Knechts an seinen Mitknecht) ist . . . ein Abschnitt der Erzählung erreicht, und man könnte sich denken, daß es an den Zuhörern wäre, die beiden Vorgänge in Vergleich zu setzen und, unterstützt durch ein Schlüsselwort, ihre Erkenntnis daraus zu gewinnen.« Eben nach diesem Bauprinzip gestaltet Jesus auch das Gleichnis vom barmherzigen Vater und dem gütigen Arbeitsherrn; das »Schlüsselwort« ist dabei die verschränkende Zuwendung und Frage am Ende der Erzählung. Mit Weiser und Perrin optiere ich deshalb auch im vorliegenden Gleichnis für diesen Aufbau auf der Jesusstufe.

(d) *Knechtsverhalten als Sünde*

Jesus kämpft mit ungeheurem Engagement um die Anerkennung seiner Botschaft von der anbrechenden »malkût Jahwe« auch durch die Gerechten und Frommen in Israel, die sich in ihrem Elitebewußtsein als seine Gegner verstehen. Zuerst sucht er sie aufzuschließen für die beglückende Erfahrung, nicht mehr Schuldner und Knecht, sondern geliebter Sohn zu sein, dann für die Notwendigkeit und Gottgemäßheit der überschwenglichen Freude über das Wiederfinden der verloren geglaubten Söhne und Töchter Israels; weiter voranschreitend konfrontiert er ihr Verhalten mit Gottes unendlicher Güte, wie sie schon im Gleichnis vom barmherzigen Vater in den Mittelpunkt gerückt war, und wendet sich fragend und damit zum Teil auch schon anklagend ihnen zu: »Ist dein Auge neidisch, weil ich gut bin?« (vgl. Mt 20,15b) und: »Hättest nicht auch du mit jenem, der gemeinsam mit dir in meinem Dienst steht, Erbarmen haben müssen, so wie ich mit dir Erbarmen hatte?« (Mt 18,33).

In den nun folgenden Gleichnissen wird die Auseinandersetzung noch härter. Der Spiegel, den er ihnen für ihr Verhalten vorhält, wird noch schärfer und deutlicher; er enthüllt ihr Verhalten zunehmend als Sünde, in der sie sich von Jahwe trennen und sich von der anbrechenden »malkût Jahwe« ausschließen.

Was seine Gegner ihm vorwerfen, die Verschleuderung der Tora und der messianischen Verheißungen an die verlorenen Söhne und Töchter Israels, ist in Wirklichkeit das allein richtige, von Jahwe geforderte Verhalten eines Rabbi und religiösen Lehrers in Israel: Jahwe hat ihnen sein Gut, die Tora und die Verheißungen, ja nicht dazu anvertraut, daß sie es hinter einem unüberwindbaren Zaun von Gesetzesbestimmungen und Forderungen vergraben und verstecken, sondern damit sie es zu den Menschen bringen, sie damit trösten, stärken und aufrichten und dadurch die Wirkkraft des anvertrauten Gutes vermehren.

Aus dieser Situation heraus formt sich in Jesu Denken und Reden das Gleichnis von den *anvertrauten Geldern* (Mt 25,14–28; stark variiert Lk 19,12–24), das sowohl von Matthäus als auch von Lukas durch hinzugefügte Erzählmotive übermalt worden ist, jedoch von der exegetischen Forschung in mühsamer und detaillierter Beobachtung doch einigermaßen zuverlässig in seinem wahrscheinlich ursprünglichen Bestand rekonstruiert werden konnte.[117] Legt man das Hauptgewicht auf den

117 Weder 193–210 vertritt die Ansicht, daß der mt wie lk Fassung eine Q-Version zugrunde liegt (gegen Weiser 244–256); außerdem rekonstruiert er den Gleichnistext auf der Jesusstufe (202 f), wogegen P. Fiedler, Die übergebenen Talente, in: Bibel und Leben 11 (1970) 259–273, einen Sitz des Gleichnisses im Leben

wohl ursprünglicheren Text des Matthäus, läuft die Erzählung auf die Situation zu, daß der Herr von seiner Reise zurückkommt und mit seinen Knechten, denen er sein Gut anvertraut hat, Abrechnung hält. Er lobt dann diejenigen Knechte, die mit dem anvertrauten Gut sinnvoll gewirtschaftet und es vermehrt haben, indem sie auf dem Markt damit arbeiteten, wobei der eine fünf, der andere zehn Talente hinzugewonnen hat. Für beide gilt: »Du bist ein tüchtiger und treuer Diener. Du bist im Kleinen ein treuer Verwalter gewesen, ich will dir eine große Aufgabe übertragen. Komm, nimm teil an der Freude deines Herrn!« (Mt 25,21). Die mit dem anvertrauten Gut wirtschaftenden Diener haben durch ihr freies und selbständiges Tun bewiesen, daß sie mehr und anderes als knechtische, von Angst bestimmte Befehlsempfänger sind. Sie handeln wie Teilhaber und Söhne: sie identifizieren sich mit dem, was ihnen anvertraut wurde und handeln aus eigener Verantwortung. Dies ist das notwendige Verhalten der Menschen, wenn das Gottesreich anzubrechen beginnt. Der zurückkehrende Herr bestätigt es und setzt diese Knechte nun auch offiziell als Teilhaber ein: »Komm, nimm teil an der Freude deines Herrn.« (VV 21 und 23)

Als jedoch der Diener kommt, der das ihm anvertraute Talent aus Angst vor der Strenge seines Herrn in der Erde vergraben hat – ein Verhalten, das anvertrautem Gut gegenüber damals vorgeschrieben war – und er es ihm wohlbehalten, aber unvermehrt und unverwirtschaftet wieder so zurückbringt, wie er es bei der Abreise des Herrn erhalten hat, wird der Herr zornig, schilt den Knecht, läßt ihm sein Talent wegnehmen und dem geben, der am meisten aus seinem ihm anvertrauten Gut gemacht hat: Ein knechtisch-ängstliches Verhalten ist ein Fehlver-

Jesu vermißt. Jesus erzählte das Gleichnis, um den in der Übergabe der Gottesherrschaft liegenden Anspruch erkenntlich zu machen: »wie Geld nicht ungenutzt vergraben werden soll, so entspricht es der Gottesherrschaft, daß der Mensch sie zum Zuge kommen läßt« (Weder 205); die Q-Gemeinde interpretiert es christologisch und eschatologisch: in der Zeit bis zur Rückkehr des Herrn (= Jesus als Menschensohn-Weltrichter) soll die Gemeinde der Basileia Raum geben (ebd. 207); Lk schließlich verstärkt den christologischen Aspekt durch die Hinzufügung von Thronprätendenten-Elementen (VV 12b.14.15a. 17fin.19fin.27) und betont den Gehorsam der Knechte gegenüber dem Herrn (ebd. 209), während Mt »dem Abrechnungsgespräch noch deutlicher den Charakter des eschatologischen Gerichts« (vgl. den verschärfenden Zusatz in V 30) verleiht (ebd. 208). Als sekundär weist Weder bei Mt u. a. die Abstufung der Beträge (V 15a), die Vorwegnahme der Schlußszene (VV 16–18) sowie die Verdopplung der Belohnung (VV 21fin. u. 23fin.) nach; bei Lk den Befehl, mit dem anvertrauten Geld zu handeln (V 13b), die die Abwesenheit ausfüllende Zwischenszene (VV 14.15a), die Belohnung der guten Knechte mit Macht über Städte (vgl. Thronprätendenten-Elemente), die Urteilseinleitung (V 22a), V 25 sowie 27.

halten jenem Gott gegenüber, der sich ursprünglich und bleibend in der Befreiung einer versklavten Nomadensippe aus dem Sklavenhaus Ägypten den Menschen geoffenbart und ihnen sein Wesen als Jahwe (»Ich bin da«) erschlossen hat. Schon damals, als Moses die Angst seiner Leute vor den verfolgenden Ägyptern vor Jahwe hintrug (Ex 14,11: »Gab es denn keine Gräber in Ägypten, daß du uns zum Sterben in die Wüste holst?«), lautete seine Antwort: »Was schreist du zu mir? Schreitet vorwärts!« (vgl. Ex 14,15). Der Befreiergott Jahwe, der in seinem Volk neu lebendig zu werden beginnt, will keine ängstlichen Knechte. Die Angst behindert die »malkût Jahwe«.

In dieser eurer Angst, die Jahwe nicht in seinem Wesen ernst nimmt, sich ihm und seinem Kommen nicht öffnet, sagt Jesus in diesem Gleichnis seinen theologischen Gegnern, vergrabt ihr das euch anvertraute Gut in der Erde, statt mit seiner Hilfe den Menschen das Gottesreich aufzuschließen! Ihr schließt das Himmelreich den Menschen nicht auf, sondern verschließt es vor ihnen! Ihr selbst verschließt euch dem Lebensatem und taucht nicht in ihn hinein; aber ihr wollt auch die nicht in das anbrechende Reich hineingehen lassen, die hineingehen wollen (vgl. Mt 23,13).

Wieder ist in diesem Gleichnis ein ursprünglich alltäglicher Vorgang angesprochen: nämlich daß ein Herr auf Reisen geht, seinen Knechten sein Gut anvertraut, diese auf verschiedene Weise damit umgehen, schließlich der Herr Abrechnung hält.[118] Durch das Engagement in der Auseinandersetzung mit seinen Gegnern intensiviert er diesen Vorgang und baut ihn zu einem dramatischen Handlungsgleichnis aus. Die Erzähldynamik, die den Hörer des Gleichnisses mitnimmt, strömt mit

118 Fraglich erscheint Weders Ansicht, daß im ursprünglichen Gleichnis auf die Exposition unmittelbar die Rückkehr des Herrn und die Abrechnung gefolgt sei: Denn in den Handlungsgleichnissen folgt in der Regel nach der Nennung der Akteure in der Ausgangssituation eine Erzählung vom *Handeln* der Akteure (vgl. barmherziger Vater, gütiger Arbeitsherr, barmherziger Samariter, unfairer Knecht usw.). Auch von anderen Auslegern wird dieser Erzählteil nicht als sekundär gekennzeichnet. Sind (nach Weder) die Berichte der Knechte bei Lk ursprünglicher, so hat Mt die Antwort besser bewahrt; bei Mt und Lk ist die sachlich identische Rechenschaftsablegung (Mt: V 24; Lk: VV 20 f) ursprünglich, wobei unklar bleibt, in welcher Fassung die Reihenfolge originär ist. Ferner entspricht das Vergraben (Mt-Text) besser der Furcht vor dem Herrn als die nachlässige Aufbewahrung im Taschentuch (Lk-Text, der hier sekundär sein dürfte). Unverständlich ist, weshalb Weder in seiner Rekonstruktion (202 f) nur V 30, nicht aber auch schon V 29 als sekundäre Anfügung wegläßt. Denn die allgemeine Sentenz »Wer hat, dem wird gegeben . . . wer (aber) nicht hat, dem wird auch noch weggenommen, was er hat« findet sich unabhängig vom vorliegenden Gleichnis (wörtlich gleich) auch bei Mt 13,12 sowie bei Mk 4,25 par Lk 8,18, dürfte also wahrscheinlich sekundär von dorther hier eingeflossen sein.

großer Kraft auf jene Gegenüberstellung zu, in der – überschießend – offenbar wird, wie der im Kommen befindliche Jahwe will, daß Menschen mit dem umgehen, was er ihnen anvertraut: Dem ängstlichen Knecht wird das eine Talent, das er vergraben hat, auch noch weggenommen, die anderen aber werden als Teilhaber angenommen: sie dürfen »eingehen in die Freude ihres Herrn« (VV 21 u. 23). Wer in diesen Überschuß der erzählten Konfliktlösung hinein mitgeht, wird unmittelbar durch die Dynamik der Erzählung selbst aus seinem letztlich sündigen, weil Jahwe-widrigen Knechtsverhalten befreit und erfährt sich angenommen als Teilhaber und Sohn: er ist hineingegangen in die anbrechende »malkût Jahwe«.

Doch die Gegner Jesu öffnen sich dem befreienden Atem seiner Geschichte nicht. Die Frommen und Gerechten, die ihm seine Zuwendung zu den Zöllnern und Sündern vorwerfen und aus dieser Kritik heraus seine Gegner, ja später sogar seine Feinde werden, lassen sich nicht umstimmen. Sie halten an ihrer engherzigen Kritik fest. Je mehr er den Verlorenen oder verloren Geglaubten seiner Zeit nachgeht und sie zu Söhnen und Töchtern Jahwes beruft, desto mehr schließen sich die »Guten«, die zu Hause gebliebenen Söhne, von ihm und seiner Botschaft ab.

Sie stellen damit Jesu Wirken in Frage. Soll es möglich sein, daß die Gesetzestreuen und Frommen es nicht bemerken, wenn das Reich Gottes anbricht, während die Zöllner und Sünder es erfahren und seinen Anbruch feiern? Es ist dies wohl eine der stärksten Anfragen und Herausforderungen, denen Jesus im Laufe seines religiösen Wirkens begegnet ist. Wie ist dies denkbar und vorstellbar, wenn seine Gotteserfahrung wirklich und keine Illusion ist? Wie kann ein gerechter und frommer Israelit unbeteiligt und abweisend an der anbrechenden »malkût Jahwe« vorübergehen? Aus dieser Fragestellung erwächst das Handlungsgleichnis vom *barmherzigen Samariter* (Lk 10,30–35).

Die Samariter hatten sich in der Exilszeit mit assyrischen Kolonisten vermischt. Sie wurden deshalb von den aus dem Exil zurückkehrenden Juden abgrundtief verachtet; ihr Angebot, beim Wiederaufbau des Tempels in Jerusalem mitzuhelfen, wurde abgelehnt, und man schloß sie vom Tempelbezirk aus. Daraufhin erbauten sie sich auf dem Berg Garizim einen eigenen Tempel und praktizierten einen eigenen Kult. Die Verachtung hatte sich zur historischen Feindschaft verfestigt. Dem orthodoxen Juden galt ein Samariter als Heide und Volksfeind. Das Gottesreich war ihm verschlossen.

Die Frage »Wer ist mein Nächster?« (V 29), die der Gesetzeslehrer an Jesus richtet, ist im Verstehenshorizont der Zeit Jesu die Frage: Wer ist mein Bruder, der wie ich unter den Geboten und Verheißungen

Jahwes steht und den ich deshalb nicht hassen darf (Lev 19,17), sondern lieben muß? Die Abgrenzungen wurden damals sehr eng gezogen.[119] Sie stärkten die jeweilige Gruppenzugehörigkeit. Wer an diesen Abgrenzungen rüttelte, saß schnell »zwischen den Stühlen« und hatte dann alle Gruppen gegen sich. Vielleicht wollte der »Gesetzeslehrer« mit seiner Frage Jesus dazu bringen, seine Gruppenzugehörigkeit (etwa zu den Pharisäern) ausdrücklich und öffentlich zu erklären; vielleicht auch vermutete man vom »Verschleuderer« der Tora und der messianischen Verheißungen auch eine so starke Ausweitung der Grenzziehungen, daß er dadurch dann tatsächlich alle Gruppen gegen sich haben würde; dann wäre sein Wirken endlich ad absurdum geführt, und seine Anhänger würden sich von ihm abwenden. Es ist also eine Situation der zugespitzten Auseinandersetzung mit seinen Gegnern, in die Jesus durch diese Fangfrage des Gesetzeslehrers gebracht wird. Es heißt ja Lk 10,25 ausdrücklich, daß der Gesetzeslehrer ihn »auf die Probe stellen« wollte. Die »Versuchung« aber kann wohl kaum darin bestanden haben, ihn zu blamieren, weil er vielleicht das Liebesgebot nicht gut auswendig weiß; sie bestand vielmehr in der präzise nachgeschobenen Frage: »Und wer ist mein Nächster?« Wen muß ich lieben wie mich selbst und mit demselben Verpflichtungsgrad, wie ich Gott zu lieben habe? Mit dieser nachgeschobenen Frage schnappt die Falle zu: Entweder er erklärt, wozu er gehören will, oder er steht draußen.[120]

119 Allgemein galt nur noch der Volksgenosse, eingeschlossen der Proselyt, ausgenommen der persönliche Gegner, als Nächster (Jeremias übersetzt »Gefährte«); Pharisäer schlossen gar den Nichtpharisäer, Essener alle Nichtordensangehörigen aus; vgl. Jeremias 134 f, Linnemann 57 f, Eichholz 159

120 In der Auseinandersetzung mit V 29 vermutet auch Linnemann 145 (Anm. 1) mit W. Michaelis, Das hochzeitliche Kleid, Bern 1939, 205, daß schon Jesus mit dem Gleichnis auf die ausdrückliche Frage nach dem Nächsten (V 29) geantwortet haben könnte, dementsprechend seien weder V 29 noch der ebenfalls, wenn auch anders (vgl. Eichholz 174), nach dem Nächsten fragende V 36 lk Redaktion (vgl. auch Linnemann 145 f, Anm. 14). Mit Klostermann denkt Linnemann 147 (Anm. 16) an eine Verbindung von Lk 10,29–37 mit 25–28 als »Stichwortanknüpfung«: »Das Gespräch des Schriftgelehrten mit Jesus über die Frage, wer der Nächste sei, wurde im Laufe der Überlieferung mit einem anderen Gespräch eines Schriftgelehrten mit Jesus verbunden, in dem das Stichwort ›Nächster‹ gleichfalls vorkam.« (ebd. 62; zur Arbeit des Evangelisten vgl. auch Knoch 310). Gegen T. W. Manson, dem Jeremias 134 in der Behauptung der Ursprünglichkeit von Lk 10,25–28 sowie der Einheitlichkeit der VV 25–37 folgt, sieht Linnemann 147 f (Anm. 17) in den VV 25–28 eine Parallele zu Mk 12,28–38 (Eichholz 151–157 bezieht auch Mt 22,34–40 in den Vgl. mit ein) und die Abhängigkeit des Lk-Textes von Mk (vgl. Eichholz 159: »Ich denke, daß hier in der Tat eine Verknüpfung zweier ursprünglich selbständiger Traditionsstücke vorliegt.«)

Jesus beantwortete die Frage mit der bekannten Erzählung von dem Mann, der auf dem einsamen, felsigen Weg zwischen Jericho und Jerusalem unter die Räuber gefallen ist und halbtot am Wegrand liegenblieb. In unnachahmlicher Kürze und Treffsicherheit artikuliert er dabei die Erfahrung, die er in der Auseinandersetzung mit den Gerechten und Frommen seines Volkes machte. Von dem Priester und dem Leviten, die auf ihrem Weg, vielleicht zum Tempeldienst nach Jerusalem, an ihm vorübergehen, sagt er nur: »Er sah ihn und ging weiter« (V 31b und V 32b). Zweimal, als wollte er das Unglaubliche refrainartig als das dennoch Wirkliche vor Augen stellen, sagt er dieses Wort.

Denn im Vorübergehen am ausgeraubten und todwunden Volksgenossen gehen Priester und Levit an Jahwe und seinem anbrechenden Reich vorüber. Jahwe – so sagten es die Gleichnisse vom *barmherzigen Vater*, dem *gütigen Arbeitsherrn* und vom *unfairen Knecht* – ist lebendiges Erbarmen, ist jene »rahamim«, jener »Zwang des Herzens« zur Zuwendung und Liebe, mit dem eine Mutter ihren Säugling an sich nimmt und versorgt (vgl. Jes 49,15). Dieser Jahwe wollte aufgehen und neu wirksam werden in der spontanen Zuwendung und Hilfe, die der Priester und Levit dem verwundeten Volksgenossen hätten leisten müssen. Dadurch wären sie hineingegangen in die anbrechende »malkût Jahwe«, wie sie sich in Jesu Zuwendung zu jenen verloren geglaubten Söhnen und Töchtern Israels realisierte, die ebenfalls ausgeplündert und verwundet am Rande des Weges lagen, den das Volk Israel in jenen Tagen ging. Doch Jesus erzählte – und es war offenbar möglich und denkbar vom Priester und Leviten so zu erzählen –: »Er sah ihn und ging vorüber.« Beide gaben der »malkût Jahwe«, die in dieser Begegnung anbrechen wollte, keinen Raum. Sie gingen statt dessen weiter zum Tempeldienst nach Jerusalem.

Es geht, wie gezeigt, in der Ausgangsfrage des Gesetzeslehrers nicht um das Wesen der menschlichen Barmherzigkeit[121], sondern um die Frage der Abgrenzung der eigenen Religionsgemeinschaft gegenüber ihren Feinden. Gerade aber in der Reduzierung des Liebesgebots auf

121 Gegen die Verselbständigung des Gleichnisses vom barmherzigen Samariter als ein rein ethisches Paradigma versucht D. Gewalt herauszuarbeiten, daß das Verhalten des Samariters als ein von Gott gefordertes begegnet, die Erzählung also nicht frei von einer religiösen Thematik sei; vgl. D. Gewalt, Der »Barmherzige Samariter«. Zu Lukas 10,25–37, in: Evangelische Theologie 38 (1978) 403–417. Zu den unterschiedlichen (bisweilen stark ethisch orientierten) Auslegungstendenzen vgl. auch: W. Monselewski, Der barmherzige Samariter. Eine auslegungsgeschichtliche Untersuchung zu Lukas 10,25–37, Tübingen 1967 (bes. 68 ff und 121 ff); H. G. Klemm, Das Gleichnis vom Barmherzigen Samariter. Grundzüge der Auslegung im 16./17. Jahrhundert, Stuttgart–Berlin–Köln–Mainz 1973 (bes. 9 f und 129 ff)

diese Frage begegnet – das wird jetzt klar – schon jene unglaubliche und nicht verstehbare Härte des Herzens, die das Anbrechen der »malkût Jahwe« nicht zu erkennen vermag und die dichterisch unnachahmlich ausgedrückt ist in den lapidaren Worten: »Er sah ihn und ging vorüber.«

Und dann erzählt Jesus von jenem Mann aus Samaria, der – historisch – ein Todfeind des Juden ist, den er am Weg liegen sieht:

> »Als er ihn sah, hatte er Mitleid, ging zu ihm hin, goß Öl und Wein auf seine Wunden und verband sie. Dann hob er ihn auf sein Reittier, brachte ihn zu einer Herberge und sorgte für ihn. Am andern Morgen holte er zwei Denare hervor, gab sie dem Wirt und sagte: Sorge für ihn, und wenn du mehr für ihn brauchst, werde ich es dir bezahlen, wenn ich wiederkomme« (VV 33b–35).

Die Ausführlichkeit, mit der Jesus das Tun des Samariters schildert, und das Sich-Überstürzende seines spontanen Handelns – eigentlich müßte er ja zuerst Wein zur Reinigung und dann als zweites Öl zur Linderung auf die Wunde gießen[122] – steht in einem bestürzenden Gegensatz zur Knappheit des oben doppelt genannten Satzes: »Er sah ihn und ging weiter.« Der Samariter, nach jüdischem Urteil ausgeschlossen vom auserwählten Volk und seiner Verheißung der »malkût Jahwe«, öffnet sich dem Anspruch der Not, gibt dem »Ich bin da« und dem mütterlichen Erbarmen in seinem Fühlen und Handeln Raum und läßt dadurch das Reich Gottes anbrechen: Aus ihm spricht und handelt dieselbe »rahamim«, die im Handeln des barmherzigen Vaters gegenüber seinem verloren geglaubten Sohn zum Ausdruck gekommen war (auch er hatte sich in seinem zuwendenden Tun gleichsam »überschlagen«).

So wird der Samariter, dessen spontanes und entschlossenes Handeln so detailliert und konkret erzählt wird, zur Hauptfigur der Geschichte. Der Hörer ist aufgefordert, sich mit dieser Gestalt zu identifizieren, die Frage der Abgrenzung ist auf unnachahmliche Weise zurückgelassen und als sinnlos überholt.[123] Darin aber liegt in besonderer Dichte und

122 »Der gute Samariter hilft nicht nur; er tut offensichtlich unsinnige Dinge . . . nach konventionellem Urteil etwas zuviel des Guten!« Doch gerade darum, so unterstreicht Schillebeeckx, Jesus 139, die überschießende Problemlösung, sei es dem Gleichniserzähler zu tun: »um das überraschende ›überreichliche‹ Erbarmen des ›guten Hirten‹« (vgl. im Hebräischen das ähnlich lautende re' = Nächster und ro' = Hirt).

123 Jesus läßt sich auf diese Frage der richtigen Abgrenzung nicht ein. Seine Art der Auseinandersetzung mit der Frage markiert »das Ende der Kasuistik«: Jesus stellt das Handeln nicht auf eine Satzung, »sondern auf das, was die Wirklichkeit zeigt, verlangt und ermöglicht« (A. Schlatter, zit. nach Linnemann 61). »Der Augenblick tritt in sein Recht: der Augenblick, über den ich nicht im voraus verfüge, sondern der mich unvorhergesehen fordert, in dem ich aber den Näch-

Zuspitzung jene überschießende Problemlösung, wie sie für Handlungsgleichnisse charakteristisch ist. Man hatte von Jesus, wenn er schon den Zöllnern das anbrechende Gottesreich zusagt, am Ende auch noch erwarten können, daß er die als Heiden geltenden Samariter dennoch zum Volk Israel rechnet und auch sie als von Gott geliebte Söhne und Töchter in das Gottesreich ruft. Aber dies ist für Jesus keine Frage, auf die zu antworten sich lohnt. Er fordert statt dessen den Fragesteller und Zuhörer dazu auf, sich mit dem *Samariter* als der Hauptfigur der Geschichte zu *identifizieren* und die Frage »Wer ist mein Nächster?« von *ihm*, von dessen Position aus, zu stellen.[124] Die Frage ist nicht, ob der Samariter noch mein Bruder ist, den ich nicht hassen darf sondern lieben muß, die Frage ist vielmehr, ob *ich*, der Jude, dem *Samariter* noch ein Bruder bin, der *dessen* Mitleid und *dessen* barmherzige Zuwendung findet.

Das ist Jesus: die Zumutung Gottes an den Menschen. Noch intensiver als in den Gleichnissen vorher hält er hier dem Frommen und Gerechten, der ihn »auf die Probe . . . stellen« will (Lk 10,25), einen Spiegel vor Augen, in dem dieser zutiefst erschrocken jene Härte seines Herzens erkennen kann, die ihn unfähig macht, in das anbrechende Gottesreich hineinzugehen.

Noch schärfer und klarer, zugespitzt bis zum fast Unerträglichen, ist das Bild, das den Gegnern Jesu im Spiegel des Gleichnisses vom *Pharisäer und Zöllner* (Lk 18,10–14a) entgegentritt. Es setzt sich in einer

sten zugewiesen bekomme . . .« (Eichholz 150; vgl. auch P. Hoffmann/V. Eid, Jesus von Nazareth und eine christliche Moral. Sittliche Perspektiven der Verkündigung Jesu, Freiburg 1975, bes. 147–150). Der Nächste ist »zufällig«, d. h. er fällt zu und kann nicht ausgesucht werden (Eichholz 165 f). Nächstenliebe hat »im Evangelium aufgehört, mit einer statischen Abgrenzung des Objekts verbunden zu sein« (M. Dibelius, zit. nach Eichholz 150). »Während der Schriftgelehrte V. 29 nach dem Objekt der Liebe fragte (wen muß ich als Gefährten behandeln?), fragt Jesus V. 36 nach dem Subjekt der Liebe (wer hat als Gefährte gehandelt?)« (Jeremias 135 f)

124 Daß der Nächste im Gegensatz zu den damals nicht gerade unbescholtenen Angehörigen des Priester- und Levitenstandes (vgl. Linnemann 145, Anm. 7) ein Samariter ist, von dem sich ein Jude »am allerwenigsten Hilfe versprechen« konnte, ist »ein gewollter Akzent des Gleichnisses« (Eichholz 168). Für G. Sellin, Lukas als Gleichniserzähler. Die Erzählung vom barmherzigen Samariter (Lk 10,25–37), in: Zeitschrift für Neutestamentliche Wissenschaft 65 (1974) 166–189 u. 66 (1975) 19–60; 60, ist der Gegensatz von Priester/Levit und Samariter »das tragende Motiv der Erzählung«: »Priester und Levit sind Repräsentanten des untergegangenen kultischen Israel; der Samaritaner steht für die Geltung der Tora jenseits der Grenzen des kultisch geprägten Israel.« (Vgl. auch die Interpretation von Ragaz 86 u. 88: »Dem Priester und Leviten stellt Jesus den Samariter und damit der Religion das Reich Gottes gegenüber«, d. h. dem Kult den Dienst am Menschen.)

Weise mit den Gerechten und Frommen auseinander[125], die man fast schon nicht mehr als jesusgemäß betrachten kann, besonders wenn man das harte Schlußurteil des V 14a – »dieser (der Zöllner) kehrte als Gerechter nach Hause zurück, der andere (der Pharisäer) nicht«[126] – zum ursprünglichen Bestand des Gleichnisses hinzunimmt. Verstanden als definitives Verdammungsurteil gegenüber dem Pharisäer stünde es tatsächlich in einem unaufhebbaren Widerspruch zu dem zentralen Impuls der jesuanischen Ernte- und Gerichtsgleichnisse vom Unkraut unter dem Weizen und vom Fischernetz (s. Kap. 2.3 [g]), welcher lautet: »Laßt beides (Unkraut und Weizen) wachsen bis zur Ernte« (Mt 13,30); vollzieht nicht vorher die Scheidung von Gut und Böse, wartet, bis das Fischnetz ans Ufer gezogen ist, erst dann kann man die brauchbaren Fische von den unbrauchbaren trennen (Mt 13,47 f). Ja, das Urteil stünde sogar in Kontrast zum Skopus des Gleichnisses selbst, das ja den Pharisäer gerade deshalb kritisiert, weil er den neben ihm stehenden Zöllner verurteilt: »Ich danke dir, daß ich nicht . . . wie dieser Zöllner dort« bin (Lk 18,11).

Es ist die Frage, ob man den V 14 tatsächlich als definitives Verdammungsurteil im Munde Jesu auffassen *muß*, oder ob man den Satz nicht auch – ähnlich wie den umstrittenen Vers Lk 16,8a im Gleichnis vom betrügerischen Verwalter (s. Kap. 2.3 [f]) – als eine Art alter »Regieanweisung« betrachten kann, die den Erzähler anweist, den Zöllner und nicht den Pharisäer als positive Identifikationsfigur zu sehen und so zu erzählen. Von V 14b wird ja allgemein angenommen, daß er erst später

125 Nach Kahlefeld II, 62 f steht die »Gestalt des erleuchteten Sünders im Mittelpunkt« und scheint die des Pharisäers nur »um der Abhebung willen herangezogen« (vgl. die Gestalt des älteren Bruders im Gleichnis vom barmherzigen Vater). Linnemann 69 zufolge zielt die Aussage des Gleichnisses auf die Anerkenntnis der Gnade Gottes (an Stelle des Gesetzes) als letzte Beurteilungsinstanz. Die im V 14a problematische Wendung »pas ekeinon« übersetzt Kahlefeld II, 61 u. 183 (Anm. 51) nicht vergleichend (»vor jenem«, »eher als jener«), sondern ausschließend (»anders als jener«); vgl. Knoch 279: »im Gegensatz zu jenem«.

126 In der Frage, was es heißt, daß der Zöllner als »Gerechter« nach Hause ging (V 14a), verweist Linnemann 68 (hinter die paulinische Rechtfertigungslehre) auf den Sinn, den eine solche Aussage für Jesu Zuhörer hatte: »Rechtfertigung bedeutet für sie das richterliche Urteil, mit dem Gott dem Gerechten seine Rechtschaffenheit bescheinigt.« (Vgl. zustimmend auch Kahlefeld II, 182, Anm. 50) Dabei wendet sich Linnemann 149 (Anm. 11) gegen eine Gleichsetzung von Rechtfertigung und Vergebung, aufgrund derer der Pharisäer »zwangsläufig negativ charakterisiert« werden müsse; da der Pharisäer weder um Vergebung gebeten, noch sie nach Ansicht der Zuhörer nötig gehabt habe, hätte sie ihm auch nicht verweigert werden können (vgl. ebd. 150). Die Charakterisierung des Pharisäers als »selbstgerecht« laufe u. a. Gefahr, »das Gleichnis auf die moralische Ebene zu verschieben« (ebd.).

hinzugewachsen ist.[127] Die Frage – und weiterreichend auch die Frage, ob das Gleichnis insgesamt auf Jesus selbst zurückgeht[128] – kann im Rahmen dieser Arbeit nicht entschieden werden. Auch wenn die Erzählung später hinzugedichtet worden sein sollte, liegt sie in der Linie der Kampfgleichnisse Jesu, zieht dessen Engagement weiter aus und gehört, so gesehen doch, wenn auch dann in einem weiteren Sinne, zum »Gesamtkorpus« der Gleichnisse Jesu, wie er vom Ansatz dieser Arbeit her interpretiert werden muß.

Der Gerechte stellt sich aufrecht hin vor seinen Gott im Bewußtsein dessen, daß er mehr tut, als das Gesetz von ihm fordert: Zweimal in der Woche fastet er (d. h. er ißt und trinkt nichts von morgens bis abends), dazu gibt er den zehnten Teil seines Einkommens dem Tempel, auch begeht er keinen Raub, keinen Betrug und keinen Ehebruch. Sofern dies alles ehrlich gesagt ist – und wir müssen es der Erzählung nach annehmen – macht dieses Tun ihn zum gerechten und frommen Israeliten, dem die Verheißungen Israels uneingeschränkt gelten. Darauf kann und darf er stolz sein; es macht ihn zum »aufrechten Israeliten« (vgl. Joh 1,47b).

Eines aber darf er nicht: Er darf nicht sagen: »Gott, ich danke dir, daß ich nicht . . . wie dieser Zöllner dort« bin (V 11). So sehr ein Zöllner das eigene Volk an die fremden Unterdrücker verrät und es in ihrem Auftrag und zu seiner eigenen Bereicherung auspreßt – dies darf der Pharisäer nicht sagen, dieses sein Gebet ist Blasphemie. Denn aus seiner eigenen zentralen Überlieferung muß er wissen, daß es nicht ihm,

127 V 14b wird gegen Jeremias 98 (der die Frage nach der Ursprünglichkeit »nicht sicher zu entscheiden« vermag) allgemein als ein dem Gleichnis später angefügtes, ursprünglich selbständiges Jesuswort (»Wanderlogion«) eingeschätzt (vgl. Linnemann 69f und 151, Anm. 12, Frankemölle, Gleichnissen 112, Knoch 275). Sekundär ist sicherlich auch V 9 (vgl. Linnemann 70 u. 151, Anm. 13).

128 Halten sich sowohl die Gestalt des Pharisäers wie des Zöllners nach Linnemann 65, Kahlefeld II, 57 (vgl. aber auch ebd. 60), Knoch 275 im Rahmen der zeitgenössischen Anschauungen, sind nach z. B. Frankemölle, Gleichnissen 112, und Fiedler, Jesus 231, die Figuren überzeichnet. Ausgehend von einem »karikierenden Charakter« von Lk 18,11f gelangt Fiedler, ebd. 228–233, mit L. Schottroff, Die Erzählung vom Pharisäer und Zöllner als Beispiel für die theologische Kunst des Überredens, in: T. Lorenzmeier (Hg.), Neues Testament und christliche Existenz. Festschrift H. Braun, Tübingen 1973, 439–461, zu der Überzeugung, daß »die Erzählung nicht von Jesus stammt« (229); fraglich scheint ihm auch die für Jesus untypische Art, der jeder Feindesliebe widersprechende Umgang mit den Gegnern (231). Dennoch bewahrt die Gleichniserzählung nach Fiedler »darin historische Überlieferung, daß sie für ihre Aufforderung an den Hörer, sich mit der Gestalt des Zöllners zu identifizieren, Jesu Zuwendung zu Menschen dieser allgemein verachteten Gruppe zur Grundvoraussetzung hat«. (232f) Insofern darf das vorliegende Gleichnis in jedem Fall zur Herausarbeitung der »inneren Biographie« Jesu herangezogen werden.

sondern allein Gott gegeben ist, die Herzen der Menschen zu erforschen (1 Chr 28,9), daß Gott allein das Herz der Menschenkinder kennt (1 Kön 8,39) und daß er deshalb keinen seiner Volksgenossen in seinem Herzen hassen und verachten darf (Lev 19,17). Er muß wissen, daß Gott allein und niemand sonst der Richter ist über die Herzen der Menschen und er allein ihr Tun vergilt (Dtn 32,35). Inmitten eines Gebets, als aufrechter Israelit vor Gott stehend, verfällt er der Ursünde Adams: sein zu wollen wie Gott und zu wissen, was Gut und was Böse ist (vgl. Gen 3,5). Damit hat er sein Herz verschlossen und sich selbst den Weg in das Paradies des geliebten Sohnes versperrt. Dieses ursprüngliche (»paradiesische«) Verhältnis des Menschen zu Gott klingt paradoxerweise an in dem Stoßseufzer des Sünders zu seinem Gott. In ihm liegt eine Offenheit und Unmittelbarkeit, wie sie charakteristisch ist für das Verhältnis von Sohn und Vater, Tochter und Mutter. Daß der sündige Zöllner zu diesem Gottesverhältnis findet, daß ihm, dem Sünder, der Sohnesatem geschenkt ist, der ihm die »rahamim« des Vaters erschließt, ist Ausdruck und Zeichen der anbrechenden »malkût Jahwe«. Von diesem Kontrast aus wird rückblickend das »gespreizte«, entfremdete, durch starren Gesetzesdienst vermittelte Gottesverhältnis des Pharisäers sichtbar und also der Hörer[129] dazu befähigt, sich davon zu befreien und – wie der sündige Zöllner – die Unmittelbarkeit zu Gott zu suchen.

In einer bestürzenden, beinahe grotesk anmutenden Weise[130] gestaltet die Erzählung einen alltäglichen Vorgang, nämlich das Beten im Tempel, zu einem dramatischen Handlungsgleichnis aus, dessen negativer »Handlungsüberschuß« (im Verhalten des Pharisäers) vom Sohnesverhalten des Zöllners aus sichtbar wird und umgekehrt das Verhalten des Zöllners als Sohnesverhalten deutlich macht. Das Gottesreich öffnet sich hier dem Hörer – ähnlich wie beim Gleichnis vom reichen Kornbauern (s. Kap. 2.1 [c]) – indem er sich von der Negation gleichsam »in großem Schwung« abwendet und sich mit der Haltung des Zöllners (ähnlich der des zurückkehrenden »verlorenen Sohnes«) iden-

129 Nach Frankemölle, Gleichnissen 112, ist das Gleichnis an die Jünger gerichtet; Linnemann 70 nimmt als unmittelbare Hörer des Gleichnisses die Pharisäer an.

130 Vgl. Eichholz 71: »Unter den synoptischen Gleichnissen dürfte es in der Tat Grotesken geben.« Linnemann 36f spricht von »ungewöhnlichen Zügen«, Biser, Gleichnisse 63, von einem »Zug ins Humoristische«, Ragaz 158 von »heiligem Humor«, H. Paulsen, Die Witwe und der Richter (Lk 18,1–8), in: Theologie und Glaube 74 (1984) 13–39, von »Zügen des Burlesken«. Vgl. auch W. Harnisch, Die Ironie als Stilmittel in Gleichnissen Jesu, in: Evangelische Theologie 32 (1972) 421–436; L. Kretz, Witz, Humor und Ironie bei Jesus, Olten–Freiburg 1981

tifiziert: Man hätte erwarten können, daß *auch* der Sünder, der sich seiner Schuld bewußt geworden ist und Gott um Vergebung bittet, »als Gerechter« nach Hause geht, so wie der Pharisäer gleichsam »von Hause aus« ein Gerechter ist (wie der zu Hause gebliebene Sohn). Das Überschießende, das wiederum der Intensität Ausdruck gibt, in der die Auseinandersetzung mit den Gegnern geschieht, besteht hier jedoch darin, daß der Gerechte betend im Tempel *sündigt*, also sein Gerechtsein verliert, während der Zöllner sich in seinem Stoßgebet als offen erweist für den vergebenden Gottesatem, der die »malkût Jahwe« anbrechen läßt.

Das Knechtsverhalten und die Knechtsgesinnung – auch und gerade desjenigen Knechts, der sorgfältig und über das Gebotene hinaus den Willen seines Herrn erfüllt – enthüllt sich in diesem Gleichnisspiegel als Haltung und Weg, die zur Sünde führen. Jesus, der dies erkennt, kann diesen Weg nicht gehen. Ein Abgrund trennt ihn von seinen Gegnern. Der Gleichnis-Spiegel enthüllt den Abgrund; es ist der Abgrund der Sünde, in welcher der Mensch sein will wie Gott: Er usurpiert ein Wissen, über das nur Gott verfügen kann: nämlich zu wissen, welcher Mensch (nicht nur welches Verhalten) gut und welcher böse ist. Er erhebt sich selbstherrlich über seinen Bruder Abel und erschlägt ihn mit seiner Gerechtigkeit. Mit der Aufzählung seiner guten Werke sucht er wie die Menschen in Babel einen Turm zu bauen, der bis zum Himmel reicht. Doch Jesus hält seinen Gegnern diesen Spiegel nicht vor Augen, um sie zu verdammen, sondern damit sie aufschreckend ihr Jahwewidriges Verhalten erkennen und aus ihrer Verlorenheit und ihrem Elend des Knechtsseins aufbrechen und zurückgehen zu ihrem Gott, der ein mütterlich liebender Vater ist.

Es ist kein Zufall, daß in den Kampfgleichnissen, also in der zweiten Dimension des Wirkens Jesu – entgegen der ersten – die Handlungsgleichnisse überwiegen. Während sich unter den zehn Weckgleichnissen nur vier Handlungsgleichnisse befinden (wobei das vom großen Gastmahl durch sein Motiv der Lahmen und Blinden schon zu den Kampfgleichnissen überleitet), finden sich unter den elf Kampfgleichnissen nur vier Vorgangsgleichnisse; die anderen sieben zeigen jenen dramatischen Handlungsaufbau und jenen Überschuß in der Problemlösung, der für Handlungsgleichnisse charakteristisch ist. Bei den Gleichnissen vom verlorenen Schaf, vom unfairen Knecht, von den anvertrauten Geldern und vom Pharisäer und Zöllner im Tempel war dabei zu verfolgen, wie diese überschießende Konfliktlösung aus einer dichterisch-fiktionalen Zuspitzung des alltäglichen Vorgangs herauswächst: Der Hirte läßt bei seiner Suche nach dem verlorenen Schaf die übrigen 99 auf den Bergen, dem Knecht wird eine unvorstellbar hohe Schuldsumme erlassen, den mit dem anvertrauten Gut wirtschaftenden

Knechten wird das Doppelte hinzugegeben, und sie werden aus ihrem Knechtsstatus befreit, der gerechte Pharisäer sündigt betend im Tempel gegen Jahwe. Die Art und Weise, in der diese dichterische Zuspitzung alltäglicher Vorgänge geschieht, und die Richtung, auf die hin sie zielt, erschließt dabei, sei es durch den Mitvollzug des erzählten Kontrasts oder durch unmittelbare Identifikation, den Lebensatem des Gottesreichs: Wer mit der Erzählbewegung des Gleichnisses vom Pharisäer und Zöllner bis zum Ende mitgeht, dem enthüllt sich in dem Kontrast zwischen dem sündigen Gebet des Pharisäers und dem hilflosen Stoßgebet des Zöllners der wahre Gottesatem, der den Menschen rechtfertigt; und wer sich mit dem Hirten identifiziert, der die 99 Schafe auf den Bergen zurückläßt, um das eine Verlorene zu suchen, ist durch diese direkte Identifikation hineingetaucht in denselben Gottesatem der Liebe.

In den Handlungsgleichnissen kommt es für den Hörer darauf an, in diese überschießende Problemlösung mit hineinzugehen. Tut er dies, erschließt sich ihm das Reich Gottes. Handlungsgleichnisse enthalten also gegenüber den Vorgangsgleichnissen eine Steigerung des inneren Engagements des Dichters. Das Unverständnis und die Verstocktheit des Herzens bei den Gerechten und Frommen in Israel, die dadurch zu Jesu Gegnern und Feinden werden, rufen dieses Engagement hervor. Wir werden im folgenden Abschnitt sehen, daß Jesus in der dritten Stufe seiner Gleichnisreden, in der er das abzusehende Scheitern seiner Sammlungsbewegung in Israel voraussieht und dennoch den ihm vorgezeichneten Weg zu Ende geht, wieder fast ausschließlich in Vorgangsgleichnissen denkt und spricht; in nur zwei der insgesamt fünfzehn Passionsgleichnissen spitzt sich die Auseinandersetzung mit dem bevorstehenden Scheitern so zu, daß daraus eine dramatisch-fiktive Erzählhandlung mit der für Handlungsgleichnisse kennzeichnenden überschießenden Problemlösung erwächst.

2.3 Passionsgleichnisse

Gleichnisse als Ausdruck der Auseinandersetzung Jesu mit seinem drohenden Todesgeschick

Die Kampfgleichnisse Jesu sind durchdrungen von dem engagierten Bemühen, seine Gegner für die Botschaft vom anbrechenden Gottesreich zu gewinnen und auch sie hineinzutauchen in den Gottesatem, der in der Jordantaufe auf ihn herabgeströmt war. Es ist ein zutiefst ehrliches und unentwegtes Bemühen. Allmählich geht ihm jedoch auf, daß er dieses Ziel nicht erreichen wird. Der Zeitpunkt ist nicht historisch festzumachen, weil es sich hier um eine Einsicht und Erkenntnis handelt, die sich langsam anbahnt und sich gegen den unmittelbaren Lebens- und Schaffenswillen Jesu durchsetzen muß.[131] Doch an einigen Stellen der Evangelien tritt die Krise zutage und artikuliert sich in der Überlieferung.

Eine dieser Stellen, auf die Eugen Biser im Anschluß an Martin Buber hinweist[132], ist die in den synoptischen Evangelien überlieferte Szene bei Cäsaräa Philippi (Mk 8,27–30 par), wo sich Jesus, als Fremder und Unbekannter heidnisches Gebiet durchziehend, mit der Frage nach seiner Identität an seine Jünger wendet. Walter Schmithals hält die Szene für eine redaktionelle Bildung des Markus und sieht in ihr den ersten Höhepunkt des Markus-Evangeliums.[133] Markus habe die Szene gebildet, um den Lernprozeß der Jünger zu beschreiben und das österliche Messiasbekenntnis des Petrus schon während des irdischen Wirkens Jesu zu antizipieren. »Jesus«, sagt Schmithals, »kann nicht ›echt‹ nach einem Sachverhalt fragen, der ihm seit Mk 1,9–11 (Jordantaufe) schon bekannt ist.«[134] In dieser Aussage nimmt jedoch Schmithals die menschliche Natur Jesu nicht genügend ernst. Denn es ist kennzeichnend für jedes menschliche Selbstbewußtsein, daß es angefochten und verdunkelt werden kann. Die Tatsache, daß sich gerade die Gerechten

131 L. Oberlinner nimmt in seinen Analysen die menschliche Natur Jesu zu wenig ernst. Wenn Jesus eine menschliche Natur besaß, die, zwar geeint, aber nicht *vermischt* ist mit seiner göttlichen Natur, muß das Wissen um den Tod auch bei ihm eine *prozessuale* Struktur gehabt haben. Dann aber gelten in diesem Bereich nicht die scharfen logischen Unterscheidungen, wie sie Oberlinner anwendet. Dann ist es auch *menschlich* durchaus verständlich (und *kein* Widerspruch), daß Jesus trotz seines Wissens um das bevorstehende Leiden weiter für seine Botschaft eintritt; und auch das gehorsame und vertrauensvolle Zuendegehen des ihm vorgezeichneten Weges kann als Aspekt dieser Menschlichkeit begriffen werden und stellt keineswegs die Anwendung psychologisch-anthropologischer Kriterien in Frage (vgl. ebd. 32): Vielmehr ist die gehorsame Annahme des Todes, seine Integration in das Leben und die ihm vom Leben und von Gott gestellte Aufgabe, gerade auch anthropologisch-psychologisch das Kennzeichen eines in Jesus in absoluter Vollendung gelungenen Sterbeprozesses, dessen letzte Phase sich hier ausdrückt. Wo es um »Todeserwartung und Todesgewißheit« geht, sind weniger »klare Unterscheidungen« (26 u. ö.) notwendig als vielmehr ein klares und starkes menschliches *Einfühlungsvermögen*. Freilich kann und soll es dabei – darin gebe ich Oberlinner recht – nicht um die Gewinnung und Sicherung äußerer historischer Fakten gehen; darin sind nach wie vor kaum »Sicherheiten« zu gewinnen. Doch »Todeserwartung und Todesgewißheit« sind ihrem Wesen nach nicht so sehr Elemente der äußeren als vielmehr der »inneren Biographie«. Einfühlung ist deshalb auch wissenschaftlich gesehen als Erkenntnis- und Interpretationsmethode hier unbedingt gefordert.

132 Biser, Jesus 60 f und 154 f

133 Schmithals 378 ff

134 Ebd. 382

und Frommen in Israel und die religiösen Führer des Volkes seiner Botschaft nicht öffneten, ja ihm zunehmend und mit steigender Bitterkeit vorwarfen, er würde die heiligen Überlieferungen seines Volkes an die Sünder und Zöllner verschleudern, mußte in Jesus seiner menschlichen Natur nach, mindestens von dem Augenblick an, da er sich eingestehen mußte, daß er diese erbitterte Gegnerschaft nicht mehr werde überwinden können, eine tiefe Krise des Selbstbewußtseins und des Selbstverständnisses auslösen. Schmithals beschreibt durchaus überzeugend die redaktionellen Beweggründe, die Markus bei der Bildung und Formung dieser Perikope gelenkt haben. Dies schließt jedoch nicht aus, daß es auch Überlieferungen gab, die von einer inneren und äußeren Krise im Wirken und im Selbstverständnis Jesu erzählten, und daß Markus hier an einer dieser Überlieferungen anknüpfte.

In der johanneischen Überlieferung – Biser sieht hier eine unterschwellige Verbindung zu der Szene von Cäsaräa Philippi[135] – kommt diese tiefe Krise des Wirkens Jesu am Ende seiner Rede über das Himmelsbrot zum Ausdruck, die sich an die Erzählung von der wunderbaren Speisung der großen Volksmenge am See von Tiberias anschließt und in der Jesus sich als das vom Himmel herabgekommene Brot des Lebens zu erkennen gibt: In ihm, in seinem Wirken, das mit seinem Personensein identisch ist, in dem Gottesatem, den er den Menschen zu vermitteln sucht, wird der tiefste Hunger des Menschen gestillt: »Wer zu mir kommt, wird nie mehr hungern« (Joh 6,35). Das ist in johanneischen Worten ausgedrückt die jesuanische Botschaft, daß in ihm und seinem Wirken das Gottesreich als Inbegriff der Sehnsucht des jüdischen Volkes und aller Menschen im Anbrechen ist. Gerade da, wo sich diese Botschaft zuspitzt (wie in der johanneischen Brotrede), wird es offenbar, daß viele derer, die Jesus zuhören, seine Botschaft nicht annehmen können oder wollen: »Was er sagt, ist unerträglich. Wer kann das anhören?« (Joh 6,60). Johannes erzählt, daß sich daraufhin viele Jünger von Jesus zurückzogen und nicht mehr mit ihm wanderten und daß Jesus schließlich, einsam geworden, auch seinen Zwölferkreis fragt: »Wollt auch ihr weggehen?« (6,67). Der inneren Anfechtung und Unsicherheit entspricht hier der äußere Abfall von Jesus.

Doch die Zwölf bleiben bei Jesus, wenn auch aus unterschiedlichen Motiven (vgl. Joh 6,68–71). Und allmählich treten für Jesus die Konturen des Weges hervor, den er nun zu gehen hat. Es ist der Weg zum Paschafest nach Jerusalem, den er deutlich als Weg in das Leiden vor Augen hat. Unmittelbar an die oben genannte Szene von Cäsaräa Philippi, die mit dem Messiasbekenntnis des Petrus schließt, fügt Markus

135 Biser, Jesus 60; allerdings würde ich hier nicht von einer »Parallele« sprechen wollen.

die erste Leidensvoraussage an (Mk 8,31 f). Jesus spricht die Voraussage dieses Leidens zu Beginn seiner Wanderung nach Jerusalem.

Daß für ihn am Ziel dieser Wanderung das Leiden steht und daß er beginnt, Leiden und Tod in sein Selbstverständnis mit einzubauen, zeigt – vielleicht noch ursprünglicher – eine Perikope bei Lukas, die dieser ebenfalls zu Beginn der Wanderung Jesu von Galiläa nach Jerusalem ansiedelt: Er erzählt, daß einige – offenbar Jesus wohlgesonnene – Pharisäer zu ihm kamen und sagten: »Geh weg, verlaß dieses Gebiet, denn Herodes will dich töten. Er antwortete ihnen: Geht und sagt diesem Fuchs: Ich treibe Dämonen aus und heile Kranke, heute und morgen, und am dritten Tag werde ich mein Werk vollenden. Doch heute und morgen und am folgenden Tag muß ich weiterwandern; denn ein Prophet darf nirgendwo anders als in Jerusalem umkommen« (Lk 13,31–33). Hier wird deutlich, wie Jesus die Kraft findet und den Entschluß faßt, den am Jordanfluß betretenen Weg – trotz Abfall der Jünger und Todesdrohung seitens der Mächtigen – zu Ende zu gehen: »Ich treibe Dämonen aus und heile Kranke«, d. h. ich verkünde weiter den Anbruch des Gottesreiches in Wort und Tat und am »dritten Tag« (d. h. nach alttestamentlichem Sprachgebrauch: am Höhepunkt der Krise) »werde ich mein Werk vollenden«.

Jesus hat hier die bevorstehende Auslieferung in den Tod in sein Sein und Wirken integriert. Er sieht in ihr nicht den Abbruch und das Scheitern des am Jordan begonnenen Weges, sondern dessen notwendigen Zielpunkt und dessen Vollendung. In diesem Geschehen wird und muß sich zeigen, ob der Lebens- und Liebesatem Gottes, der ihn am Jordan erfaßt hatte und seither trug, eine Täuschung war, oder ob er ihn durch das Todesleiden hindurchtragen und auf neue Weise lebendig machen wird. Jesus sucht diese Entscheidung. Markus erzählt, wie Jesus – im Unterschied zum Messiasgeheimnis – «ganz offen« darüber redet, er »müsse vieles erleiden und von den Ältesten, den Hohenpriestern und den Schriftgelehrten verworfen werden; er werde getötet, aber nach drei Tagen werde er auferstehen« (Mk 8,31). Wenn diese Formulierung auch, wie Schmithals hervorhebt[136], eine redaktionelle Bildung des Markus ist, in der er das bekannte Material aus den in der frühen Kirche umlaufenden Passions- und Ostererzählungen aufgreift, um dem Leser seines Evangeliums das Messiasgeheimnis zu enthüllen – sie klingt auch tatsächlich sehr formelhaft –, ist wiederum, wie schon bei der Szene von Cäsaräa Philippi, damit nicht ausgeschlossen, sondern eher angedeutet, daß in Jesu Entschluß, zum Paschafest nach Jerusalem zu wandern, auch schon ein Wissen um das bevorstehende Leiden eingeschlossen

136 Schmithals 384 ff, bes. 386

war und daß er im Aufbruch zur Wanderung dieses Leiden angenommen und in das Selbstverständnis seiner Person und seines Wirkens integriert hat. Dies ausschließen hieße die menschliche Natur Jesu verleugnen und dadurch dem heutigen Menschen einen für ihn notwendigen erfahrungsorientierten Zugang zur Jesusgestalt verschließen.

Tatsächlich spiegeln sich auch diese Anfechtung und diese Krise seiner Verkündigung – und d. h. immer auch seiner Person und seines Lebens – sehr deutlich in jener Gruppe von Gleichnissen wider, die ich oben im Anschluß an Eugen Biser »Passionsgleichnisse« genannt habe und in denen sich besonders stark die Jesusgestalt abzeichnet, ihr inneres Profil zu erkennen gibt. In den Passionsgleichnissen öffnet sich am deutlichsten und klarsten der Weg zur inneren Biographie Jesu. Wer diesen Gleichnissen nachsinnt und sich in die existentielle Situation einfühlt, aus der heraus ihr Schöpfer sie geformt hat, dem kann sich hier ein Zugang zum christlichen Glaubensfundament erschließen, der einerseits Jesus seiner menschlichen Natur nach nahebringt, ihn verinnerlicht, ihn mit den »Augen des Herzens« sehen lehrt, und andererseits eben dadurch das göttliche Heil, das dieser Jesus nach christlichem Glauben ist, unmittelbar als Kraft der Heilung, der Befriedung und Befreiung des eigenen Menschseins, als Heilung der »Krankheit zum Tode« (Kierkegaard) erfahrbar macht.

Denn in den psychologisch-anthropologischen Phasen des Sterbeprozesses, wie ihn Elisabeth Kübler-Ross und Paul Sporken (neben anderen) herausgearbeitet haben[137], verdichtet sich ja nur der Prozeß des Lebens, der sich seit der Geburt vollzieht und der immer wieder – bei jeder existentiellen Verlusterfahrung – durch Phasen dieser Art geprägt ist. So zeigen sich – in für Jesus charakteristischen Modifikationen – die Phasen dieses Prozesses auch in den Gleichnissen dieser letzten Gruppe. Es zeigt sich kein blindes »Nichtwahrhabenwollen«, auch keine blind-emotionale Auflehnung, in der ein »Sündenbock« für das drohende Verhängnis gesucht wird, ebenso keine abgrundtiefe Depression, in der sich der Mensch in sich einkapselt und oft für niemanden mehr ansprechbar ist.[138] Was sich zeigt, ist ein Impuls zur »Bestandsaufnahme« der gegebenen Kräfte und Möglichkeiten (Gleichnisse vom *zurückkehrenden Dämon* sowie vom *Turmbau* und vom *Feldherrn*), auch ein starkes und beharrliches Angehen gegen die Instanzen, die den Sieg der guten Sache verhindern und sein Leben und Wirken mit dem Scheitern bedrohen (Gleichnisse vom *bittenden Sohn*, vom *unablässig*

137 E. Kübler-Ross, Interviews mit Sterbenden, Stuttgart 5. Aufl. 1972; dazu P. Sporken, Umgang mit Sterbenden, Düsseldorf 3. Aufl. 1976, 57 ff

138 Vgl. dazu Sporken 76–84

bittenden Freund und von der *unbeirrt ihr Recht fordernden Witwe*) sowie eine tiefe elegische Trauer (Gleichnis von den *Kindern auf dem Marktplatz*), auch ein gewisses »Verhandeln mit dem Schicksal« (Gleichnis vom *fürbittenden Weingärtner*, der noch um ein Jahr Aufschub bittet), vor allem aber und besonders stark ausgeprägt die schließliche *Annahme* des Verhängnisses, das seine Gegner über ihn bringen (Gleichnis vom *betrügerischen Verwalter*) sowie darauf folgend der starke Strom des wiedergefundenen Vertrauens[139], in dem er seinen Weg dann unbeirrt und unentwegt zu Ende geht, wobei er die Entscheidung über ihn selbst, seine Botschaft und seine Mitmenschen, dem Ende, dem Tod, der »Ernte« überläßt, in die hinein sein Weg mündet (Gleichnisse von Saat, Wachstum und Ernte).

(a) *Die Einsicht in das bevorstehende Ende*

Das drohende Scheitern des Bemühens Jesu, Israel unter der Erfahrung der keimhaft schon anbrechenden »malkût Jahwe« zu sammeln, und damit das Scheitern seiner Sendung und seines Lebens, ist am stärksten symbolisch-gleichnishaft antizipiert in der Erzählung vom *Mord im Weinberg* (Mk 12,1b–8 par).[140] Jesus arbeitet hier mit einer Vielzahl sog. »stehender Metaphern«[141], die seinen Zuhörern bekannt waren: »Weinberg« als Metapher für das Volk Israel, »Weinbergpächter« für

139 Worauf dieses Vertrauen konkret hingerichtet war, ob schon ausdrücklich auf eine todesjenseitige Auferstehung vom Tode (im Sinne der heutigen Theologie) oder auf eine Rettung aus dem Todesleiden, wie es dem von Jesaja verkündeten leidenden Gottesknecht verheißen ist (oder auf ein »Mittleres« zwischen beiden), kann und braucht nicht geklärt zu werden, weil der Tod, wie der Mensch ihn nach seiner menschlichen Natur erleidet, gerade durch seine Dunkelheit und sein Verhülltsein konstituiert ist. Jesu (wiedergewonnenes) Vertrauen ist ein Vertrauen auf den abba, der ihn auch gerade aus der Dunkelheit und Verhülltheit des auf ihn zukommenden Todesleidens als den »geliebten Sohn« retten, bewahren und bestätigen wird.

140 Historischer Ort des Gleichnisses ist auch nach Weder 157 die »letzte Phase der Wirksamkeit« Jesu. Nach Pesch/Kratz 75 deutet hier Jesus »die Situation seiner Ablehnung als eine seine Gegner belastende Situation«. Offenbar hat sich Jesus »selbst als letzten Boten Gottes verstanden« (Weder 156); Weder vertritt die Ansicht, daß dieser Anspurch für den historischen Jesus »charakteristisch« sei. Auch Frankemölle, Jesus 203, sieht das Gleichnis »in einem späten Stadium des Wirkens Jesu« lokalisiert und durch Jesu Voraussicht seines gewaltsamen Todes geprägt. Zum metaphorischen Sinn der im Gleichnis erwähnten Knechte = Propheten und des »Funktionszusammenhanges« zwischen Sohn und Knechten vgl. Weiser 49–57

141 Zum Begriff der »stehenden Metapher« und deren Verhältnis zur Allegorie siehe näher in der Interpretation des Gleichnisses vom ungetreuen Verwalter in Abschn. 2.3. (f)(vgl. dort die Anm. 175)

dessen religiöse Führer, Gott als »Herr des Weinbergs«. Das Interesse der Hörer ist jedoch nicht darauf gerichtet, die Bedeutungen dieser Metaphern zu entschlüsseln – sie sind ja schon bekannt –, sondern zu verfolgen, in welche Beziehung die metaphorisch ausgedrückten Größen zueinander treten. Auf diese Weise entsteht ein dramatisch aufgebautes Handlungsgleichnis, das, wie die meisten Kampfgleichnisse, einen Spiegel bildet, in dem die Feinde Jesu sich selbst und die Verwerflichkeit ihres Tuns und ihrer Gesinnung aufschreckend erkennen können, um sich betroffen davon abzuwenden.[142]

In dieser Funktion gehört das Gleichnis eigentlich noch zu den Kampfgleichnissen; aber sofern sich in ihm auch schon in großer Schärfe und Klarheit das Bewußtsein Jesu von seinem drohenden Scheitern abzeichnet, kann es auch an den Eingang der Passionsgleichnisse gestellt werden.

Hans Weder hat in genauer Beobachtung die Umrißlinien herausgearbeitet, die das Gleichnis vor seiner Übermalung durch die Urgemeinde und den Evangelisten hatte[143]: Der Herr eines Weinbergs übergibt diesen seinen Winzern, und nach angemessener Zeit schickt er einen Knecht zu diesen, um seinen ihm zustehenden Anteil von den Früchten des Weinbergs zu erhalten. Doch die Winzer beschimpfen und verprügeln den Knecht ihres Herrn und schicken ihn mit leeren Händen zurück. Der Besitzer aber reagiert mit einer unbeschreiblichen Lang-

142 Wie fragwürdig die Einschätzung des von Jesus erzählten Gleichnisses als »Gerichtsgleichnis« ist, unterstreicht die Feststellung Weders 157 im Hinblick auf Mk 12,9: »Das Gericht wird ja nicht eigentlich angekündigt, sondern erscheint im Gleichnis, und zwar als Selbstverständlichkeit. Es wird also im Gleichnis angekündigt, um eben dadurch abgewendet zu werden.« Der Hörer soll zur Umkehr und Vernunft gebracht und dadurch auf die Seite des Heils gezogen werden. Dieses Urteil wird vor allem auch dadurch bestätigt, daß die meisten Ausleger (siehe die folgende Anm.) davon ausgehen, daß in den VV 10f eine sekundäre Deutung der Parabel durch die Urgemeinde vorliegt, in der auf das (nachchristliche) Geschick Israels reflektiert wird. Dieser exegetische Befund stimmt mit den formalen Beobachtungen in Kap. 1.3 (c) überein, wo sich dieser Aufbau der Erzählung vom durchgehenden Aufbauprinzip der Handlungsgleichnisse mit negativem Handlungsüberschuß her nahelegte: Denn wenn am Ende der Besitzer des Weinberges doch noch kommt, die Winzer tötet und den Weinberg anderen übergibt, wird der *Kontrast,* aus dem heraus die Erzählung wirkt, entscheidend geschmälert: nämlich der Kontrast zwischen dem absoluten Gutsein des Weinbergbesitzers und dem verbrecherischen Handeln der Pächter. Erst aus diesem erwächst das abgrundtiefe Urteil »unmöglich«, jener Spiegel also, worin Jesu Feinde, die beschlossen haben, den Tod über den »geliebten Sohn« zu bringen, sich selbst wiedererkennen können, um sich von dieser falschen Identität ab- und dem Gutsein des Weinbergbesitzers, d. h. der anbrechenden »malkût Jahwe«, zuwenden zu können.

143 Vgl. Weder 147–150

mut und Güte.[144] Nochmals schickt er einen wehrlosen Knecht in seinen Weinberg; diesen töten die Winzer. Statt nun ein Strafgericht über die verbrecherischen Pächter kommen zu lassen, schickt der Herr des Weinbergs seinen eigenen Sohn zu den Mördern. Vor ihm – so denkt er – werden sie Achtung haben. »Die Winzer aber sagten zueinander: Das ist der Erbe. Auf, wir wollen ihn töten, dann gehört sein Erbgut uns. Und sie packten ihn und brachten ihn um und warfen ihn aus dem Weinberg hinaus« (Mk 12,7–8).[145]

Wenn der Gegner Jesu einfühlend und sich identifizierend die einzelnen Erzählschritte der Geschichte mitgeht, muß er am Ende eigentlich betroffen vor dem Bild seiner selbst zurückschrecken. Sein Verhalten enthüllt sich ihm im Spiegel dieser Geschichte als die genaue Wiederholung der Ursünde des Menschen: Wie bei den Stammeltern im Paradies, bei Kain und Abel und beim Turmbau zu Babel bestand sie stets darin, das, was Gott gehört, durch welche Mittel auch immer, in die eigene Verfügungsgewalt zu bringen: den Baum in der Mitte des Gartens, die Zuwendung Jahwes (in der Annahme des Opfers) und durch den Turm die göttliche Macht. Vielleicht kann dieser ihnen hier so deutlich vor Augen gehaltene Spiegel der Sünde sie doch noch zum Umdenken

144 Im Thomasevangelium wird gleich im ersten Satz des Gleichnisses auf diesen positiven Hintergrund der Handlung hingewiesen: »Ein gütiger Mann besaß einen Weinberg« (Th Ev 65, nach Kemmer 95). Auch wenn, wie neuerdings K. Snodgrass, The Parable of the Wicked Tenants. An Inquiry into Parable Interpretation, Tübingen 1983, 52 ff, pointiert herauszuarbeiten sucht, das Thomasevangelium von den synoptischen Evangelien abhängig ist und die älteste Traditionsschicht unseres Gleichnisses von Mt überliefert wird (ebd. 70), ist im Zusammenhang mit den o. g. strukturellen Beobachtungen der genannte Textbestand des Thomasevangeliums doch bemerkenswert: Der Verfasser des Thomasevangeliums war jedenfalls ein guter (und früher!) Kenner der Gleichnisse Jesu; als solcher überliefert er einen Textbestand, der mit heutigen strukturellen Beobachtungen übereinstimmt.

145 Dies ist nach den meisten Auslegern der Grundbestand des Gleichnisses auf der Jesusstufe: Vgl. z. B.: Jeremias 53; Frankemölle, Gleichnissen, 78 f, 81 sowie ders., Jesus 196 f und 202 f; Kemmer 95, der als »ältere Fassung« die Fassung des Gleichnisses im Thomasevangelium zitiert, welche ebenfalls diesen Grundbestand aufweist; Knoch 152, der ebenso wie Weder die Frage in V 9a »Was wird nun der Besitzer des Weinbergs tun?« noch zum ursprünglichen Bestand rechnet. Für die hier vorliegende Interpretation ist dieser letzte Akzent unwichtig; ich folge hier Jeremias, der darauf hinweist, daß die Schlußfrage erstens im Thomasevangelium fehlt und zweitens an das Zitat aus Jes 5,2 in V 1b anknüpft, das den Text der Septuaginta, also der griechischen Übersetzung, nicht aber den hebräischen Text benutzt und deshalb ebenso sekundär sein dürfte, wie die Schlußfrage, die daran anknüpft. Dasselbe vermutet Frankemölle, Jesus 196 f, auch wenn er den Hinweis auf das Strafgericht in V 9 als einen »im Kontext der Predigt Jesu möglichen«, aber »nicht notwendig ursprünglichen Bestandteil der Parabel« betrachtet (ebd. 202).

bewegen: sie, die schon den Beschluß gefaßt haben, den »geliebten Sohn« umzubringen (vgl. Mk 3,6)[146], damit ihnen das Erbgut gehört (V 7), so wie Kain seinen von Gott bevorzugten Bruder Abel erschlug, damit er, Kain, die Zuwendung Jahwes erfahre.

Doch spätestens vor seinem Aufbruch zur letzten Wanderung nach Jerusalem erkennt Jesus, in welchem Gewißheitsgrad auch immer – die Leidensvoraussagen weisen formelhaft darauf hin –, daß ihm Leiden und Tod bevorstehen. Damit ist sein Wirken in eine große Krise geraten. Wird mit seinem Tod nicht alles, was er an Hoffnung und neuer Erfahrung bei seinen Jüngern aufgebaut hat, zusammenbrechen? Wird dieser Tod in ihren Augen die Ansage der anbrechenden »malkût Jahwe« nicht als trügerische Illusion entlarven und die Menschen, die sich von ihm und seiner Botschaft aus ihrer Verlorenheit und Lethargie herausreißen und zum freudigen Vorwärtsgehen bewegen ließen, zurückstürzen in eine Hoffnungslosigkeit und Verzweiflung, die noch um ein Vielfaches schlimmer sind, als sie es vorher waren? Seine Botschaft und sein »ansteckendes« Wirken hatte »Lahme gehend, Blinde sehend, Aussätzige rein, Taube hörend und Tote wieder lebendig gemacht« (vgl. Mt 11,2–6; Lk 7,18–23) und dadurch nach der Verheißung des Jesaja (vgl. Jes 26,19; 29,18; 35,5; 61,1) bestätigt, daß das Reich Gottes anbricht. Würde jetzt, mit seinem Tod, nicht alles zusammenfallen wie ein Kartenhaus? Und würden dadurch die Menschen nicht in einer Leere und einem Abgrund versinken, aus der sie niemand mehr würde herausholen können?

So wird der existenz-biographische Hintergrund des schwierigen Gleichnisses vom *zurückkehrenden Dämon* (Lk 11,24–26; Mt 12,43–45c)[147] deutlich: Der Dämon der Hoffnungslosigkeit und Ver-

146 Zur historischen Situation vgl. Mk 3,6 par: »Da gingen die Pharisäer hinaus und faßten zusammen mit den Anhängern des Herodes den Beschluß, Jesus umzubringen.«

147 Das in der Gleichnisexegese weitgehend unberücksichtigte »Gleichnis vom zurückkehrenden Dämon« (Biser, Gleichnisse 61–63: »Gleichnis vom Teufelshaus«) thematisiert nach Jeremias 131 f die Gefahr des Rückfalls (vgl. Knoch 309: Warnung vor dem Abfall), betrachtet ihn allerdings nicht (vgl. den konditionalen Sinn der VV 44b f »wenn . . . dann«) als unvermeidlich, zwangsläufig (vgl. auch J. Schmid, Das Evangelium nach Matthäus [Regensburger Neues Testament], Regensburg 5., durchgesehene Aufl. 1965, 216 f). In den Geistern erkennt J. Ernst, Das Evangelium nach Lukas (Regensburger Neues Testament), Regensburg 1977, 376, eine Personalisierung und Lokalisierung der menschlichen Sündhaftigkeit; in der Siebenzahl drückt sich eine Überbietung der Einzahl aus (ebd. 377). Zur Frage, ob die Anwendung in Mt V 45d sekundär ist, vgl. (bejahend:) Ernst, Evangelium 376; (verneinend:) E. Klostermann, Das Matthäusevangelium (Handbuch zum Neuen Testament), Tübingen 1927, 113; E. Schweizer, Das Evangelium nach Matthäus (Das Neue Testament

zweiflung, den er aus den ihm folgenden Menschen ausgetrieben hat, kann angesichts des drohenden Prophetentodes nicht zur Ruhe kommen. Er wird in das Haus zurückkehren, das er verlassen hat. »Und wenn er es bei seiner Rückkehr leer antrifft, sauber und geschmückt, dann geht er und holt sieben andere Geister, die noch schlimmer sind als er selbst. Sie ziehen dort ein und lassen sich nieder. So wird es mit diesem Menschen am Ende schlimmer werden als vorher« (Mt 12,44b ff).

In den beiden Gleichnissen vom Mord im Weinberg und von der Rückkehr des Dämons wird das Schicksal, das Jesus und seinem Lebenswerk bevorsteht, unbeschönigt in seiner Grauenhaftigkeit und Unerbittlichkeit gesehen. Jesus macht sich nichts vor, er überspielt die auf ihn zukommende Drohung nicht. Die Diagnose ist klar gestellt; alle Folgen sind in den Blick genommen.

(b) *»Bestandsaufnahme«*

Kann Jesus angesichts dieser Bedrohung seinen am Jordan begonnenen Weg weitergehen? Wie weit reichen seine Kräfte und Möglichkeiten? Wie ein Bauherr, der einen Turm bauen will, sich zuerst hinsetzt und rechnet, ob seine Mittel für das ganze Vorhaben ausreichen, damit er am Ende nicht lächerlich dasteht, wie einer, der nur das Fundament gelegt hat, dann aber den Bau nicht vollenden konnte, so muß Jesus sich jetzt besinnen und seine Möglichkeiten überdenken (Gleichnis vom *planenden Baumeister*, Lk 14,28–30). Schon rücken die Gegner mit »20 000 Mann« gegen ihn an, und es gilt, sich hinzusetzen und zu überlegen, ob er mit seinen »10 000 Mann« sich ihnen entgegenstellen kann oder ob er – »solange der andere noch weit weg ist« – nicht lieber »eine Gesandtschaft« schicken, sich unterwerfen und »um Frieden« bitten soll (Gleichnis vom *Feldherrn*, Lk 14,31–32).[148] Im Unterschied zum

Deutsch), Göttingen 14., durchgesehene Aufl. 1976, 191; J. Schmid, Mt-Kommentar 215

148 Das Doppelgleichnis wird – sofern es überhaupt behandelt wird; es fehlt z. B. bei Weder – allgemein als Aufruf zu bewußter Nachfolge gedeutet. Knoch 131 zufolge ist es »an solche gerichtet ..., die zur besonderen Nachfolge als Jünger und Mitarbeiter Jesu berufen sind, (also) in den Mitarbeiterkreis Jesu eintreten wollen«; ihnen gäbe Jesus »zu bedenken, daß ein solches ›großes‹ Vorhaben reifliche Überlegung fordert, ob auch die Kräfte ausreichen, den schweren Weg Jesu mitzugehen, und daß dazu ein fester Entschluß nötig ist«. Dieses Verständnis setze allerdings die Berücksichtigung des Rahmens voraus, in dem das Gleichnis begegne. Dagegen vertritt Kahlefeld I, 189 die Ansicht, daß es »auf die fundamentale Jüngerschaft zielt und daß die besondere Lebensform des engsten Kreises erst in zweiter Linie ... berührt wird« (vgl. ebd. I, 142–149).

Menschen, dem eine unheilbare Krankheit diagnostiziert wird, kommt ja auf Jesus der Tod nicht als unabwendbares Naturereignis zu, sondern als Konsequenz seines Lebens und Wirkens, und er könnte diesem Tod vielleicht entgehen, wenn er rechtzeitig dieses Wirken beendet, sich unterwirft, um Frieden bittet und seine Lebensrichtung ändert.

(c) *Gesammeltes Angehen gegen das Ende als Scheitern*

Doch die Stimme, die ihn am Jordan als den »geliebten Sohn« berief, verstummt auch angesichts der schrecklichen Bedrohung nicht. Sie sagt ihm, daß seine Sache gerecht ist und wahr und deshalb letztendlich ihr Ziel erreichen wird. Die Gleichnisse vom *bittenden Freund* und vom *bittenden Sohn* sowie von der *unbeirrt fordernden Witwe* offenbaren den im Gottesatem begründeten Lebens- und Schaffenswillen Jesu, der – wie jeder menschliche Lebens- und Schaffenswille – gerade in der Bedrohung wächst, sich an seinem Ziel aufrichtet und mit gesammelter Kraft gegen die Instanzen angeht, die sein Wirken behindern und bedrohen.

Am deutlichsten und elementarsten zeigt sich das gesammelte Sohnesvertrauen Jesu, mit dem er sich dem drohenden Scheitern entgegenstellt, im Doppelgleichnis vom *bittenden Sohn* (Mt 7,9–10; Lk 11,11–12).[149] Wie schon in früheren Gleichnissen (z. B. vom verlorenen Schaf) gewinnt der Vergleich eine besondere Intensität durch die Frageform: »Ist einer unter euch« – so fragt Jesus gleicherweise sich selbst und seine Jünger –, »der seinem Sohn einen Stein gibt, wenn er um Brot bittet, oder eine Schlange, wenn er um einen Fisch bittet?« Die Bitte um Nahrung ist die Bitte um Leben und also eine genuine Kindesbitte, die Vater oder Mutter als Erzeuger des Lebens nicht abschlagen können. Sein »abba« kann ihm, dem geliebten Sohn, nicht Tod, Schattenreich und Dasein in der Unterwelt zuweisen, wenn er ihn um Leben bittet.

Ebenso berechtigt ist die Bitte des Freundes, zu dem spät in der Nacht ein Reisender als befreundeter Gast eingekehrt ist (Gleichnis vom *unablässig bittenden Freund*, Lk 11,5–8).[150] Aufgrund der im gan-

Entscheidend ist wohl die Situation, daß Jesus seit dem von Lk 13,31–33 berichteten Ereignis (einige Pharisäer warnen Jesus vor Herodes) bewußt seinem bevorstehenden Prophetentod in Jerusalem entgegengeht. In dieser Lage müssen sowohl *er selbst* als auch seine Jünger sich prüfen, ob sie diesen Weg bis zum Ende werden durchgehen können.

149 Kemmer 64 f sieht in diesem Gleichnis ein zu den Pharisäern gesprochenes »Kampfwort Jesu«. Vgl. die Verwandtschaft von Lk 11,13 und Mt 7,11, wobei Mt »wohl die ursprünglichere Fassung überliefert« hat (Knoch 286).

150 Die Situation, in der das Gleichnis von Jesus vorgetragen wurde, ist nicht überliefert (vgl. Knoch 284 u. 286); Lk, der »Evangelist des Gebetes«, hat es zu

zen Orient heiligen Gastfreundschaft ist er dazu verpflichtet, seinem Gast etwas anzubieten. Von dieser unbestreitbaren Pflicht getrieben, macht er sich auf, geht noch um Mitternacht zu seinem Freund, klopft an dessen verschlossene Tür und bittet um Brot – so lange, bis der Freund aufsteht und ihm gibt, was er braucht, und sei es auch nur, daß er der »Zudringlichkeit« des Freundes nachgibt, wo ihn eigentlich die Gefühle der Freundschaft und die Einsicht in die Dringlichkeit der Bitte motivieren müßten.

In diesem gegenüber dem vorhergehenden Gleichnis neuen Erzählzug wird deutlich, wie die – zunächst menschlich sinnlos und zerstörerisch erscheinende – Todesdrohung in echt menschlicher, der menschlichen Natur entsprechenden Weise Jesu Gottesverhältnis verdunkelt. Schon der bittende Sohn fragt, wenn auch nur rhetorisch, nach dem Vatersein und der Vatergüte Gottes. Jetzt geht die Infragestellung weiter: Selbst einmal *angenommen*, Jesus würde sich in seinem Gottesgefühl täuschen, Jahwe *wäre* nicht der mütterlich liebende »abba« und der offen zugeneigte Freund – »Ich sage euch: Wenn er schon nicht deswegen aufsteht und ihm seine Bitte erfüllt, weil er sein Freund ist, so wird er doch wegen seiner Zudringlichkeit aufstehen und ihm geben, was er braucht« (V 8). Die »Zudringlichkeit« nämlich ist nicht Anmaßung und unbescheidenes Aufbegehren, sondern selbstverständliches Recht, ja geheiligte Pflicht, dem sich kein Gott, wie immer er sei, entziehen kann, wenn nur der bittende Mensch dieses sein Recht und seine Pflicht erkannt hat und unbeirrt daran festhält.

Auch die arme Frau im Gleichnis vom Richter und der *unbeirrt fordernden Witwe* (Lk 18,2–5)[151] ist erfüllt vom Wissen um ihr Recht und

einem Lehrstück über das Beten umgearbeitet (vgl. ebd. 286) und im Rahmen einer Mahnung zu anhaltendem Bitten überliefert, der »ganz eindeutig sekundär« ist (vgl. Jeremias 107). Im Gegensatz zu Kahlefeld II, 78, der in diesem wie dem folgenden Gleichnis von *der unbeirrt fordernden Witwe* den Bittsteller im Mittelpunkt sieht (auf ihn allein falle das ganze Gewicht der Aktion; »er allein bewirkt die Wende, und das durch sein zähes, unermüdbares, mit ernstlicher Entschiedenheit aufrechterhaltenes Bitten«; vgl. auch 79), sieht Jeremias 107 den im Schlaf gestörten Freund im Zentrum der Erzählung (vgl. auch seine Gleichnisüberschrift »Nachts um Hilfe gebetener Freund«), also das Schwergewicht nicht auf der Beharrlichkeit der Bitte, sondern der Gewißheit ihrer Erfüllung (vgl. ebenso Knoch 286, der das Gleichnis mit »vom bittenden [erhörenden] Freund« überschreibt).

151 Kahlefeld II, 74 nimmt an, daß dieses Gleichnis mit dem vom bittenden Freund »ursprünglich ein Paar gebildet« hat und spricht, eine ähnliche Struktur und Aussage herausstellend, von einem »Doppelgleichnis«. Dagegen sieht Knoch 289 die beiden Gleichnisse gerade im Aufbau »voneinander deutlich unterschieden« und schlägt vor, statt von einem »Gleichnispaar« von »Parallelgleichnissen« (derselbe Grundgedanke!) zu sprechen (vgl. auch Jeremias 104: »zwei

geht deshalb immer wieder zu ihrem Richter, damit er ihr Recht verschaffe. Als Witwe ist die Frau hilflos, hat keinerlei Macht, um ihr Recht durchzusetzen. Petzoldt weist darauf hin, daß man konkret an das gesetzlich zugesicherte Recht einer Witwe denken müsse, nach dem Tod ihres Mannes für die Dauer ihrer Witwenschaft in dessen Haus leben und von dessen Vermögen zehren zu dürfen.[152] Wurde dieses Recht von den Angehörigen des verstorbenen Mannes nicht eingeräumt, stand die Frau auf der Straße. Diese Situation vorausgesetzt, geht es um das Daseinsrecht der Frau, um ihr Recht, zu leben, das ihr von neidischen und mißgünstigen Verwandten bestritten wird.

Die Instanz, in deren Hand es liegt, dieses selbstverständliche Recht durchzusetzen, wird hier nicht nur wie im Gleichnis vom bittenden Freund hypothetisch, sondern real als blind, stumpf und rücksichtslos erzählt: »Er fürchtete Gott nicht und nahm auf keinen Menschen Rücksicht« (vgl. V 2b). Darin liegt eine Verstärkung der Infragestellung Gottes als einer »höchsten«, schicksalhaften Instanz.

Doch in ihrem unzerstörbaren Rechtsbewußtsein ist die wehrlose Witwe stärker als der herzlose Richter. Ihre beharrliche Forderung, immer wieder vorgebracht in dem »langen Atem« des Rechts, der Wahrheit und des Willens zum Leben führt schließlich doch zum Ziel. Eines Tages beschließt der Richter doch, ihr zu ihrem Recht zu verhelfen, weil sie ihm lästig wird und er sich sagt: »Sonst kommt sie am Ende noch und schlägt mich ins Gesicht« (V 5b). In dieser Haltung gleicht die Witwe der Gestalt des Ijob, der im unerschütterlichen Bewußtsein seines Rechts nach Gott als seinem Richter ruft, um mit ihm zu streiten und sein »Recht vor ihm auszubreiten« (vgl. Ijob 23,4 ff).

So verstanden ist das Gleichnis nicht in erster Linie eine pastorale und moralische Ermahnung zum beharrlichen Gebet, sondern ein Wort des Trostes und der Ermutigung, das Jesus im Bewußtsein des Rechts

nah verwandte Gleichnisse«; 106: »fast ein Doppelgleichnis«). In unserer Interpretation ist dabei auch noch das Gleichnis vom bittenden Sohn als »parallel« hinzuzufügen, so daß sich ähnlich wie in den Gleichnissen vom Verlorenen (Drachme, Schaf, Sohn) eine Art Trilogie ergibt, wobei das jeweils folgende Gleichnis einen bestimmten Erzählzug steigert und weiter ausbaut (dort steigert sich der Wert des Verlorenen, hier die Infragestellung Gottes als letzter Instanz des Schicksals. Zu unserem Gleichnis vgl. neuerdings auch Paulsen, der in den VV 6–8a »eine textgeschichtlich erst spätere Stufe« (19) sieht (noch vor Lk der Parabel in 18,2–5 hinzugewachsen). Diese Ergänzung sowie das nach Paulsen nochmals später von Lk hinzugefügte Theologumenon vom kommenden Menschensohn (V 8b) zeigt, wie die Sperrigkeit dieses Gleichnisses schon früh zu neuen sprachlichen Bildungen führte: »Die Parabel erweist sich so in ihrer Sprachlichkeit selbst als schöpferisch, gerade weil sie zu immer neuer Deutung aus der Position lebendiger Betroffenheit heraus drängt«. (36)

152 Petzoldt 102

und der Wahrheit seiner Erfahrung von der anbrechenden »malkût Jahwe« und angesichts seiner Feinde, die ihm das Recht, zu leben und zu wirken, bestreiten, sich selbst und seinen Jüngern zusagt.[153] Gleichzeitig drückt es, an seine Gegner gerichtet, die Entschlossenheit Jesu aus, seinen Weg weiterzugehen, und enthält die Aufforderung, einzusehen, daß ihn letztendlich keine Macht der Welt daran hindern kann, diesen seinen Weg zu gehen. Hier sind deutlich die auch in den Passionsgleichnissen vorhandenen Weck- und Kampfmotive zu sehen.

Entscheidend in diesen drei Erzählungen ist, daß der Bittende um die Güte und Wahrheit seines Anliegens weiß und, zutiefst davon durchdrungen, es unentwegt und beharrlich vorträgt. Dann erreicht er sein Ziel, auch wenn es (zunächst) so aussieht, als habe die Instanz, an die er sich wendet, taube Ohren. In beiden Erzählungen treten Menschen, die uns nicht gerade eine große moralische Hochachtung abfordern, als Metaphern für Gott auf. Beide handeln, so muß man sagen, aus niederen Beweggründen, obwohl hohe Werte wie Freundschaft, Gastrecht und das im Alten Testament besonders heilige Lebensrecht der armen Witwe auf dem Spiel stehen. Der »Freund« steht auf, weil er einsieht, daß er auf diese Weise den Ruhestörer am schnellsten wieder loswerden kann, und der Richter erfüllt seine Pflicht aus lächerlicher Bequemlichkeit und Interessenlosigkeit.

Der Form nach handelt es sich bei den Vergleichen um einen Schluß vom Kleineren auf das Größere: Wenn schon ein solcher Mensch die ihm vorgetragene Bitte letztendlich erfüllt, »um wieviel mehr« wird Gott dasselbe tun.[154] Dennoch ist es vielleicht nicht zufällig, daß in

153 Das Gleichnis ist nach Jeremias 105 »keine Gebetsanweisung«, sondern ein Wort an die Jünger gegen die Angst vor der Verfolgung; Linnemann 128 und 186 f (Anm. 14) bestreitet überhaupt die Jesusechtheit des Gleichnisses. Nach Knoch 289 sind nur die VV 6–8 später zugefügte Erweiterungen. Weder 268 f sieht in VV 6–8 einen Kommentar zur ursprünglichen Erzählung bzw. eine vorlk sekundäre Anfügung, führt jedoch das Gleichnis auf Jesus zurück; gerade »das beinahe Unerträgliche, einen ungerechten Richter zur Metapher für Gott werden zu lassen«, ist nach Weder 272, Anm. 150, »für den historischen Jesus charakteristisch«. Petzoldt 101 f sieht im Richter, nicht in der Witwe die Hauptgestalt des Gleichnisses und sieht im »zufälligen Rechtsgewinn«, den die Witwe »angesichts einer willkürlichen Vergleichgültigung des Rechts« erreicht, das vom Gleichnis herausgestellte »Symptom der Gottesherrschaft«. Von solcher »Zufälligkeit« ist jedoch im Gleichnis nicht die Rede; im Gegenteil: Die Witwe überläßt den Rechtsgewinn eben *nicht* dem Zufall, sondern geht beharrlich »immer wieder« (V 3) zu dem Richter und sagt: »Verschaff mir Recht gegen meinen Feind« (ebd.).

154 Durchweg wird in der Auslegung dieses Gleichnisses (vgl. Anm. 153) auf den bei jüdischen Schriftstellern beliebten Analogieschluß a minore ad maius (vom Kleinen auf das Größere) verwiesen (vgl. Jeremias 107, Kahlefeld II, 80, Linne-

dieser Phase seines Wirkens das Gottesverhältnis Jesu in solch fraglichen Gestalten gespiegelt wird. Gott als »höhere Instanz«, die über dem Schicksal der Menschen thront und auf die sich seine Gegner berufen, wird für Jesus in dieser Phase tatsächlich fragwürdig. Die Krise des Lebens und Wirkens ist für Jesus auch eine Krise seines Gottesverhältnisses.

Doch dieses ist auf Erfahrungen gegründet, die ihn auch über diese Krise hinausführen: Seitdem am Jordan der Lebens- und Liebesatem Gottes unmittelbar vom geöffneten Himmel her in ihn hineingezogen ist und er gelernt hat, in der Unmittelbarkeit seines Sohnseins »abba« zu ihm zu sagen, weiß er, daß es auf *den* Gott ankommt, der *in ihm*, in der Treue zu seiner Sendung, im Gehorsam zu seinem Auftrag und im beharrlichen Voranschreiten auf dem von ihm als gut erkannten Weg wirkt und lebt. Wie immer sein Weg endet, diese Kraft wird ihn bestehen lassen. Mag jenseits und über diesem erfahrenen Gott noch der Gott der Gerechten und Frommen thronen, der Gott des Schicksals mit seiner Todesdrohung und der Gott der Überlieferung, auf den sich seine Gegner berufen und in dessen Namen sie ihm mit dem Tod drohen; wie immer dieser Gott auch beschaffen sein mag, der geliebte Sohn und die geliebte Tochter, die im Recht und in der Wahrheit sind und die das Anbrechen des Gottesreiches schon erfahren haben, werden am Ende die Wohnungen finden, in denen die »malkût Jahwe« sich entfalten und zur Vollendung kommen kann.

Es ist erstaunlich, aber wohl für Jesus charakteristisch, daß in ihm schon in der Phase der Todesdrohung ein Stück jener inneren Freiheit aufbricht, die sonst der letzten Phase des Lebens- und Sterbeprozesses vorbehalten ist, einer Freiheit, die ihn schon hier zur Ironie, auch zur Selbstironie, befähigt. Sie spricht z. B. auch aus jenem schon in den Vorbemerkungen zu den Passionsgleichnissen zitierten Wort über den König Herodes (Lk 13,3 f): »Sagt diesem Fuchs: Ich treibe Dämonen aus und heile Kranke«, d. h. ich tue unentwegt das Werk, das mir aufgetragen ist, nämlich das Anbrechen des Gottesreiches erfahrbar zu machen; dann freilich werde ich wandern, »denn ein Prophet« – ein echter und guter Prophet – »darf nirgendwo anders als in Jerusalem umkommen.«

mann 127 f, Knoch 284 f, H. Thielicke, Das Bilderbuch Gottes. Reden über die Gleichnisse Jesu, Stuttgart 3. Aufl. 1984, 121 ff) und dadurch den Texten auch das Anrüchige (wenig hilfsbereiter Freund, ungerechter Richter als Vorbilder?) genommen. Nach Kahlefeld II, 185 ist hier auch gut zu sehen, »wie ein Gleichnis durch seine Anlage jede Allegorisierung verhindert«; denn »man kann nicht beliebig einmal allegorisieren und ein andermal, wo man in Ungelegenheiten gerät, die Allegorisierung verbieten« (wer wollte schon im ungerechten Richter Gott sehen?).

Hier sind ein Vertrauen und eine Hoffnung wirksam, die, das wissen Christen von Ostern her, nicht wie die blinde Auflehnung des unheilbar Kranken (als das letzte Aufbäumen seines natürlichen Lebenswillens) letztlich zum Scheitern verurteilt ist und vom Sterbenden aufgegeben werden muß. Jesu Sache gelangt tatsächlich zum Sieg und zur göttlichen Bestätigung, freilich auf einem Weg, der durch den Tod und das Ende des Wirkens hindurchführt.

(d) *Die Bitte um Aufschub*

So bleibt für die menschliche Natur auch in und trotz dieser Hoffnung die Todesdrohung bestehen. Diese treibt, nachdem das gesammelte Angehen gegen sie *vorläufig* sein Ziel nicht erreichen konnte, Jesus seiner menschlichen Natur nach dazu, mit seinem Schicksal zu »verhandeln«. Für ihn ist dabei charakteristisch, daß er primär nicht um seiner selbst willen um »Aufschub« bittet, sondern im Blick auf seine bisher unerfüllt gebliebene Aufgabe und das seinem Wirken anvertraute Volk Israel.

Er liebt dieses Volk mit jener Hingabe und Fürsorge, mit der ein Gärtner an seinen Pflanzen hängt, die er hegt und pflegt (Gleichnis vom *fürbittenden Weingärtner*, Lk 13,6–9).[155] Drei Jahre lang wirkt der Gärtner schon im Weinberg, aber immer noch hat der Feigenbaum keine Frucht getragen. »Hau ihn um«, sagt deshalb der Weinbergbesitzer, »was soll er weiter dem Boden seine Kraft nehmen?« Doch der Gärtner bittet: »Herr, laß ihn dieses Jahr noch stehen; ich will den

155 Mußner, Botschaft 79, zufolge »scheint das Gleichnis von Jesus gesprochen zu sein, als die Entscheidung gegen ihn noch nicht endgültig gefallen war«. Das Gleichnis ist ein engagierter Aufruf, sich der Botschaft Jesu zu öffnen (vgl. ebd. 78). Es handelt sich dabei um eine Umformung der schon im 5. Jh. v. Chr. bezeugten Achiqar-Geschichte (vgl. Jeremias 115). Dabei wird in der Rede Jesu aus einer Gerichtsankündigung eine Hoffnungsgeschichte (vgl. Jeremias 115: »Mein Sohn«, so heißt es dort, »du bist wie ein Baum, der keine Früchte brachte, obwohl er beim Wasser stand, und sein Herr war genötigt, ihn abzuhauen. Und er sagte zu ihm: Verpflanze mich, und wenn ich auch dann keine Frucht bringe, so haue mich ab. Aber sein Herr sagte zu ihm: Als du am Wasser standest, brachtest du keine Frucht, wie willst du Frucht bringen, wenn du an anderer Stelle stehst?«) Die von Jesus in diese Volkserzählung hineingenommene Figur des »fürbittenden Weingärtners« dürfte tatsächlich so etwas wie eine »sprachliche Selbstanzeige« Jesu (Biser, Jesus 56) sein (vgl. Jeremias 115, Kemmer 71), was nicht (wovor Mußner, Botschaft 79, warnt) mit einer »Allegorisierung« gleichgesetzt werden darf (es geht nicht um eine allegorisierende Verschlüsselung, sondern um eine symbolisch-erzählerische Selbstdarstellung. Mit seinem Gleichnis weckt Jesus in den Zuhörern altbekannte Vorstellungen, wie z. B. die von Jes 5,1–7 (vgl. Kahlefeld I, 76 f), vielleicht auch von Nah 2,3 (vgl. Westermann 53 f).

Boden um ihn herum aufgraben und düngen. Vielleicht trägt er doch noch Früchte . . .«[156]

Der Feigenbaum ist wie der Weinberg eine alte, allen bekannte Metapher für das Volk Israel. Jahwe hat ihn gepflanzt, und süß sind die Früchte, die an ihm wachsen (vgl. Ri 9,11). Weinstock und Feigenbaum sind Symbol und Inbegriff des guten und erfüllten Lebens. »Juda und Israel lebten in Sicherheit von Dan bis Beerscheba«, heißt es von der salomonischen Friedenszeit, und das gute Leben, das sie hatten, findet Ausdruck in dem Satz: »ein jeder saß unter seinem Weinstock und seinem Feigenbaum« (1 Kön 5,5).

So ist es verständlich, daß der grünende Feigenbaum ein Symbol und Gleichnis für die in Jesu Leben und Wirken anbrechende »malkût Jahwe« sein konnte (Mk 13,28; Mt 24,32; vorne unter den ersten Weckgleichnissen behandelt). Doch das Symbol hat nicht gehalten, was es versprach: In drei aufeinanderfolgenden Jahren sind die zu erwartenden süßen Früchte ausgeblieben. Noch ein weiteres Jahr will Jesus sich um den Baum bemühen, den Boden umgraben und düngen. Indem Jesus so für sein Volk bittet, das er liebt, bittet er zugleich – dies entspricht zutiefst seiner menschlichen Natur – noch um ein Jahr seines Lebens.

Doch die religiösen Eliten und Führer Israels gewähren dem Gärtner das erbetete Jahr nicht; sie bringen den Tod über ihn. Dadurch – so sieht es die Urgemeinde – ist auch der Feigenbaum zum Sterben verurteilt. »In Ewigkeit wird niemand mehr eine Frucht von ihm essen« (vgl. Mk 11,14; Mt 21,19). Indem sie den geliebten Sohn, der in seinem Leben und Wirken die »malkût Jahwe« anbrechen läßt, aus dem Weinberg, in dem er wirkt, hinauswerfen und töten, versperren sie sich der Jahwe-Macht, von der her der Feigenbaum Israel lebt; er wird »bis zu den Wurzeln« verdorren (Mk 11,20; Mt 21,20). Dies ist wahrscheinlich der Bedeutungshintergrund der schwierigen Perikope von der Verfluchung des Feigenbaums (Mk 11,12–14.20 f; Mt 21,18 f)[157], die z. B. einen Bertrand Russell an Jesus zweifeln ließ[158]; er las eben wie damals üblich – wie die Mk 11,22 ff angefügten Sprüche vom Glauben zeigen, bestand diese Gefahr sogar schon in der Urgemeinde – die Stelle »realistisch« und nicht, wie es der Zusammenhang mit den beiden Gleichnis-

156 Vgl. Biser, Jesu 56; auch er interpretiert dieses Gleichnis als Passionsgleichnis, wobei sich »im Profil der Gleichnisfigur« Züge Jesu abzeichnen.

157 Vgl. H. Giese, Der verdorrte Feigenbaum – Eine symbolische Aussage? Zu Mk 11,12–14.20 f, in: Biblische Zeitschrift, N. F. 20 (1976) 95–111. Gegen Bultmann 246, Bornkamm 189 und andere lehnt Giese eine Beziehung zum Gleichnis vom fürbittenden Weingärtner (Lk 13,6–9) ab.

158 B. Russell, Warum ich kein Christ bin, Reinbek 8. Aufl. 1974, 30 f

sen vom Feigenbaum nahelegt, symbolisch-gleichnishaft: Jesus hat mit ganzer Seele am Feigenbaum Israels nach den süßen Früchten gesucht, es »hungerte ihn« danach (vgl. Mk 11,12). Doch – das weiß später die Urgemeinde – zu Zeiten seines Lebens und Wirkens war noch nicht die Zeit der Ernte (V 13); sie würde erst mit Tod und Auferstehung kommen.

(e) *Trauer*

Der Feigenbaum wird ohne Früchte bleiben. Die menschliche Natur antwortet auf die (scheinbare) Vergeblichkeit des Tuns und Bittens mit Trauer und Melancholie. In dieser Trauer zieht sich der Mensch zurück auf den Grund, der ihn vom Transzendenten her trägt, auf jenes »Seinsgedächtnis« (Vaclav Havel), welches auch das Vergangene und Verlorene und das (scheinbar) jetzt als verloren Aufzugebende in sich birgt. In Trauer und Klage sucht der Mensch das verloren zu Gebende in diesem Grund; und seine Trauer ist beendet, der Verlust menschlich bewältigt, wenn er es darin gefunden hat.

Jesus wird uns in seiner Trauer und Melancholie sichtbar in jenen Szenen, da er die Vergeblichkeit seiner Zuwendung und seiner Sammlungsbemühungen einsehen muß, dabei aber nicht in ein verbittertes Schweigen versinkt, sondern in bewegter Klage seiner inneren Not Ausdruck gibt: »Jerusalem, Jerusalem, du tötest die Propheten und steinigst die Boten, die zu dir gesandt sind. Wie oft wollte ich deine Kinder um mich sammeln, so wie eine Henne ihre Küken unter ihre Flügel nimmt; aber ihr habt nicht gewollt« (Mt 23,37 par Lk 13,34).

Dieselbe Situation des Menschen, der aus ehrlichem Herzen Zuwendung und Liebe gibt, dabei aber nicht angenommen wird, spricht in elegischer Klage aus dem Gleichnis von den *Kindern auf dem Marktplatz* (Lk 7,31–32; Mt 11,16–17)[159]:

159 Das nur von Mt und Lk überlieferte Gleichnis stammt aus der Logienquelle (Kemmer 68); die leichten Differenzen dürften bereits in verschiedenen Fassungen der Vorlagen vorhanden gewesen sein (Knoch 127); der gleichartige Aufbau, in dem das Gleichnis begegnet, zeigt, daß der Rahmen schon in der gemeinsamen Überlieferung vorgegeben war (ebd.). Knoch geht auch davon aus, daß die Deutung des Gleichnisses auf den Täufer und Menschensohn »ursprünglich zum Gleichnis Jesu gehörte, so daß es sich hier um eine originale Interpretation eines Gleichnisses durch Jesus selbst handelt«. Andere Interpreten gehen auf diese Frage nicht ausdrücklich ein. Daß Jesus im vorliegenden Gleichnis mit Johannes d. T. auf eine Stufe gestellt wird, verweist nach Kemmer 68 auf »das hohe Alter des Stoffes« (in späterer Zeit: Unterordnung des Johannes); daß es sich um eine »alte Überlieferung« handelt, erweist sich nach Jeremias 109 »durch die überaus gehässige Kritik an Jesus«. Offenbar greift Jesus

Mit wem soll ich also die Menschen dieser Generation vergleichen? Wem sind sie ähnlich? Sie sind wie Kinder, die auf dem Marktplatz sitzen und einander zurufen: Wir haben für euch auf der Flöte (Hochzeitslieder) gespielt, und ihr habt nicht getanzt; wir haben Klagelieder gesungen, und ihr habt nicht geweint . . . (Lk 7,31–32).

Wie schon Johannes der Täufer, der ganz anders lebte und wirkte[160], wird auch Jesus abgelehnt. In welcher Form auch immer der Gottesatem zu den Menschen kommt, er findet keine Resonanz.

»Und doch hat die Weisheit durch alle ihre Kinder Recht bekommen« (V 35): Jesus findet in seiner Trauer zu jenem Grund, der unsichtbar und unverlierbar in sich birgt, was er liebt, wofür er wirkt und was ihm nun zu entgleiten droht. Von daher vollzieht sich sein Entschluß, das abzusehende dunkle Ende seines Weges anzunehmen und bis zu diesem Ende hin durchzugehen.

(f) *Die Annahme des Geschicks*

Diesen im menschlichen Sterbeprozeß entscheidenden Schritt, die aktiv-kreative Annahme des auferlegten Geschicks – die nicht jedem Menschen (in ersichtlicher Weise) gelingt, an der sich aber das Gelingen oder Mißlingen eines humanen Sterbens entscheidet[161] – spiegelt ein Handlungsgleichnis wider, das sich in seiner Sperrigkeit scheinbar jeder plausiblen Deutung widersetzt, nämlich das Gleichnis vom *betrügerischen Verwalter* (Lk 16,1–7).

gegen ihn gebrauchte Schimpfworte auf (sollten sie vielleicht als Grundlage für ein gerichtliches Verfahren gegen ihn, vgl. Dtn 21,18–21, dienen?); vgl. Kemmer 69 und Jeremias 109. Kahlefeld I, 78 läßt das (in der Gleichnisauslegung auffallend selten berücksichtigte, weder von Linnemann noch von Eichholz, Via und Weder behandelte) Gleichnis mit Mt 11,19b bzw. Lk 7,34 enden; vgl. dagegen H. Schürmann, Das Lukasevangelium. Erster Teil, Kommentar zu Kap. 1,1–9,50 (Herders Theologischer Kommentar zum Neuen Testament), Freiburg 1969, 428, der zwar sieht, daß die Anwendung mit V 35 über das Gleichnisbild »hinausquillt«, aber den Vers dennoch nicht für redaktionell hält; denn ohne V 35 hätte die Anwendung in den VV 31.33f keine missionarische Werbekraft, gäbe es keine Bekehrungschance und darum sei »dieser Abschluß gewiß so alt wie die Anwendung überhaupt«.

160 Nach J. Ernst, Das Evangelium nach Lukas (Regensburger Neues Testament), Regensburg 3., von neuem umgearbeitete Aufl. 1955, 253, sind die Gegensatzpaare Flötenspiel-Klage und Tanzen-Jammern »sicher im Hinblick auf die unkonventionelle Lebensweise Jesu und die strenge Bußforderung des Täufers gewählt worden«; vgl. auch P. Gaechter, Das Matthäusevangelium, Innsbruck–Wien–München 1963, 370, und Schürmann 425, aber auch Jülicher II, 30ff, der in V 35 nicht schon auf den Gegensatz Jesus-Johannes angespielt sieht.

161 Dazu Sporken 82–84

Eugen Biser hat zweifellos recht, daß, »wer die Gleichnisse verstehen will, gerade dort ansetzen muß, wo sie ihm den größten Widerstand zu leisten scheinen. Gerade an der sperrigsten Stelle öffnet sich ihm der Zugang zu ihrer Geheimniswelt.«[162] So wird für Biser das Gleichnis vom betrügerischen Verwalter »in besonderer Weise zum Prüfstein des Verstehens«.[163] Es wird deshalb auch hier genauer und eingehender gedeutet als andere Gleichnisse; gerade hier muß sich der Schlüssel, die Gleichnisse im Licht ihrer existentiellen Entstehungssituationen als Ausdruck der »inneren Biographie« Jesu zu lesen, bewähren.[164] Es ist dann auch die Forderung Claus Westermanns erfüllt, daß ein Schlüssel zur Gleichnisdeutung damit steht oder fällt, ob er auf *alle* Gleichnisse paßt.[165]

Nach einer langen und teilweise kuriosen Auslegungsgeschichte[166] wird das Gleichnis heute, dem Deutungsansatz von Joachim Jeremias folgend, allgemein so verstanden, daß die Aufmerksamkeit des Hörers auf die kluge Entschlossenheit des Verwalters gelenkt werden soll, mit der dieser in seiner schier aussichtslosen Situation reagiert.[167] Auch mit dieser Auslegungstendenz ist das Gleichnis gut als Handlungsgleichnis deutbar: Der Hörer der Geschichte, der sich mit den handelnden Personen identifiziert und die aufeinanderfolgenden Erzählschritte innerlich

162 Biser, Jesus 51

163 Biser, Gleichnisse 105

164 S. vorne Anm. 34

165 Westermann 121 f

166 Vgl. M. Krämer, Das Rätsel der Parabel vom ungerechten Verwalter Lk 16,1–13. Auslegungsgeschichte, Umfang, Sinn. Eine Diskussion der Probleme und Lösungsvorschläge der Verwalterparabel von den Vätern bis heute, Zürich 1972

167 Vgl. Jeremias 31: »Das kluge, entschlossene Handeln des Mannes angesichts der bevorstehenden Katastrophe soll Jesu Hörern Vorbild sein.« (vgl. ebd. 122; ebenso Mußner, Botschaft 27 f). Biser, Gleichnisse 106 f, arbeitet besonders den Befremdungseffekt heraus, der durch das (als Vorbild hingestellte) entschlossen-kluge Handeln des Verwalters entsteht. Kahlefeld II, 88 unterstreicht, daß erst mit dem »aufschließende(n) Wort« in V 8a das »Moment der Klugheit« in den Blick komme. Nach Sorger, Gleichnisse 146, bezieht sich Jesu Lob »ausschließlich auf die Klugheit des Mannes, die ihn dazu führt, in einer bedrohlichen Lage entschlossen zu handeln und so seine Zukunft zu retten«; vgl. ähnlich Kemmer 104: Jesus habe allen die Zielstrebigkeit und Schlauheit des Verwalters als Vorbild hingestellt (nicht aber sein verwerfliches Tun sittlich gerechtfertigt). Knoch 167 begreift das Gleichnis als »Aufforderung an die Führer Israels . . . in letzter Stunde . . . sich für das endgültige Heilsangebot zu entscheiden, das Gott durch Jesus Christus an sie ergehen läßt«. Gegen Jeremias, der zu sehr den drohenden Aspekt der Parabel betone, sieht Weder 265 f die Intensität der Einstellung des Verwalters zu seiner Zukunft entsprechend der Gewißheit seiner Zukunft (»Er hat begriffen, daß sich seine Zukunft jetzt entscheidet.«)

mitgeht, wird dadurch in eine Schritt für Schritt steigende Spannung hineingeführt: Zuerst wird der Verwalter bei seinem Herrn angeschuldigt (genauer: schlechtgemacht, verteufelt, vgl. unten zu »diaballein«), dann wird ihm der Entzug seiner Verwaltertätigkeit angekündigt, und er wird zur abschließenden Rechenschaft aufgefordert. Darauf spitzt sich die Lage nochmals zu, als sich herausstellt, daß der Verwalter zu keiner anderen Tätigkeit taugt: Wird er nun jämmerlich umkommen? In diese äußerst gespannte Situation hinein erfolgt die überschießende Problemlösung: In einem spontanen und starken Entschluß – »Ich weiß, was ich tun muß, damit mich die Leute in ihre Häuser aufnehmen, wenn ich als Verwalter abgesetzt bin« (Lk 16,4) – geht er den vorher schon beschrittenen Weg (der ihm als Veruntreuung ausgelegt und angelastet wird) nun *noch* entschiedener und konsequenter weiter. Großzügig und eigenmächtig erläßt er den Schuldnern seines Herrn einen Großteil ihrer Schulden.

In der Art, wie die Geschichte diese überschießende Problemlösung erzählt, wird die Energie und Entschlossenheit sichtbar, die den Verwalter in seinem Tun lenkt: »Wieviel bist du meinem Herrn schuldig? Er antwortete: Hundert Faß Öl. Da sagte er zu ihm: Nimm deinen Schuldschein, *setz dich gleich hin* und schreib ›fünfzig‹. Dann fragte er einen andern: Wieviel bist du schuldig? Er antwortete: Hundert Sack Weizen. Da sagte er zu ihm: Nimm deinen Schuldschein und schreib ›achtzig‹« (Lk 16,5–7). Der Hörer, der sich von diesem entschlossenen, wenn auch freilich kriminellen – dies ist der kritische Punkt dieser Deutung – Handeln mitreißen läßt und diese wahrhaft »überschießende« Problemlösung innerlich bejahend mitvollzieht, sieht sich damit klaren Auges in der Situation, in der die Menschen sind, seitdem sich die Himmel geöffnet haben und der Gottesatem herniederströmt: Es ist die Stunde der Entscheidung. Es gilt aufzuwachen und sich selbst hineinzutauchen in diesen alles überschreitenden Atem der Liebe und des Geliebtseins – und zwar *jetzt* und *sofort*. Jedes »später« ist, wie das Gleichnis vom großen Gastmahl gezeigt hat, zu spät.

So interpretiert, würde das Gleichnis zu den oben beschriebenen Weckgleichnissen gehören; es würde sich neben das Gleichnis vom großen Gastmahl und besonders in jene Reihe der Gleichnisse einfügen, die Sensibilität und Wachsamkeit für die große Chance, die mit dem Anbruch des Gottesreichs gekommen ist, zu wecken suchen. Der betrügerische Verwalter wäre dann gleichsam der ins Negative gewendete kluge und treue Knecht, den der Herr bei seinem Kommen wachend findet und den er »über vieles setzen« wird, weil er das ihm anvertraute Gut treu und klug verwaltet hat. Doch an diesem Punkt zeigt sich nun auch die Schwierigkeit dieser Auslegungsrichtung. Sie wird, soweit ich sehe, nirgendwo ausdrücklich artikuliert. Es ist dies die Frage: Warum führt Jesus ausgerechnet an einem so *negativen* Beispiel seinen Hörern die notwendige Wachsamkeit und kluge Entschlossenheit des Handelns vor Augen, die der Anbruch des Gottesreiches fordert? Warum hat er nicht das Gleichnis vom Türhüter (Mk 13,34–37; Lk 12,36–38) oder das Gleichnis vom guten (bzw. brutalen) Knecht (Lk 12,42–46; Mt 24,45–51) zu einem Handlungsgleichnis gesteigert und ausgestaltet (wie er dies mehrfach mit anderen Vorgangsgleichnissen tat, z. B. in der Reihe der Gleichnisse vom Verlorenen, s. o.)? Wäre nicht die Aktivierung einer auf *positives* Handeln gerichteten Energie (wie sie sich z. B. beim barmherzigen Samariter zeigt) ein überzeugenderer Vergleich für die Notwendigkeit klugen und entschlossenen Handelns gewesen als die in unserem Gleichnis beschriebene kriminelle Energie?

Man kann auf diese Frage auch nicht, Eugen Bisers Auslegungstendenz folgend[168], mit dem Hinweis antworten, daß durch diese Wendung ins Negative der mit den Handlungsgleichnissen stets verbundene Befremdungseffekt, der das Andere des Gottesreichs gegenüber der vorfindlichen Welt zum Ausdruck bringt, gesteigert und vermehrt werde. Denn das Befremdende, den Menschen aus seinen gewohnten Maßstäben Herausreißende, ihn für das anbrechende Gottesreich Öffnende ist ja die alle gewohnten Maßstäbe sprengende kluge Entschlossenheit des Handelns, nicht aber die Kriminalität des Tuns. Das entschlossene Handeln des barmherzigen Samariters und das spontane Tun des gütigen Vaters gegenüber dem heimkehrenden Sohn sprengen die üblichen Maßstäbe so, daß in dem aufgesprengten und freigewordenen Raum unmittelbar das neue Wirksamwerden Gottes, die »malkût Jahwe« sichtbar wird. Demgegenüber ist das Kriminelle am Tun des ungerechten Verwalters keine Steigerung, sondern eine *Abschwächung* des Befremdungseffekts: Ich muß erst von der Frage, ob hier ein gerechtes oder ein kriminelles Verhalten vorliegt, *absehen*, ehe ich mich ganz der Dynamik des entschlossenen Handelns öffnen kann, die mir das Gleichnis nahebringen will. Sicher geht es zentral darum, den Hörer des Gleichnisses aufzuschließen für ein Verhalten, in dem der Mensch »sich zu sich selber steigert, ja sich gleich der Titelfigur des Gleichnisses selbst überbietet«[169], aber dieses zentrale Anliegen, das nur durch eine Identifikation mit der Titelfigur erreicht werden kann, wird durch eine negative Titelfigur *erschwert*, nicht jedoch erleichtert und gesteigert.

Warum wählt Jesus für sein Gleichnis diesen Handlungsträger, der uns in seinem Verhalten so negativ erscheint? Das Problem löst sich, wenn ich das Gleichnis in die Gruppe der Passionsgleichnisse einbe-

168 Vgl. Biser, Gleichnisse 105–109; ders., Jesus 52 f u. 124 ff
169 Biser, Gleichnisse 108

ziehe und dabei dem Hinweis Eugen Bisers folge, gerade die Gleichnisse dieser Gruppe als »sprachliche Selbstanzeige« Jesu zu lesen[170] und ähnlich wie in den Gleichnissen vom Mord im Weinberg und vom fürbittenden Weingärtner (s. o.) eine Widerspiegelung »der Situation der zu Ende gehenden Tätigkeit Jesu« zu sehen und »im Profil der Gleichnisfigur«[171] die Züge der Gestalt und des Verhaltens Jesu zu erkennen. Auch dies scheint freilich wegen der Negativität der Figur des ungetreuen Verwalters schwierig.

Mit dem vorliegenden Schlüssel, alle Gleichnisse als Ausdruck der inneren Biographie Jesu zu lesen, ist jedoch diese Schwierigkeit des Gleichnisses auflösbar. Es ist dazu notwendig, daß ich zwei auf festen Befunden gründende Überlegungen realisiere und festhalte:

Einmal ist daran zu erinnern, daß sich in vielen Gleichnissen, bevorzugt in solchen, die eine existentielle Auseinandersetzung widerspiegeln (z. B. Gleichnis vom barmherzigen Vater, Gleichnis vom gütigen Arbeitsherrn, Gleichnis vom unfairen Knecht, Gleichnis vom Mord im Weinberg), die (von E. Linnemann so genannte) Erzählfigur der »Verschränkung«[172] findet: Es treten in der Handlung Personen auf, die den Argumenten der Gegner Jesu Raum geben. So macht z. B. der ältere Sohn im Gleichnis vom barmherzigen Vater geltend: Die Rückkehr »dieses deines Sohnes da«, »der dein Vermögen mit Dirnen durchgebracht hat«, rechtfertigt keine Freudenfeier als Ausdruck des anbrechenden Gottesreichs; oder der Arbeiter im Gleichnis vom gütigen Arbeitsherrn, der »den ganzen Tag über die Last der Arbeit und die Hitze ertragen« hat (Mt 20,12), also immer den Geboten Jahwes getreu gewesen ist, artikuliert den Vorwurf der religiösen Eliten gegen Jesus: Du hast die »Zöllner und Sünder« uns gleichgestellt; unterschiedslos verkündest du ihnen und uns, das Reich Gottes breche an, der Himmel habe sich gleichermaßen für alle geöffnet und sie wie wir könnten aus Knechten zu Söhnen Jahwes werden.

Könnte es nicht sein, daß die Ankläger, die den Verwalter beim Herrn anklagen, »er verschleudere sein Vermögen«, ebenfalls als Figuren der Verschränkung aufzufassen sind? Nirgendwo wird nämlich im Gleichnis ausdrücklich gesagt, daß die Anschuldigung *zu Recht* besteht. Lediglich die Verhaltensweise, die der Verwalter nach seinem klugen Entschluß an den Tag legt, könnte als (indirekte) Bestätigung der Anschuldigung gelesen werden. Aber wenn ich, wie gleich im zweiten Befund dargelegt wird, die »stehenden metaphorischen Wendungen« berücksichtige, die zur Zeit Jesu jedem bekannt waren (z. B. »anvertrau-

170 Biser, Jesus 51
171 Ebd. 56
172 Linnemann 35 (vgl. oben Anm. 107)

tes Gut« als feststehender metaphorischer Ausdruck für die Tora), dann ist es sehr fraglich, ob Jesus als Erzähler dieser Geschichte diese »Verschleuderung« als Betrug versteht oder nicht vielmehr als jenes Verhalten, das die beiden guten, weil selbständig handelnden Knechte im Gleichnis von den Talenten an den Tag legen und dafür vom Herrn belohnt und als Teilhaber eingesetzt werden. Dann wäre in dem stark umstrittenen Vers 16,8a: »Und der Herr lobte die Klugheit des unehrlichen Verwalters«, der dem Gleichnis angefügt ist, das »unehrlich« in Anführungszeichen zu setzen: . . . er lobte die Klugheit des Verwalters, dem – fälschlich – »Verschleuderung« und Veruntreuung vorgeworfen wird.

Nur in diesem Verständnis ist auch die etwas umständliche Einleitung der Geschichte zu erklären: »Ein reicher Mann hatte einen Verwalter. *Diesen beschuldigte man* bei ihm, er verschleudere sein Vermögen« (V 1). Warum sagt Jesus, wenn es feststeht, daß der Verwalter ein Betrüger ist, statt dessen nicht einfach: »Ein reicher Mann hatte einen betrügerischen Verwalter. Er ließ ihn rufen und sagte zu ihm: ›Du kannst nicht länger mein Verwalter sein.‹« So würde im Fortgang der Erzählung die kriminelle Energie des Verwalters noch deutlicher und unmittelbarer zum Ausdruck kommen. Und Jesus sagt doch auch sonst in seinen Gleichnissen nirgends ein Wort, das überflüssig wäre!

Auch sprachliche Beobachtungen unterstützen diese Deutung.[173] Im griechischen Urtext lautet das Wort in V 1, das die Beschuldigung zum Ausdruck bringt, durch die die ganze folgende Handlung in Gang gesetzt wird, »diaballein«. Das Wort ist in seiner substantivischen Form »diabolos« bekannt, in der es ursprünglich den Ankläger vor Gericht bezeichnet, der den Beklagten mit seiner Anklage verderben, ins Unglück hineinreiten möchte. Von daher gewinnt es schon bald die Bedeutung »Teufel«, »Satan«. Bei der Beschuldigung des Verwalters vor seinem Herrn handelt es sich also nicht um die bloße Mitteilung eines objektiven Sachverhalts, sondern um den Versuch, den Verwalter »hineinzureiten«, ihn zu verderben, indem man ihn »verteufelt«. Der An-

173 Darauf weisen hin: Thielicke 120 (er legt die Lutherübersetzung zugrunde, wo derselbe V 16,1 folgendermaßen wiedergegeben wird: »Es war ein reicher Mann, der hatte einen Haushalter; der ward vor ihm berüchtigt, als hätte er ihm seine Güter umgebracht.«); noch deutlicher stellt sich in der Übersetzung von J. Zink (Das Neue Testament, Stuttgart-Berlin 3. Aufl. 1965) die Subjektivität der Beschuldigung und Fragwürdigkeit des Vorwurfes dar: »Ein Großgrundbesitzer hatte einen Geschäftsführer. Über den wurde ihm hinterbracht, es sehe so aus, als veruntreue er ihm sein Vermögen.« In der Tat deutet das in unserem Text verwendete »diaballein« *in der Regel* auf einen Vorwurf, der nicht zutrifft. Es ist deshalb möglich, es im Sinne von »verleumden«, »fälschlicherweise etwas von jmd. sagen« zu verstehen.

klagepunkt braucht deshalb nicht frei erfunden zu sein wie bei einer glatten Verleumdung[174], vielmehr geht es darum, einen vorliegenden Sachverhalt – hier eben das religiöse Wirken Jesu – so darzustellen, daß dadurch der Gegner in ein möglichst schlechtes Licht gerät und seinen Prozeß verliert.

In dieselbe Richtung weist das Wort »hōs«, das den Nebensatz einleitet, der den Gegenstand der Beschuldigung benennt (»er verschleudere seine Güter«). Dieses Wort steht im Griechischen, wenn es offen bleibt, ob das von jemandem Ausgesagte »objektiv« zutrifft oder nicht. »hōs« hat so auch die Bedeutung »als ob«, »wie wenn«. Wäre mit dem Nebensatz eine eindeutig objektive Aussage gemeint, müßte er im Griechischen mit dem Wort »hate« eingeleitet werden. So ist nur gesagt, daß die Ankläger, die »diaboloi«, die Sache als »Verschleuderung der Güter« ansehen und darstellen. Die in V 1 enthaltene Exposition des vorliegenden Handlungsgleichnisses lautet also in genauerer Umschrei-

174 Darauf weist hin: T. Zahn, Das Evangelium des Lucas, Leipzig 1. und 2. Aufl. 1913, 571: »diaballein bezeichnet keineswegs immer eine lügnerische üble Nachrede oder Anklage«. Im Falle einer objektiven Aussage wäre allerdings statt »verleumden« ein Wort für »mitteilen« zu erwarten. Vgl. auch Ernst, Lk-Kommentar (1977) 463, der die Ansicht vertritt, daß »sich alle weitergehenden Fragen, etwa ob es sich um eine berechtigte Anzeige oder um Verleumdung handelt«, verbiete; ähnlich schon Schmid, Lk-Kommentar 257: »Ob mit Recht oder nicht, bleibt unklar und ist für das Gleichnis unwichtig.« Nach K. H. Rengstorf, Das Evangelium nach Lukas (Das Neue Testament Deutsch, Teilband 3), Göttingen 10., durchgesehene Aufl. 1965, 188, wird der Verwalter »wohl mit Recht« angeklagt; vgl. auch B. Weiss, Die Evangelien des Markus und Lukas, Göttingen 1901, 537: »Das dieblēthē setzt nicht voraus, daß die Angabe unbegründet war, sondern nur, daß dieselbe in feindseliger Absicht gemacht wurde . . .«. Gerade auf diese feindselige Absicht kommt es in meinem Interpretationsvorschlag an: Jesu Umgang mit der alttestamentlichen Tradition *war* in der Tat in manchen Punkten ungewöhnlich und man *konnte* diesen Umgang deshalb mit einem gewissen Recht als »Verschleuderung« brandmarken. Die dabei wirksame »feindliche Absicht« kennzeichnet den Absatz als Verschränkungsfigur im Sinne Linnemanns. Mit Jülicher II, 496 vertritt H. Drexler, Zu Lukas 16,1–7, in: Zeitschrift für Neutestamentliche Wissenschaft 58 (1967) 286–288, die Ansicht, daß diaballein hier nicht verleumden heiße, denn sowohl der reiche Mann als auch der Verwalter nähmen die Beschuldigung ernst; der betrügerische, durch nichts in eine wohltätige oder gerechte Handlung zu verkehrende Schuldenerlaß beweise schließlich, »daß er tatsächlich ein ungerechter Verwalter war«. Tatsächlich *muß* ja Jesus die Kennzeichnung seiner Verkündigungspraxis als »Verschleuderung« und »Veruntreuung« ernst nehmen, sie bringt ja den Tod über ihn; ja, er läßt sich so auf den Vorwurf ein, daß er die ihn »verteufelnde« Interpretation seiner Praxis aufgreift und sagt: *Auch* wenn mein Verhalten in eueren Augen »Veruntreuung« ist (und diese Sichtweise grundsätzlich möglich ist), ich muß dennoch daran festhalten: . . . »Setz dich gleich hin, und schreib ›fünfzig‹« (wo vorher »hundert« stand).

bung: Diesen »verteufelte« man bei seinem Herrn (suchte ihn »hineinzureiten«, zu »verderben«), indem man sein Tun als Verschleuderung der anvertrauten Güter brandmarkte (ansah und entsprechend darstellte). Dies jedoch ist genau die Haltung und Einstellung der Gegner Jesu gegenüber seiner Person und seinem religiösen Wirken.

So ist die Einleitung des Gleichnisses am sinnvollsten als Verschränkungsfigur lesbar: Jesus ist selbst der Verwalter, dessen – von ihm aus gesehen – notwendiges und Jahwe-gemäßes Wirken (wie es das Gleichnis von den Talenten zum Ausdruck brachte) von den Gerechten und Frommen als eine »Verschleuderung« der religiösen Überlieferung angesehen, gebrandmarkt und »verteufelt« wird. Der Vorwurf erwächst aus der Knechtsgesinnung des Sklaven, der aufgrund seines Sklavendienstes keinen persönlichen Dank seines Herrn erwarten kann (Gleichnis vom Knechtslohn Lk 17,7–9, s. vorne) und besonders aus der Gesinnung jenes ängstlichen Knechtes aus dem Talentengleichnis (Mt 25,14–28; Lk 19,12–24), der das anvertraute Gut »knechtisch« in der Erde vergräbt, statt sich als Sohn zu fühlen, der frei und selbständig mit dem Anvertrauten wirtschaften und umgehen darf und muß.

Der zweite Befund, der bei der Deutung dieses »sperrigen« Gleichnisses zu berücksichtigen ist, besteht darin, daß es in der Zeit, in der Jesus seine Gleichnisse gedichtet hat, einen Bestand an stehenden metaphorischen Wendungen gegeben hat, die seinen Zuhörern unmittelbar vertraut waren. Die Verwendung solcher in ihrer Bedeutung bekannten und feststehenden Metaphern macht keineswegs, wie man vielleicht – vordergründig – einwenden könnte, ein Gleichnis zu einer Allegorie. Denn zu einer Allegorie gehört konstitutiv, daß die verwendeten metaphorischen Bedeutungen dem Zuhörer zunächst *verhüllt* sind und von ihm erst entschlüsselt werden müssen. In der Entschlüsselung besteht der Vorgang der Deutung einer Allegorie. Hier dagegen sind die Metaphern von vornherein *nicht* verhüllt; ihre Bedeutung liegt allen Zuhöreren offen zutage; das Interesse des Hörers richtet sich deshalb darauf, wie der Erzähler sie *verknüpft*, welche Geschichte er aus ihnen formt.[175] »Vater«, »König«, »Hausherr«, »Weinberg- und Gutsbesitzer« sind z. B. allen sofort durchsichtige metaphorische Bezeichnungen für Gott. »Weinberg« und »Feigenbaum« sind Metaphern für das Volk Israel, das Jahwe »eingepflanzt« hat, dessen »Besitzer« er deshalb ist und deren Früchte zu ernten seine berechtigte Erwartung ist. »Arbeiter«, »Pächter«, »Verwalter« im Weinberg sind Menschen, denen Jahwe seinen Weinberg, das Volk Israel, zur Pflege und Verwaltung

175 Diese Abgrenzung der Allegorie gegenüber der Verwendung »stehender Metaphern« hat sehr präzise Weder 70 ff herausgearbeitet.

anvertraut hat; die »Güter« und »Talente«, die der abwesende Herr seinen Knechten anvertraut, damit sie mit ihrer Hilfe seinen Weinberg pflegen und verwalten, sind eine stehende Metapher für die Tora und die messianischen Verheißungen, die dem Volk Israel gegeben sind und die von den religiösen Führern dieses Volkes bewahrt und ausgelegt werden; »Abrechnung« ist die Rechenschaft, die Jahwe von diesen »Knechten«, »Pächtern« und »Verwaltern« seines Weinbergs fordert (vgl. das Gleichnis von den *anvertrauten Geldern*: Mt 25,14–28; Lk 19,12–24).

Schon dieses oben interpretierte Gleichnis von den *anvertrauten Geldern* (das auch Eugen Biser in eine inhaltliche Nähe zum Gleichnis vom ungetreuen Verwalter bringt)[176] ist nur verständlich, wenn ich mir vergegenwärtige, daß dem Hörer Jesu die Bedeutung solcher Metaphern unmittelbar vertraut war, für ihn sich also gar nicht die für eine Allegorie typische Frage stellte, was diese Ausdrücke bedeuten, sein Interesse vielmehr von Anfang an darauf gerichtet war, mitzuverfolgen, in welchen *Erzählzusammenhang* der Gleichniserzähler diese längst bekannten Metaphern brachte. Erst dann wird deutlich, daß es in diesem Talentengleichnis nicht etwa um fleißiges Tun einerseits und Faulheit (beim gescholtenen Knecht) andererseits geht, sondern um die freie und mündige Einstellung gegenüber der anvertrauten Überlieferung im Unterschied zu dem ängstlichen Bewahren, das der gescholtene Knecht praktiziert.

In die gleiche Richtung weist auch das Gleichnis vom »ungetreuen« Verwalter. Schon im Talentengleichnis wußte sich Jesus als einer derjenigen Knechte Jahwes, die das anvertraute Gut nicht ängstlich in der Erde vergraben, um es ja »rein« zu bewahren, sondern als einer jener Knechte, die mit dem anvertrauten Gut wirtschaften, es hinaustragen auf die Märkte der Welt und des Lebens und in der Resonanz, die sie dabei finden, Neues zu dem Anvertrauten hinzugewinnen. Als »geliebter Sohn« steht er nicht mehr in einem knechtischen Verhältnis zu Jahwe und dem ihm von diesem anvertrauten Gut, sondern im Verhältnis »wissender Mündigkeit« und »freier Selbstverfügung«.[177]

Dieses Verhalten aber wurde ihm von den Gerechten und Frommen in Israel und von den religiösen Führern seines Volkes als »Verschleuderung« und »Veruntreuung« der anvertrauten Güter ausgelegt und angelastet: Er heilt am Sabbat, er hält sich nicht an die Reinheitsgebote, er spricht das Gottesreich Dirnen und Zöllnern zu – das ist in den Augen seiner Gegner der Ausverkauf des Wertvollsten und Heiligsten,

176 Biser, Gleichnisse 108
177 Ebd.

das dem Volk Israel in der dunklen Zeit jahrhundertelanger Fremdherrschaft (die als Jahweferne verstanden wurde) noch geblieben ist: der religiösen Überlieferung, die allein noch die Identität Israels verbürgte. Es gelang Jesus trotz seines Engagements und seiner Zuwendung zu seinen Gegnern in den Kampfgleichnissen nicht, ihnen diese falsche Sicht seiner Person und seines Wirkens zu nehmen. Dieses Faktum, das seinen Grund in der Freiheit seiner Gegner hat, anzuerkennen und als das ihm auferlegte Geschick anzunehmen, ist die Aufgabe, der Jesus sich im vorliegenden Gleichnis stellt. Deshalb geht es darin nicht mehr um die Frage, ob die Anschuldigung berechtigt ist oder unberechtigt. Sie ist einfach da und bestimmt den Fortgang des Geschehens. Dabei verschärft sie sich nun zur unausweichlich erscheinenden Todesdrohung und kommt so auf Jesus zu.

Die Zeit, da er, auf seine freie Art, das anvertraute Gut im Weinberg Jahwes verwalten durfte, geht für ihn zu Ende. Was soll er jetzt tun? Soll er, um sein Leben zu retten, seine Existenz als Prophet und Wanderprediger Jahwes aufgeben und wieder zur handwerklichen Arbeit zurückkehren? Oder soll er einfach als Bettler, der keinen Anspruch erhebt, eine religiöse Botschaft zu verkündigen, durch die Lande ziehen?

In dieser radikalen Bedrohung und Infragestellung richtet sich der Gottesatem, der am Jordan in ihn eingezogen ist und seither sein Bewußtsein und Wirken bestimmt, zu einer neuen Größe auf: Er wird deutlich als Kraft, die, auf welche Art und Weise auch immer, auch den Tod überwinden, ihn über das dunkle Ende hinaus in ein neues Leben und eine neue Geborgenheit tragen wird. Eruptiv – wie bei seinem »Reden in (göttlicher) Vollmacht« (vgl. Lk 4,32; Mk 1,22; Mt 7,29), etwa in den Antithesen der Bergpredigt (Mt 5,21 ff: ». . . Ich aber sage euch«) – bricht es aus ihm hervor: »Doch – ich weiß, was ich tun muß, damit mich die Leute in ihre Häuser aufnehmen, wenn ich als Verwalter abgesetzt bin« (V 4): Er geht den begonnenen Weg zu Ende; noch spontaner, noch aktiver und intensiver praktiziert er jenes Verhalten, das ihm als »Verschleuderung« der anvertrauten Güter ausgelegt und angelastet wird. Er weiß, daß auch angesichts der auf ihm lastenden Todesdrohung dies der richtige Weg ist.

Zwar steht, das sieht er nun vor sich, der gewaltsame Abbruch seines Lebens und Wirkens, der »Entzug der Verwaltung« am Ende seines Weges. Man läßt ihn nicht sein und wirken als den, der er ist: als den geliebten Sohn, der das Anvertraute als sein Eigenes erkennt und entsprechend damit umgeht. Seine Hoffnung aber richtet sich nun auf die Menschen, die er durch seine Botschaft und seine Zuwendung geheilt, aufgerichtet, getröstet, aus verloren geglaubten Knechten zu geliebten Töchtern und Söhnen Jahwes gemacht hat. Zu ihnen will er sich flüchten, wenn der über ihn verhängte Tod ihm das Leben und Wirken entzieht.

Hier wird auch wieder die Krise des Gottesverhältnisses sichtbar, die schon in den Gleichnissen vom *bittenden Freund* und von der *unbeirrt fordernden Witwe* zum Ausdruck gekommen war. Eine Krise dieser Art ist in der jüdisch-alttestamentlichen Tradition nichts Ungewöhnliches: Der Prophet, den Jahwe sich erwählt und dem er die Verwaltung seines Weinbergs anvertraut, fühlt sich häufig früher oder später von seinem Gott überfordert oder im Stich gelassen und wendet sich in dieser Situation klagend, oftmals auch anklagend an ihn.[178] »Weh mir, Mutter, daß du mich geboren hast, einen Mann, der mit aller Welt in Zank und Streit liegt. Ich bin niemands Gläubiger und niemands Schuldner, und doch fluchen mir alle«, klagt der Prophet Jeremia in seiner Bedrängnis (Jer 15,10) und beginnt, ähnlich wie Ijob, mit Gott zu rechten (vgl. Jer 12,1 ff). In der »inneren Biographie« Jesu markieren die Gleichnisse vom bittenden Sohn und vom bittenden Freund, von der unbeirrt fordernden Witwe und das vorliegende Gleichnis vom »ungetreuen« Verwalter diese Situation, in der sich für ihn die Gottesnähe verdunkelt und Gott als Macht erscheint, die auf der Seite der Gegner steht. Mit den Worten Jeremias konnte und mußte auch er, der geliebte Sohn, in dieser Situation seinen Gott fragen, warum er die Gegner triumphieren läßt und sich vielleicht auch die Antwort geben: »Du hast sie eingepflanzt, und sie schlagen Wurzel, sie wachsen heran und bringen auch Frucht« (Jer 12,2).

Doch anders als Jeremia flüchtet sich Jesus nicht in den Haß gegen seine Feinde und in die Bitte an Gott, er möge diese Feinde vernichten (vgl. Jer 12,3b: »Raff sie weg wie Schafe zum Schlachten, sondere sie aus für den Tag des Mordens!«). Dem geliebten Sohn, der, wenn auch in anderer Stunde, seinen Gott als »abba« erfahren hat, können solche Worte nicht über die Lippen kommen. Er verzichtet überhaupt darauf, mit jener »höheren Instanz« zu rechten, die schon in den Gleichnissen vom bittenden Freund und vom ungerechten Richter in einem so fragwürdigen Licht erschienen war und auf die sich seine Gegner berufen. Er läßt diese Instanz, die ihr Ohr seinen Gegnern geöffnet hat und sein Wirken unbefragt in deren Lichte sieht, auf sich beruhen. Seine Reaktion ist vielmehr die Flucht in jene Liebe hinein, die der Gottesatem in ihm geweckt und zu der er auch andere Menschen befreit hat. Er flüchtet vor dem Gott der Überlieferung, in dessen Namen ihm die Verwaltung der anvertrauten Güter entzogen wird, zu jenem »abba«, den er

178 Vgl. N. Lohfink, Unsere großen Wörter. Das Alte Testament zu Themen dieser Jahre, Freiburg i. Br. 1977, 241–251 (»Charisma. Von der Last der Propheten«)

als transzendente Geborgenheit im Kreis jener »Sünder und Zöllner« erfährt, die er durch seine »Verschleuderung der anvertrauten Güter« zu Söhnen und Töchtern Jahwes gemacht hat und die ihm nun »Bruder und Schwester und Mutter« sind (Mk 3,35).

Noch bleibt hier offen, wie die »Wohnungen« aussehen werden, die diese Menschen ihm geben, wenn ihm die Verwaltung entzogen ist. Doch später, wenn das drohende Unheil eingetroffen und Jesus am Galgen gestorben ist, wird der Gottesengel des Lichts und der Erleuchtung zu den Frauen sagen, die Jesus im Grab suchen, während die meisten seiner Freunde nach Galiläa zurückgeflohen sind: »Was sucht ihr den Lebenden bei den Toten? Er ist nicht hier . . .« (Lk 24,56 f) »Er geht euch voraus nach Galiläa. Dort werdet ihr ihn sehen . . .« (Mk 16, 7b); und an anderer Stelle wird dann erzählt, wie der gekreuzigte Jesus, auf neue Art lebendig, wieder mit den Seinen ißt und trinkt und also Wohnung bei ihnen gefunden hat.

Doch das Gleichnis läßt diesen Schluß noch offen. Viele Ausleger sind heute der Meinung, daß das ursprüngliche Gleichnis mit V 7 endet.[179] Doch auch wenn man mit Biser annehmen wollte[180], daß uns das Gleichnis fragmentarisch überliefert ist und in seiner ursprünglichen Fassung damit geendet hat, daß der ungetreue Verwalter, vom Herrn bestätigt und gelobt, wieder in sein Amt eingesetzt wird, behält das dargelegte Verständnis des Gleichnisses grundsätzlich seinen Sinn, weil ja auch ein solcher Schluß das Verhalten Jesu bestätigen würde. Aber eine solche Version würde mehr aussagen als Jesus (von seiner menschlichen Natur her) in der existentiellen Entstehungssituation des Gleichnisses wissen kann; zumindest für die Jesusstufe optiere ich deshalb für den offenen Schluß des Gleichnisses in V 7.

Die heftig umstrittene Frage, ob der »Herr«, der in V8a den ungetreuen Verwalter lobt[181], Jesus ist (wie heute die meisten Ausleger an-

179 So z. B. Weder 263 f; Sorger, Gleichnisse 145; Kemmer 104

180 Biser, Gleichnisse 107, ders., Jesus 52 (Anm. 56)

181 Mit dem Hinweis auf zwei Fehlübersetzungen hat G. Schwarz, ». . . lobte den betrügerischen Verwalter« (Lukas 16,8a), in: Biblische Zeitschrift, N. F. 18 (1974) 94 f, folgenden Übersetzungsvorschlag für V 8a in die Diskussion gebracht: »Und der Herr (= der Herr des Gleichnisses und nicht Jesus; G. B.) fluchte dem betrügerischen Verwalter, weil er hinterlistig gehandelt hatte.« Als Begründung führt Schwarz an, daß die aramäische Äquivalente für 1. epeinein (hebr.: b^{e}rak) und 2. phronimos (hebr.: arim) unter Einfluß des nachfolgenden Logions V 8b senso bono (1. loben, 2. klug) statt richtigerweise senso malo (1. fluchen, 2. listig, hinterlistig) übersetzt worden sind. Vgl. dagegen allerdings Weder 265, Anm. 112 (die »Korrektur« ist »ohne Anhalt im Text« und die Annahme eines Übersetzungsfehlers ist »unnötig«) und Kemmer 104 (damit würde »der Grundgedanke des Gleichnisses kaum richtig erfaßt«).

nehmen)[182] oder der Herr des Gleichnisses[183], ist für die vorgelegte Auslegung nicht von Bedeutung. Wichtig ist nur – und dies scheint auch die ursprüngliche Bedeutung des fraglichen Verses zu sein –, daß, soll das Gleichnis richtig verstanden werden, das Verhalten des Verwalters trotz seiner scheinbaren Negativität, ja Kriminalität, als positiv angesehen werden muß. Es ist ja leicht verständlich, daß etwa in hellenistischen Kreisen, wo Lukas nach dem Zeugnis der Apostelgeschichte zusammen mit Paulus missionierte, die oben beschriebenen »stehenden Metaphern« den Hörern nicht mehr bekannt waren und deshalb auch schon sehr früh das Gleichnis unverständlich wurde, wie ja auch die angefügten Sprüche vom rechten Gebrauch des Reichtums (Lk 16,9–13) zeigen.[184] V8a ist dann ein Satz, der in einer anderen Redesituation auf die ursprüngliche Bedeutung des Gleichnisses hinweisen will.

Er ist gleichsam die älteste Regieanweisung, die dem Gleichnis von den ersten Weitererzählern der Geschichte mit auf den Weg gegeben wurde und die sich bis heute erhalten hat, obwohl sie schon bald für die Auslegung eine große Schwierigkeit und keineswegs mehr eine Hilfe bedeutet hat. Aber sie bestimmt – damals wie heute (noch Joachim Jeremias sagt, daß die Deutung von diesem Satz auszugehen habe)[185] – den richtigen Umgang mit diesem Gleichnis Jesu. Ursprünglich hat diese Regieanweisung wohl nur den Inhalt gehabt, daß in der Auslegung des Gleichnisses die Gestalt des Verwalters positiv (»Der Herr lobte . . .«) angesehen werden muß. Die Hervorhebung der »Klugheit«

182 Vgl. etwa Jeremias 30 (»Vor allem . . . spricht die Analogie von 18,6 dafür, daß der ›Herr‹ Jesus ist . . .«); ebenso Kahlefeld II, 88 und 187, Anm. 72 (anders als Mt und Mk, die nur je einmal den Namen Jesus durch den Titel »Herr« ersetzen, folgt Lk weithin dem Brauch der frühchristlichen Verkündiger und nennt Jesus achtzehnmal »der Herr«); Bultmann 190; Jüngel 157; Sorger, Gleichnisse 145; Kemmer 104; Knoch 166; Weder 262 u. a.

183 Vgl. z. B. (mit je unterschiedlichen Begründungen) Mußner, Botschaft 27; Biser, Gleichnisse 106; Via 147; Schwarz 95 u. a.

184 So bilden z. B. die VV 9 und 10 jeweils gegensätzliche Anwendungen des Gleichnisses, die nicht beide zugleich richtig sein können: V 9 folgt dem Lob des Verwalters in V 8a und begreift den Verwalter als positive Identifikationsfigur: »Macht euch Freunde mit Hilfe des ungerechten Mammons, damit ihr in die ewigen Wohnungen aufgenommen werdet, wenn es (mit euch) zu Ende geht«. Die VV 10–11 dagegen folgen einer umgekehrten Blickrichtung und sehen im Verwalter ein abschreckendes Beispiel der Veruntreuung: So soll man *nicht* handeln; vielmehr: »Wer in den kleinsten Dingen zuverlässig ist, der ist es auch in den großen, und wer bei den kleinsten Dingen Unrecht tut, der tut es auch bei den großen. Wenn ihr im Umgang mit dem ungerechten Reichtum nicht zuverlässig gewesen seid, wer wird euch dann das wahre Gut anvertrauen?«

185 Jeremias 31

dieses Verwalters in der heutigen Überlieferung des Satzes ist offenbar aus der sicher später angefügten sentenzenhaften Feststellung »Die Kinder dieser Welt sind im Umgang mit ihresgleichen klüger als die Kinder des Lichtes« (V8b) sekundär in diese älteste Regieanweisung hineingeflossen.[186]

Deutlich ist auch der Kampfcharakter dieses Gleichnisses, der hier jene Form gewinnt, wie sie für die Passionsgleichnisse charakteristisch ist: er bezieht den gegnerischen Sieg in sein Leben und Wirken ein. Was Jesus in der Verschränkung dieses Gleichnisses erzählt, ist für die ursprünglichen Hörer eine Art »Zitat« dessen, was seine Gegner ihm vorwerfen und was sie – nunmehr für Jesus unabwendbar – über ihn beschlossen haben. Die Reaktion des »ungetreuen« Verwalters ist Jesu Antwort auf die gegen ihn gerichteten Vorwürfe und die nun unabweisbar gewordene Todesdrohung. Stärker noch als in den Passionsgleichnissen vom Mord im Weinberg und vom fürbittenden Weingärtner tritt uns hier aus dem Profil der Gleichnisfigur die Gestalt Jesu, seine »innere Biographie«, entgegen. Das Gleichnis spiegelt die Entscheidung Jesu wider, auch angesichts des über ihn verhängten Todes und des damit verbundenen Scheiterns seines irdischen Wirkens, seiner Sendung treu zu bleiben und den am Jordan begonnenen Weg – jetzt noch entschiedener und bewußter als vorher – zu Ende zu gehen.

Entsprechend der zugespitzten Situation, in der es um Leben oder Tod geht, drückt sich dieser Entschluß nicht in einem Vorgangsgleichnis, sondern in einem dramatisch aufgebauten Handlungsgleichnis mit überschießender Problemlösung aus. Eine große Gruppe von Vorgangsvergleichen stützt aber diesen dramatisch zugespitzten und in der Kraft des Gottesatems gefaßten Entschluß ab: Es sind vor allem Vorgänge aus der Natur, z. T. auch aus dem Alltagsleben, die im ruhigen Fluß ihrer Bilder und Motive, ihrer Gefühle und Gedanken zum Ausdruck bringen, wie stark und tragfähig der Entschluß war, der Jesus zur Annahme seines Geschicks geführt hat und ihn nun eintreten läßt in jene Phase des Lebens- und Sterbeprozesses, der von den Sterbehelfern schon im Umgang mit gewöhnlichen Menschen oft als für alle unendlich bereichernd erlebt wird.[187] An diesen Motiven und Erzählstücken ist abzulesen, wie der Lebens- und Schaffensatem Jesu seiner Offenbarwerdung als todüberwindender Gottesatem entgegenreift.

186 Die Gegenüberstellung von »Söhnen dieses Äons« und »Söhnen dieses Lichts« erinnert an ähnliche Gegenüberstellungen im Schrifttum von Qumran. Sie geht weder auf Jesus noch auf Lukas zurück, sondern ist wahrscheinlich vorlukanisch eingeflossen (vgl. Weder 263, Anm. 100); vgl. auch Kahlefeld II, 89

187 Vgl. Sporken 83

(g) *Vertrauen über den Tod hinaus*

Vor allem in den Gleichnissen Jesu, die um Saat, Wachstum und Ernte kreisen, gewinnt dieses neue, todtranszendierende Vertrauen seinen Ausdruck. Der mütterliche Gott, den Jesus in der alttestamentlichen Tradition aufgedeckt hat, ist für ihn ja von Anfang an mit dem Wirken der Natur verbunden. Schon ganz zu Anfang, da der neue, am Jordan in ihn hineingezogene Lebensatem ihn zur Prüfung und Probe in die Wüste hinausgeworfen hat (Mk 1,12), wird er inmitten der »wilden Tiere« von »Engeln bedient« (vgl. Mk 1,13). Das Bild erinnert, wie Walter Schmithals hervorhebt[188], an die »paradiesischen Zustände des Anfangs«, »als Mensch und Tier in Eintracht miteinander lebten«, und an die Vision des Naturfriedens, die bei Jesaja (vgl. 11,5–9: »Das Lamm wird verweilen beim Wolf, der Leoparde lagert beim Böcklein . . .«), bei Hosea (2,18f) und im Buche Ijob (5,22f) das endzeitliche Heil, die »malkût Jahwe«, widerspiegeln.

Der »abba«, als dessen geliebter Sohn sich Jesus erfahren hat, ernährt die Vögel des Himmels, ohne daß diese säen, ernten und in Scheunen sammeln; er kleidet die Lilien des Feldes schöner als Salomo in all seiner Pracht gekleidet war, obwohl sie nicht arbeiten und spinnen (vgl. Mt 6,25ff; Lk 12,22ff); und er nimmt durch dieses sein Wirken auch den Menschen, die als seine geliebten Söhne und Töchter dieses Wirken betrachten, die nagende Sorge um das tägliche Wohl aus ihren Herzen.

In diesem allumfassenden Wirken des »abba«, wie es im Walten der Natur zum Ausdruck kommt, ist auch das für Jesus kennzeichnende Gebot der Feindesliebe begründet: »Liebt eure Feinde und betet für die, die euch verfolgen, damit ihr Söhne eures Vaters im Himmel werdet; denn er läßt seine Sonne aufgehen über Bösen und Guten und er läßt regnen über Gerechte und Ungerechte« (Mt 5,44f).

In dieser Haltung und im Vertrauen auf diesen »abba«, der die Sonne scheinen, es regnen und wachsen läßt, kann Jesus nun Freunden und Feinden frei gegenübertreten und seinen Weg ohne Haß und innere Enge, im wiedergewonnenen und nun auch den Tod mit einschließenden Vertrauen sein Wirken fortsetzend, bis zum Ende hin gehen: Unentwegt und unverzagt geht der Sämann über die Felder, die seinem Wirken anvertraut sind, und streut den Samen aus (Gleichnis vom *Sämann*, Mk 4,3–8 par)[189], obwohl er weiß, daß ein Teil seines Samens auf

188 Schmithals 92

189 Knoch 73: Jesus hat seiner Auffassung nach das Gleichnis »wohl am Ende seines Wirkens in Galiläa« erzählt, »als sich der Widerstand der führenden religiösen und politischen Kreise in Israel, vor allem in Galiläa, und damit seine endgültige Ablehnung deutlich abzeichneten«. Von allen Synoptikern hat offen-

den Weg fällt, wo die Vögel kommen und es auffressen, und ein anderer Teil auf den Felsboden, wo es von der Sonne versengt wird, und ein anderer Teil unter die Dornen, die den Samen ersticken. Auf all dies kommt es nicht an; man könnte die Reihe des Mißerfolges noch beliebig weiter ausziehen.[190] Entscheidend für den Sämann – und für das Lebensgefühl Jesu in dieser Phase seines Lebens – ist allein das Wissen, daß einiges *doch* auf guten Boden fällt und Frucht bringen wird[191]: »dreißigfach, ja sechzigfach und hundertfach« (V8).

sichtlich Mk die älteste Fassung bewahrt (vgl. Pesch/Kratz). Redaktionell sind sowohl der V 1 (eine Szenenbeschreibung »randvoll mit theologischer Aussage«), die VV 2 und 3a (vgl. Linnemann 120) sowie V 9 (vgl. Knoch 72 und 75 im Gegensatz zu Weder, der diesen wie den V 3a der Jesusstufe zuordnet). Der von Eichholz 68 und 82 ff (mit B. Gerhardsson) unterstrichenen Gefahr, das Gleichnis von der späteren »uns so geläufig(en)« Deutung (vgl. Mk 4,14–22 par) her zu verstehen, begegnet die deutlich getrennte Auslegung des eigentlichen Gleichnisses einerseits und seiner urgemeindlichen Anwendung andererseits beispielsweise bei Knoch 71–76 und 77–84; auf keinen Fall (vgl. Linnemann 184) stammt die Interpretation des Gleichnisses von Jesus. Nach Weder 112 f wird das Gleichnis erst auf der zweiten Gemeindestufe (vgl. Mk 4,11 f) »zu einer unverständlichen Rätselrede ..., die grundsätzlich der ›Auflösung‹ bedarf«. (114)

190 Linnemann 122 f, ebenso Weder 109 warnen davor, sich durch das Verhältnis von dreimaligem Mißerfolg und einmaligen Erfolg bei der Aussaat zu der Ansicht verleiten zu lassen, daß das Gleichnis vierteilig sei. Das Interesse des Erzählers sei, so betont Weder ebd. (Anm. 60), der in V 8 beschriebene Erfolg und gerade deshalb schildere er in einem ersten Teil (VV 4–7) den Mißerfolg. (vgl. auch Frankemölle, Gleichnissen 76; Ragaz 128; Eichholz 74; Linnemann 122 f u. a.)

191 Das der Anfechtung durch anfängliche Mißerfolge begegnende Gleichnis (vgl. Eichholz 78) betont einerseits den Kontrast zwischen bescheidenen Anfängen einerseits und großem Erfolg andererseits (vgl. Jeremias 102, der von einem »Kontrastgleichnis« spricht), andererseits aber auch den Zusammenhang von Anfang und Ende, von Aussaat und Ernte; deshalb unterstreicht Eichholz 74 und 78 mit G. Bornkamm und N. A. Dahl, daß es sich hier um ein »Wachstumsgleichnis« (C. H. Dodd) handelt. Für Weder 109 (wie z. B. auch für Linnemann 120 und 180; E. Haenchen, Der Weg Jesu, Berlin 2. Aufl. 1968, 103; Biser, Gleichnisse 51; Pesch/Kratz 34; Knoch 72) ist der Same sogar »Handlungsträger des Gleichnisses« (anders sehen z. B. Bultmann 189; Jeremias 102; Fuchs 224; Frankemölle, Gleichnissen 75 ff, den Sämann im Mittelpunkt der Gleichniserzählung). Gegen die weitverbreiteten Versuche, das Gleichnis vom Ende her, also vom Erfolg der Aussaat her, zu deuten, unterstreicht H.-J. Geischer, Verschwenderische Güte. Versuch über Markus 4,3–9, in: Evangelische Theologie 38 (1978) 418–427, das Erstaunliche in der Art des Säens: das Drauflossäen des Sämannes (423), die verschwenderische Großzügigkeit und Güte der Basileia Gottes, »die paradox – gegen Berechnung und Kalkül – auf reine Hoffnung hin wie achtlos unter die Menschen geworfen ist wie Saatgut in der Hand eines ›schlampigen‹ Sämanns und die sich eben damit der höchsten Gefährdung aussetzt« (424); vgl. ähnlich die in Eichholz 70 zitierte Interpretation von J. Kuhn: »Gott fragt nicht nach Rentabilität.«

Und wenn der Same in die Erde eingedrungen ist, wächst er von selbst (Gleichnis von der *selbstwachsenden Saat*, Mk 4,26–28).[192] Der Sämann braucht dann nichts mehr zu tun, er kann von der Bühne abtreten. Er kann schlafen und wieder aufstehen, tot sein oder leben, es kann Nacht sein oder Tag, »der Samen keimt und wächst, und der Mann weiß nicht, wie. Die Erde bringt von selbst ihre Frucht, zuerst den Halm, dann die Ähre, dann das volle Korn in der Ähre« (VV 27a f). Und einmal wird dann auch die Zeit der Ernte da sein.

Wenn auch das Zitat aus Joel 4,13 in V 29b (»Sobald aber die Frucht reif ist, legt er die Sichel an; denn die Zeit der Ernte ist da«) sekundär ist[193], kommt hier doch, aufbauend auf dem Motiv des Wachstums, in der Vorausschau gleichsam von selbst auch schon das Motiv der *Ernte* in den Blick, jenes uralte Bild und Symbol des Endes, des Todes, der endgültigen Klärung und Vollendung, die als Gottes ureigenes Werk gilt; Jesus, nach Jerusalem wandernd, geht dieser Ernte entgegen.

Noch aber hat er nur das Samenkorn in der Hand, klein, unscheinbar, fast ein Nichts (Gleichnis vom *Senfkorn*, Lk 13,18–19 par).[194] Doch

192 Auch mit diesem Gleichnis antwortet Jesus auf die von seinen Hörern und Gegnern geäußerten Zweifel am Erfolg seines Wirkens (vgl. Knoch 87; mit anderen vermutet Jeremias 103, »daß dieses Gleichnis im Gegensatz steht zu den Bestrebungen der Zeloten, die messianische Erlösung durch die Abwerfung des Römerjoches mit Gewalt herbeizuzwingen«). Gegen Jeremias 102 (der mit »Gleichnis vom geduldigen Landmann« überschreibt) betont Weder 117 f, vielleicht etwas zu stark, daß auf der Jesusstufe im Gleichnis nicht die Rede von Geduld sei, vielmehr die Pointe auf der Gewißheit liege, daß jeder Aussaat »automatisch« die Ernte folge; vgl. auch Knoch 87. Erst die Fassung auf der Gemeindestufe hebe auf einen Wachstumsprozeß (vgl. sekundären V 28b) ab: als solches ermögliche das Gleichnis der Gemeinde, sich selbst in die durch Aussaat, Wachstum und Ernte bestimmte Geschichte Gottes einzuordnen. (vgl. Weder 118 f)

193 Zum Joel-Zitat V 29 vgl. Pesch/Kratz 63 f und 93 ff

194 Erst durch die Erweiterung um das AT-Zitat (vgl. Mk 4,32 par) und die Ergänzung VV 31b.32a ist das Gleichnis nach Weder 129 bereits von der vormk Gemeinde zu einem Kontrastgleichnis (großartiges Ende im Vergleich zu den unscheinbaren Anfängen) gestaltet worden; dagegen ist noch bei Lk, der die Q-Fassung bewahrt hat, der Gedanke des Wachstums (Gewißheit des großen Endes) betont (vgl. ebd. 129 f und 135); wahrscheinlich hat auch die Q-Gemeinde die (nach Jeremias 99 bei verschiedenen Gelegenheiten gesprochenen) Gleichnisse vom Senfkorn und vom Sauerteig (hier ist stärker der Wachstumsgedanke ausgeprägt) miteinander verbunden (vgl. auch Pesch/Kratz 69, die von einem Doppelgleichnis sprechen). Gegen die Alternative »Kontrast« (vgl. etwa Jeremias 99–101, Knoch 91 ff) – »Wachstum« (vgl. etwa Jülicher II, 576) legt Weder 132 ein unbefangenes Lesen nahe, nämlich das Gleichnis unter beiden Gesichtspunkten zu verstehen: als Einladung dazu, sich »aufgrund der Gewißheit der herrlichen Zukunft (Betonung des Wachstums; G. B.) auf den unscheinbaren Anfang (Betonung des Kontrastes; G. B.) einzulassen.«

wenn es nur gesät ist, dann geht auch das Senfkorn auf und wird größer als alle anderen Gewächse und treibt große Zweige, so daß in seinem Schatten die Vögel des Himmels nisten können: Wenn auch die Botschaft Jesu vom geöffneten Himmel und der anbrechenden »malkût Jahwe« nur einige Fischer, Zollpächter und Dirnen erreichen, in ihnen als Same aufgehen und wirksam werden konnte, kann auch aus *diesem* Anfang ein neuer Weltenbaum entstehen, wie der König Nebukadnezar ihn im Buch Daniel geträumt hat: »Seine Höhe reichte bis an den Himmel; er war bis ans Ende der ganzen Erde zu sehen. Er hatte prächtiges Laub und trug so viele Früchte, daß er Nahrung für alle bot. Unter ihm fanden die wilden Tiere des Feldes Schatten; die Vögel nisteten in seinen Zweigen; alle Lebewesen ernährten sich von ihm« (Dan 4,8–9). So entsteht der für die Endzeit verheißene Friede in der Natur und unter den Völkern.

Es kommt auf die Qualität und Wirkkraft des Samens an und darauf, daß er gutes Erdreich findet. Dann kann der Sämann abtreten, der Same wächst. Es ist dann wie mit der Frau, die ein Stück Sauerteig nimmt und diesen unter drei Scheffel Mehl mengte, bis er ganz durchsäuert war (Gleichnis vom *Sauerteig*, Mt 13,33; Lk 13,20–21)[195], ein Vorgang, der gleichermaßen das Wirken der Natur wie das Alltagsleben widerspiegelt und in beidem das über den Tod hinaus tröstende Walten des »abba« im Gleichnis sichtbar macht.

In diesen hier interpretierten Saat- und Wachstumsgleichnissen ist schön zu verfolgen, wie die einzelnen Motive und Motivkreise aus der existentiellen Lebenssituation Jesu herauswachsen, sich selbsttätig durchdringen und einander ergänzen: Zuerst kommt der unentwegte Sämann in den Blick, über den, wie in van Goghs spätem Bild vom Sämann dargestellt, der dunkle Baum sich neigt und ihn zu erschlagen droht; der aber doch in schwungvoller Bewegung, geduldig und nach vorne gebeugt, eine im Gegenlicht der gelblich untergehenden Sonne stehende, schon dunkle Gestalt, mit breiter offener Hand den Samen auf die Erde streut. Vom Sämann konzentriert sich das Existenzgefühl auf den Samen, dessentwegen er unterwegs ist, sowie auf dessen wunderbare Kraft, selbsttätig und unerkannt zu wachsen und zu reifen bis zur Ernte, auch wenn der Sämann, von der Dunkelheit eingeholt, schon

195 Die Verwendung des Sauerteigsymbols, das in der Regel Böses zum Ausdruck bringt, spricht nicht gegen die Jesus-Echtheit des Gleichnisses (vgl. Weder 131, Anm. 164; 134). Wenn es auch in diesem Gleichnis um die Darlegung eines Entwicklungsprozesses geht, so kann nach Weder 133 (Anm. 175) weder einseitig von einem Kontrast- noch allein von einem Wachstumsgleichnis gesprochen werden (vgl. dagegen Knoch 95 ff: »kleine Ursache – große Wirkung«), vielmehr sind auch hier beide Aspekte ineinander verschränkt.

das Feld verlassen hat und nicht mehr wirken kann: Der Same, sei er auch noch so klein und unscheinbar, wächst heran zum schattenspendenden, bergenden Baum und wird zum Brot, zur Nahrung für den Menschen.

Gott »läßt seine Sonne aufgehen über Bösen und Guten, und er läßt regnen über Gerechte und Ungerechte« (Mt 5,44 f). Dieselbe Kraft, die den auf gutes Erdreich gefallenen Samen zur dreißig, sechzig-, ja hundertfachen Frucht heranreifen läßt, die das winzige Senfkorn selbsttätig zum bergenden Baum entfaltet, läßt zusammen mit dem Weizen auch das Unkraut wachsen. Dies bedeutet nicht, daß kein Unterschied besteht zwischen Gut und Böse, Gerechten und Ungerechten und alles bedeutungslos würde. Doch es gehört zur Endlichkeit und Sterblichkeit des Menschen, daß er in diesem irdischen Leben weder bei sich selber noch beim anderen Menschen mit absoluter Sicherheit, mit objektiver Gewißheit, sagen und feststellen kann, ob er gut oder böse ist. »Ich bin mir zwar keiner Schuld bewußt«, schreibt Paulus im 1. Korintherbrief (1 Kor 4,4 f), »doch bin ich dadurch noch nicht gerecht gesprochen; der Herr ist es, der mich zur Rechenschaft zieht. Richtet also nicht vor der Zeit; wartet, bis der Herr kommt, der das im Dunkeln Verborgene ans Licht bringen und die Absichten der Herzen aufdecken wird.«

Gut und Böse werden erst durch das Ende, durch den Tod, aufgedeckt. Wer vorher urteilt und verurteilt, wiederholt wie der neben dem Zöllner im Tempel betende Pharisäer die Ursünde Adams, Kains und Babylons: er will sein wie Gott.

Doch schon fällt der Schatten des Endes auf Jesus und seine klein gewordene Schar, die nach Jerusalem zieht, wo die Propheten sterben. Drohend stehen die Kreuzesgalgen an den Wegkreuzungen, und viele freiheitsliebende Israeliten sind schon daran verblutet und erstickt. So ist es verständlich, daß die bei Jesus Gebliebenen enger zusammenrükken und einander prüfend betrachten: Jetzt kommt es darauf an, sich auf jeden verlassen zu können, die Spreu vom Weizen zu sondern.

Mit Jeremias und Koch bin ich deshalb gegen Weder der Meinung, daß das Motiv der vorgeschlagenen »Säuberung« im Gleichnis vom *Unkraut unter dem Weizen* (Mt 13,24–30) zum ursprünglichen Bestand des Gleichnisses gehört.[196] Doch noch immer ist es für die Scheidung zu früh. Wen sollte er weckschicken von seinen Weggefährten? Es wühlte

196 Weder 123 f unterscheidet in diesem Gleichnis vier Schichten. Der Jesusstufe ordnet er nur die VV 24b (ohne die Qualifizierung des Samens als ein »guter«), 26 und 30 zu (er hält also die Frage, ob das Unkraut auszureißen sei, für sekundär). Auf einer ersten Gemeindestufe nimmt er die Einfügung der VV 25.27.28a und auf einer zweiten Gemeindestufe die der VV 28b.29.30 an. Die Einleitung V 24a sowie die Umstellung und futurische Umgestaltung in V 30b des Gleichnisses (Mt 13,40 ff) führt er auf Mt zurück (vgl. Weder 123–125).

ja nicht bloß in Judas Iskariot der zelotische Eifer, der Jahwe zwingen will. Sind nicht auch Jakobus und Johannes »Donnersöhne« (Mk 3,17), und war es nicht Petrus, der im Ölberggarten als erster das Schwert zog und auf den Knecht des Hohenpriesters einschlug (Joh 18,10)?[197] Der aufziehende Schatten des Endes läßt zwar im Dämmerlicht der dunkel werdenden Zukunft Konturen hervortreten, die dem Wirken des Gottesatems, wie Jesus ihn erfahren hatte, widerstreiten. Doch noch ist nicht die Zeit der Ernte. Wer jetzt »säubern« würde, würde zusammen mit dem Unkraut auch den Weizen ausreißen. Unkraut und Weizen, zelotischer Eifer und befreiender Gottesatem der Liebe, wachsen ja noch zusammen, eng nebeneinander, noch ununterscheidbar ineinander verschlungen, auf demselben Feld. »Laßt beides wachsen bis zur Ernte« (Mt 13,30). Erst wenn die Arbeiter die Halme schneiden, wird der Lolch vom Weizen getrennt.

Vorher zu »säubern« ist Sünde und Unrecht. Wo immer in der Geschichte Menschen auf ihre Gesinnung hin befragt und entsprechende Säuberungsaktionen durchgeführt wurden, sind Leid und Schrecken über die Menschen gekommen. Säuberungsaktionen wurden alle von der Angst diktiert. Jesus hat diese Angst nicht.[198] Das anbrechende neue Wirksamwerden Gottes wird sich auch noch durch Sterben und Tod hindurch fortsetzen – dabei wird sich (von selbst) die Spreu vom Weizen trennen.

Im fast strukturgleichen Gleichnis vom *Fischnetz* (Mt 13,47–48) ist dieselbe Hoffnung und Erfahrung ausgedrückt: Noch immer ist die Zeit der Sammlung.[199] Das Netz wird ausgeworfen in den See, und ohne Vorsortierung werden »Fische aller Art«, brauchbare und unbrauch-

Gegen Weder ist jedoch der Einwand Knochs 104f zu berücksichtigen, »daß ohne das überraschende Auftauchen einer großen Menge Unkraut die Parabel ihre Pointe« verliere, und von daher die Rückführung der VV 27–29 auf kirchliche Redaktion fragwürdig sei. Auch Jeremias 149 zufolge wird gerade mit der zweiten Frage der Knechte (V 28b: ob sie das Unkraut ausreißen sollen) »das eigentliche Problem genannt«. Dies entspricht auch der existenzbiographischen Interpretation des Gleichnisses.

197 Anders als etwa Knoch 103, der das Gleichnis von Jesus an die Adresse der Pharisäer gerichtet sieht, nimmt X. Pfister als »mögliche Hörer des Gleichnisses« Zeloten an, die mit nicht wenig Sympathie im Volk auf eine gewaltsame Durchsetzung der Alleinherrschaft Gottes gesetzt hatten (X. Pfister, Eingeladen zum Gewährenlassen. Das Unkraut unter dem Weizen [Matthäus 13,24–30], in: Steiner/Weymann 103–128; 111f).

198 Vgl. auch die Toleranz Jesu gegenüber Dämonenaustreibern außerhalb seines Jüngerkreises (Mk 9,39) wie die Toleranz des Johannes gegenüber Jesus (Joh 3,22ff)

199 Dieses und das oben behandelte Gleichnis vom Unkraut unter dem Weizen gehören nach Jeremias 149 eng zusammen (wenn auch »kaum ein Doppelgleichnis«); Mußner, Botschaft 34, spricht von einer »Parallele«, Weder 123

bare, an das Land gezogen. Erst wenn dieser Vorgang beendet ist, erst vom Ufer aus, erfolgt – dann von selbst und notwendig – die Scheidung. Die brauchbaren Fische sammelt man in Körbe und die übrigen, die entweder noch zu klein oder ungenießbar sind, wirft man wieder hinaus in den See. Dann wird der Weizen in die Scheune gebracht und der Lolch, das in palästinensischen Weizenfeldern üppig wachsende Unkraut, wird gebündelt, getrocknet und – wertvoll im waldarmen Palästina – als Brennmaterial verwendet.[200]

Noch aber ist die Zeit für diese Scheidung, dieses Gericht, nicht gekommen. Noch sind die Menschen unterwegs. Sie gehen auf die Ernte zu; und sie sollten wissen, daß diese Ernte und das darin beschlossene Gericht der endgültige Sieg der Liebe ist: das Ausreifen und Zu-sich-Kommen der Erfahrung, »geliebter Sohn« und »geliebte Tochter« zu sein, also in Unmittelbarkeit zu Gott zu stehen. Wer zu *diesem* Gericht hin unterwegs ist, muß zu »rascher«, bedingungsloser Versöhnung bereit sein mit dem, der zusammen mit ihm geht. Jetzt, »solange du noch unterwegs bist« (vgl. Lk 12,58), kannst du dich noch aus der Feindschaft mit deinem Begleiter lösen; am Gericht der Liebe angelangt, ist es zu spät: vom Gegner vor den Richter gebracht, wird dieser »dich dem Gerichtsdiener übergeben, und du wirst ins Gefängnis geworfen« (Mt 5,25b) und dort in Enge und Unfreiheit leben (Gleichnis vom *Gang zum Richter*, Mt 5,25; Lk 12,58)[201].

Jesus, auf dem Weg hin zum Ende, zu Tod und Ernte, zu Gericht und Scheidung, lebt diese Versöhnung: Von den Seinen verkannt, zum Teil

von einer »beinahe vollkommenen« Analogie (jedoch kein Doppelgleichnis), Knoch 113 von »thematischer Verwandtschaft« (und der Möglichkeit eines ursprünglichen Doppelgleichnisses). Das eigentliche (VV 47f), dem historischen Jesus durchaus zuzuordnende Gleichnis (vgl. Weder 144) ist einheitlich und weist weder sekundäre Züge noch mt Spracheigentümlichkeiten auf; die Einleitungsformel freilich ist typisch mt. Gegen Jeremias 150 besteht nach Weder 144 kein Anlaß, das Gleichnis als Gerichtsgleichnis zu verstehen; das Verhältnis von Sammlung und Scheidung wird in Bezug zur Gottesherrschaft gebracht. Nach ihm akzentuiert erst Mt in der angefügten Deutung VV 49f das Element der Scheidung zuungunsten der Sammlung und stellt das Gericht über die Bösen »beherrschend in den Vordergrund« (ebd.). Doch gehört wohl beides (kontrapunktisch) zusammen, wie Aussaat und Ernte.

200 Vgl. Jeremias 149

201 Jeremias 28f sieht eine (auf das Interesse kirchlicher Paränese zurückzuführende) Akzentverschiebung in der vorliegenden Gleichnisfassung sowohl bei Lk (Augenmerk auf dem endzeitlichen Handeln Gottes) als auch bei Mt (Weisung für die Lebensführung); so auch, Jeremias folgend, Kemmer 111 und Knoch 183; vgl. dazu auch Kahlefeld II, 128: »Am gegebenen Beispiel zeigt sich ein letztes Mal, wie die Predigt mit und an einem Gleichnis arbeitet, ohne doch seine Gestalt zu zerstören. Freilich nimmt sie ihm etwas von seiner Größe und sprachlichen Kraft, und vor allem von der Hintergründigkeit, die nicht ins Wort

verlassen und verraten, liebt er sie dennoch mit jener »rahamim«, jenem mütterlichen »Zwang zur Liebe«, der er dem Gleichnis vom *barmherzigen Vater* eine unübertreffliche dichterische Gestalt gegeben hat. »Da er die Seinen in der Welt liebte«, erzählt das Johannesevangelium im Zusammenhang des Abschiedsmahles (vgl. Joh 13,1c), »liebte er sie bis ans Ende.« Er versteht seinen Tod als Hingabe für sie: »Nehmt und eßt«, sagt er von dem Brot, das er ihnen beim Abschiedsmahl austeilt, »das ist mein Leib, der für euch hingegeben wird«, und vom Kelch mit Wein, den er ihnen reicht: »mein Blut, das für euch vergossen wird« (vgl. Lk 22,19 f par); und Lukas, der uns als einziger jenes unübertreffliche Gleichnis der Liebe und der Versöhnung, die vielleicht bewegendste Dichtung der Weltliteratur, überliefert hat, nämlich das Gleichnis vom *barmherzigen Vater*, läßt Jesus, am Galgen hängend, beten, während seine Henker seine Kleider als Beute unter sich teilen: »Vater, vergib ihnen, denn sie wissen nicht, was sie tun« (Lk 23,34).

So fügt sich das, was Jesus in seinem Gleichniswerk dichtet, nahtlos ineinander mit dem, was die Urgemeinde von Jesus erzählt. Eines interpretiert das andere: Auf dem Gang zum Richter, auf dem Weg, der in Enge und Tod führt, bewirkt die unbedingte Bereitschaft zur Versöhnung, daß sich die Enge von innen heraus weitet, aus dem Gefängnis die Freiheit, aus dem Tod das größere Leben und aus dem Richter der liebende »abba« wird, der seinen geliebten Sohn für immer und von Ewigkeit her bestätigt und zu sich erhöht.

In den Umkreis dieser Erzählungen, die auf die Vollendung der »malkût Jahwe« und damit auf Ernte und Gericht vorausweisen, gehört zuletzt auch jenes große Gerichtsgleichnis, mit dem Matthäus seine Redekomposition über die Endzeit abschließt (Gleichnis vom *Weltgericht*, Mt 25,31–46).[202] Die Frage, ob dieses Gleichnis in seiner jetzigen Form von Jesus selbst gesprochen wurde, wird von den Exegeten im

kommt und darum den Hörer so nachdenklich macht . . .«; dennoch bewahrt sich nach Kahlefeld ebd. das »prophetische Wort« auch noch »in der milden Gestalt einer gemeindlichen Unterweisung«. Nach Kemmer 110 dürfte dementsprechend der lk Text dem ursprünglichen Wort Jesu näherstehen (vgl. auch Kahlefeld II, 124). Im Gegensatz zu Lk fehlt bei Mt (vgl. den anderen Kontext: Aufforderung zur Versöhnung) ein direkter Reich-Gottes-Bezug (vgl. Knoch 186). Ähnlich wie Jeremias 29 (»Krisengleichnis«) ordnet Knoch 185 das vorliegende Gleichnis in die Gruppe der Entscheidungs- und Gerichtsgleichnisse ein.

202 Ragaz, der das Weltgerichtsgleichnis bemerkenswerterweise sogar eingangs seiner Gleichnisauslegung behandelt (15–23), macht darauf aufmerksam, daß das Gleichnis »nicht die Beschreibung von etwas, das sein wird«, keine Beschreibung des »Jüngsten Gerichts«, sei (16); vgl. ähnlich Kemmer 59, der lediglich eine Urteilsverkündigung durch den »Menschensohn« zu erkennen vermag, und Biser, der (im Gegensatz zu Ragaz am Ende seiner Gleichnisauslegung) betont, daß das Gleichnis »nicht über den letzten Akt der Geschichte belehren«, sondern ihn »bestehen helfen« will (Biser, Gleichnisse 147) und das Gleichnis

allgemeinen verneint.[203] Tatsächlich hat ja auch die Fragestellung, um die es in der Erzählung geht, nämlich die Frage, nach welchem Maßstab die Heiden, die Jahwe und Jesus nicht kennen, beim Jüngsten Gericht gerichtet werden, zwar einen Sitz im Leben der Urgemeinde, noch nicht aber im Leben des irdischen Jesus, der sich »nur zu den verlorenen Schafen des Hauses Israel gesandt« wußte (Mt 15,24), auch wenn er aus aktuellen Notsituationen heraus diese Grenze in Einzelfällen überschritt.

Doch auch als Bildung der Urgemeinde ist es eine Erzählung, die unmittelbar an die Ernte-Gleichnisse Jesu anschließt und in vielen Zügen noch (in einigen freilich gar nicht) sein Denken und Fühlen atmet.[204] Deshalb kann es auch im Rahmen der jesuanischen Ernte- und Gerichtsgleichnisse interpretiert und aufgehellt werden.

Zunächst macht schon die Einleitung deutlich – »Wenn der Menschensohn in seiner Herrlichkeit kommt und alle Engel mit ihm« –, daß Scheidung und Gericht nicht eine Sache des *Anbrechens* des Gottesreiches ist, sondern ein Element seiner *Vollendung*. Vor allem aber wird in

»weniger eine Aussage über die eschatologische Scheidung in Gerettete und Verworfene als vielmehr die bildhafte Projektion der fortwährenden Scheidung der Geister ins Eschaton der Weltgeschichte« sei (ebd. 147f). Das Gericht Gottes findet – Ragaz weist auf den z. T. beklagenswerten Zustand, in dem sich sowohl einzelne Menschen, als auch Völker, Kulturen, ja die ganze Welt befinden – sozusagen »immerfort« statt (ebd.). Hier klingt das Thema vom Tun-Ergehen-Zusammenhang an; vgl. dazu K. Koch (Hg.), Um das Prinzip der Vergeltung in Religion und Recht des Alten Testaments, Darmstadt 1972. Die entscheidende Frage, auf was es vor Gott (hier: Gericht Gottes) ankomme (Ragaz 16), geht alle an, stellt sich allen Völkern (V 32). Dort, wo sie in der Zuwendung zum notleidenden Mitmenschen ihre Antwort erhält, können deshalb auch »Heiden von Jesus als positive Beispielfiguren gewählt werden« (Frankemölle, Gleichnissen 103). Die Frage nach der wahren Gottesliebe entscheidet sich für Mt (genauso auch für Lk; vgl. 16,19–31 oder 10,37) »theologisch-praktisch« in der Orthopraxie (Frankemölle, Gleichnissen 102f). »Das Herz des Gleichnisses« schlägt offensichtlich in den Worten »das habt ihr mir getan« (Ragaz 18)

203 Weniger Gleichnis als apokalyptische Offenbarungsrede (Kemmer 59; Frankemölle, Gleichnissen 102) ist die Perikope vom Weltgericht als ganze mit Sicherheit nicht authentisch, nicht jesus-echt, enthält aber, einer Vermutung von Manson (in der Wiedergabe durch Jeremias 137) zufolge, »features of such startling orginality that it is difficult to credit them to anyone but the Master Himself«. In der Tat erweist sich die Gleichstellung mit den Allergeringsten (vgl. auch Mk 9,37.41) als eine alte Überlieferung und ein Spezifikum der Predigt Jesu (Jeremias 137). Ähnlich Petzoldt 72f, der nur die VV 32b–33 (Scheidung der Böcke von den Schafen) formgeschichtlich als Gleichnis gelten läßt; das ist in unseren Kategorien dann eindeutig ein *Vorgangsgleichnis*; vgl. die Zuordnung in Kap. 1.2 (a)

204 W. Kellner, Der Traum vom Menschensohn, München 1985, 97–103, sucht die älteren, evtl. auf Jesus zurückgehenden Schichten der Perikope auszugrenzen:

diesem Gericht nach einem Maßstab geurteilt, den kein irdischer Richter sinnvoll handhaben kann. Denn es wird nach dem Verhalten des Menschen in Begegnungssituationen entschieden, die diesen Menschen in ihrer Bedeutung *gar nicht bewußt* waren: »Herr, wann haben wir dich hungrig gesehen und dir zu essen gegeben?« fragen die »Gesegneten des Vaters« (V 37). Auf dieser *Unerkanntheit* der Situation liegt ein starkes Gewicht. Denn es kommt nach dieser Erzählung darauf an, daß ich dem notleidenden Bruder, auch und gerade dem Geringsten, spontan und um seiner selbst willen helfe, ohne irgendwelche Fragen zu stellen – eine Art zu helfen, wie sie der barmherzige Samariter im Gleichnis Jesu beispielhaft praktiziert. Jeder Gedanke an eine mögliche Belohnung oder eine drohende Bestrafung für dieses mein Tun bzw. Lassen würde dieses auch schon verfälschen. Deshalb weiß keiner, es sei denn vielleicht im Augenblick des Todes, da er sein Leben aus der Perspektive der »Ernte« sieht, was ihn rettet und was ihn anklagt. Ja, von der Botschaft Jesu her gesprochen, ist es gar nicht das eigene Gutsein, das den Menschen im Gericht bestehen läßt; denn der barmherzige Samariter hat ja in der Kraft jenes göttlichen Lebens- und Liebesatems gehandelt, der dort weht, wo das Reich Gottes im Anbrechen ist. Es kommt also nicht darauf an, zu fragen: Wo begegnet mir Christus im notleidenden Mitbruder, damit ich ihm helfen und dadurch im Jüngsten Gericht bestehen kann? Vielmehr gilt es, sich spontan und in jeder Anspruchssituation neu sensibel, wachsam und gehorsam jenem Got-

Er sieht einen Paralleltext in Ez 34, 17–22, wo Jahwe, wie der gute Hirte dies tut, die starken Schafe zum Schutz von den schwachen absondert, damit die starken nicht die schwachen »mit Flanke und Schulter (von Gras und Wasser) wegdrängen, mit den Hörnern fortstoßen und nach außen treiben« (vgl. Ez 34,21); außerdem sieht er in den VV Mt 25,34–41a und 42–45 ein Gleichnis »vom unbekannten König«, worin das alte Erzählmotiv vom unerkannten König, der in Gestalt eines Bettlers um Gastfreundschaft bittet, aufgegriffen und ausgestaltet wird. Erst akute Mißstände in der Gemeinde, wo sich Christen »im Rausch ihrer religiösen Ergriffenheit über die Pflicht, die Hungernden zu speisen, hinwegsetzen« (ebd. 103), lassen aus diesen und ähnlichen Erzählmotiven später eine furchtbare Drohrede werden, wo in Anlehnung an die (nichtkanonische) Henoch-Apokalypse und in einer nochmaligen (Über-)Steigerung ihrer Drohmotive der wahrhaft unmenschliche, satanisch-sadistische Gedanke einer ewigen Folterung (griech. »kolasis«) von Menschen auftaucht. Nach H. Wolff, Neuer Wein – Alte Schläuche. Das Identitätsproblem des Christentums im Lichte der Tiefenpsychologie, Stuttgart 1981, 58, wird »wesentlich jesuanisches Gut« in einem »inadäquaten«, »vorjesuanisches Gerichtsverständnis« widerspiegelnden, in der Gemeinde geschaffenen Rahmen bewahrt; es werden genuin jesuanische Inhalte in einen nach hergebrachten legalistisch-richterlichen Gesichtspunkten entworfenen Rahmen »hineingezwängt«; Rahmen und Inhalt spiegeln »zwei völlig verschiedene Bewußtseinsebenen wieder«: die Diskrepanz zwischen einem patriarchalischen, vorjesuanischen Richtergott und dem »empathischen« Gott Jesu.

tesatem der Liebe und des Geliebtseins zu öffnen, der am Jordan vom geöffneten Himmel her in Jesus eingezogen ist, von ihm her nun auf alle Menschen ausstrahlt und auch mich in nicht vorausbestimmbarer Weise von einer konkreten Situation her zu ergreifen sucht. Was am Ende den Menschen rettet, sind »rahamim« und »häsed«, wie sie unübertrefflich im Gleichnis vom barmherzigen Vater zum Ausdruck kommen: das Erbarmen, der mütterliche »Zwang zur Liebe« (Enzyklika »Dives in misericordia«) und die Treue zu sich selbst als Festhalten an seiner Liebe.

So stellt sich für Jesus am Ende seines Lebens und Wirkens im Zusammenhang der Bilder von Ernte und Vollendung neu das Thema des Gerichts, das ihm ganz zu Anfang in der Gerichtspredigt des Propheten Johannes begegnet war und das er, geprägt durch seine Jordanerfahrung, anders dachte als dieser.[205] Israel als ganzes hatte es abgelehnt, seine Heilserfahrung aufzugreifen und sich in ihr zu sammeln. Der Same aber ist dennoch gesät, und auch wenn er klein ist wie ein Senfkorn und nur einiges auf gutes Erdreich fiel, wo es Wurzeln schlagen und aufgehen konnte: er wächst doch heran zur Ernte. Erst diese Ernte wird zeigen und offenbaren, wo und in wem die »malkût Jahwe« begonnen hat zu wirken und wo sich der Mensch ihr verschlossen hat.

Diese Spaltung kann auch durch den einzelnen Menschen hindurchgehen: einiges an ihm kann Spreu, einiges Weizen sein. Auch seine Jünger werden durch dieses Gericht hindurchgehen müssen. Auch sie werden, in welcher Form auch immer, den Erntekelch trinken, den zu trinken er, Jesus, nun bereit ist; und die Frage ist, ob auch sie dies können. Dies fragt Jesus z. B. die Söhne des Zebedäus, die, trotz dreimaliger Voraussage seines Leidens und Todes auf der letzten Wanderung nach Jerusalem, immer noch blind für das bevorstehende Geschehen, schon dabei sind, sich Ministerposten im neuen Reich zu sichern: »Könnt ihr den Kelch trinken, den ich trinken werde?« (Mk 10,38b; Mt 20,22b). Und Jesus glaubt ihnen, daß sie es können werden, trotz ihrer gegenwärtigen Blindheit; denn er weiß, daß auch in ihnen, durch ihn vermittelt, der am Jordan aufgebrochene Gottesatem weht und wirkt.

Als erster aber und prägend für alle geht Jesus in der Kraft dieses Atems in die Ernte hinein. Schwer ist der Kelch und bitter, der ihm gereicht wird. Darum bricht – auch dies gehört zur menschlichen Natur des Lebens und Sterbens – im Prozeß seiner Hinrichtung noch einmal die Krise auf, wie sie in der ersten Gruppe der Passionsgleichnisse (besonders in den Gleichnissen vom *bittenden Sohn* und *Freund* und

205 Vgl. dazu, was vorne einleitend zu den Weckgleichnissen (Kap. 2.1, vgl. bes. den Einschub S. 153 ff) über das Verhältnis Jesu zu Johannes dem Täufer ausgeführt wurde.

von der *unbeirrt fordernden Witwe*) zum Ausdruck kam. Wieder, wie in den Gleichnissen vom *»betrügerischen« Verwalter* und von der *unbeirrt fordernden Witwe*, rückt Jahwe in eine ungreifbare Ferne und scheint auf der Seite der Feinde zu stehen, die einen gräßlichen Tod über Jesus bringen. Doch noch einmal, und jetzt im Tod erst ganz und unverlierbar, ringt sich Jesus durch zu seinem »abba«, den er am Jordan gefunden hat, und gibt im Todesschrei den göttlichen Atem, der ihn belebt und bewegt, in die Hände des Vaters zurück. Lukas deutet so ausdrücklich den Todesschrei Jesu (Lk 23,46; Mk 15,37), ähnlich auch Johannes (Joh 19,30). Damit aber hat Jesus auch wieder den Grund gefunden, der ihn durch den Tod hindurchträgt, die »rahamim« des barmherzigen Vaters, die ihm, dem ins Elend geratenen Sohn, ein neues todesjenseitiges Leben schenkt: Auf Golgotha zeigt sich das neue Wirksamwerden Gottes unter den Menschen, die »malkût Jahwe«, als Kraft, die Tote lebendig macht, und Jesus, jetzt den Gekreuzigten, unwiderruflich für Zeit und Ewigkeit als den »geliebten Sohn« bestätigt. Jetzt ist die Stunde gekommen, da der Evangelist Markus sein Messiasgeheimnis[206] durchbricht und den römischen Hauptmann in seiner Erzählung unwidersprochen vor aller Welt die Gottessohnschaft Jesu verkünden läßt (Mk 15,39). Jetzt ist der Vorhang des Tempels, der das Allerheiligste verbarg, »von oben bis unten entzwei« gerissen (Mk 15,38). Jahwe ist aller Welt sichtbar: Er wohnt nicht im Allerheiligsten des Tempels, er hat endgültig seine Wohnung genommen beim »geliebten Sohn« und erweckt ihn vom Tod: Matthäus erzählt schon in diesem Zusammenhang, daß die Gräber sich öffnen und Tote auferstehen (Mt 27,52).

So wird am Ende, in der Ernte, bestätigt, was als Jordantaufe den Anfang des Wirkens Jesu gebildet hat. In seinem Prozeß und seiner Hinrichtung ist er hineingetaucht in die Chaosfluten der Sterbensnot und des Todes, die nicht wie die Jordanfluten das Gericht bloß symbolisch antizipieren, sondern es wirklich sind. Doch wie in der symbolischen Antizipation am Jordan ist er auch jetzt in der Realität aus den Fluten emporgetaucht, neu vom Gottesatem beseelt und neu – und nunmehr unwiderruflich und durch keinen »diabolos« mehr anfechtbar – als »geliebter Sohn« bestätigt und erhöht.

Diese Erhöhung betrifft den ganzen Jesus, wie er leibt und lebt. Nichts an und in ihm hat sich als Spreu erwiesen. Jede Faser seines Leibes und seiner Seele sind als durchglüht vom Gottesatem, als dessen neue Schöpfung, offenbar geworden; und so ist er mit Leib und Seele, mitsamt seinen Wunden als Gekreuzigter, eingegangen in die Scheunen Gottes und in Gottes Erntekorb, in den Hochzeitssaal der »malkût Jahwe«.

206 Zum sog. »Messiasgeheimnis« bei Mk vgl. Schmithals 53 ff

Dabei hat er sich nicht in fremde Sphären hinein von uns entfernt. Er ist bei uns alle Tage (Mt 28,20), bis auch für uns die Ernte kommt. Lebendig und leibhaftig steht er vor uns als der Gekreuzigte, der in der Kraft des in ihm waltenden Gottesatems der Liebe und des Geliebtseins den Tod überwunden hat und auf neue, todesjenseitige Weise mit und bei den Seinen lebt: Er hat die Wohnungen bezogen, die er sich in seinem Erdenwirken durch seine »Verschleuderung« der anvertrauten Güter bei den Menschen erworben hat. Er lebt bei ihnen und ißt und trinkt mit ihnen (vgl. Lk 24,42).

So ist er der Messias, der Bringer des Gottesreiches. Er hat dieses Reich, dieses Wirksamwerden Gottes unter den Menschen, gebracht, indem er sich am Jordan dem Gottesatem öffnete und ihn voll Engagement und Freude an seine Mitmenschen weitergab (erste Dimension seines Wirkens), dann die Auseinandersetzung mit seinen Gegnern – mit der Verstockung, Herzenshärte und Trägheit, die sie ihm entgegenbringen – engagiert mit in sein Tun und Reden einbezog (zweite Dimension des Wirkens) und schließlich den unausweichlich gewordenen Tod auch noch in sein Leben und Wirken integrierte (dritte Dimension seines Wirkens) und gehorsam und vertrauensvoll den Weg zu Ende ging, der ihm vom Jordanatem vorgezeichnet war.

Damit hat er uns das anbrechende Gottesreich erschlossen als eine Dynamik des transzendenten Geliebtseins, die uns durch Anfechtung und Scheitern, durch Leiden und Tod hindurch zu geliebten Töchtern und Söhnen des himmlischen Vaters macht. Er selbst in seiner Person und in seinem Schicksal ist die Verkörperung dieser Dynamik, das Reich Gottes in Person (Origines: autobasileia): *der* geliebte Sohn, unmittelbar vom Liebes- und Lebensatem Gottes gezeugt. In ihm begegnet uns lebendig und leibhaftig jenes neue Wirksamwerden Gottes unter den Menschen, das Reich Gottes ist. Wer sich mitnehmen läßt von seiner Lebens- und Denkbewegung, seiner inneren Biographie, seinen Motiven des Fühlens und Denkens, der wird von ihm in die »malkût Jahwe« geführt. So ist am Ende er selbst das große Handlungsgleichnis Gottes[207] geworden, das uns im Nachdenken und Nacherleben seiner Dichtungen und der damit verbundenen existentiellen Lebenssituationen in dieses Reich hinein mitnehmen will und mitnehmen kann.

207 Jesus ist in seinen Sprechhandlungen wie seinen nichtsprachlichen Handlungen »Gleichnis Gottes« (Frankemölle, Gleichnissen 82–84). Auch mit Schillebeeckx, Jesus 141, gesprochen, ist Jesus »lebendiges Gleichnis Gottes«. Vgl. auch Mesters, Vom Leben zur Bibel – von der Bibel zum Leben. Ein Bibelkurs aus Brasilien für uns, Bd. 1, München 1983, 87, sowie Petzoldt 129: »Jesus ist zur Interpretation Gottes geworden« und Aurelio, der im letzten Kapitel seines Buches, 227–258, von Jesus als der »letzten disclosure« in den Gleichnissen handelt.

Exkurs:

Darf ich Jesus »psychologisieren«?[1]

(a) *Die Fragestellung*

Walter Neidhardt findet in seinem »Erzählbuch zur Bibel«[2] überzeugende Worte und Gedanken für die Notwendigkeit, im heutigen Umgang mit biblischen Erzählungen diese nicht nur intellektuell zu *erklären*, sondern sie mit Gefühl und Phantasie mitzuerleben und nachzuvollziehen. Ebenso wichtig wie die denkerische Bemühung um das historische und theologische Verständnis des Textes ist ihm die Arbeit der Phantasie: »Der Erzähler muß den äußeren Verlauf der Geschichte mit den inneren Augen sehen, mit ihren Personen mitleben und deren Rollen gedanklich ausprobieren. Nur wenn er sich ein Stück weit selber mit den handelnden Personen identifiziert, nur wenn er ihnen ein Stück von seinem eigenen Erleben verleiht, werden sie für den Hörer lebendige Personen.«[3]

Neidhart weiß, daß diese seine Forderung, sich mit Hilfe der Phantasie in diese Personen der biblischen Erzählungen einzufühlen, in schroffem Gegensatz zu den Warnungen vieler Theologen vor dem sogenannten »Psychologisieren« biblischer Geschichten steht. »Im Namen der historischen Kritik oder des Kerygmas oder im Namen beider Größen verbieten sie dem heutigen Erzähler, mehr zu wissen, als was im Text steht, und reduzieren damit das Miterleben des Hörers auf intellektuelle Kenntnisnahme.«[4] Als religionspädagogischer Praktiker weiß er aber, daß der christliche Glaube durch solche »intellektuelle Kenntnisnahme« heute nicht mehr an junge Menschen weiterzuvermitteln ist. Mit dem Recht und der Autorität der Praxis stellt er sich deshalb gegen das genannte »Psychologisierungs-Verbot«: »Ich lasse mich durch ein *theologisches Verbot zu psychologisieren*, nicht davon abhalten, die Menschen, von denen ich erzähle, als Menschen verstehen zu wollen,

1 Unter dem Aspekt des Neuerzählens biblischer Texte habe ich diese Fragestellung am Beispiel der Jordan-Taufe erörtert: Baudler, Jesus 267–276 (Kat. Bl. 4/85).
2 Neidhardt/Eggenberger 37–45
3 Ebd. 37
4 Ebd. 43

und d. h. nach ihren Motiven und Gefühlsreaktionen zu fragen und diese Motive gefühlsmäßig mitzuvollziehen.«[5]

Walter Neidhardt klammert jedoch die Jesusgestalt aus dieser seiner Forderung aus. »Jesus«, sagt er, »war zwar ein wirklicher Mensch. Als solcher hatte er psychologisch nachvollziehbare Motive. Aber die historischen Quellen erlauben nicht, darüber sichere Aussagen zu machen. Wir können nicht einmal die Frage nach dem Selbstverständnis des Menschen Jesus eindeutig beantworten. Hat er sich selber als Propheten oder als den Menschensohn verstanden? Wir wissen es nicht.«[6]

(b) *Jesu gesamter Lebensweg als Passionsgeschichte*

Walter Neidhart hat inzwischen selber eingesehen, daß seine Begründungen, warum man Jesus nicht psychologisieren dürfe, nicht alle stichhaltig sind.[7] Denn es gilt für jede andere biblische Gestalt genauso: Die Bibel hat noch kein psychologisches Menschenverständnis und *kann* deshalb gar nicht psychologisch vom Menschen sprechen. Die Frage des »Selbstbewußtseins« (des Selbstverständnisses im heutigen Sinne) stellt sich in diesem Menschenverständnis nicht. Das bedeutet aber nicht, daß die Bibel nicht vom gefühlhaften Erleben eines Menschen erzählen könnte. Sie unterscheidet zwar noch nicht cartesianisch[8] zwischen innerem und äußerem Erleben, erzählt aber so vom Menschen,

5 Ebd. (Hervorhebung von Neidhardt)

6 Ebd. 44f

7 Dies schrieb mir W. Neidhardt in einem Brief vom 28. 4. 1985 als Reaktion auf meine Veröffentlichung in den »Katechetischen Blättern« zu dieser Frage (s. Anm. 1). Seine Bedenken gegen eine Psychologisierung Jesu speisen sich letztlich aus seinem Wissen um die Bruchstückhaftigkeit unserer Kenntnisse über den historischen Jesus. Er will dieses Nichtwissen nicht durch narrative Konstruktionen zudecken; dadurch würde er den Christusglauben seiner Hörer zu sehr »manipulieren«, er will aber, daß jeder Bibelleser »seine eigene Christologie oder Jesulogie« findet. Diese Begründung ist sicher bedenkenswert. Von unserem Ansatz aus ist dagegen nur zu fragen, ob a. die Bibel zwar über den »historischen« Jesus weitgehend schweigt, nicht aber über den fühlenden und denkenden Jesus (s. dazu die nächsten Absätze im Text) und ob b. eine *Interpretation* dieses fühlenden und denkenden Jesus notwendig den Leser »manipuliert«, ihm nach Art eines *Dogmas* oder historisch-kritischer *Feststellungen* ein bestimmtes Jesusbild aufdrängt und aufzwingt oder ob nicht umgekehrt Interpretationen dieser Art für den Hörer und Leser ein Impuls dazu sein können, sich *selbst* von seinem eigenen Lebensgefühl und seinen eigenen Lebenserfahrungen her in die Jesusgestalt einzufühlen und einzudenken und dadurch auf seine je eigene Weise die Jesusinspiration auf sich überspringen zu lassen. So sind jedenfalls die vorliegenden Gleichnisinterpretationen gedacht.

8 Der Philosoph Descartes führte die strenge Unterscheidung zwischen der »res extensa« (äußere Wirklichkeit) und »res cogitans« (innere Wirklichkeit) in das abendländische Denken ein.

daß der heutige Leser durchaus eine Art »innerer Biographie«, ein gefühlsmäßiges Erleben und Reifen verfolgen kann.

Dies gilt gerade für die Jesusgestalt. Schon der sensible religiöse Denker Sören Kierkegaard, an den gegenwärtig Eugen Biser mit seinem Versuch einer »Christologie von innen« und einer »inneren Biographie« Jesu anknüpft, hat in seinem Buch mit dem bezeichnenden Titel »Einübung im Christentum« darauf hingewiesen, daß man sich in dieses Christentum eben nur »einüben« kann, wenn man versucht, sich von innen her mit der Jesusgestalt zu identifizieren und seine innere Biographie nach- und mitzuvollziehen. »Es ist«, sagt er, »sonderlich in älteren Zeiten, viel und oft über die Leiden Christi geredet worden, wie er verspottet wurde, gegeißelt, gekreuzigt. Darüber scheint man jedoch eine ganz andre Art Leiden zu vergessen, das Leiden der Innerlichkeit, das Leiden der Seele, oder, so müßte man es wohl nennen, das Geheimnis der Leiden . . .«[9]

Tatsächlich berichten uns die biblischen Quellen mehr über das gefühlsmäßige Erleben Jesu als über die äußeren historischen Daten seines Lebensweges. Zwar spricht die Bibel entsprechend ihrem Menschenverständnis kaum oder sehr wenig gegenständlich von Gefühlen. Sie beschreibt nicht die Gefühle selbst als objektive psychologische Gegebenheiten, sondern erzählt von den menschlichen Reaktionen, in denen sich diese Gefühle unmittelbar ausdrücken. Sie sagt z. B. nicht: Jesus war von einer großen (inneren) Freude darüber erfüllt, daß die »Unmündigen«, die Gesetzesunkundigen, die von den religiösen Eliten Abgeschriebenen und verloren Geglaubten seine Botschaft von der anbrechenden »malkût Jahwe« nachvollziehen konnten, während sie den theologisch gebildeten Schriftgelehrten verschlossen blieb, sondern erzählt, daß Jesus »voll Freude« – also das Gefühl wird *auch* gegenständlich benannt, aber das sagt für den biblischen Menschen zu wenig, reicht für ihn nicht aus – in einen jubelnden Preisruf über diese seine Erfahrung ausgebrochen ist: »In dieser Stunde rief Jesus, vom heiligen Geist erfüllt, voll Freude aus: Ich preise dich, Vater, Herr des Himmels und der Erde, weil du all das den Weisen und Klugen verborgen, den Unmündigen aber offenbart hast« (Lk 10,21; Mt 11,25 f). Erst in dieser Reaktion kommt das mit »Freude« benannte Gefühl voll und stark genug zum Ausdruck. Ebenso sind die Seligpreisungen unmittelbarer Ausdruck dieser Freude.

Markus sagt auch nicht: »Jesus fühlte sich im Kreise seiner Anhänger geborgen«, doch er drückt dieses Gefühl erzählerisch konkret und anschaulich aus, indem er von Jesus erzählt: »Und er blickte auf die

9 S. Kierkegaard, Einübung im Christentum (Gesammelte Werke, 26. Abt.), Düsseldorf/Köln 1962, 131

Menschen, die im Kreis um ihn herum saßen und sagte: Das hier sind meine Mutter und meine Brüder« (Mk 3,34).

Lukas spricht entsprechend seiner Zeit und seinem Welt- und Menschenverständnis nicht von »Depression«, »Melancholie«, »Trauerarbeit« und »herber Enttäuschung«, aber er erzählt von Tränen, die Jesus über Jerusalem weint (Lk 19,41), und seinem schmerzlichen Weheruf über die Stadt: »Jerusalem, Jerusalem . . . wie oft wollte ich deine Kinder um mich sammeln, so wie eine Henne ihre Küken unter ihre Flügel nimmt; aber ihr habt nicht gewollt« (Lk 13,34). Dieselbe abgrundtiefe Trauer und Enttäuschung spricht aus seiner Klage, daß die Kinder auf dem Marktplatz auf sein »Flötenspiel« hin nicht reagiert und keine Resonanz gezeigt haben (Lk 7,31–32; Mt 11,16–17), und aus der bitteren Frage, die er in der Stunde des Abfalls an seine Jünger richtet: »Wollt auch ihr gehen?« (Joh 6,67), sowie aus seinem Psalmruf in der Todesstunde (Mk 15,34).

Nur in besonderen Fällen wird dieser unmittelbare und erzählerisch konkrete Ausdruck gefühlsmäßigen Erlebens dann auch noch gegenständlich beschrieben, wie z. B. in der Schilderung der Todesangst auf Gethsemane: ». . . und er sagte zu ihnen: Meine Seele ist zu Tode betrübt« (Mk 14,34 f).

Im allgemeinen sagt die Erzählung einer gefühlsmäßigen Reaktion *mehr* über das innere, gefühlhafte Erleben aus als die gegenständliche Nennung der Gefühle. So schlägt uns aus der Vertreibung der Händler und Käufer aus dem Tempel und seinem Ausruf »Ihr habt (aus dem Haus des Gebetes) eine Räuberhöhle gemacht« der »heilige Zorn« Jesu stärker und nachvollziehbarer entgegen, als eine gegenständlich benennende Beschreibung dieser Gefühle es ausdrücken könnte. Zwar sagt uns das Johannesevangelium ausdrücklich, daß Jesus die Seinen, die in der Welt waren, liebte und ihnen seine Liebe bis zur Vollendung erwies (Joh 13,1); viel stärker jedoch kommt diese Liebe und Zuneigung Jesu zu seinen Freunden und Jüngern, die sich angesichts des bevorstehenden Todes ins Absolute und Transzendente hinein vollendet, in den Hingabeworten der Abendmahlsszene zum Ausdruck: »Und er nahm Brot, sprach das Dankgebet, brach es und gab es ihnen mit den Worten: Das ist mein Leib, der für euch hingegeben wird . . .« (Lk 22,19 f par; 1 Kor 11,24 f). Ebenso wie erzählte Szenen dieser Art sind auch die Gleichnisse als die Dichtungen Jesu Ausdruck seines Fühlens und Denkens.

Wenn die Kennzeichnung aller vier Evangelien als »Passionsgeschichte mit verlängerter Einleitung«[10] große Zustimmung bei den Exegeten

10 Die Kennzeichnung stammt von M. Kähler, Der sogenannte historische Jesus und der geschichtliche, biblische Christus, München 1956 (Reprint), 60

gefunden hat[11], dann steht im Kern aller Evangelien die Passionsgeschichte, und alles andere, was nicht zum Thema Passion gehört, hat nur den Charakter einer »Einleitung«. Das eigentliche Thema aller Evangelien ist also die »Passion«, das Leiden, das gefühlsmäßige Erleben Jesu. Diese Erzählung von der »Passion« Jesu beginnt jedoch nicht erst mit der Ölbergszene oder mit dem Abschiedsmahl, sondern schon mit der Jordantaufe, wo Jesus sich als den geliebten Sohn seines himmlischen Vaters erfährt, darin die »malkût Jahwe« anbrechen sieht, diese Erfahrung an seine Mitmenschen weiterzugeben sucht und dabei auf jene Widerstände stößt, die Engagement, Zorn und Trauer in ihm wachrufen und schließlich das Todesleiden über ihn bringen, dabei aber die Ausgangserfahrung am Jordan nicht zerstören und als nichtig erweisen, sondern umgekehrt, diese (durch die Auferstehung) bestätigen und als gültig für alle Welt und alle Menschen offenbaren.

Angesichts dieses biblischen Befundes ist es einfach falsch zu sagen, die biblischen Texte wären nicht am Menschsein Jesu, an seinen menschlichen Reaktionen und Gefühlen interessiert.[12] Auch aus der Tatsache, daß nicht berichtet wird, ob er sich selber als Propheten oder als den Menschensohn verstanden habe, spricht nicht ein Desinteresse an seiner menschlichen Person, sondern eben das Wissen darüber, daß er als menschliche Person sich auf keine dieser Rollen und Titel festlegen ließ, sondern seine innere Dynamik alle diese Rollen aufsprengte, bis endlich am Kreuz der römische Hauptmann ihn unwidersprochen in aller Öffentlichkeit als Gottessohn bekennen und ausrufen durfte.

Der Hebräerbrief spricht davon, wie Jesus »in seinen Erdentagen mit lautem Schreien und unter Tränen Gebete und Bitten vor den gebracht hat, der ihn aus dem Tod retten konnte«, und wie er »erhört und aus seiner Angst befreit« wurde. »Obwohl er der Sohn war, hat er durch Leiden den Gehorsam gelernt« (Hebr 5,7–8). Auch hier kommt das gefühlsmäßige Erleben Jesu als wichtiges Thema der urgemeindlichen Jesus-Reflexion zum Ausdruck.

Dieses Interesse der Überlieferung am Menschsein Jesu, an seinem gefühlhaften Leben und Erleben, gibt uns das Recht, ja macht, wenn die missions- und religionspädagogische Situation dies erfordert, es zur Pflicht, die Gleichnisse als das Urgestein dessen, was Jesus sagte, auch als den Ausdruck seines inneren Erlebens zu interpretieren, um dadurch auch vom Literarisch-Dichterischen her einen Zugang zum christlichen Glaubensfundament zu finden, also einen Weg zu erschlie-

11 Vgl. z. B. G. Lohfink, Erzählung als Theologie. Zur sprachlichen Grundstruktur der Evangelien, in: Stimmen der Zeit, Bd. 192 (1974) 521–532

12 Neidhardt/Eggenberger 45

ßen, der menschlich nachvollziehbar ist und aus der literarischen Einfühlung heraus verstehen läßt, wie Jesus durch Leiden jenen Gehorsam gelernt hat, der ihn als Messias und Gottessohn offenbar macht, und den zu lernen auch uns aufgegeben ist.

Wer dies bestreitet, muß sich fragen lassen, ob er nicht noch immer jener Häresie des Monophysitismus anhängt, wonach das Menschsein Jesu von seinem Gottsein aufgesogen ist wie der Honigtropfen im Meer – dies ist das bekannte Bild des Monophysiten Eutyches von Alexandrien – und also nicht mehr als eigene Größe erfahrbar und interpretierbar ist; das Konzil von Chalzedon hat im Jahr 451 diese Häresie zurückgewiesen und ausdrücklich betont, daß durch die Vereinigung von göttlicher und menschlicher Natur in Jesus keine dieser Naturen ausgelöscht wird, sondern jede, auch die menschliche, »in ihrer Eigentümlichkeit« bewahrt bleibt.[13]

(c) *Die »kopernikanische« Wende des Menschenverständnisses in der Neuzeit*

Zwar ist es richtig, daß in den überlieferten Texten ein vielleicht noch größeres Gewicht als auf die menschlichen Reaktionen, also auf das menschliche Denken und Fühlen Jesu, auf die Aussage gelegt wird, daß eben dieser menschlich fühlende und leidende Jesus »Sohn Gottes«, »Retter«, »Heilbringer«, »Menschensohn« und »Messias« ist. Diesem Sachverhalt wird jedoch der heutige Interpret und Bezeuger dieser Überlieferung nicht dadurch gerecht, daß »er selber darauf verzichtet, dem Hörer den Menschen Jesus so zu präsentieren, daß dessen Motive nacherlebbar werden«.[14] Dieser Verzicht ist in der heutigen, religionspädagogischen Landschaft eine monophysitische Kapitulation, welche die befreiende, Leben und Hoffnung stiftende Kraft dieser Überlieferung auf den gegenwärtig lebenden Menschen verlorengehen läßt. Dem Wert und Gehalt dieser Überlieferung wird vielmehr erst jener gerecht, der sich angesichts des genannten Sachverhaltes fragt, *warum* der biblische Autor im Unterschied zum heutigen Menschen so großen Wert auf diese Titelzuweisungen an Jesus legte und wie diese Diskrepanz von damals zu heute durch Interpretationsarbeit zu überwinden ist.

Wer dieser Frage nachgeht, findet bald heraus, daß diese Diskrepanz in einer tiefgreifenden Änderung des Menschenbildes gründet, die sich in den Jahrhunderten zwischen damals und heute vollzogen hat. Der Denk- und Verstehenshorizont des heutigen Menschen ist nämlich

13 Neuner-Roos Nr. 252 (Vgl. Einleitg., Anm. 25)
14 Neidhardt/Eggenberger 45

durch die empirisch-beobachtende Denkweise geprägt, während der Mensch damals noch in einem mythisch-symbolischen Sprechen und Denken lebte. Der Wandel hat sich in zwei geschichtlichen Etappen vollzogen. Die erste Etappe war die Ablösung des ptolemäischen Weltbildes, das dem Lebensgefühl des Menschen, er stehe im Mittelpunkt des Universums, entsprach, nun aber von der empirischen Beobachtung her als falsch erwiesen wurde. Seither ist dieses Lebensgefühl zerbrochen. Deshalb kann ich als Religionslehrer heute auch nicht darauf »verzichten«, das geänderte naturwissenschaftliche Weltbild in meine Interpretationen einzubeziehen und die biblischen Aussagen über die Schöpfung und das Verhältnis des Menschen zur Natur im Lichte des heutigen Weltbildes darzustellen. Mein »Verzicht« wäre religionspädagogisch verantwortungslos, weil er die Überlieferung, die auch heute noch dem Menschen einen bergenden Lebenssinn über den Tod hinaus vermitteln kann, dem Unverständnis und der Lächerlichkeit preisgeben würde.

Die zweite Etappe, in der das naturwissenschaftlich geprägte Denken sich geschichtlich durchsetzte, war der mit Descartes einsetzende Weg, nicht nur von der Welt, sondern auch vom *Menschen* empirisch-beobachtend und schlußfolgernd, also »more geometrico« zu denken und zu sprechen. So, wie die erste Etappe in die moderne Naturwissenschaft mündete, mündete die zweite Etappe in die neuzeitliche Philosophie des Subjekts und in die moderne Psychologie. Der Mensch ist im Verstehenshorizont der Neuzeit ein kompliziertes Bündel von Gefühlen und Strebungen, das im wesentlichen in seiner frühen Kindheit geknüpft und grundgelegt worden ist. Nach diesem Verstehenshorizont ist nicht dadurch etwas über einen Menschen ausgesagt, daß ihm ein bestimmter Titel zuerkannt und diese Zuweisung klar und überzeugend begründet wird, wie es Hauptanliegen der Evangelien ist. Im heutigen Verstehenshorizont gewinnt ein Mensch vielmehr erst Profil, kommt zum Sprechen und kann in seiner (vielleicht unendlichen) Bedeutung für mich aufgehen, wenn ich wenigstens ein Stück weit nachvollziehen kann, was diesen Menschen bewegt, wie er denkt und fühlt und wie er auf die Herausforderungen des Lebens reagiert. Wenn ich darauf »verzichte«, die Jesusgestalt entsprechend diesem Denk- und Verstehenshorizont des heutigen Menschen zu interpretieren, verzichte ich darauf, diesem Menschen das Evangelium zu bringen und ihm das christliche Glaubensfundament zu erschließen; ich unterbreite ihm dann nur eine Reihe von Aussagen, die ihm, der kein historisch-kritischer Exeget ist und es meist auch nicht werden will, als nichtssagend erscheinen müssen und von denen er sich deshalb früher oder später lustlos abwendet.

Sicher wäre es schön, wenn ich ihn dazu motivieren könnte, daß er sich in die Denkweise des biblischen Menschen hineinarbeitet und lernt, sich über die Jahrhunderte hinweg in den damaligen Verstehenshorizont zurückzuversetzen und die biblischen Texte mit den Augen des biblischen Menschen zu lesen. Aber dies ist eine harte und schwere Arbeit, und die Motivation dazu kann ich nur dann im heutigen Menschen wecken, wenn ich zuerst selbst die interkulturelle Übersetzungsarbeit leiste und dem Menschen innerhalb *seines* gegenwärtigen Verstehenshorizonts klarmachen kann, daß in dieser Überlieferung für ihn ein unendlicher Wert und eine unendliche Bereicherung liegen kann. Diesem Ziel will die vorliegende Gleichnisinterpretation dienen.

(d) *Ansätze zur Überwindung des psychologistischen Menschenbildes der Neuzeit in der Psychologie C. G. Jungs und ihre bibeldidaktischen Konsequenzen*

Meistens wird auch der Vorwurf, jemand betreibe eine »Psychologisierung«, undifferenziert als Schlagwort benützt. Dem Wort haftet dabei der Geruch einer lächerlichen Phantasterei und Gefühlsduselei, jedenfalls eines völlig »unwissenschaftlichen« Vorgehens an, und es ist sehr leicht – freilich selbst völlig »unwissenschaftlich« –, mit dieser »Duftkeule« auf einen Autor einzuschlagen und diesen abschreckenden Geruch um ihn zu verbreiten. Wer von diesen Bekämpfern einer sogenannten »Psychologisierung« macht sich jedoch die Mühe, genauer zu differenzieren und die bekämpfte Interpretation daraufhin zu befragen, mit Hilfe *welcher* Psychologie ein biblischer Textzusammenhang aufgehellt wurde und ob das Menschenverständnis, das *dieser* Psychologie zugrunde liegt (im Unterschied zu *anderen* Psychologien und *anderen* Menschenbildern), nicht vielleicht *doch* geeignet ist, die notwendige interkulturelle Übersetzung zu leisten?

Gewiß besitzt das auf Descartes und Freud zurückgehende subjektivistisch-psychologische Menschenbild die Tendenz, den Menschen nur eindimensional, oberflächlich, als empirischen Befund, eben als kompliziertes Bündel von Gefühlen und Empfindungen, zu sehen und das Göttlich-Geheimnisvolle am Menschen auszuklammern. Mit Hilfe einer *solchen* Psychologie müßte ich das in den Gleichnissen sich widerspiegelnde Wirken Jesu und seine innere Biographie vielleicht als besonders starkes Libido-Streben interpretieren, das den ebenfalls im Menschen angelegten Todestrieb integriert und überwunden hat. Natürlich wäre eine *solche* Psychologisierung unsinnig und auch häretisch, weil sie nestorianisch und arianisch das Menschsein vom Gottsein Jesu abtrennt und verabsolutiert; von einem *solchen* »Verstehenszugang« aus wäre das den Menschen Befreiende, ihm das Reich Gottes erschließende Bekenntnis des römischen Hauptmanns zu Jesus als dem Gottessohn nicht mehr möglich, und die Interpretation seiner Gleichnisse könnte höchstens noch ein ausschließlich literarisches oder religionsgeschichtliches Interesse beanspruchen.

Doch man braucht nicht allzu viel Psychologie studiert zu haben, um zu wissen, daß mit C. G. Jung und seiner Schule eine Linie des Denkens vom Menschen aufkommt, die Freud und – diesem noch weit vorausliegend – den Ansatz des Denkens vom Menschen bei Descartes, zumindest in dem einen, aber für Religion und Glaube entscheidenden Punkt, kritisiert und korrigiert hat: daß nämlich die Gefühlswelt des Menschen nicht durch individuelle, nur jedem einzelnen Subjekt eigene Gefühls- und Denkmuster bestimmt ist, sondern daß es einen »archetypischen«, allen Menschen gemeinsamen Bestand an solchen Symbolen und Vorstellungsgehalten gibt. Damit ist zumindest vom Ansatz her ein Denken überwunden, das den Menschen als in sich geschlossene monadische Existenz versteht, die »more geometrico«, also rein naturwissenschaftlich, empirisch beobachtend, vermessen und beschrieben werden kann.

Es ist damit (zumindest vom Grundsätzlichen her) der Raum geöffnet für menschheitliche Zusammenhänge, wie sie in religiösen Traditionen überliefert werden. Der einzelne Mensch erscheint als Teil dieses übergreifenden Zusammenhangs und partizipiert in seinem innersten Selbst an der Unergründlichkeit des Lebens und Waltens, das in diesen Zusammenhängen sichtbar und spürbar wird. Der Mensch bleibt in *dieser* Psychologie in seinem tiefsten Wesen das unergründliche Geheimnis, das ihn mit Gott verbindet, ihn zum Ebenbild dessen macht, der in Ewigkeit Geheimnis bleiben wird. Der Versuch, im Rahmen *dieses* Menschenverständnisses dem existentiellen Erleben Jesu nachzusinnen und die Gleichnisse als Ausdruck dieses Erlebens zu verstehen, löst das Geheimnis Gottes in Jesus nicht auf, wie Walter Neidhardt fürchtet[15], sondern führt uns erst glaubhaft an dieses Geheimnis heran. Denn das Geheimnis beginnt nicht dort, wo ich auf das Erkennenwollen »verzichte«, sondern wo mein engagiertes Bemühen und Verstehen spürbar an eine notwendige Grenze stößt. Eine psycho-logische Erschließung *dieser* Art macht den zu betrachtenden Menschen in einer Komplexität und Tiefe sichtbar, daß der Betrachtende am Ende das Unergründliche dieses Menschen *als solches* erkennt und sein Erkennen ausmündet in die betend gesprochene Frage: »Wer ist dieser?« (Mk 4,41 par).

Die Jungsche Psychologie läßt das Geheimnis des Menschen (und damit Gottes) offen. Auch Victor E. Frankl hat in seiner sogenannten »Logotherapie«, die den Menschen dadurch zu heilen sucht, daß er ihn zu einem letztlich religiös bestimmten Sinnerleben zurückführt, diese Sicht des Menschen übernommen, und Horst Eberhard Richter hat

15 Ebd.

auch die geistesgeschichtlichen Zusammenhänge aus dieser Sicht aufgearbeitet und diese Richtung der Psychologie ausdrücklich vom Cartesianischen Denkansatz abgelöst.[16] Eugen Drewermann und andere psychologisch geschulte Theologen arbeiten an einer Interpretation biblischer Überlieferung mit Hilfe der durch die Jungsche Psychologie erschlossenen Symbolwelt.[17]

Gegenüber dieser neuen, wenngleich *auch* psychologisch bestimmten Sicht des Menschen kann man das alte, eindimensionale Menschenbild der Freudschen Psychologie, das diesen nur als empirisch-naturwissenschaftlich beobachtbares Objekt verstand, als »psychologistisch« bezeichnen (um dadurch die in dieser Psychologie liegende Verabsolutierung der naturwissenschaftlichen Methode auszudrücken). Ehe also heute jemand die Duftkeule des Psychologisierungs-Vorwurfs erhebt, sollte er genauer hinsehen und sich fragen, ob er damit eine psychologistische und dann wirklich fehlgeleitete Interpretation biblischer Texte bekämpfen will oder Interpretationen, welche das neue, in der Psychologie selbst aufgebrochene, zum Religiösen hin offene Verständnis des Menschen als Ansatz nehmen, um dem heutigen Menschen christliche Überlieferung zu erschließen.

Das erste und wichtigste Gebot sowohl des Alten wie des Neuen Testamentes lautet: Du sollst deinen Gott lieben aus deinem ganzen Herzen und aus deiner ganzen Seele und aus deiner ganzen Vernunft und aus deiner ganzen Kraft (Dtn 6,4 f, Mk 12,30 par). An diesem Gebot hängt »das ganze Gesetz samt den Propheten« (Mt 22,40); es ist

16 Vgl. Richter, bes. 17–126 (1. Teil: »Die Geschichte der Illusion von der menschlichen Allmacht«)

17 Vgl. E. Drewermann, Strukturen des Bösen. Die jahwistische Urgeschichte in exegetischer, psychologischer und philosophischer Sicht, 3 Bde., Paderborn 1977 ff; ders., Tiefenpsychologie, Bd. 1 u. 2 (zur Gleichnisinterpretation Drewermanns in Bd. 2 vgl. vorne Kap. 1, Anm. 69); M. Kassel, Biblische Urbilder, München 1980; Wolff, Wein, bes. 20 ff, wo sie auch auf das Gleichnis vom barmherzigen Vater eingeht; dies., Jesus der Mann. Die Gestalt Jesu in tiefenpsychologischer Sicht, Stuttgart 3. Aufl. 1977; G. Kreppold, Die Bibel als Heilungsbuch, Münsterschwarzach 1985 (darin bes. 62–78: »Worte und Gleichnisse Jesu als Hilfen für die Individuation«); u. a. – Soweit diese und ähnliche Arbeiten von Jesus und seinen Gleichnissen handeln, sind sie unter dem Gesichtspunkt zu betrachten, ob und wie stark sie – durchaus mit Hilfe psychologischer Kategorien – Jesus und sein Erzählwerk von seiner (zuletzt nur theologisch zugänglichen) Personmitte her (also von sich selbst her) zum Sprechen bringen, ihn als Subjekt und das Gleichnis als Anrede vergegenwärtigen; je mehr ihnen dies gelingt, desto »sachgemäßer« (eigentlich »Mensch-gemäßer« und insbesondere »Jesus-gemäßer«) sind sie. (Würde in einem Buch dagegen Jesus zum bloßen *Objekt* einer psychologischen Beschreibung gemacht, wäre dadurch der Zugang zu Jesus nicht geöffnet, sondern verbaut.)

mehr »als alle Brandopfer und alle anderen Opfer« (Mk 12,33 nach 1 Sam 15,22). Wenn sich also nach christlicher Überzeugung dieser Gott im Menschen Jesus inkarniert hat, dieser Mensch also das unüberbietbare Gleichnis Gottes ist, und er, dieser Gott, in ihm anschaubar wird, so daß, wer ihn sieht, den Vater sieht (Joh 14,9): dann verlangt dieses erste und wichtigste Gebot von jedem Christen, in besonderer Weise aber vom christlichen Verkündiger, sich diesem Jesus so weit als irgend möglich anzunähern, mit allen seinen Kräften, mit Hilfe seiner ganzen Vernunft, aber auch mit Hilfe seines Herzens und seiner ganzen Seele (also auch mit den Kräften der Phantasie und des Gefühls) sich hineinzudenken und hineinzufühlen in seine Person, sein Leben, Denken und Empfinden – weil er darin ja diesem seinem Gott nahekommt.

3. Die Struktur des Gesamtwerks

»abba« und »pneuma« als (synchrone) Strukturelemente im Gleichnis-Werk des »Sohnes« Jesus und als Brennpunkte seines Denkens und Fühlens

3.0 Die Leitvorstellung

Zielsetzung, Methode und Kategorien der Deutung

Das in den Gleichnissen vorliegende erzählerische Lebenswerk Jesu ist der authentische Ausdruck dessen, was er in konkreten Situationen seines Lebens und Wirkens gesagt, gedacht und aus seiner Phantasie heraus gestaltet hat. Es bildet deshalb – besonders heute – die »königliche Straße«, die mich dazu einlädt, auf ihn und das aus ihm sprechende Geheimnis Gottes zuzugehen und mich ihm zu öffnen. Nachdem deshalb im 1. Kapitel dieses Buches die Formkriterien und die methodischen Schritte erarbeitet und aufgezeigt wurden, mit deren Hilfe die Gleichnisse als Zugang zu Jesus und zum Gottesreich dem säkularisierten Menschen unserer Tage erschlossen werden können, dann im 2. Kapitel diese Erzählungen in Zuordnung zu den Brennpunkten des Lebens und Wirkens Jesu als Weckgleichnisse, Kampfgleichnisse und Passionsgleichnisse interpretiert und dadurch lebensgeschichtlich zu einem erzählerischen Gesamtwerk verbunden wurden, geht es nun im 3. Kapitel noch darum, genauer in die Gefühls- und Denkstruktur dieses Erzählwerks einzudringen und nach möglichen gleichbleibenden Gefühls- und Denkmustern zu fragen, die dieses Werk prägen und bestimmen. Betrachtete das 2. Kapitel die Gleichnisse in geschichtlicher, d. h. *diachroner* Interpretation, gilt es jetzt, da dieses lebensgeschichtlich gewachsene erzählerische Gesamtwerk vor uns liegt, in einer stärker *synchronen* Betrachtungsweise nach den Strukturelementen zu fragen, die dieses Werk zusammenbinden.[1] In dem Maße, als es gelingt, solche sich durchziehende Strukturen deutlich zu machen, bestätigt sich die These, daß in den Gleichnissen ein erzählerisches Gesamtwerk vorliegt.

Inhaltlich offenbaren diese Strukturen, auf welche Weise, in welchen Motiven und Kategorien der Schöpfer dieses Erzählwerks das beginnende Anbrechen der Gottesherrschaft erfährt und ansagt und dabei auf die Herausforderungen reagiert, die seine Umwelt seiner Erfahrung und seinem Wirken entgegensetzt. Dadurch ist bedingt, daß die Struk-

1 Nach synchroner und diachroner Betrachtungsweise gliedert z. B. auch F. Schnider (vgl. Kap. 2, Anm. 30)

turen und Kategorien, die sich aus der Interpretation des Gesamtwerks ergeben, sowohl anthropologischer als auch theologischer Natur sind. Die Einheit von Theologie und Anthropologie wird hier nicht bloß theoretisch gefordert (wie dies in der sog. »anthropologischen Wende« der Theologie geschieht), sondern sie ergibt sich von selbst aus der Einheit von menschlicher und göttlicher Natur im Erzähler Jesus. Ohne dies unmittelbar anzustreben, führt so die vorliegende religionspädagogisch inspirierte und motivierte Gleichnisinterpretation – ähnlich wie die von vornherein unter dogmatischen Gesichtspunkten durchgeführte Gleichnismonographie Petzoldts[2] – auch zu Kategorien, die eine systematisch-theologische Bedeutung haben und herkömmliche (zumeist aus den Paulusbriefen gewonnene) Begriffe wie Heil, Gnade und Rechtfertigung oder hier auch die Begriffe der herkömmlichen Trinitätstheologie vom Gleichniswerk Jesu her interpretieren und sie dabei – stärker und intensiver als dies sonst möglich ist – in ihrer Einheit von theologischer und anthropologischer Bedeutung zur Geltung bringen.

Dabei wird sich herausstellen, daß es vor allem zwei Pole sind, um die sich die Gedanken- und Gefühlswelt der Gleichnisse bewegt. Der eine kommt am stärksten zum Ausdruck im Gleichnis vom *barmherzigen Vater* (Lk 15,11–32): Die »rahamim«, das mütterliche Erbarmen Gottes bestimmt und prägt von Anfang bis Ende diese Erzählung. Gott erscheint hier gleichsam leibhaftig *spürbar* als »abba, lieber Vater« (vgl. Röm 8,15, Gal 4,6), als das, was Kinder »meinen Papa« oder – in den ersten Lallauten manchmal auch beides verwechselnd (es hat ja dieselbe Gefühlsqualität) – »Mama« nennen.[3] Der andere Pol spricht am stärksten aus dem Gleichnis vom *»betrügerischen« Verwalter* (Lk 16,1–7; hier in Kap. 2.3 (f) gedeutet): Aus dem »Doch – ich weiß, was ich tun muß« (V4a) und der sofortigen Umsetzung des Entschlusses in die Tat – V6f: ». . . setz dich gleich hin und schreib ›fünfzig‹« (wo ursprünglich hundert auf dem Schuldschein stand) – spricht eine ungeheuere Entschlußkraft, eine Motivation zum Handeln, ein bewegender und vorwärtsdrängender Lebensatem, dem die Intrigen seiner Gegner, auch wenn der Gutsherr ihnen sein Ohr geöffnet hat, letztlich doch

2 Vgl. Einleitung, Anm. 20 und die Rezension zu Petzoldt von G. Haufe, in: Theologische Literaturzeitung 109 (1984) 757–759

3 Papst Johannes Paul I. hat in einer Ansprache einmal darauf hingewiesen, daß man in einer weniger patriarchalisch geprägten Welt und Zeit (als die, in der das Christentum groß geworden ist) statt von »Gott Vater« ebenso von »Gott Mutter« sprechen könnte. Gott ist ja weder Mann noch Frau, aber er ist der Daseinsgrund, der den Menschen in einer Tiefe birgt, wie sie nur die noch undifferenzierten Lalllaute des Säuglings anzusprechen vermögen: Mama – Papa – Abba. In der Lautfolge »abba« drückt sich in *einem* Wort die Fülle und Tiefe, die Tröstung und Gnade der Gottesoffenbarung aus, die Jesus in die Welt gebracht hat.

nichts werden anhaben können. Das hebräische Wort für dieses Phänomen ist »ruach«, das griechische »pneuma«. Das Lob des »betrügerischen« Verwalters in V 8a sagt, daß es ein gutes, ein heilsames »pneuma« ist, das den Verwalter beseelt; es wird Verrat, Hinrichtung und Tod überwinden und den »geliebten Sohn« von den Toten auferwecken; es ist das »pneuma«[4], das Jesus nach Mk 1,10 bei der Jordantaufe auf sich herab und in sich hinein kommen sah.

Die Erzählung vom *barmherzigen Vater* ist *das* »abba«-Gleichnis und die Geschichte vom *»betrügerischen« Verwalter das* »pneuma«-Gleichnis im erzählerischen Gesamtwerk Jesu.[5] Dennoch ist hier schon – was die folgende strukturale Analyse dieses Gesamtwerks zeigen wird – zu sehen, daß »abba« und »pneuma« niemals in einem Gleichnis für sich isoliert auftreten, sondern stets aufeinander bezogen und miteinander verbunden sind, auch wenn einmal der eine Pol und einmal der andere überwiegt, wenn die Inspirationsquelle der Erzählung einmal der »abba«, einmal das »pneuma« ist: Der alles umfassenden »rahamim« des »abba«, die den im Elend verlorenen Sohn in der Erinnerung einholt und »in sich gehen« (vgl. Lk 15,17) läßt, korrespondiert auch in diesem spezifischen »abba«-Gleichnis das aus diesem In-sich-Gehen des Sohnes aufbrechende »pneuma« des Sohnes – »Ich will aufbrechen und zu meinem Vater gehen . . .« (V 18) –, das den Sohn aus der Fremde in die Unmittelbarkeit des Vater-Sohn-Verhältnisses zurückführt; und das scheinbar so skrupellose, sich über alle Bedenken, Anschuldigungen und Intrigen mit einem Federstrich hinwegsetzende »pneuma« des »betrügerischen« Verwalters zielt nicht auf großen Reichtum, auf Erwerb von Macht und Ansehen, auf Überwindung und Vernichtung seiner Feinde, die ihn in die schlimme Situation gebracht haben; es richtet sich mit all seiner Kraft und Dynamik nur auf das eine Ziel: . . . daß »mich die Leute in ihre Häuser aufnehmen, wenn ich als Verwalter abgesetzt bin« (Lk 16,4). Was er sucht, ist Schutz und Geborgenheit für die Zeit, wenn die »diaboloi«, seine Ankläger und Verderber, ihr Werk vollendet haben und er von der Verwaltung abgesetzt ist. Das »pneuma« führt also zum »abba«, so wie im Gleichnis vom *barmherzigen Vater* das pneuma des Sohnes – aufgeweckt vom »abba«, des-

4 Wir wählen im folgenden das Wort »pneuma«, weil dieses griechische Wort geläufiger ist als das hebräische Wort »ruach«, obwohl das komplementäre Wort »abba« aus dem Hebräischen kommt; »abba« ist lautlich unserem Umggangswort »Papa« (Mama) so ähnlich, daß es – anders als das Wort »ruach« – nicht als sehr fremd empfunden wird.

5 Im Lk-Evangelium, dem Evangelium, das die meisten Gleichnisse Jesu enthält, stehen die Gleichnisse vom *barmherzigen Vater* und vom *»betrügerischen« Verwalter* unmittelbar nacheinander.

sen er sich im Elend erinnert – den Verlorenen in das Vaterhaus zurückführt.

Es ist hier schon zu sehen, wie in den abba-Gleichnissen das Wirken des »pneumas« zwischen zwei abba-Erfahrungen eingefügt ist: Die bleibende Zuwendung des »abba«, seine »rahamim« weckt das rettende Sohnespneuma im Menschen und dieses führt ihn zu einer *neuen* abba-Geborgenheit; diese ist neu, weil sie jetzt erst in ihrer Qualität als anbrechende »malkût Jahwe«, in ihrer Absolutheit und Erfüllungskraft offenbar geworden ist und im großen, alle einschließenden Festmahl gefeiert werden kann.

Das Sohnespneuma läßt den »abba« (und darin die anbrechende »malkût Jahwe«) finden; und: der »abba« weckt das »pneuma«, das dann zu einer neuen und umfassenden abba-Geborgenheit (der Erfahrung der anbrechenden »malkût Jahwe«) hinführt. Das sind, wie in diesem Kapitel im einzelnen zu zeigen sein wird, die beiden strukturellen Grundlinien, auf denen sich das Gleichniswerk Jesu bewegt. Es wird zu verfolgen sein, wie sich diese Grundlinien ausfalten und differenzieren, vielleicht auch erst von der Urgemeinde weiter – in einigen Punkten möglicherweise *zu* weit – ausgefaltet werden (die Strukturskizzen am Ende der einzelnen Abschnitte können hier schon eine erste Übersicht und Orientierung geben). Dabei – das ist von der religionspädagogischen Motivation der vorliegenden Arbeit her wichtig zu sehen – konstituieren diese beiden tragenden Strukturlinien das Erzählwerk gleicherweise *literarisch* als »ästhetisches Objekt« (Via), als in sich selbst sprechendes dichterisches Erzählwerk, als auch *theologisch* als Ausdruck der mit Jesus anbrechenden »malkût Jahwe«. In dieser Blickrichtung liest sich die Struktur – wie selbstverständlich und innerlich notwendig – als Ausdruck der *Trinität* des in der anbrechenden »malkût« sich offenbarenden und wirksam werdenden Gottes: Der »geliebte Sohn« macht durch sein »pneuma« den »abba« sichtbar, führt zu ihm hin, und aus beiden strömt das rettende und heilende »pneuma«, der »Heilige Geist«, in die Welt, der das Reich Gottes als Reich des Vaters – dem am Ende alles anheimgegeben wird (vgl. 1 Kor 15,24–28) – zur Vollendung führt.[6]

Weckruf, Kampf und Passion waren die geschichtlichen, *diachronen* Brennpunkte des erzählerischen Lebenswerks Jesu; »abba« und »pneuma«, vom »Sohn« erschlossen, bilden die *synchronen* Strukturelemente und Brennpunkte dieses Gleichniswerks. In je verschiedener

6 Unter narrativ-theologischen und symboldidaktischen Perspektiven läßt sich die gesamte christliche Überlieferung in ein durch den »Sohn« erschlossenes und durch die Pole »abba« und »pneuma« konstituiertes Symbolgeflecht zurückübersetzen: vgl. Baudler, Einführung

Zuordnung und Ausfaltung strukturieren sie das Werk als in sich spielende Textwelt. Entsprechend der Konvergenz von Gleichnis-Werk und »innerer Biographie« Jesu kommen in ihnen gleichzeitig auch die Brennpunkte zum Ausdruck, die das Fühlen und Denken Jesu bestimmen: die Existentialien, aus denen heraus er lebt und den Dialog mit seiner Umwelt gestaltet. Auch eine synchrone Betrachtungsweise darf deshalb nicht vergessen, daß das Erzählwerk *Jesu* nicht nur (wie bei jedem Dichter) in die Geschichte seines Lebens und Wirkens *eingebettet*, sondern der genuine und absolut adäquate *sprachlich-dichterische Ausdruck* dieser Lebens-, Wirk- und Leidensgeschichte ist. Deshalb ist es methodisch möglich, die genannten Strukturelemente »abba« und »pneuma« schon in jenen Grenzerfahrungen aufzudecken, die dieses Leben und Wirken vom Anfang und vom Ende her konstituieren, um sie dann als tragende Strukturelemente der Textwelt zu verifizieren, die der sprachliche Ausdruck dieses so konstituierten Lebens und Wirkens ist. Ferner werden sich, entsprechend der genannten Eigenart des zu untersuchenden Werkes, auch bei diesem letztgenannten Schritt die strukturalen Gestaltungslinien (zumindest teilweise) gleichzeitig auch als Linien einer lebensgeschichtlichen Entwicklung und Steigerung lesen lassen.

3.1 Der Lebensatem führt zum Vater

Die erste Grundstruktur: Das Sohn/Tochter-pneuma läßt den »abba« finden

Die Jordanerfahrung enthält schon deutlich die genannten Strukturelemente: Der Lebens- und Liebesatem Gottes strömt vom geöffneten Himmel her auf Jesus herab und in ihn hinein, und die Stimme spricht ihm ein absolutes Angenommensein und Geliebtsein zu: »Du bist mein Sohn, mein Geliebter, an dir habe ich Gefallen gefunden« (vgl. Mk 1,11 par).

Hier ist das neue und einzigartige Sohnesbewußtsein Jesu ausgedrückt, das ihn dazu befähigt, zu Gott nicht mehr nur »Herr« oder »Vater«, sondern die kindlichen Lallaute »abba« (Mama–Papa) zu sagen. Der Gottesatem des Sohn/Tochter-Seins, geweckt von der Zuwendung rückhaltloser Liebe, konstituiert das abba-Lebensgefühl Jesu, das sich in seinem ferneren Schicksal durchhält, durch alle Verdunkelungen hindurch immer wieder neu aufleuchtet und in der Auferweckung des Gekreuzigten auch den Tod überwindet. Dieses Lebensgefühl, trotz allem und immer noch, auch im (selbst verschuldeten) Elend, geliebt zu sein, beinhaltet jene Unmittelbarkeit zu Gott, die kennzeichnend ist für das Anbrechen der »malkût Jahwe«. Sie ist dichterisch gestaltet in der Beziehung des heimkehrenden Sohnes zu seinem Vater, im Verhältnis der Arbeiter der letzten Stunde zu ihrem guten Arbeitsherrn, im Stoßseufzer des Zöllners im Tempel, der die Himmel durchdringt und unmittelbar zu Gott findet, und auch in der spontanen Treue des »betrügerischen« Verwalters zu dem ihm eigenen »verschwenderischen« Umgang mit den ihm anvertrauten Gütern im Elend der drohenden Entlassung (zwar wird ihm Gott als Schicksalsmacht hier fremd, aber um so näher und unmittelbarer kommt er zu *dem* Gott, der ihn zum geliebten Sohn berief und dadurch zum freien, eben »verschleudernden« Umgang mit den Verheißungen drängte und ihm auch nach seiner Absetzung »Wohnungen bei den Menschen« öffnen wird [Lk 16,4]). Petzoldt hat recht, wenn er in dieser Unmittelbarkeit zu Gott (er nennt sie »Annahme«[7]) das ausgedrückt sieht, was die systematische Theologie Rechtfertigung nennt; hier aber ist unmittelbar von der menschlichen Erfahrung her nachvollziehbar, was dieser Begriff meint und welches der Weg ist, der zu ihr führt.

Andererseits (und in eins damit, nur in anderer Akzentuierung) ist es auch das »pneuma«, der bewegende Liebes- und Lebensatem Gottes, der Jesu ganzes Leben bestimmt, durch keine noch so großen Widerstände und Enttäuschungen »abgewürgt« und erstickt werden kann, ihm auch noch die Annahme seines Todesschicksals in Freiheit und Hoffnung ermöglicht und sich in der Auferstehung als über den Tod hinaus stark und wirksam erweist: Der Sohn könnte nicht zum Vater zurückfinden, wenn ihn nicht in seinem Elend jener »Wind«, jenes »pneuma« erfaßt hätte, das ihn sagen läßt: »Ich will mich aufmachen und zu meinem Vater gehen« (vgl. Lk 15,18); dieser selbe »Wind« und »Atem« ist es auch, der ganz plötzlich – man weiß nicht, woher er kommt – den Zöllner erfaßt und den rettenden Stoßseufzer in seinem Herzen aufbrechen läßt; er ist es, der den bedrohten Verwalter aus seinem Hin- und Herüberlegen befreit: »Doch – ich weiß, was ich tun muß . . .« (Lk 16,4). In dieser Perspektive wird deutlich, was der auf Paulus zurückgehende dogmatische Begriff der Gnade im Denken und Fühlen Jesu bedeutet. Er wird hier unmittelbar von der menschlichen Erfahrung her verständlich.

»Abba« und »pneuma«, vielfältig ineinander verwoben, bestimmen das Wirken, Denken und Fühlen Jesu in seinem Leben und Sterben und prägen das Bild des Auferstandenen. Sie konstituieren die anbrechende »malkût Jahwe«, das neue Wirksamwerden Jahwes unter den Men-

7 Petzoldt 126 ff

schen, das in Jesu Person und Schicksal schon an sein Ziel kommt und durch ihn auf alle anderen Menschen überzugreifen sucht.[8]

Die hier zu bedenkende erste Grundstruktur (das »pneuma« führt zum »abba«) spiegelt unmittelbar die Erfahrung der Jordantaufe wider: Der herabströmende Gottesatem weckt das Sohnesbewußtsein und läßt die »malkût Jahwe« anbrechen. Jesu öffentliches Wirken, das mit der Jordantaufe beginnt, besteht darin, diese Erfahrung auch den anderen Menschen seines Volkes mitzuteilen. Die Struktur dieser Gotteserfahrung hält sich deshalb in den meisten Gleichnissen durch. Da Weck-, Kampf- und Passionsgleichnisse keine Gruppen bilden, die einander ablösen und ersetzen, sondern aufeinander aufbauen (indem die jeweils neuen Herausforderungen mit einbezogen werden), ist die Struktur auch in allen drei Gleichnisgruppen zu finden; in den Kampf- und Passionsgleichnissen sind entsprechend den neuen Herausforderungen auch Ausweitungen und Variationen dieser Grundstruktur zu verfolgen.

(a) *Die erste Grundstruktur in ihrer einfachen Ausprägung*

In zahlreichen *Weckgleichnissen* sucht Jesus unmittelbar das abba-Lebensgefühl, das ihm das Anbrechen des Gottesreiches anzeigte, anderen Menschen dadurch zu vermitteln, daß er ihnen Vorgänge erzählt, die analog zu seiner Erfahrung am Jordan aufgebaut sind und in denen ein guter »Atem« den Menschen zu Glück und Geborgenheit, eben zum »abba«, zum unmittelbaren und deshalb den Tod transzendierenden Gottesverhältnis, hinführt: Der Kaufmann, der »schöne Perlen« sucht, ist von diesem guten Lebensatem bewegt – und er findet die einzigartige *»kostbare Perle«* (Mt 13,45–46), derentwegen er alles verkauft, was er besitzt, um sie zu erwerben und sich an ihr zu erfreuen. Der wachsame Gärtner, der aufmerksam das Grünen und Wachsen seiner Pflanzen verfolgt, entdeckt – bewegt und wachsam gemacht von diesem »pneuma« –, daß die Zweige seines Feigenbaumes saftig werden und Blätter treiben, und weiß darum, daß der Sommer, die Zeit der Fülle, nahe ist (Gleichnis vom *grünenden Feigenbaum*, Mk 13,28; Mt 24,32).

Die Diener und der Türhüter, denen der Hausherr bei seiner Abreise »alle Verantwortung« übertragen hat, sind von dem guten »pneuma« beseelt, der übertragenen Verantwortung gerecht zu werden, das Haus

8 Theologisch kommt in dieser gegenseitigen Durchdringung von abba und pneuma im (Gleichnis-)Wort des Sohnes die trinitarische Struktur des Gleichniswerkes Jesu zum Ausdruck.

gut zu versorgen und auf die Rückkehr des Herrn vorbereitet zu sein. Ansatzhaft zeigt sich hier auch schon die zweite Grundstruktur, weil ja die vertrauensvolle Übergabe der Verantwortung, also die Zuwendung des »abba«, dieses gute »pneuma« weckt; doch der Akzent liegt auf dem Engagement, der Wachsamkeit der Knechte. Wenn der Herr bei seiner Rückkehr sie in diesem Engagement findet, begegnet er ihnen als »abba«; er ist ihnen *unmittelbar* gut (Gleichnis vom *Türhüter*, Mk 13,34–37; Lk 12,36–38, und vom *guten [bzw. brutalen] Knecht*, Lk 12,42–46; Mt 24,45–51).

Auch der Mann, der in der Nacht wacht, damit der Dieb nicht kommen und in sein Haus einbrechen kann und durch dieses Engagement den Einbruch verhindert, hat dadurch Freude und Bestätigung, abba-Lebensgefühl, erfahren und sein Zuhause gleichsam neu geschenkt bekommen (Gleichnis vom *Dieb in der Nacht*, Mt 24,43–44a; Lk 12,39–40a). Diese Erzählungen wollen in ihrem Pathos der Wachsamkeit den Hörer »anstecken«, damit auch er sensibel wird und sich ihm die Augen des Herzens für Gott öffnen und er jenem Gotteswind und Gottesatem Raum gibt, der in den Menschen einziehen und ihn zur »geliebten Tochter«, zum »geliebten Sohn« erwählen will. In diesem befreienden Lebensgefühl eines unmittelbaren Gottesverhältnisses findet der Mensch zu seinem »abba«; es geschieht Ankunft Gottes, sein neues Wirksamwerden unter den Menschen.

Unter den interpretierten *Kampfgleichnissen* kommt die erste Grundstruktur des pneuma-abba-Verhältnisses in ihrer einfachen Ausprägung nur in zwei Gleichnissen vor: Das Gleichnis von der *verlorenen Drachme* (Lk 15,8–9) ist eine variierte Form des Gleichnisses von der gesuchten Perle. Jesus prägt diese Variation, um dadurch seinen Gegnern nahezubringen, warum er sich so sehr darüber freut und ihm soviel daran liegt, daß gerade die als für das Reich Gottes verloren Geglaubten, die »Zöllner und Sünder«, seine Botschaft verstehen und sich ihr öffnen: Die Drachme, deretwegen die Hausfrau eine Lampe anzündet, das ganze Haus fegt und unermüdlich sucht, ist kein besonders schönes oder wertvolles Geldstück; aber es ist eines, das verloren gegangen ist und *dadurch* in besonderer Weise als wichtig und wertvoll erscheint. Am Verlorenen und verloren Geglaubten entzündet sich der motivierende Lebensatem, und dieser »Wind«, der uns nach dem Verlorenen unermüdlich suchen läßt, ist ein göttliches »pneuma«; die Freude und das Glück des Findens ist das Glück der *Unmittelbarkeit* einer Beziehung, bestehe diese auch nur – wie hier – zu einem materiellen Ding, eben einer verlorenen Drachme. Diese Beziehungsstruktur springt dann über auf die Menschen: » . . . sie ruft ihre Freundinnen und Nachbarinnen zusammen und sagt: Freut euch mit mir . . .« (V 9): Unmittelbarkeit ist einer der Namen für das Glück, das die Menschen im Reich

Gottes erfüllt. Der Hirte, der die 99 Schafe auf den Bergen zurückläßt und das eine sucht, das sich verirrt hat, ist von demselben Gottesatem bewegt, und das Glück des Findens spiegelt das Glück der gefundenen Unmittelbarkeit zu dem verlorengegangenen Tier, das ein Symbol der Unmittelbarkeit zu Gott, also der »malkût Jahwe«, ist (Gleichnis vom *verlorenen Schaf*, Mt 18,12–13; Lk 15,4–6).

Nur diese zwei Kampfgleichnisse sind nach dieser einfachen ersten Grundstruktur aufgebaut. Alle anderen Gleichnisse dieser Gruppe zeigen differenziertere Strukturen (z. B. auch das hier anschließende Gleichnis vom *barmherzigen Vater*). Dies entspricht der existentiellen Entstehungssituation dieser Gleichnisse, nämlich der Auseinandersetzung mit seinen Gegnern, in der Jesus auf die Argumente seiner Gegner eingeht und sie in der Form der Verschränkung mit in seine Gleichnisse hineinnimmt.

In dieser Gruppe häufen sich auch die komplizierteren Handlungsgleichnisse und gewinnen ein großes Übergewicht gegenüber den Vorgangsgleichnissen. Mit Ausnahme des Gleichnisses vom *verlorenen Schaf*, das ja in seiner Struktur noch unmittelbar an das Vorgangsgleichnis von der *verlorenen Drachme* anknüpft und nur ein zusätzliches Motiv hinzunimmt, gibt es auch kein Handlungsgleichnis, das diese einfache Grundstruktur aufweist. Der Aufbau einer fiktiven dramatischen Erzählhandlung verlangt eine differenziertere Denk- und Gefühlsstruktur.

Diesem Befund gegenüber mag es vielleicht auf den ersten Blick überraschen, daß sich in der Gruppe der *Passionsgleichnisse* wieder eine sehr große Zahl von Vorgangsgleichnissen findet, von denen viele die oben beschriebene einfache pneuma-abba-Struktur aufweisen. Denn, so muß man fragen, ist nicht die Todesdrohung, der sich Jesus in dieser Gruppe von Gleichnissen gegenübergestellt sieht, die äußerste Zuspitzung der gegnerischen Herausforderung, die sich hier zur tödlichen Feindschaft verschärft? Sind also hier nicht, wie in den Kampfgleichnissen, kompliziertere und differenziertere Gefühls- und Denkstrukturen zu erwarten?

Tatsächlich finden sich auch in den Gleichnissen, die *vor* der entschlossenen Annahme des drohenden Geschicks liegen (also vor dem Gleichnis vom *»betrügerischen« Verwalter*) nur wenige Gleichnisse dieser einfachen Gefühls- und Denkstruktur. Diese entspricht hier z. B. der nüchternen »Bestandsaufnahme« (der zweiten Phase der Passionsgleichnisse), wo sich im Doppelgleichnis vom *planenden Baumeister und Feldherrn* (Lk 14,28–32) der Baumeister hinsetzt, um durchzurechnen, ob seine Mittel für den geplanten Bau reichen, und der Feldherr genau überlegt, ob er mit seinen Truppen dem Gegner standhalten kann. Beide Personen sind von einem Lebensatem erfüllt, dem man das Erreichen des gesetzten Zieles zutraut, auch wenn die Geschichte selbst darüber noch keine definitive Auskunft gibt. In beiden Gleichnissen aber ist angelegt, wie das »pneuma« zum Ende und zur Vollendung des begonnenen Weges, also zum »abba« führt.

Der »Bestandsaufnahme« folgt das »gesammelte Angehen gegen das drohende Ende als Scheitern«. Dabei zeigt das erste und grundlegende Gleichnis dieser Gruppe, das Gleichnis vom *bittenden Sohn* (Mt 7,9–10; Lk 11,11–13), diese einfache und elementare Struktur: Dem genuinen Sohnespneuma, aus dem heraus das Kind seinen Vater um Nahrung bittet, *kann* der »abba« sich nicht verweigern; dieser elementare »Kindesatem« ist nur möglich, weil es den »abba« gibt und weil er zum »abba« hinführt. Er ist Ausdruck der konstitutiven Unmittelbarkeit zwischen Vater und Sohn. Die weiteren zwei Gleichnisse dieser Gruppe (vom *unablässig bittenden Freund* und von der *unbeirrt ihr Recht fordernden Witwe*) stellen demgegenüber – wie schon die Überschriften zeigen – eine Steigerung und Ausfaltung dieses »Angehens« gegen das drohende Ende dar und zeigen deshalb eine differenziertere Struktur (s. unten).

Die einfache Struktur zeigt sich jedoch wieder in der »Bitte um Aufschub« (Phase [d] der Passionsgleichnisse): Der *fürbittende Weingärtner* (Lk 13,6–9) im Weinberg Jahwes, der um Schonfrist für den unfruchtbaren Feigenbaum bittet, ist vom Sohnespneuma erfüllt, das gleichzeitig in ihm wie in dem Hörer des Gleichnisses die Hoffnung und Zuversicht wachruft, daß der Baum doch noch Früchte tragen, also das Ganze zum guten Ende, zur Geborgenheit im »abba«, kommen wird.

Vor allem aber häufen sich in jenen Passionsgleichnissen, die auf die Annahme des Todesgeschicks durch Jesus folgen und das über den Tod hinausreichende abba-Vertrauen Jesu zum Ausdruck bringen (Phase [g] der Passionsgleichnisse), wieder – wie in den ersten Weckgleichnissen – die Gleichnisse dieser ersten und einfachsten Gefühls- und Denkstruktur: Hier hat Jesus wieder zu jenem starken und ruhigen Atem zurückgefunden, der in der Jordantaufe auf ihn herabgekommen ist.

Der Sämann (Mk 4,3–8 par), der unentwegt und unbekümmert um alle Hindernisse mit ruhiger Hand seinen Samen ausstreut, ist durchdrungen und getragen von diesem Atem; er weiß, daß einiges Frucht bringen wird. Ebenso weiß der Bauer, der im Gleichnis von der *selbstwachsenden Saat* (Mk 4,26–28) von seinem Tätigkeitsfeld abtritt und schläft und wieder aufsteht, daß das »pneuma« der Aussat im Samenkorn weiterwirkt und dieser Same deshalb selbsttätig wächst und reift bis zur Ernte, dem Bild der Geborgenheit im »abba«. Auch im kleinen *Senfkorn* (Lk 13,18–19 par) ist dieser »Atem« wirksam und läßt es zum großen Baum heranwachsen, in dessen Zweigen die Vögel des Himmels geborgen sind. Wie ein *Sauerteig* (Mt 13,33; Lk 13,20–21) eine Menge

Mehl durchsäuert, damit die Frau daraus Brot für ihre Familie backen und ihr Nahrung geben kann, so wird der Lebensatem Gottes, wenn er nur einmal hineingesenkt ist in die Geschichte der Menschen, in kürzerer oder in längerer Zeit diese durchdringen und »malkût Jahwe« anbrechen lassen. Wenn das *Fischnetz* (Mt 13,47–48), einmal ausgeworfen, auch Fische aller Art in sich versammelt und an Land bringt, werden immer auch gute Fische dabei sein, die den Menschen Nahrung und Leben geben: das »pneuma« Gottes, in dessen Schwung der Fischer das Netz auswirft und der Sämann seinen Samen über die Erde streut, wird, früher oder später, das abba-Reich heraufführen. Wer in diesem Wind und Atem auf das Ende hin unterwegs ist, fühlt sich von ihm dazu gedrängt, sich mit seinem Bruder, der mit ihm geht, zu versöhnen und die abba-Geborgenheit schon im voraus zu verwirklichen (Gleichnis vom *Gang zum Richter*, Mt 5,25; Lk 12,58).

So findet Jesus am Ende in seinem Denken und Fühlen wieder zurück zur klaren und einfachen Struktur der Jordan-Erfahrung: Das »pneuma« der Liebe und des Geliebtseins läßt den »abba« finden – auch über den Tod hinaus.

Als Zusammenfassung ergibt sich folgende *Übersicht:*

Das Sohn/Tochter-pneuma

Sohn/Tochter-pneuma →	*abba-Geborgenheit*
suchender Kaufmann (W)	Fund der Perle
beobachtender Weingärtner (W)	treibender Zweig
wachsamer Türhüter (W) (Knecht) (W)	Annahme
wachender Hausherr (W)	beschütztes Haus
suchende Hausfrau (K)	gefundene Drachme (Fest)
suchender Hirte (K)	gefundenes Schaf (Freude)
planender Baumeister (P) (Feldherr)	zu Ende geführtes Werk
bittender Sohn (P)	Brot/Fisch
fürbittender Weingärtner (P)	erbetene Schonzeit
unentwegter Sämann (P)	Frucht
selbstwachsende Saat (P)	Ernte
wachsendes Senfkorn (P)	beschützender Baum
sich ausbreitender Sauerteig (P)	durchsäuertes Mehl (Brot)
Netz auswerfende Fischer (P)	Sortierung des Fangs am Ufer
Engagement zur Versöhnung (P)	Versöhnung (abgewendetes Gericht)

Erläuterung: W = Weckgleichnis K = Kampfgleichnis
P = Passions- und Erlösungsgleichnis

Von den insgesamt 38 Gleichnissen im Gleichniswerk Jesu besitzen 16 diese Gefühls- und Denkstruktur. Dabei konzentrieren sie sich auf die frühen Weckgleichnisse und die späten Passionsgleichnisse. Diese Gefühls- und Denkstruktur bildet also den *Rahmen*, innerhalb dessen Jesu Leben und Wirken verläuft. In Situationen besonderer Herausforderung, die innerhalb dieses Rahmens liegen – besonders in den Kampfgleichnissen – wird diese Struktur ergänzt und weiter entfaltet.

(b) *Die erste Grundstruktur ausgeweitet auf die Unterscheidung eines falschen bzw. fehlenden und eines richtigen und wirksamen »pneumas«: Das durchkreuzte Sohn/Tochter-pneuma*

In der Gruppe der *Weckgleichnisse* wird ein falsches »pneuma« sichtbar in den Gleichnissen vom *reichen Kornbauer*, vom *großen Gastmahl* und vom *reichen Prasser*. In diesen Erzählungen tauchen handelnde Personen auf, die zwar von einer großen Betriebsamkeit und einem starken Sicherungsstreben erfüllt sind, aber dabei doch keinen »abba«, keine unmittelbare Lebens- und Personbeziehung, also keine wahre Geborgenheit finden. Diese Menschen sind nicht vom »pneuma« des anbrechenden Gottesreichs erfüllt, sondern vom »pneuma« dieser vergänglichen Welt, die aufhört, wenn das Gottesreich sich durchgesetzt hat. Dieses »pneuma« zielt auf eine falsche Sicherheit, die spätestens im Tod zerbricht.

In der Gruppe der Kampfgleichnisse stellt sich ein anderes »pneuma«, eine andere Motivation und Gesinnung, dem Wirken des Gottespneumas entgegen. Es kommt zum Ausdruck in den Gleichnissen vom *Knechtslohn*, von den *anvertrauten Geldern*, im Priester und Leviten des Gleichnisses vom *barmherzigen Samariter* und – fast überzeichnet – im Gleichnis vom *Pharisäer und Zöllner*. Die Menschen, die von ihm erfaßt sind, tun knechtisch und sklavisch, was ihnen aufgetragen ist. Sie erscheinen wie Marionetten, die blind ihre Rolle spielen und mit großer Aggression reagieren, wenn jemand sich außerhalb dieser ihrer starren Spielregeln bewegt.

Das *Weltpneuma* ist seiner Struktur nach am klarsten dargestellt im Gleichnis vom *reichen Kornbauern* (Lk 12,16–20). Wie im Passionsgleichnis vom *»betrügerischen« Verwalter*, so steht auch der Kornbauer – dieser im Unterschied zu jenem allerdings nicht von der Not, sondern vom Überfluß bedrängt und umgetrieben – vor der Frage »Was soll ich tun?«, und wie beim »betrügerischen« Verwalter und ausgedrückt in beinahe denselben Worten bricht auch hier ein Entschluß sich Bahn, ein »Wind« und »Atem« befreit zum Handeln: »So will ich es machen«, »Ich weiß, was ich tun muß.« Doch während der »betrügerische« Verwalter am Ende gelobt wird, also zum »abba« und Gottesreich findet, erlangt der reiche Kornbauer nur eine trügerische, durch »Scheunen« vermittelte Sicherheit, gleichsam einen »falschen« »abba«; der Atem, der ihn bewegt, ist kein Gottesatem, und darum nennt die Geschichte diesen Reichen einen »Narren«, d. h in der Sprache der damaligen Zeit: einen gottlosen Menschen. Der Reichtum, der im Alten Testament als Segen Gottes galt, steht hier, als Wert genommen, der selbst Sicherheit gibt, als Barriere zwischen dem Menschen und seinem Gott und verhindert das unmittelbare Verhältnis. Im Kontrast und in spontaner Absetzung von diesem falschen pneuma-abba-Geschehen sucht der Hörer des Gleichnisses nach dem Lebensatem, der zum wahren »abba« hinführt, zur unmittelbaren Geborgenheit in Gott, wie sie angedeutet ist im ersten Satz der Erzählung: »Auf den Feldern eines reichen Mannes stand eine gute Ernte« (Lk 12,16). In ihr liegt eine starke Zuwendung des »Vaters im Himmel«, der die Sonne scheinen und regnen läßt (vgl. Mt 5,45); entsprechend der zweiten Grundstruktur der Gleichnisse (der »abba« weckt das »pneuma«) hätte diese Zuwendung das Sohnespneuma wachrufen müssen, das zum unmittelbaren Gottesverhältnis hinführt; statt dessen reagiert der reiche Kornbauer im »pneuma« der Weltverhaftetheit, in dem er schon vorher – als »reicher Mann« (V 16) – befangen war und aus dem ihn die Zuwendung des »abba« in der reichen Ernte nicht befreien konnte.

Das *Knechtspneuma* kommt in seiner Struktur am deutlichsten – unverstellt durch andere Erzählzüge – zum Ausdruck im Gleichnis vom *Knechtslohn* (Lk 17,7–9). Was die Gestalt dieses Gleichnisses innerlich erfüllt, ist seine Knechtsmentalität: Er tut, »was ihm befohlen wurde« (V 9). Es ist dieselbe Mentalität, wie sie der Knecht im Talentengleichnis an den Tag legt, der das ihm vom Herrn anvertraute Gut ängstlich in die Erde vergräbt, damit er es ihm bei seiner Rückkehr unbeschädigt wieder zurückgeben kann. Es ist auch die Mentalität des zu Hause gebliebenen Sohnes im Gleichnis vom *barmherzigen Vater*, der, wie sein Gespräch mit dem Vater erkennen läßt, seine Arbeit im Hause des Vaters auch mehr als Knechtsarbeit versteht denn als Wirken des Sohnes. Das Gleichnis vom *Knechtslohn* macht unnachahmlich deutlich, daß sich der Mensch in dieser Knechtsgesinnung niemals zur Unmittelbarkeit des neuen Gottesverhältnisses gleichsam »hochdienen« kann: »Bedankt er (der Herr) sich etwa bei dem Sklaven, weil er getan hat, was ihm befohlen wurde?« Gemeinsam mit der Mentalität des reichen Kornbauern ist dabei – wie besonders der Knecht im Talentengleichnis zu erkennen gibt – ein ängstliches Streben nach Sicherheit. Wie das Weltpneuma, so hindert auch das Knechtspneuma seinen Träger daran, daß er zu jener Gottunmittelbarkeit findet, die ihn zum »geliebten Sohn« macht und Reich Gottes anbrechen läßt. Weltpneuma *und* Knechtspneuma führen deshalb letztlich ins Leere.

Hauptsächlich die Auseinandersetzung mit diesem Knechtspneuma bestimmt die Struktur der Kampfgleichnisse und teilweise auch der Passionsgleichnisse. Es kontrastiert und durchkreuzt das Wirken des Gottesatems, das aus dem helfenden Samariter, dem »betrügerischen« Verwalter, dem bittenden Freund, der ihr Recht einfordernden Witwe und der geschehenen Austreibung des Dämons zum Hörer spricht.

Der Priester und der Levit, die im Gleichnis vom *barmherzigen Samariter* (Lk 10,30–35) den steinigen und gefahrvollen Weg von Jericho nach Jerusalem zum Tempel hinaufgehen, sind von diesem Knechtspneuma bewegt. Als sie an dem Mann vorbeikommen, der unter die Räuber gefallen ist und blutend am Wegrand liegt, heißt es von jedem von ihnen: »Er sah ihn und ging weiter« (V 31 bzw. 32). Der Wind und Atem, der sie den Weg zum Tempel nach Jerusalem gehen läßt, verhindert, daß das wahre Gottespneuma, das die gesehene Not des Mitmenschen in ihnen hätte wachrufen sollen, in ihnen Raum gewinnt und sich durchsetzt, wie es dann beim Samariter der Fall ist. Während dessen »pneuma« eine unmittelbare Beziehung zum Verwundeten und damit eine wahre abba-Geborgenheit stiftet, gehen der Priester und der Levit ins Leere, auch wenn ihr Ziel der heilige Tempel zu Jerusalem ist.

Im Gleichnis vom *»betrügerischen« Verwalter* (Lk 16,1–7), das schon im Einleitungsteil zu diesem Kapitel (3.0) als *das* pneuma-Gleichnis interpretiert wurde, zeigt der vieldiskutierte Satz vom Lob des ungetreuen Verwalters durch seinen Herrn (vgl. Lk 16,8a), wie immer man ihn interpretiert (vgl. die Interpretation in Kap. 2.3 [f]), daß der Verwalter, auch wenn er abgesetzt wird, letztlich sein Ziel erreicht und eine wahre Geborgenheit findet (wenngleich freilich offen bleibt und offen bleiben muß, worin diese konkret bestehen wird). So mächtig und einflußreich auch das Knechtspneuma ist, das die Art, wie der Verwalter mit dem anvertrauten Gut umgeht, als »Verschleuderung« verteufelt und dadurch tatsächlich seine Absetzung erreicht, letztendlich setzt sich doch das Sohnespneuma durch und erreicht sein Ziel: »Wohnungen bei den Menschen«, das Glück der unmittelbaren Beziehung zu denen, die er, vom Gottesatem getrieben, auf eine verschwenderisch, ja veruntreuend erscheinende Art und Weise beschenkt hat.

Auch in den folgenden Passionsgleichnissen dieser Gefühls- und Denkstruktur wird erzählt, wie sich das gute »pneuma« unweigerlich und unaufhaltsam durchsetzt. Diese Passionsgleichnisse kann man deshalb auch (mit Biser)[9] »Erlösungsgleichnisse« nennen.

Im Gleichnis vom *unablässig bittenden Freund* (Lk 11,5–8) hat das gute »pneuma« des Gastgebers, der seinem in der Nacht angekommenen Freund entsprechend der orientalischen Gastfreundschaft unbe-

9 Biser, Jesus 51

dingt noch etwas zum Essen vorsetzen muß, gegen einen Widerstand zu kämpfen, der hier weniger in einem falschen und feindlichen »pneuma« als in einem fehlenden besteht: Es sind Trägheit, Interesselosigkeit und Müdigkeit, gegen die es anzugehen gilt und die vom »langen Atem« des guten »pneumas«, von der beharrlich vorgetragenen Bitte, auch sicher überwunden werden.

Auch im Gleichnis von der *unbeirrt ihr Recht fordernden Witwe* und dem herzlosen Richter (Lk 18,2–5) ist es dieser »lange Atem« des guten »pneumas«, der schließlich das Ziel erreichen läßt; nur kämpft es hier nicht allein gegen die Trägheit und Gleichgültigkeit des »Freundes«, sondern gegen eine amtliche Instanz, die aus fauler Bequemlichkeit und rüdem Egoismus – »Ich fürchte . . . Gott nicht und nehme . . . auf keinen Menschen Rücksicht« (V 4b) – die von Amts wegen zu gebende Hilfe zu versagen droht. Das Sohn/Tochter-pneuma, das sich im Recht weiß und um das Leben kämpft, kämpft hier zugleich gegen ein aktives Weltpneuma, wie auch gegen ein willkürliches Herrenpneuma, das lediglich die Kehrseite des Knechtspneumas ist und mit diesem harmoniert.

Das Gleichnis vom *Unkraut unter dem Weizen* (Mt 13,24–30) setzt sich ebenfalls mit einem falschen »pneuma« auseinander. Auch wenn man die Gestalt des »Feindes«, der erst nachträglich den Unkrautsamen ausgesät hat, als sekundär wegläßt (s. die Interpretation in Kap. 2.3 [g]), gibt es doch die Gestalt jener Knechte, die vom aufkeimenden Unkraut beunruhigt sind und ängstlich ihren Herrn fragen, ob sie nicht hingehen sollen, um es auszureißen. Doch dieses »pneuma« ist ein Knechtspneuma, und es wird souverän vom Herrn des Gleichnisses abgewiesen: »Laßt beides wachsen bis zur Ernte« (V 30). Aus diesem Satz spricht das Vertrauen und die Kraft des unentwegten Sämanns, der auch noch das drohende Todesgeschick mit seinem (wiedergefundenen) »langen Atem« zu umgreifen vermag.

Nur in dem Gleichnis vom *zurückkehrenden Dämon* (Lk 11,24–26; Mt 12,43–45c), wo Jesus noch um die Annahme des auf ihn zukommenden Todesgeschicks ringt (Kap. 2.3 [a]), kommt stark und unbeschönigt die Angst und Sorge zum Ausdruck, daß das zerstörerische »pneuma« das gute letztendlich überwinden und alles zum Schlimmen wenden könnte. Das Gottespneuma vermochte zwar den Dämon aus dem Menschen auszutreiben, konnte ihn aber nicht besänftigen und zur Ruhe bringen. Als erstmals der drohende gewaltsame Tod vor Jesu Augen trat, sah es ja tatsächlich so aus, als würde der von ihm ausgetriebene Dämon der Hoffnungslosigkeit und Verzweiflung mit noch »sieben anderen Geistern, die schlimmer sind als er selber« (V 26), in sein Haus zurückkehren und endgültig alles Leben verwüsten. Erst im Gleichnis vom *»betrügerischen« Verwalter* überwindet das Sohnespneuma diese Angst und befreit zu dem Vertrauen und zu der Hoffnung, daß dem geliebten Sohn auch dann noch geschmückte Wohnungen bereitstehen, wenn seine Widersacher gesiegt haben und ihm die Verwaltung entzogen ist.

Zusammenfassend ergibt sich folgende *Übersicht* über die Durchkreuzung der pneuma-abba-Struktur in den Gleichnissen durch das Weltpneuma und Knechtspneuma:

Das durchkreuzte Sohn/Tochter-pneuma

Weltpneuma → *Leere*
Kornbauer → »Narr«

Knechtspneuma → *Leere*
arbeitender Sklave → kein Dank

Leere (Verwüstung)

Sohn/Tochter-pneuma → *abba-Geborgenheit*

helfender Samariter → Rettung und Hilfe
»betrügerischer« Verwalter → Wohnung bei den Menschen
bittender Freund → Brot für Gastfreund
fordernde Witwe → (Lebens-)Recht
wachsende Saat → Ernte
Austreibung des Dämons → geschmücktes Haus

Knechtspneuma, fehlendes pneuma, Weltpneuma

Levit und Priester
Ankläger, die »verteufeln«
träger Freund
rücksichtsloser Richter
Knechte, die das Unkraut ausreißen wollen
zurückkehrender Dämon

Erläuterung:
In den ersten beiden Gleichnissen – im Kornbauerngleichnis schon dramatisch zugespitzt – ist rein (unverstellt durch andere Handlungszüge) das Weltpneuma und Knechtspneuma ausgedrückt, die den Menschen ins Leere führen und verhindern, daß das Gottespneuma des Sohn (Tochter)-Seins zur Wirkung kommt und die abba-Geborgenheit finden läßt. In den folgenden sechs Gleichnissen wird dargestellt, wie dieses falsche »pneuma« das gute durchkreuzt, dabei aber letztlich doch von diesem überwunden wird.

3.2 Der Vater sendet den Lebensatem aus

Die zweite Grundstruktur: Der »abba« weckt das Sohn/Tochterpneuma, das zur neuen abba-Geborgenheit hinführt

Diese abba-Gleichnisse bilden nicht die Erfahrung ab, die Jesus am Jordan gemacht hat, sondern den Weg, auf dem er diese Erfahrung an andere weitervermittelte. Die Vermittlung des Gottespneumas an die Menschen geschieht bei ihm nicht nach dem Muster der alttestamentlichen Propheten. Das Prophetenwort beginnt stereotyp mit der Einleitungsformel »So spricht Jahwe«. Es ist also nicht das *eigene* Wort, das ein Prophet an seine Mitmenschen sagt, vielmehr ist er eine Art Sprachrohr Jahwes, der durch seinen Mund hindurch zu den Menschen redet: In der Berufung Jesajas kommt ein Gottesengel und berührt mit einer glühenden Kohle den Mund des Propheten, damit dieser entsühnt und gleichsam zum reinen Sprachrohr und Werkzeug Jahwes ausgebrannt wird (Jes 6,6f; ähnlich auch Jer 1,9). In der islamischen Tradition, deren Begründer Mohammed sich als letzter und höchster in der Reihe dieser Propheten versteht, wird der Prophet zu einer Art Schreibgriffel Gottes: Der Koran, Mohammeds Buch, ist längst vor aller Zeit im Himmel bei Gott aufgeschrieben, und ein Engel zeigt ihm in seiner Berufungsvision Nacht für Nacht in den Felsenhöhlen bei Mekka ein Stück seidenes Tuch, auf dem die Worte dieses Buches eingeschrieben sind, die Mohammed nur getreulich abschreibt und an die Menschen weitergibt.

Anders bei Jesus. Fast anstelle der prophetischen Einleitungsformel »So spricht Jahwe« steht bei ihm das »Ich aber sage euch« der Bergpredigt, in der seine Botschaft als ethische Weisung verkündet wird. Unabhängig davon, ob es sich hier um ein echtes Jesuswort handelt oder nicht, gibt diese Überlieferung ein Charakteristikum des Sprechens Jesu wieder, das auch durch viele andere Stellen des Neuen Testaments bestätigt wird: nämlich daß Jesus den Anspruch und Zuspruch Gottes nicht nur weitersagt, sondern ihn zuerst auf sich bezieht, sich mit ihm identifiziert und dann dieses Wort Gottes als sein *eigenes* Wort »in Vollmacht« (Mt 7,29, Lk 4,36 u. ö.) den Menschen mitteilt.

Johanneisch gesprochen redet er zwar nicht im eigenen Namen, sondern sagt das, was ihn der Vater gelehrt hat (Joh 8,28); doch in allen großen Christusreden des Johannesevangeliums mündet diese anfängliche Unterscheidung in das Bekenntnis zur Identität Jesu und des Vaters: »Wer mich gesehen hat, hat den Vater gesehen« (Joh 14,9b), oder: »Ich und der Vater sind eins« (Joh 10,30). Jesus ist eben nicht der *Knecht*, der nur getreulich und vielleicht ängstlich wie der Diener im Talentengleichnis aufzubewahren, rein zu erhalten und weiterzugeben hat, sondern er ist der »geliebte *Sohn*«, dem das Anvertraute als »Erbe« gehört (vgl. das Gleichnis vom *Mord im Weinberg*); er ist das Kind, zu dem der barmherzige Vater im Gleichnis sagt: »Du bist immer bei mir, und alles, was mein ist, ist auch dein« (Lk 15,31). Er muß deshalb frei, mündig und selbstverantwortlich wie die ersten beiden Knechte im Talentengleichnis mit dem anvertrauten Gut umgehen, selbst auf die Gefahr hin, daß er deshalb als »ungetreuer« Verwalter angeklagt und ihm die Verwaltung entzogen wird.

Sein Weg, die Gottesbotschaft und das Gottespneuma vom anbrechenden Reich den Menschen weiterzugeben, besteht darin, daß er ihnen zuerst die *Erfahrung* vom Anbruch des Gottesreichs, vom Einbezogensein in die unendliche Liebe des größeren Vaters, zu erschließen sucht, indem er heilt und in Gastmählern das himmlische Hochzeitsmahl antizipiert. Diese durch Jesus vermittelte, aber am eigenen Leib erfahrene Zuwendung des »abba« erweckt auch in ihnen das Gottespneuma, das auch sie befähigt, zu heilen und Gott als »abba« erfahrbar zu machen.

Christliche Offenbarung und ihre Weitergabe ereignet sich nicht als Weitergabe einer Lehre oder Botschaft an die Menschen der verschiedenen Räume und Zeiten. Christliche Offenbarung ist, auch nach den Texten des II. Vatikanischen Konzils, nicht zuerst die Mitteilung einer metaphysischen Wahrheit oder auch einer kerygmatischen Botschaft, sondern sie ist *Selbstmitteilung* Gottes[10]: Gott teilt sich seinem Sohn Jesus als »abba« mit; aus dieser Gottunmittelbarkeit erwächst in ihm das Gottespneuma, das sich zunächst darauf richtet, auch anderen Men-

10 Vgl. die dogmatische Konstitution über die göttliche Offenbarung, bes. Artikel 2: »Gott hat in seiner Güte und Weisheit beschlossen, *sich selbst* zu offenbaren und das Geheimnis seines Willens kundzutun ... In dieser Offenbarung redet der unsichtbare Gott (vgl. Kol 1,15; 2 Tim 1,17) aus überströmender Liebe die Menschen an wie Freunde (vgl. Ex 33,2; Joh 15,14–15) und verkehrt mit ihnen (vgl. Bar 3,38), um sie in seine Gemeinschaft einzuladen und aufzunehmen ...« (Rahner/Vorgrimler 367 f, Hervorhebung G. B.)

schen das abba-Lebensgefühl zu erschließen, damit dann auch in ihnen jeweils neu, ursprünglich und unmittelbar der Gottesatem der Liebe und des Geliebtseins aufwacht.

(a) *Die zweite Grundstruktur in ihrer einfachen Ausprägung*

Die abba-Zuwendung ist also hier der ersten Grundstruktur noch vorausgestellt. Es gibt nur ein Gleichnis, in dem sich diese Struktur rein, d. h. nicht verwoben mit anderen Erzählzügen darstellt: das Gleichnis vom *Schatz im Acker* (Mt 13,44).

Man hat vielfach die Frage erörtert, ob dieses Gleichnis zusammen mit dem Gleichnis von der *kostbaren Perle*, das im Matthäus-Text unmittelbar nach dem Gleichnis vom Schatz im Acker steht, auch ursprünglich im Munde Jesu ein Doppelgleichnis bildete. Heute überwiegt die Ansicht, daß erst die spätere Tradition, entweder schon vor der Aufzeichnung durch Matthäus (Hans Weder) oder Matthäus selbst (Georg Eichholz) die beiden Gleichnisse zu einem Doppelgleichnis verbunden hat.[11] Dennoch werden sie meistens als Einheit interpretiert.[12] Es besteht aber ein wichtiger Strukturunterschied in den beiden scheinbar so eng miteinander verbundenen Gleichnissen: Im Gleichnis von der *Perle* steht am Anfang das *Suchen*, im Gleichnis vom *Schatz im Acker* steht dagegen am Anfang das *Finden*. Das engagierte Suchen führt zum Finden der Perle: das »pneuma«, das Bewegtsein vom Gottesatem läßt den »abba« und sein Reich finden.

Der Schatz im Acker dagegen wird nicht durch engagiertes Suchen, sondern durch »Zufall« gefunden: Er »fällt« dem Finder »zu« als Gunst des Geschicks und als unverhofftes Geschenk der Stunde, in der er seinen Acker pflügt; und das von diesem Fund geweckte »pneuma« führt ihn zum Handeln und zum Besitz des Ackers, in dem der Schatz verborgen liegt, von dem er fortan leben wird.

11 Vgl. Weder 138 f, Eichholz 109 ff
12 Weder 138 ff

Als *Übersicht* ergibt sich folgende Struktur:

Die abba-Zuwendung

abba-Zuwendung
Schatzfund
↓
Sohn/Tochter-pneuma
»verkauft alles«
↓
abba-Geborgenheit
»und erwirbt den Acker« (mit dem Schatz)

(b) *Die zweite Grundstruktur ausgeweitet auf die Unterscheidung eines falschen bzw. fehlenden und eines richtigen und wirksamen »pneumas«: Die durchkreuzte abba-Zuwendung*

In anderen Gleichnissen dieser Grundstruktur wird das aus der abba-Zuwendung und dem abba-Lebensgefühl erfließende Gottespneuma wieder durch ein falsches »pneuma« oder auch einfach durch menschliche Trägheit und Unbeweglichkeit durchkreuzt. Die abba-Zuwendung kann auf vielfache Weise erfolgen: Der Vater, Herr oder König vertraut seinem Diener ein wichtiges Gut an: Haus, Geld, seinen Weinberg; er lädt ein zu einem großen Fest, schenkt eine reiche Ernte, gewährt seinem Sohn Freiheit und zahlt ihm sein Erbe aus, bietet Arbeit an, erläßt kleine oder große Schulden oder wendet sich einfach in Gesang und Spiel den Kindern zu. Diese Zuwendung soll das Sohn/Tochter-pneuma im Angesprochenen wachrufen, so daß er sich nicht mehr als Knecht fühlt, sondern als Teilhaber, Sohn und Erbe und sich entsprechend engagiert: in großer Wachsamkeit und großem Einsatz, im freudigen Eingehen auf die Einladung, in Vertrauen, in Übernahme der angebotenen Arbeit und in großer Liebe. Dieses gute »pneuma« führt dann den Menschen unmittelbar in die abba-Geborgenheit: Er wird als Teilhaber, Sohn und Erbe angenommen und bestätigt, der Gastgeber feiert das große Fest mit ihm, die überschießende Liebe des Vaters erreicht ihr Ziel.

Dies ist die Grundstruktur der abba-Zuwendung, wie sie sich am klarsten im Gleichnis vom *Schatz im Acker* ausprägt und im vorigen Abschnitt dargestellt wurde. Weniger ausgeprägt zeigte sie sich auch in den Wachsamkeitsgleichnissen, die in dieser Arbeit unter der ersten Grundstruktur, d. h. als einfache pneuma-Gleichnisse, verhandelt wurden, weil der ganze Akzent hier auf dem Engagement und der Wachsamkeit, also dem »pneuma«, liegt. Dennoch wird dieses Engagement, das zur Annahme durch den Vater (Herrn, König) führt, dadurch zumindest *ausgelöst*, daß dem Diener oder Türhüter »alle Verantwortung« übertragen wird (vgl. Lk 12,34). Charakteristisch für die hier zu erörternde Struktur ist dabei jedoch, daß diese ursprüngliche Zielrichtung der abba-Zuwendung zumindest teilweise durch ein falsches »pneuma« durchkreuzt wird. So spielt das Gleichnis vom *guten (bzw. brutalen) Knecht* (Lk 12,42b–46) mit dem Gedanken, daß der mit der Verantwortung betraute Knecht auch in ein brutales Weltpneuma verfallen und anfangen könnte, die Knechte und Mägde zu schlagen, sich nur noch dem Essen und Trinken hinzugeben und sich zu berauschen und auf diese Weise die an ihn ergangene Zuwendung zu verfehlen.[13]

Im Gleichnis von den *anvertrauten Geldern* (Mt 25,14–28; Lk 19,12–24) vertraut der abreisende Handelsherr sein Vermögen den Dienern an und wendet sich dadurch als »abba« ihnen zu. Bei einem der drei Diener wird jedoch diese Zuwendung durch das ängstliche Knechtspneuma durchkreuzt, das ihn daran hindert, frei mit dem anvertrauten Gut zu wirtschaften, ihn vielmehr dazu führt, es in der Erde zu vergraben; er läßt das Sohn/Tochter-pneuma nicht in sich aufkommen und findet deshalb nicht zu jener freudigen Annahme, die den beiden wirtschaftenden Knechten zuteil wird.

Auch der Besitzer des Weinbergs im Gleichnis vom *Mord im Weinberg* (Mk 12,1b–8 par) schenkt denjenigen Zuwendung und Vertrauen, denen er seinen Weinberg als Pächter übergibt. Doch die Pächter reagieren darauf wie der brutale Knecht, der seine Mitknechte und Mägde schlägt (Lk 12,45) und dadurch das in ihn gesetzte Vertrauen mißbraucht. Den Pächtern geht es dabei aber nicht nur darum, ein gutes Leben zu haben, zu essen und zu trinken und sich zu berauschen, sondern darum, das anvertraute Gut zu usurpieren, d. h. es eigenmächtig in ihre Verfügungsgewalt zu bringen, nicht aber sich die Annahme als Erbe und Teilhaber vom Herrn des Weinbergs schenken zu lassen. Hier ist das ängstliche Knechtspneuma umgeschlagen in blinde Aggression und Überhebung. Der negative Handlungsüberschuß der Erzählung, die Tötung und Verwerfung des geliebten Sohnes, zieht in klarer Linie aus, wohin das umgeschlagene Knechtspneuma den Menschen führt; er soll im Zuhörer jenes »unmöglich« provozieren, worin dieser sich von dem bösen »pneuma« löst und sich wie der zurückkehrende »verlorene

13 Schneider 288 f bezieht dieses Gleichnis wie das gesamte Kapitel, in dem es steht, durchwegs auf die Gemeindesituation, so daß nach seiner Interpretation in diesem Gleichnis auf jeden Fall mit einer mehr oder weniger starken Übermalung und Ergänzung durch die Urgemeinde zu rechnen ist; es paßt zu der Art der sonst beobachteten Gemeindebildung (vgl. das Gleichnis vom Weltgericht), anzunehmen, daß die spiegelbildliche Verdoppelung des Gleichnisses ins Negative auf die Gemeinde zurückgeht.

Sohn« der unendlichen Güte und Langmut des Weinbergbesitzers anheimgibt (vgl. die Deutung in Kap. 2.3 [a]). Die ursprüngliche Form des Gleichnisses läßt die Frage offen, ob der Erzähler dieses Ziel erreicht[14] oder die Gegner unbeirrt im bösen »pneuma« verharren und tatsächlich das ausführen, was das Gleichnis vorzeichnet. Die Weinbergpächter des Gleichnisses jedenfalls durchkreuzen auf brutale Weise die Zuwendung des »abba« und bewegen sich von ihm weg in die Leere und den Abgrund des Verbrechens.

In anderen Gleichnissen drückt sich die Zuwendung des »abba« in einer *Einladung* aus. Der Gastgeber im Gleichnis vom *großen Gastmahl* (Lk 14,16–24; Mt 22,2–10) ist ganz durchdrungen von der Freude des großen Festes, das er seinen Geladenen zuwenden und in die er sie einbeziehen will. Endlich ist die vielfältige Vorbereitung beendet, und er kann den Gästen, denen das Fest gelten soll, sagen: »Kommt, es steht alles bereit!« (V 17). Gegenüber dieser unmittelbaren Zuwendung des Gastgebers zu den Geladenen muß jede noch so gewichtige Entschuldigung jenes »unmöglich« provozieren, das Kennzeichen der Handlungsgleichnisse mit negativem Handlungsüberschuß ist. Die Grundstücke und Ochsengespanne und auch die soeben genommene Frau stehen in keinem Verhältnis zur unendlichen Zuwendung des Gastgebers, der nun mit seinem fertig zubereiteten Mahl und seiner Festesfreude allein und hilflos dasteht. In dieser Unmittelbarkeit der Zuwendung hätten die Geladenen den »Schatz im Acker«, das beginnende Anbrechen der »malkût Jahwe«, entdecken und von jenem Engagement erfaßt werden müssen, in dem sie »alles verkaufen«, was sie besitzen, um diesen Schatz des himmlischen Hochzeitsmahls zu erwerben.

Das Weltpneuma der Erstgeladenen durchkreuzt diese Bewegung. Doch die abba-Zuwendung, die in der Einladung zum Fest ihren Ausdruck findet, läßt sich nicht verbittern und verdunkeln. Sie richtet sich über die zuerst Geladenen hinaus und findet Resonanz bei den als verloren Geglaubten, die nun zu ihm kommen und das Mahl mit ihm feiern. Durch Widerstände hindurch entsteht dennoch aus der Zuwendung des »abba« das »pneuma« der Unmittelbarkeit und des Geliebtseins und die abba-Geborgenheit des großen Festes.

In Form einer Einladung geschieht die Zuwendung des »abba« auch im Gleichnis von den *zehn Jungfrauen* (Mt 25,1–10). Nur scheinbar folgen hier alle der Einladung zum Hochzeitsmahl. Alle rüsten sich zwar zu und gehen dem Bräutigam entgegen. Doch als dann »mitten in der Nacht« plötzlich der lang ersehnte laute Ruf ertönt: »Der Bräutigam kommt! Geht ihm entgegen!« (V 6), zeigt es sich, daß fünf der zehn

14 Vgl. dazu die Interpretation in Kap. 2.3 (a)

geladenen Jungfrauen nur äußerlich und gewohnheitsmäßig, ohne inneres Engagement, der Einladung gefolgt sind: Sie haben kein Öl in ihren Lampen. Auch wenn es nach außen hin so aussah, hat doch die Einladung nicht das Tochter/Sohn-pneuma in diesen Jungfrauen geweckt. Die anderen freilich gehen mit dem Bräutigam in den Hochzeitssaal und feiern das Fest.

Auch das Gleichnis vom *reichen Kornbauer* (Lk 12,16b–20) gilt es hier nochmals heranzuziehen. Zwar liegt der Akzent dieser Erzählung auf der Darstellung des Weltpneumas, das den Menschen in eine Leere und Gottlosigkeit hineinstürzen läßt; es zählt gleichsam aus, wohin dieses Weltpneuma führt. Unter diesem Gesichtspunkt ist deshalb das Gleichnis im vorhergehenden Abschnitt behandelt worden. Dennoch liegt in der »guten Ernte«, die auf den Feldern des reichen Mannes stand (V 16b), auch eine Zuwendung des Schöpfers, die das Sohn/Tochter-pneuma im Beschenkten hätte auslösen müssen. An dem Erzählzug, daß der Mann statt dessen mit einem ausgeprägten Weltpneuma reagiert, entzündet sich das »unmöglich«, auf das dieses Handlungsgleichnis mit negativem Handlungsüberschuß hingerichtet ist.

Das abba-Gleichnis in höchster Entfaltung und Ausdifferenzierung aber ist, wie schon einleitend ausgeführt, das Gleichnis vom *barmherzigen Vater* (Lk 15,11–32). Die »rahamim«, die unbedingte, nicht rücknehmbare mütterliche Zuwendung des »abba« bestimmt von Anfang bis Ende die Struktur dieses zentralen jesuanischen Gleichnisses.[15] Zwar wird in der Exposition nur erzählt, daß der Vater bereitwillig die Bitte des jüngeren Sohnes erfüllt, das Vermögen aufteilt und ihm sein Erbteil gibt; doch aus dem Fortgang der Erzählung wird doch deutlich, daß auch dies schon ein Akt der Liebe und der Zuwendung des Vaters zu seinem Sohn ist, dessen Freiheit er nicht beschneiden will. Doch diese Zuwendung weckt zunächst nicht das Sohn/Tochter-pneuma. Vielmehr ist der Sohn vom Weltpneuma beseelt, das jedoch hier sehr rasch seine Brüchigkeit zeigt und seinen Träger in Not und Elend stürzen läßt. In dieser Not und in diesem Elend erinnert sich der Sohn an den Vater, bei dem es allen, auch den Tagelöhnern, gut geht und diese »mehr als genug zu essen« haben (V 17). Die Zugewandtheit und Güte seines Vaters tritt ihm vor Augen. In dieser Erinnerung, sagt Eugen Biser, »spiegelt sich die Wirkung der Liebe, die nie von ihm abgelassen und ihn nun endgültig eingeholt hat«.[16] Auch im Ausleben des Weltpneumas und im äußersten Elend war und ist also der Sohn immer schon und immer noch umgriffen von der »rahamim«, dem mütterlichen Er-

15 Vgl. Biser, Jesus 55
16 Ebd.

barmen des Vaters. Jetzt, da das Weltpneuma im Elend zerbrochen ist, bricht das Sohn/Tochter-pneuma auf, das die Zuwendung des Vaters immer schon hätte wachrufen sollen, aber vom Weltpneuma durchkreuzt und verdunkelt worden war. In diesem »pneuma« wird der Sohn endlich zu dem, der er immer schon war, ohne es erkannt zu haben: zum geliebten Sohn, der in überschießender und unmittelbarer Liebe vom Vater angenommen und gefeiert wird.

In derselben Liebe und Unmittelbarkeit ist der Vater auch seinem älteren Sohn zugewandt, der zu Hause geblieben ist. Doch jetzt, da sein jüngerer Bruder zurückkehrt, zeigt sich, daß auch dieser nicht das wirkliche Sohn/Tochter-pneuma in sich trägt. Dieses ist bei ihm durch ein Knechtspneuma durchkreuzt und verdunkelt, das sein Auge böse macht und Mißgunst gegenüber dem jüngeren Bruder in ihm weckt. Es ist eng und ängstlich und hat keinen Sinn für die »Extravaganz« des Gottesreichs (Ricoeur) und seiner »rahamim«. Doch auch ihm, dem im Knechtspneuma verhafteten älteren Sohn, wendet sich in der Stunde der Freude der Vater nochmals in derselben überströmenden abba-Liebe zu, in der er den jüngeren Sohn bei sich angenommen hat: »Mein Kind«, sagt er in dieser zweiten Zuwendung des Erbarmens, »alles, was mein ist, ist auch dein . . .« (V 31).

Es bleibt dabei offen, wie dieser Sohn reagiert. Wird er zur Freiheit und Liebe des Sohn-Seins finden oder wird er verstockt in seinem Knechtspneuma verharren und sich dadurch selbst von der »malkût Jahwe« ausschließen? Dieses offene Ende entspricht der existentiellen Situation, aus der heraus Jesus dieses Gleichnis spricht, nämlich der noch offenen Auseinandersetzung mit seinen Gegnern; es wird jedoch auch von der inneren Eigenart des Gottspneumas gefordert, das, von der »rahamim« des »abba« geweckt, den Sohn in die Arme des Vaters zurückführt und das, nun gleicherweise vom Vater wie vom jüngeren Sohne ausgehend, den Gegenspieler nicht zwingen und festlegen, sondern nur – durch liebevolle Zuwendung (vgl. V 31: »Mein Kind . . .«) – an seine Freiheit appellieren kann.

In der Verschränkung und im offenen Schluß ähnlich ist die abba-pneuma-Struktur im Gleichnis vom *gütigen Arbeitsherrn* (Mt 20,1–15). Die Zuwendung des »abba« drückt sich hier im Angebot der Arbeit aus, das der Weinbergbesitzer den Tagelöhnern macht (die verhungern oder sich in Schuldsklaverei verkaufen müssen, wenn für längere Zeit ein solches Angebot ausbleibt). Ähnlich wie der barmherzige Vater zeigt dabei auch der Besitzer des Weinbergs eine überschießende Güte und Zuwendung, indem er noch in der letzten Stunde ausgeht, um Arbeiter einzustellen, und allen schließlich den vollen Tageslohn ausbezahlt. Und wieder, ebenfalls wie im vorherigen Gleichnis, zeigt sich an dieser überschießenden abba-Zuwendung, daß jene Tagelöhner, denen der Weinbergbesitzer als ersten Arbeit angeboten und damit Zuwendung geschenkt hat, durch diese Zuwendung nicht zum Sohn/Tochterpneuma befreit wurden, sondern im Knechtspneuma befangen blieben. Wie der Vater seinem älteren Sohn, so wendet sich auch der gütige Arbeitsherr nochmals mit Engagement und Liebe dem Träger des Knechtspneumas zu und sucht ihn zur Freiheit der Liebe zu befreien: »Mein Freund«, so spricht er ihn an, »dir geschieht kein Unrecht . . .« (V 13); und er weist ihn hin auf seine Güte als den Beweggrund seines Handelns. Hier ist allerdings von der gesamten Stimmungslage her die Wahrscheinlichkeit geringer als im Gleichnis vom barmherzigen Vater, daß der Träger des Knechtspneumas sich der überschießenden Güte des Arbeitsherrn öffnen und ihm innerlich zustimmen wird. Trotzdem würde es nicht zur Struktur der Erzählung passen, wenn die Verstokkung der Arbeiter der ersten Stunde als definitives Ereignis noch erzählt werden würde. Die wahre abba-Zuwendung läßt diese Frage offen; sie schließt von sich aus niemanden und zu keiner Zeit aus ihrer Liebe aus.

Ein Angebot an Arbeit macht auch der Vater im Gleichnis von den *ungleichen Söhnen* (Mt 21,28–31a). Er wendet sich mit dem Auftrag jeweils einzeln seinem Sohn zu, spricht ihn als solchen an und will ihn in seinem Sohnsein aktivieren: »Mein Sohn, geh und arbeite heute im Weinberg!« (V 28). Doch der erste der auf solche Weise angesprochenen Söhne empfindet den Auftrag nur als knechtische Arbeit. Er weiß zwar, daß er seinem Vater gegenüber verpflichtet ist, den Auftrag auszuführen, und sagt deshalb auch sofort ja, führt aber dann den Auftrag doch nicht aus. Der zweite Sohn sieht in dem Auftrag zunächst auch nur knechtische Arbeit, aber im Unterschied zum ersten Sohn lehnt er sich dagegen auf und sagt: »Ich will nicht.« »Später aber reute es ihn«, es wird ihm klar, daß der Vater ihn nicht als Knecht, sondern als Sohn in seinen Weinberg gerufen hat, »und er ging doch«, um den Auftrag des Vaters zu erfüllen (V 30). Der erste Sohn tut nach außen hin so, als würde er sich voll dem Gebot des Vaters unterstellen, in Wirklichkeit aber begreift er das Wesen des Auftrags, das eben nicht Gebot, sondern väterliche Zuwendung ist, nicht und führt ihn auch nicht aus. Dem zweiten Sohn dagegen, der im Arbeitsangebot zuerst eben nur »Arbeit« gesehen hat und deshalb das Angebot ausschlägt, dämmert später, was der Auftrag bedeutet, und er geht hin, ihn zu erfüllen und auf diese Weise sein Sohnsein in der Zugewandtheit des Vaters zu realisieren.

Bei zwei anderen Gleichnissen liegt die Zuwendung des »abba« im Erlassen von Schulden. Kennzeichnend für die Unendlichkeit der Liebe, die aus dieser Zuwendung spricht, ist, daß der »abba« als Gläubiger seinen Schuldnern jeweils die *ganze* Schuld erläßt, sei diese klein oder groß. Ein teilweiser Schulderlaß ist bei ihm nicht denkbar. Im

Gleichnis von den *ungleichen Schuldnern* (Lk 7,41–42) wird von dem großen Schuldner, der 500 Denare schuldig war, der Nachlaß in seinem Charakter als Zuwendung erkannt und erweckt in ihm als Antwort die überschießende Liebe des Sohnes bzw. der Tochter, die sich so rückhaltlos geliebt erfahren. In dem Zusammenhang, in dem Lukas das Gleichnis erzählt, ist es eine »stadtbekannte Sünderin«, die solche Erfahrungen macht. Wie immer man die Kennzeichnung »Sünderin« konkret deuten will – sie muß nicht zum Ausdruck bringen, daß es sich um eine Dirne handelt –, legt hier doch der Kontext nahe, daß es ein Weltpneuma ist, in dem die Frau als »Sünderin« befangen war. Jetzt, da sie sich als dennoch geliebt erfährt, bricht das Tochter/Sohn-pneuma mit großer Kraft in ihr auf. Lukas erzählt, daß sie an Jesus herantritt, seine Füße mit ihren Tränen benetzt, mit ihrem Haar abtrocknet und sie mit kostbarem Öl salbt. Der Pharisäer Simon dagegen, der Jesus zum Gastmahl eingeladen hat, erkennt sich in jenem Schuldner wieder, dessen Schuld nur in 50 Denaren bestand und in dem der Nachlaß dieser geringen Schuld (noch) nicht das Sohn/Tochter-pneuma wachrufen konnte, das den Menschen zur Unmittelbarkeit des Lebens, Fühlens und Denkens befreit. Doch in der Art, wie Jesus sich seinem Gastgeber Simon zuwendet und ihm die Geschichte erzählt (vgl. Lk 7,40: »Da wandte sich Jesus an ihn und sagte: Simon, ich möchte dir etwas sagen«), liegt eine neuerliche Zuwendung der Liebe und des Geliebtseins, wie sie der barmherzige Vater gegenüber dem älteren Sohn und der gütige Arbeitsherr gegenüber dem protestierenden Ganztagsarbeiter vollzieht, und es bleibt auch hier offen, ob diese neuerliche Zuwendung das Sohn/Tochter-pneuma tatsächlich wachzurufen vermag oder nicht.

Nicht auf die in Zahlen ausdrückbare Höhe der erlassenen Schuld kommt es an, sondern darauf, daß der Schuldnachlaß als Ausdruck einer unbedingten, aus unendlicher Liebe herkommenden Zuwendung begriffen wird und dadurch jener Funke überspringt, der aus Knechten Söhne macht. Dies wird deutlich im Gleichnis vom *unfairen Knecht* (Mt 18,23–33). 10 000 Talente, wie sie dieser Knecht seinem Herrn schuldet, ist die in der damaligen Zeit höchste in Zahlen ausdrückbare Geldsumme. Der Knecht, der vor seinem Herrn auf die Knie fällt und bittet: »Hab Geduld mit mir, ich werde dir alles zurückzahlen« (V 26), ist sich dieser Unendlichkeit seiner Schuld offenbar nicht bewußt; jedenfalls realisiert er nicht, daß er diese Schuld niemals wird bezahlen, er sich also niemals, wie das Gleichnis vom Knechtslohn es ausdrückte, vom Knechtsstatus zum Sohnsein wird hochdienen können. Doch der Herr hat Mitleid mit dem Knecht und schenkt ihm, was dieser nie von sich aus erarbeiten könnte. Der Knecht aber begreift nicht, was mit ihm geschieht. Er spürt im Schuldnachlaß nicht die Unendlichkeit der abba-Liebe, die sich darin ihm zuwendet. Er läßt den Funken nicht auf sich überspringen, der ihn (als Sohn) teilnehmen läßt an der unendlichen Güte des Vaters. Er bleibt in seinem Knechtspneuma befangen, wonach auf Heller und Pfennig bezahlt werden muß. Das Mitleid seines Herrn, das ihn selbst gerettet hat, erfaßt ihn nicht, als er seinen Mitknecht trifft, der ihm lächerliche 100 Denare schuldig war und ihn in derselben Weise um Geduld bittet, wie zuvor er selbst in seiner unendlichen Schuld seinen Herrn um Aufschub gebeten hat. Vielmehr wird erzählt: »Er packte ihn, würgte ihn und rief: Bezahl, was du mir schuldig bist!« (V 28). Eine unendliche Traurigkeit liegt in dem Geschehen: Die abba-Liebe kann trotz ihrer unbedingten rückhaltlosen Zuwendung den Menschen nicht erreichen und zum Sohnsein befreien; alle, die dies sehen, sind »sehr betrübt« (V 31). Es ist dies die Trauer, die Jesus erfaßt, wenn er sieht, daß die Gerechten und Frommen in Israel, denen jetzt, im beginnenden Anbrechen der »malkût Jahwe« das Sohnsein geschenkt wird, Anstoß daran nehmen, daß auch die »Sünder und Zöllner« von diesem Gottesatem erfaßt werden und von diesen erst die Ableistung der vorgeschriebenen Buße fordern, ehe auch ihnen die Verheißungen wieder zugewandt werden dürfen: »Bezahl, was du mir schuldig bist.«

Doch wie in den vorherigen Gleichnissen gibt auch hier die abba-Liebe nicht auf. Noch einmal wendet sich der Herr seinem Diener zu, um ihm die Augen dafür zu öffnen, was an ihm und um ihn herum geschehen ist. Zwar spricht er ihn nicht mehr wie der Vater den verlorenen Sohn und der gütige Arbeitsherr den protestierenden Arbeiter oder Jesus seinen Gastgeber Simon freundlich und liebevoll an, sondern nennt ihn einen »elenden Diener« (V 32); doch es liegt auch darin jene unendliche Zuwendung, die den Angesprochenen zu einem unmittelbaren Person-Verhältnis, eben zum Sohn-Vater-Verhältnis befreien möchte: »Hättest nicht auch du mit jenem, der gemeinsam mit dir in meinem Dienst steht, Erbarmen haben müssen, so wie ich mit dir Erbarmen hatte?« (V 33).

In dieser Strukturkongruenz des Gleichnisses zu den anderen Gleichnissen dieser Gruppe liegt ein weiteres wichtiges Argument für die schon in Kap. 2.2 (c) referierte Meinung Alfons Weisers[17] und Hans Weders, die in der heutigen Fassung des Gleichnisses noch erzählte schließliche Bestrafung des unfairen Knechts als sekundäre Anfügung zu werten, die nicht zum ursprünglichen Bestand des Gleichnisses gehört, wie Jesus es erzählt hat. Es ist hier eindrucksvoll zu sehen, wie sich Ergebnisse aus der einzelexegetischen Arbeit – Weder weist auf »deut-

17 Weiser 76–88

lich matthäisches Vokalmaterial« in den letzten Versen[18] und auf eine innere Unstimmigkeit der Geschichte selbst[19] hin – mit dem treffen, was sich aus der Zusammenschau der einzelnen Gleichnisse zu einem erzählerischen Gesamtwerk ergibt. Dabei ist von der hier beobachteten Strukturkongruenz der Erzählung zu anderen Gleichnissen die Version Alfons Weisers zu bevorzugen, der das Gleichnis nicht schon mit V 30, sondern erst mit der Frage in V 33 enden läßt (was auch Weder ausdrücklich für möglich hält[20]).

In keinem dieser Gleichnisse wird erzählt, daß die abba-Liebe sich definitiv vergeblich den Menschen zuwendet, auch wenn es, wie im zuletzt herangezogenen Gleichnis schwerfällt, ähnlich wie beim verlorenen Sohn an ein erlösendes In-sich-Gehen und eine befreiende Umkehr des unfairen Knechts zu glauben und zu hoffen. Der Schluß muß dennoch offenbleiben. Dem Mysterium der Schuld und Verstockung des Herzens steht ja ein ebenso großes Mysterium der mütterlichen Zuwendung Jahwes entgegen. Wer vermag – in der vorläufigen und irdischen Existenz lebend – zu entscheiden, ob je ein Mensch, auch wenn er es (eben aufgrund seiner Berufung zum Sohnsein und damit zu einer unendlichen Freiheit) kann, sich tatsächlich auf Dauer und durch alle Schichten des Todes hindurch endgültig dem Jordan-Atem der Liebe, der »rahamim« Gottes, verschließen wird?

Kennzeichnend für das Denken und Fühlen des Erzählers Jesus ist, daß dort, wo diese wahrhaft ungeheuerliche Möglichkeit als denkbar vor Augen tritt, dabei nicht der Gedanke an Gerechtigkeit, Strafe und Verdammnis mitgedacht wird. Was vielmehr auftaucht, ist jene Betrübnis und Trauer, von der die Diener erfaßt werden, die das Tun des unfairen Knechts verfolgen. Am stärksten spricht diese Trauer aus dem zuletzt zu behandelnden Gleichnis dieser Gruppe, der Erzählung von der mißlingenden Kommunikation der *Kinder auf dem Marktplatz* (Mt 11,16–17; Lk 7,31–32). Hier wird von Kindern erzählt, »die auf dem Marktplatz sitzen und anderen Kindern zurufen: Wir haben für euch auf der Flöte (Hochzeitslieder) gespielt, und ihr habt nicht getanzt; wir haben Klagelieder gesungen, und ihr habt euch nicht an die Brust geschlagen« (V 16f). In dem Vorspielen auf der Flöte und dem Vorsingen liegt eine starke Zuwendung. Sie findet keine Resonanz. Kein »pneuma«, kein Lebens- und Liebesatem wird von ihr geweckt. Die adäquate Reaktion auf diese Situation ist nicht der Gedanke an Bestra-

18 Im einzelnen ausgeführt bei Weder 211, Anm. 6 u. 7; vgl. die Interpretation des Gleichnisses in Kap. 2.2 (c)
19 Ebd. 210f und 215
20 Ebd. 215 (Anm. 28)

fung, sondern eine tief empfundene elegische Trauer. Wir begegnen hier dem einzigen Gleichnis dieser Gruppe, wo diese Möglichkeit einer mißlingenden Kommunikation ohne ein übergreifendes Engagement der Liebe und ohne kontrastierende Erzählzüge in ihrer ganzen Traurigkeit nackt und bloß vor Augen gestellt wird. Doch es sind *Kinder*, die so handeln. Ihre Verstockung ist ein kindlicher Trotz. Er wird vielleicht, wenn sie größer und älter werden, von ihnen abfallen, so daß sie sich dann doch noch der Melodie des Flötenspiels öffnen können, das sie zur Hochzeit einlädt.

Zusammenfassend ergibt sich folgender *Überblick* über diese Gruppe der Gleichnisse:

Die durchkreuzte abba-Zuwendung

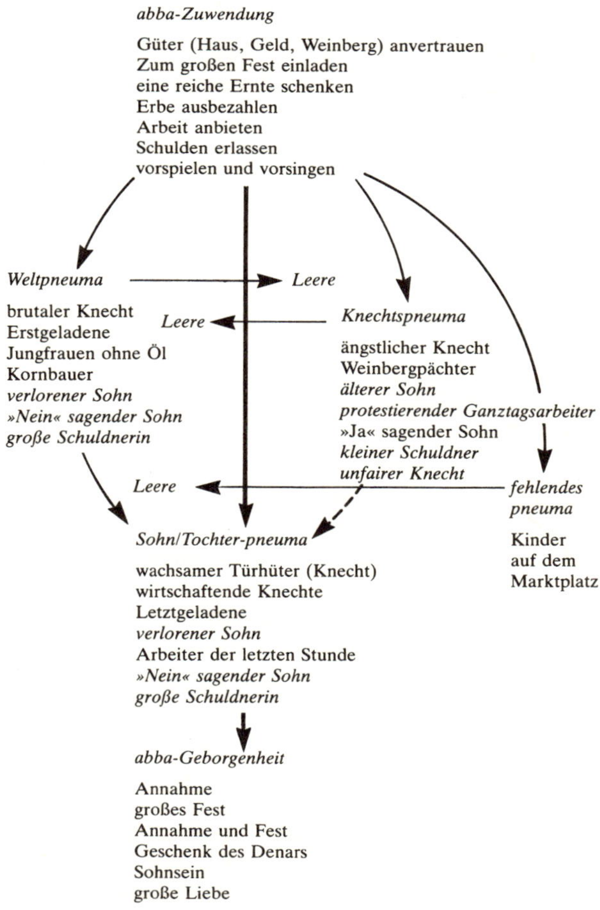

Erläuterung:
Die Übersicht läßt eine Eigenart im Gleichniswerk Jesu sichtbar werden, die bisher noch nicht ins Blickfeld gerückt ist: Die abba-Zuwendung wird von Menschen durchkreuzt, die entweder im Weltpneuma oder im Knechtspneuma befangen sind. Dabei wird von drei Trägern des Weltpneumas, dem verlorenen Sohn, dem »Nein« sagenden Sohn und der großen Schuldnerin, erzählt, daß sie in sich gehen und sich schließlich doch dem Sohn/Tochter-pneuma öffnen, das die abba-Zuwendung in ihnen wachrufen will. Diese Handlungsträger finden sich deshalb unter der Rubrik »Sohn/Tochter-pneuma« wieder, obwohl sie auch schon links oben unter »Weltpneuma« aufgeführt waren. Etwas Entsprechendes fehlt bei den Trägern des Knechtspneumas. Es gibt kein Gleichnis Jesu, das von der Bekehrung eines Menschen erzählt, der zuerst im Knechtspneuma befangen, sich der Zuwendung Gottes verschließt, dann aber in sich geht und sich der abba-Liebe öffnet. Bei vier Handlungsträgern dieser Art, dem älteren Sohn, dem protestierenden Ganztagsarbeiter, dem unfairen Knecht und dem kleinen Schuldner (hier allerdings nur in der Rahmenerzählung) wird zwar erzählt, wie die abba-Liebe um ihn ringt, sich am Ende nochmals fragend ihm zuwendet, aber es bleibt offen, ob diese neuerliche Zuwendung das Sohn/Tochter-pneuma wachruft oder nicht. Hier spiegelt sich unmittelbar die Lebenserfahrung Jesu wider: Es gelang ihm zwar, »Sünder und Zöllner« für sich zu gewinnen, nicht aber seine religiösen Gegner, die ihn schließlich in den Tod trieben.

3.3 Gegenpole zum Vater

Dualismus von Welt- bzw. Knechts-pneuma und Sohn/Tochter-pneuma in der Gleichnisstruktur

Die bisherige synchrone Betrachtung des Gleichniswerks Jesu machte deutlich, daß die einzelnen Elemente dieses Erzählwerks nicht nur lebens- und entstehungsgeschichtlich (also diachron) zusammenhängen, sondern auch eine in sich spielende Textwelt bilden, die von einer klaren Struktur durchzogen ist und in der, wie in einer Sinfonie, bestimmte Motive in jeweils variierter Form und neuer Zusammensetzung wiederkehren und den Fortgang des Werkes bestimmen.

Die Gleichnisse Jesu bilden zusammen die Geschichte vom Gottespneuma, das als Lebens- und Liebesatem die Menschen erfassen und sie aus Knechten zu geliebten Söhnen und Töchtern machen will. Eine unbedingte und rückhaltlose Zuwendung und Liebe lassen diesen Gottesatem im Menschen aufspringen, um ihn zur abba-Geborgenheit zu führen. Dabei wird dieser Erzählstrang vielfach durchkreuzt durch das Verhaftetsein des Menschen im Vordergründigen der Welt (Weltpneuma) sowie durch Trägheit und starre Knechtsgesinnung, die sich aus Angst dem Gottesatem nicht zu öffnen wagt und sich teilweise auch aggressiv von ihm abschließt. Immer aber blieb, wie besonders die Übersicht zur »durchkreuzten abba-Zuwendung« zeigt, der Weg in die abba-Geborgenheit als Grundrichtung vorgegeben, und es blieb offen, ob Menschen sich endgültig dem Gottesreich verschließen. Nur drei der insgesamt 38 Gleichnisse fügen sich nicht in die bisherigen Strukturen ein. In ihnen stehen sich vielmehr Welt- bzw. Knechts-pneuma und Sohn/Tochter-pneuma unverbunden gegenüber.

Das Weltpneuma als (dualistischer) Gegenspieler zum Gottespneuma ist dargestellt im Gleichnis *vom reichen Prasser* (Lk 16,19–31). Am Anfang steht die falsche Sicherheit und scheinbare Geborgenheit (die Welt-Sicherheit) des reichen Mannes, »der sich in Purpur und feines Leinen kleidete und Tag für Tag herrlich und in Freuden lebte« (V 19), dabei aber die Not seines Volksgenossen Lazarus übersah, der, von Schwüren bedeckt, vor seiner Tür lag und gern seinen Hunger mit dem gestillt hätte, was vom Tisch des Reichen herunterfiel. Der (Schein-) Geborgenheit des Reichen steht die völlige äußere Ungeborgenheit des Armen vor seiner Tür gegenüber. Der Tod jedoch kehrt die Verhältnisse um. Er deckt die Scheinsicherheit des Reichtums, die Brüchigkeit des Vertrauens auf welthaft Gegebenes auf und macht nun auch umgekehrt deutlich, daß der arme Lazarus in all seiner Not von Engeln begleitet war, die ihn jetzt in Abrahams Schoß tragen: Sein Lebensatem hat ihn zur abba-Geborgenheit geführt, in der er nun ruht, während der reiche Mann voll Qualen in der Unterwelt leidet und sich jetzt seinerseits als ausgeschlossen und ungeborgen erfährt. Das in dieser Situation aufkommende Gespräch zwischen dem leidenden Reichen und Abraham, in dessen Schoß Lazarus ruht – von Jesus der vorgefundenen Erzählung angefügt –, ist ein Ausdruck dafür, daß die beiden Welten miteinander reden und ins Gespräch kommen können, wenn auch hier dieses Gespräch keine Annäherung bringt und der Erzählvorlage entsprechend vom »tiefen, unüberwindlichen Abgrund« die Rede ist, der verhindert, daß jemand von dort nach hier oder von hier nach dort kommen kann (V 26). Die Bitte des Reichen, Abraham solle den Lazarus in das Haus seines Vaters schicken, damit das aus dem Jenseits kommende »Gespenst« seine fünf Brüder aufschreckt und warnt, zeigt, daß der Prasser sich auch jetzt noch nicht in seiner Gesinnung geändert hat und immer noch von jenem Weltpneuma beseelt ist, das ihn nach Mirakeln und Wundern als vorzeigbaren Scheinsicherheiten greifen läßt. Der Vater Abraham bringt demgegenüber das einzig mögliche und richtige Gottespneuma ins Spiel, dem sich die Menschen öffnen und von dem sie sich bewegen lassen sollen: »Sie haben Moses und die Propheten, auf die sollen sie hören« (V 29). Dies ist das Gottespneuma, das aus der Unmittelbarkeit des Gottesverhältnisses entspringt, in dem Lazarus offenbar schon im Leben stand und das ihn jetzt in Abrahams Schoß führte.

Im Gleichnis vom *Pharisäer und Zöllner* (Lk 18,10–14a) steht nicht das Weltpneuma, sondern das Knechtspneuma dem Gottespneuma unverbunden gegenüber. Der fromme Jude, der sich im Tempel aufstellt, ist erfüllt von der Sicherheit, die ihm sein Bewußtsein der Gebotserfüllung und der guten Werke gibt: »Ich faste zweimal in der Woche und gebe dem Tempel den zehnten Teil meines ganzen Einkommens« (V 12). Aus dieser Knechts-Sicherheit entspringt jene Sünde, die in der Verurteilung des neben ihm betenden Zöllners liegt. Im Zöllner dagegen regt sich ein Daseinsgefühl, das ihn unmittelbar Gottesnähe empfinden läßt und ihn in dieser Situation zu dem Stoßseufzer bewegt, worin er sich und sein Schuldbewußtsein dem als nahe empfundenen »abba« anvertraut und so dem Gottespneuma in sich Raum gibt, das selbst ihn, den Zöllner, zum »geliebten Sohn« Jahwes verwandelt und dadurch Reich Gottes anbrechen läßt: »Dieser kehrte als Gerechter nach Hause zurück, der andere nicht« (V 14).

Im Gleichnis vom *Weltgericht* (Mt 25,31–46) bleibt unklar, ob es das Weltpneuma oder das Knechtspneuma ist, das dem Gottespneuma unverbunden gegenübersteht. Zunächst wird das Gottespneuma gezeichnet, das wie beim barmherzigen Vater, beim gütigen Arbeitsherrn, beim großzügigen Gläubiger und beim barmherzigen Samariter der »Logik des Herzens« (Biser), der »raison de coeur« (Pascal) Raum gibt und sich spontan und unmittelbar, ohne irgendwelche Berechnung, dem Notleidenden und Bedürftigen zuwendet. Dieses »pneuma« führt zur abba-Geborgenheit: »Kommt her, die ihr von meinem Vater gesegnet seid, nehmt das Reich in Besitz . . .« (V 34). Dabei wird – ohne Vollzug einer Gerichtsverhandlung – nur das Gottespneuma festgestellt und endgültig an sein Ziel geführt. Es bestätigt sich das Wort des johanneischen Christus, daß, »wer mein Wort hört und dem glaubt, der mich gesandt hat«, sich also dem Gottespneuma öffnet, schon das ewige Leben hat und nicht mehr in das Gericht kommt (Joh 5,24). Das spontan-unmittelbare Verhältnis des Menschen zu seinem Mitmenschen beinhaltet schon das rettende und zur »malkût Jahwe« befreiende unmittelbare Gottesverhältnis: »Was ihr dem geringsten meiner Brüder getan habt, das habt ihr mir getan« (vgl. V 40).

Diesem ersten Teil des Gleichnisses folgt ein zweiter, worin spiegelbildlich ausgeführt wird, was geschieht, wenn sich der Mensch *nicht* diesem Gottespneuma öffnet und in seinem Handeln von ihm leiten läßt. Dabei bleibt offen, ob es, wie beim reichen Prasser, das Weltpneuma ist, das die spontane unmittelbare Hilfeleistung gegenüber dem notleidenden Nächsten verhindert, oder, wie beim Leviten und Priester im Gleichnis vom barmherzigen Samariter oder beim unfairen Knecht, das Knechtspneuma, das den Menschen blind und starr gegenüber der Not seiner Umwelt macht. In einer genauen spiegelbildlichen Wiederholung des ersten Teils der Erzählung wird dargestellt, daß das Fehlen dieses »pneumas« den Menschen vom Reich Gottes ausschließt und in ein definitives Verderben führt.

Im *Überblick* ergibt sich folgende Struktur dieser drei Gleichnisse:

Dualismus von Welt- bzw. Knechts-pneuma und Sohn/Tochter-pneuma

Weltsicherheit →	*Weltpneuma* →	*Ungeborgenheit*
reicher Prasser im Leben	übersieht Lazarus, »managt« noch in der Unterwelt	Unterwelt als Ort der Qual
(Böcke)	(»nicht gespeist . . .«)	(»ewige Pein«)
Knechtssicherheit →	*Knechtspneuma* →	*Ungeborgenheit*
Pharisäer im Tempel	überhebliche (usurpatorische) Verurteilung des Mitmenschen	kein unmittelbares Gottesverhältnis
(Böcke)	(»nicht gespeist . . .«)	(»ewige Pein«)
Jahwe-Unmittelbarkeit →	*Gottespneuma* →	*abba-Geborgenheit*
armer Lazarus	»Moses und die Propheten«	im Schoß Abrahams
Zöllner im Tempel	Stoßgebet	geht gerechtfertigt nach Hause
Schafe	»habt mich gespeist . . .«	Reich Gottes

Erläuterung:
Die Übersicht zeigt, wie die dualistische Struktur ein Ineinanderspielen der Elemente und Motive verhindert, diese vielmehr blockhaft nebeneinandersetzt. Die »Böcke« als Metapher der Menschen, die sich dem Gottespneuma verschlossen haben, werden in der Übersicht sowohl in den Block des Weltpneuma als auch in den Block des Knechtspneuma eingezeichnet, dabei aber in Klammern gesetzt, weil sich aus der Geschichte nicht ergibt, welches der beiden Elemente – Weltpneuma oder Knechtspneuma – hier dem Gottespneuma gegenübergesetzt ist.

Es überschneidet sich mit den Ergebnissen der exegetischen Forschung, daß diese drei Gleichnisse eine Sonderstellung innerhalb des struktural untersuchten Gesamtkorpus der Gleichnisse Jesu bilden. Denn, wie schon der diachrone Durchgang durch die Gleichnisse Jesu zeigte, ist bei diesen drei Gleichnissen die Jesus-Echtheit in je verschiedener Weise fragwürdig: Das Gleichnis vom reichen Prasser und armen Lazarus greift einen vorjesuanischen Erzählstoff auf, der von Jesus wahrscheinlich um das in der Unterwelt stattfindende Gespräch zwischen dem reichen Prasser und Abraham bereichert worden ist. Das Gleichnis vom Pharisäer und Zöllner ist erst in jüngeren Untersuchungen, jedoch mit einsichtigen Argumenten, als wahrscheinlich spätere Bildung aufgezeigt worden.[21] Dagegen herrschte hinsichtlich des Gleichnisses vom Weltgericht schon eine weitgehende Übereinstimmung der Exegeten, daß es in seiner vorliegenden Form nicht von Jesus selbst stammt.[22]

Trotz dieses exegetischen Befundes und trotz der besonderen Struktur, die sich nicht harmonisch in das übrige Gleichniswerk Jesu einfügt, muß eine Gesamtdeutung der jesuanischen Gleichnisse diese doch mit einbeziehen, weil sie genuin jesuanische Motive enthalten: Diese liegen in der Lazarus-Erzählung in dem Gespräch zwischen den in der Erzählvorlage unverbunden einander gegenüberstehenden Polen und in der Warnung vor dem Weltpneuma, das blind macht für die Not und den Anspruch des Mitmenschen. Am Gleichnis vom Pharisäer und Zöllner ist genuin jesuanisch, daß ein aus dem innersten Herzen kommender ehrlicher Stoßseufzer den unendlichen Abstand zwischen Gott und Sünder durchbrechen und zu einer befreienden Gottunmittelbarkeit führen kann; der Pharisäer dagegen stellt in seiner Aufzählung die guten Werke als Barriere zwischen sich und Gott. Dasselbe Motiv der spontanen Unmittelbarkeit, hier ausgedrückt in der Hilfeleistung am notleidenden Nächsten, bildet auch das Kernstück des Gleichnisses vom Weltgericht, das hier mit der alttestamentlichen Metapher der Scheidung von Schafen und Böcken und dem antiken Erzählgut vom unerkannten König verbunden wurde.

3.4 Zusammenfassung: Sohn und Vater unterscheiden die Geister

Dieser zweite kürzere Durchgang durch das Gleichnis-Werk Jesu sollte in einer stärker synchronen Betrachtungsweise die Strukturelemente dieses dichterischen Werkes aufzeigen. Es ergab sich, daß zwei kontra-

21 Vgl. Kap. 2.2 (d), Anm. 128

22 Vgl. oben die Interpretation in Kap. 2.3 (g) und die zugehörigen Anmerkungen

punktisch einander zugeordnete Elemente die Struktur dieser Dichtung bestimmen: 1. das »pneuma«, der »Wind« und »Atem«, der den Menschen erfüllt, ihn bewegt, ihn von innen heraus zum Leben, Denken, Reden und Handeln motiviert, und 2. der »abba« der »Vater«, die »Mutter«, der Daseinsgrund, der dem Menschen Frieden, Geborgenheit und das Gefühl innerer Sicherheit gibt. Dabei sind diese beiden Strukturelemente eng aufeinander bezogen: Das gute »pneuma« zieht als göttlicher Lebensatem, als Lebensgrundgefühl eines transzendenten Geliebtseins, in den Menschen ein und erschließt ihm den »abba«, von dem er sich unendlich geliebt und im Leben und Sterben als Sohn und Tochter angenommen weiß; und die Zuwendung, die, wenn Menschen sie rückhaltlos und unbedingt einander geben, den »abba«, den »himmlischen Vater«, vergegenwärtigt, ruft das göttliche »pneuma« des Geliebtseins und der Liebe im Menschen wach.

Wo eines von beidem geschieht, wird der Mensch einerseits von seinem Verhaftetsein an die Welt und andererseits von seinem Status als ängstlicher Knecht befreit und als Sohn oder Tochter des himmlischen Vaters angenommen und bestätigt: Es entsteht jenes Sohn/Tochter-pneuma und jene abba-Geborgenheit, die unmittelbar »malkût Jahwe«, neues Wirksamwerden Gottes unter den Menschen, Reich Gottes, anbrechen lassen.

Weltpneuma und Knechtspneuma sind dabei die Gegenspieler dieser abba-Zuwendung bzw. dieses Sohn/Tochter-pneumas; sie verhindern das Anbrechen des Reiches Gottes. Das Weltpneuma fixiert den Menschen auf die handhabbaren und verfügbaren Dinge dieser Welt, auf Getreide, Ochsen, Frauen (als Besitz verstanden), auf Haus- und Grundbesitz, und macht ihn dadurch blind und taub für das Anbrechen des Gottesreichs; er verschläft dadurch die Ankunft des »abba« und seines »pneumas«. Das Knechtspneuma dagegen fixiert den Menschen in seiner inneren Angst. Es verführt ihn dazu, Heil und Lebenssinn von eigener Leistung und Anstrengung, von Fleiß, Gebotserfüllung und guten Werken zu erwarten, statt vom »abba« und seiner Liebe. Beiden falschen »pneumata«, entspricht jenes trügerische Sicherheitsgefühl, das auf Zählbares und Aufweisbares setzt, auf dokumentierbare und verfügbare Größen, seien es Getreide, Geld, Panzer und Kanonen oder Gebotserfüllung und Fasten. All dies steht, für sich als Eigenwert genommen, zwischen dem Menschen und Gott und verhindert die unmittelbare Beziehung: das Sohn- oder Tochtersein, also das Anbrechen der »malkût Jahwe«.

In solcher Weise Geborgenheit, Lebenssinn und Lebensglück auf Verfügbares und Handhabbares zu gründen und in die eigene Verfügungsgewalt zu nehmen, ist die Ursünde des Menschen von Anfang an: Die Stammeltern greifen in eigener Verfügungsgewalt nach dem Baum in der Mitte des Paradieses, um zu sein wie Gott; Kain ermordet seinen Bruder Abel, damit Gott gezwungen ist, nunmehr das von ihm dargebrachte Opfer anzunehmen; und die Menschen in Babel bauen einen Turm, der bis zum Himmel reicht, um die Gottesmacht zu usurpieren.

Gott aber läßt sich nicht usurpieren. Wo der Mensch dies versucht, gerät er, vom Weltpneuma geleitet, wie der vom Vater wegziehende Sohn, in Chaos und heulendes Elend oder, vom Knechtspneuma verführt, wie der zu Hause gebliebene, ältere Sohn, in jene Versteinerung und aggressive Erstarrung, die es ihm so schwer macht, in das Vaterhaus hineinzugehen und das Fest der Rückkehr des verlorenen Bruders zu feiern. Fast – so kommt es im Gleichniswerk Jesu zum Ausdruck – fällt es der abba-Liebe leichter, das Weltpneuma zu überwinden und den Sohn in der Verlorenheit der Welt einzuholen und zur Rückkehr ins Vaterhaus zu bewegen, als jenes Knechtspneuma aufzubrechen, worin der Mensch nicht irdische vergängliche Dinge, sondern die eigene sittliche Anstrengung und Leistung zwischen sich und den »abba« stellt.

Diese pneuma-abba- und abba-pneuma-Struktur, die sich durch alle Gleichnisse zieht, bindet die vielfältigen Erzählgebilde zu einem dichterischen Gesamtwerk zusammen und bringt es aus seiner eigenen Struktur heraus zum Sprechen (vgl. dazu die Strukturübersichten am Ende der einzelnen Abschnitte). Diese Struktur ermöglicht es, das Gleichniswerk (als ästhetisches Gebilde) – bei aller Eingebundenheit in die damalige geschichtliche Sprechsituation – auch von dieser abzulösen und auf die Menschen anderer Zeiten und anderer Kulturen zu übertragen.

Die aufgezeigte Struktur gilt immer und überall: Immer und überall ist es das abba- bzw. Sohn/Tochter-pneuma des Geliebtseins und der Liebe, das unmittelbare Personverhältnis, das den Menschen heilt, rettet, über den Tod hinaus seinem Leben Sinn und Gesundheit gibt. Immer und überall führt das Weltpneuma ins Chaos und das Knechtspneuma in Erstarrung und Kälte. Solche allgemeinen Einsichten besagen jedoch in sich selbst wenig. Sie werden erst lebendig, wenn sie eingebunden sind in jene Dynamik der Erzählbewegung, die aus dem Gleichniswerk Jesu spricht. Es gilt deshalb, immer wieder zu diesem Werk und seinen Erzählstücken selbst zurückzukehren und mit und an ihnen zu arbeiten. Die Handlungsgleichnisse wollen uns in ihrem dramatischen Gang der Erzählung »zum Mitgehen bewegen« und uns unmittelbar hineinführen in jenen Raum, auch innerhalb unseres eigenen Lebens, in dem die überschießende abba-Liebe und das absolute Engagement des Sohn/Tochter-pneuma das Sein und Leben bestimmen und dadurch »malkût Jahwe« anbrechen lassen. Die Vorgangsgleichnisse können die Zuwendung des »abba« auch im eigenen Leben erkennen lassen, indem sie die Augen und Ohren des Herzens öffnen und den Menschen »tiefer sehen lehren«.

Hier liegt auch die innere Grenze für den im übrigen sehr plausiblen Ansatz Petzoldts, aus den Gleichnissen Jesu neue und ansprechendere systematisch-theologische Kategorien zu gewinnen. Einmal abgesehen davon, daß er nur von ausgewählten und einzeln aneinandergereihten Gleichnissen, nicht aber von einem zusammenhängenden Gleichniswerk Jesu ausgeht, beinhaltet sein Versuch die Gefahr, daß mit dem Fund entsprechender systematisch-theologischer Kategorien die Gleichnisse als lebendige prophetische Anrede »ihren Dienst getan haben« und in den Hintergrund treten. Es würden dann zwar nicht aus dem *einzelnen* Gleichnis, aber aus einer – schon unter systematischen Gesichtspunkten zusammengestellten – *Reihe* von Gleichnissen systematisch-theologische Lehraussagen herausgezogen, hinter denen die einzelnen Erzählungen (sowie besonders das Erzählwerk im ganzen) zurücktreten. »Große theologische Begriffe«[23] können eben doch besser aus den stärker lehrhaft strukturierten Paulusbriefen oder dem mit der Logos-Philosophie einsetzenden Johannesevangelium »herausgeholt« werden als aus einem genuinen Erzählwerk, wie die Gleichnisse es darstellen.

Die Bedeutung des lebensgeschichtlich gewachsenen Gleichniswerks Jesu liegt gerade darin, daß es als Lebensmitte der Evangelien bleibend der theologischen Systembildung *vorausliegt* und – von diesem Vorsprung her – immer neu, auch dem systemmüden Menschen unserer Tage einen unmittelbaren, lebendig-dichterischen Zugang zum Mysterium Jesu als des Messias und damit zum christlichen Glaubensfundament aufschließt. Die Gleichnisse bilden so ein genuines Element der Religionspädagogik und Katechetik, deren Anliegen es ist, dem Menschen der jeweiligen Zeit solche Zugänge zu vermitteln. Erst wer durch solche Zugänge ein unmittelbares Verhältnis zu Jesus als dem Christus gefunden hat – dies ist besonders das Ziel der Evangelisation, aber in unserer Zeit *auch* der Katechese[24] – kann und muß nachträglich, motiviert durch die unmittelbare Begegnung, das darin ergriffene Glaubensfundament in seiner inneren Fülle systematisch entfalten. Paulus (mit seinen Lehrbriefen und systematisch-theologischen Kategorien) folgt, wie jüngst Eugen Biser herausgearbeitet hat[25], auch kirchengeschichtlich immer der Phase der Jesusentdeckung nach.

23 Petzoldt 9, dazu Anm. 7

24 Vgl. dazu die Ausführungen in der Einleitung, Abschn. (a), besonders die Hinweise auf die Enzyklika »Über die Katechese heute«, wo diese notwendige Aufgabe beschrieben wird.

25 E. Biser, Paulus für Christen, Freiburg–Basel–Wien 1984, 11–13, wo er darstellt, wie in der Kirchengeschichte auf eine »Phase der Jesusfrömmigkeit« jeweils ein »paulinischer Schub« folgte (ebd. 12). Wichtig in unserem Zusammenhang ist Bisers Feststellung, daß Paulus *selbst* den Messias Jesus als seinen Grund erkennt,

In den Gleichnissen geht es um die – dieser Entfaltung vorausliegende – *ganzheitliche* Begegnung des Menschen mit Jesus als dem Christus: Wer sich von den Vorgängen und Gestalten dieses Erzählwerks bewegen läßt, durch sie hindurch und von ihnen her seine Welt und sein Leben betrachtet, wer sich auf diese Weise hineinziehen läßt in die Gefühls- und Denkstruktur dieses Werkes, ist näher und unmittelbarer bei Gott und seinem Reich, als systematisch-theologische Begriffe dies je vermitteln können. Nicht etwas aus dem Gleichniswerk herauszuziehen, sondern sich selbst mit seinem Denken und Fühlen in dieses Werk hineinziehen[26] zu lassen, muß das Ziel des Umgangs mit Gleichnissen Jesu sein.

Gewiß meint die Rede von abba-Lebensgefühl und von der gesuchten und gefundenen Gottunmittelbarkeit so etwas wie »Rechtfertigung« und »heiligmachende Gnade«; und »Weltpneuma« und »Knechtspneuma« haben etwas zu tun mit »Sünde«. Aber im Raum des Gleichniswerkes verbleibend, können diese Worte nicht hochstilisiert werden zu festen Begriffen, die ein Lehrgebäude tragen. abba-Lebensgefühl, Unmittelbarkeit zum Mitmenschen und darin Unmittelbarkeit zu Gott und seinem Reich, versteinernde Knechtsgesinnung und in Chaos und Elend führendes Weltpneuma sind, immer verbunden mit den entsprechenden Gleichnisgestalten und Gleichnisvorgängen, wesentlich lebendiger und beschreiben auch viel differenzierter und genauer – konkreter und korrelationsfähiger – dem jeweiligen Menschen und seiner Situation entsprechender, worauf es im Leben und Sterben ankommt, als die definierten theologischen Begriffe »Rechtfertigung«, »heiligmachende Gnade« und »Sünde« dies vermögen. Das System benötige ich erst nachträglich, um diesen lebendigen und unmittelbaren Zugang *bleibend* (sowohl in meiner individuellen Lebensgeschichte wie in der Geschichte der Kirche) offenzuhalten.

Das Recht und die Notwendigkeit einer theologischen Systembildung wird also in dieser Arbeit ebensowenig bestritten wie das Recht und die

auf dem er aufbaut, ein Grund, »außer dem kein anderer gelegt werden kann« (1 Kor 3,11), und auch bei ihm die Unmittelbarkeit der Christusbegegnung seiner Glaubensentfaltung *vorausging*: Nachträglich greift er (begrifflich-lehrhaft) nach dem aus, von dem er sich zuerst ganzheitlich-unmittelbar ergriffen weiß (Phil 3,12).

26 Vgl. H. Stotzer-Kloo, Das Evangelium erzählen, in: Missionskonferenz der deutschen und rätoromanischen Schweiz/Schweizerischer Evangelischer Missionsrat (Hg.), Das Gleichnis von der Tür – Die befreiende Kraft der Bibel (Missionsjahrbuch der Schweiz, Jg. 50), Freiburg/Schweiz 1984, 69f; 69: »Der Erzähler muß in die Geschichte hineinschlüpfen. Erst wenn er selber ganz in der Geschichte drin ist, sie im Erzählen intensiv miterlebt, beginnt sie zu leben«. Was Stotzer-Kloo hier vom Erzähler sagt, gilt gleichermaßen für den Interpreten.

Notwendigkeit einer historisch-kritischen Exegese (die ja auf jeder Seite, bei jedem einzelnen Gleichnis, grundlegend beansprucht wurde). Ebenso wie diese ist die Systematische Theologie – vgl. etwa die Bedeutung des Konzils von Chalzedon für die Suche nach dem lebensgeschichtlichen Gesamtwerk der Gleichnisse (»drittes Kriterium« in Kap. 2.0 [b]) – eine notwendige Voraussetzung und Hilfe, die den Zugang zu Jesus als dem Glaubensfundament geschichtlich offenhalten und zu ihm hinführen soll. Mit dem Eindringen in das Gleichniswerk Jesu aber ist dieser Zugang betreten, und es beginnt, eine Welt zu spielen und aufzuleuchten, die jenseits der großen Begriffe und genauen Fakten liegt und diese zurückläßt.

Denn in dieser Welt des Gleichniswerks begegnen wir Jesus, wie er leibt und lebt; jenem Jesus, der damals wie heute das Heil der Menschen ist. abba-Liebe, unmittelbares (sohn- bzw. tochterhaftes) Verhältnis zu Gott und den Menschen in Auseinandersetzung mit der Welt- und Knechtsgesinnung: das sind die Elemente, die Jesus im Innersten bewegen und ihn in seinem ganzen Sein und Wesen bestimmen. Dies ist freilich keineswegs eine Erkenntnis, die, wie Walter Neidhardt bei einer »Psychologisierung« der Jesusgestalt fürchtet, das Geheimnis der Person Jesu auflöst oder aufzulösen versucht.[27] Vielmehr ist es ein Wink und Fingerzeig, der uns noch stärker und näher an dieses Geheimnis heranführt. Denn das *unendliche* Geliebtsein vom »abba« und das *todüberwindende* »pneuma« der Liebe sind die beiden Flügel des einen Tores, an dem sich, vermittelt durch den »geliebten Sohn«, der dieses Tor ist, das hell-dunkle Geheimnis auftut, das die Menschen »Gott« und »Gottesreich« nennen. Dieses Geheimnis bleibt dem Menschen nicht deshalb verborgen, weil es eine Mauer um sich errichtet und sich ihm gegenüber verschließt oder weil der Mensch in ängstlicher Bescheidenheit es nicht wagen dürfte, an es heranzutreten – nein, es steht offen da, geoffenbart in Jesus, in seinem Denken, Reden und Handeln, dichterisch gestaltet in seinem Gleichniswerk, und will sich uns (als Geheimnis) mitteilen. Es bleibt uns nur deshalb dunkel und verborgen, weil wir zu wenig Augen haben, um zu sehen, zu wenig Ohren um zu hören, ein zu hartes Gemüt, um zu verstehen. Der Umgang mit dem Gleichniswerk Jesu kann uns helfen, diese inneren Wahrnehmungsorgane zu öffnen und (anfanghaft) zu entfalten, damit wir das Geheimnis Gottes in Jesus ganzheitlich ein Stück weiter und tiefer wahrnehmen und es als Glück und Frieden in unser Leben und Sterben einfließen lassen.

27 Vgl. Neidhardt/Eggenberger 43

Schlußteil

Narrative Zusammenfassung

Vorbemerkung:

Eine Interpretation darf den Text, den sie deutet, nicht gleichsam »auslaugen«, d. h. alles Wichtige aus ihm herausziehen und in einer Weise satzhaft darstellen, daß es den Anschein hat, als würde am Ende der Ausgangstext wie eine Art »Leiche«, ausgeplündert und wertlos geworden, am Wegrand zurückbleiben. Interpretation ist vielmehr immer Dienst am Werk. Das Werk ist und sagt immer mehr als die noch so gut gelungene Interpretation. Zeichen einer geglückten Interpretation ist es gerade, daß sie den Leser und Hörer am Ende zum Werk selbst zurückführt. Ihr Ziel ist es, auf *mögliche* Bedeutungsgehalte aufmerksam zu machen, also Lese- und Verstehensvorschläge zu erarbeiten, die das Werk in einer bisher vielleicht nicht gesehenen Weise wichtig und bedeutsam erscheinen lassen; dann kann sich der Hörer oder Leser mit neuer Motivation und neuer Intensität dem Werk zuwenden und es von den neu ins Blickfeld gekommenen Bedeutungsgehalten her auf sich wirken lassen.

Am Ende der vorliegenden Interpretation des Gleichniswerkes Jesu soll deshalb dieses Werk selbst stehen, und zwar so, wie es die Arbeit als Lese- und Verstehensmöglichkeit begründet und vorschlägt: nämlich als lebensgeschichtlich gewachsenes und zusammenhängendes Erzählwerk. Dabei würde es dem narrativen Charakter der vorliegenden Interpretation widersprechen, hier die Gleichnistexte in der Gestalt, in der sie verwendet wurden, und in der Reihenfolge der erarbeiteten möglichen existentiellen Entstehungssituationen in einer Art Anhang einfach aufzulisten und abzudrucken. Dies wäre eine Sammlung aufgespießter Schmetterlinge. Deshalb soll hier versucht werden, die wiederzugebenden Gleichnistexte durch kurze narrative Bemerkungen und Hinweise zu verbinden, in denen die in den Kapiteln 2 und 3 erarbeitete existentielle Entstehungssituation und Gefühls- und Denkstruktur angedeutet wird.

Am Rand des jeweiligen Gleichnistextes sind Titel und biblische Fundstelle des Gleichnisses genannt, und es ist auf die entsprechenden Abschnitte in den Kap. 2 bzw. 3 hingewiesen, in denen der hier narrativ zusammengefaßte Lesevorschlag im einzelnen begründet ist. Der Gleichnistext ist nach dem Wortlaut der Einheitsübersetzung wiedergegeben. Verse, die nach den in den

Kap. 2 und 3 begründeten Optionen als nicht zum ursprünglichen Gleichnistext (im Munde Jesu) gehörig, sondern als sekundär angefügt betrachtet wurden, sind weggelassen. Wahrscheinlich sekundäre Einschübe innerhalb des Textes sind eingeklammert; Verse, in denen – dies ist nur der Fall im Gleichnis vom reichen Prasser – Jesus wahrscheinlich auf eine vorliegende Erzählung zurückgegriffen hat, sind in eckige Klammern gesetzt.

Auf diese Weise entsteht eine Art »christliches Gleichnisbuch«, das die Gleichnisse auf eine sehr *einfache* Weise als zusammenhängendes Werk zum Sprechen bringt. Dabei ist diese Einfachheit hier nicht zu pädagogischen Zwecken hergestellt. Es handelt sich nicht um eine gezielte pädagogische Vereinfachung eines an sich schwer verständlichen Sprachgebildes. Vielmehr ist das Folgende nichts anderes als das (aus sachlichen Gründen in narrativer Form) zusammengefaßte Ergebnis der diachronen und synchronen Interpretation des Gleichniswerks Jesu. Die Einfachheit des so vor Augen tretenden Sprachgebildes ist ein wichtiges Kriterium dafür, ob und wie weit es der Interpretation gelungen ist, genuin Jesu Stimme zu Gehör zu bringen: Dieser hat ja in einer gleicherweise dichterisch gekonnten und qualitätvollen wie einfach und verständlich wirkenden Weise gesprochen; er hat – nicht nur im Gleichnis vom *barmherzigen Vater* – Dichtung im Rang von Weltliteratur so gestaltet, daß die Fischer vom See Gennesaret, die ihn begleiteten, und die Bauern und Handwerker, zu denen er sprach, sie im Zusammenhang seines Lebens und Wirkens unmittelbar verstehen konnten.[1]

Diese Einfachheit und unmittelbare Verständlichkeit als Ergebnis der (gar nicht einfachen) Interpretationsarbeit erschließt Jesus und sein Evangelium – obwohl ursprünglich für Erwachsene erzählt und geschrieben – auch für Kinder und theologisch nicht vorgebildete Menschen unserer Zeit. So kann das folgende »Gleichnisbuch« unmittelbar im Religionsunterricht (auch schon der Grundschule) und in der Kinderkatechese eingesetzt werden. Mit entsprechenden Bildern versehen, wäre es auch als Kinderbuch und besonders als Kinder-Vorlesebuch im Bereich der Familie gut zu verwenden. Es spricht freilich (wie jede gute Literatur) ebenso unmittelbar den Erwachsenen an.

Im Unterschied zu anderen Jesus-Büchern wird dabei hier versucht, nicht primär *über* Jesus zu sprechen und *von* ihm und seinem Vater zu

1 Es ist in der exegetischen Forschung schon lange erkannt, daß das in Mk 4,11 f zum Ausdruck kommende Verständnis der Gleichnisse als einer »esoterischen Belehrung« (Schmidthals 239,55 f) auf dem Weg einer »Rätselrede« (ebd.), die nur wenige verstehen können, zur Eigenart des Markus-Evangeliums gehört, die ursprüngliche Sprachform und Wirkweise der Gleichnisse damit aber nicht treffend beschrieben ist. Jesus wollte durchaus von allen verstanden werden und wurde es auch, wie gerade die Reaktion seiner Gegner zeigte, die unter dem Vorwurf der »Gotteslästerung« (Mt 26,65) den Tod über ihn brachten.

erzählen, sondern diesen Jesus in seiner ihm eigenen Stimme *selbst* zum Sprechen und Hören zu bringen, damit er sich selbst als das eine Gleichnis Gottes erzählt, das dem Menschen das Reich Gottes erschließt.

Jesus – das Gleichnis Gottes

Die Ausgangserfahrung: »Du bist mein geliebter Sohn« (Mk 1,11)

Jesus war etwa 30 Jahre alt. Er arbeitete als Bauhandwerker. Sein Land war von römischen Soldaten besetzt, und das Volk wurde hart unterdrückt. Es hoffte auf den Messias und König, der es von diesem Joch der Fremdherrschaft befreien und Jahwe, den Gott des Volkes Israel, neu lebendig und wirksam werden ließe; dann würde das seit Jahrhunderten ersehnte »Reich Gottes« kommen und unter ihnen anbrechen.

Zu dieser Zeit predigte in der Wüste Judäas am Fluß Jordan der Bußprediger Johannes. Er sagte: Das Reich Gottes ist nahe herbeigekommen. Aber nur wer von seinen Verfehlungen und seinem falschen Denken und Handeln gereinigt und geläutert ist, kann in dieses Reich eingehen. Ein großes Zorngericht Gottes wird vorher auf die Menschen herabkommen, dem niemand entrinnen kann. Schon ist die Axt an die Wurzeln der Bäume gelegt. Jeder Baum, der keine gute Frucht bringt, wird umgehauen und ins Feuer geworfen. Wer in diesem Gericht bestehen will, muß sich jetzt reinigen und Buße tun (vgl. Mt 3,7–10; Lk 3,7–9). Zum Zeichen dieser Reinigung tauchte er die Menschen, die auf ihn hörten, im Wasser des Flusses unter: Die Fluten sollten über den Menschen, der zur Buße bereit war, hinwegspülen, ihn reinigen und, wenn er wieder auftauchte, sollte ein neuer Lebensatem in ihn einziehen, der ihn im Gericht bestehen ließ.

Auch Jesus zog an den Jordan und hörte die Predigt des Johannes. Er wurde von ihr betroffen und ließ sich von Johannes im Fluß untertauchen. Doch als er aus dem Wasser emportauchte, sah er die Himmel sich öffnen, und ein neuer Lebensatem strömte vom Himmel her auf ihn herab und erfüllte ihn mit einem großen Frieden und einer starken Freude. Er hörte eine Stimme zu sich sagen: Du bist mein geliebter Sohn, an dir habe ich Gefallen gefunden. Darüber war Jesus bestürzt. Er zog sich in die Wüste zurück und dachte lange darüber nach, was er erfahren hatte. Doch der Gottesatem und die Gottesstimme, die ihm sagten, daß er der geliebte Sohn sei, blieben weiter in ihm lebendig. Da wußte er, daß in ihm, in seiner Erfahrung, das Reich Gottes schon begonnen hatte, zu den Menschen zu kommen. Nun brauchten die Menschen nicht mehr Angst zu haben vor dem Zorngericht Gottes. Der Gottesatem, der in ihm wirkte, sollte auf alle Menschen überspringen und auch sie zu geliebten Söhnen und geliebten Töchtern ihres himmlischen Vaters machen. So würde das Reich Gottes kommen.

Die freudige Mitteilung: Das Reich Gottes ist im Kommen
(Vgl. Mk 1,15)

Voller Freude ging nun Jesus zu den Menschen und suchte ihnen seine Erfahrung mitzuteilen. Er sagte: Ihr braucht nicht mehr angstvoll zum Himmel empor zu starren und vor dem Zorngericht Gottes zu zittern. Das Reich Gottes, das Reich der Himmel, kommt anders. Es ist schon mitten unter euch da.

[44]Mit dem Himmelreich ist es wie mit einem Schatz, der in einem Acker vergraben war. Ein Mann entdeckte ihn, grub ihn aber wieder ein. Und in seiner Freude verkaufte er alles, was er besaß, und kaufte den Acker.

Schatz im Acker
Mt 13,44
Kap.:2.1 (a)
3.2

Ihr braucht nur mit ganzem Herzen nach diesem Himmelreich zu suchen:

[45]Auch ist es mit dem Himmelreich wie mit einem Kaufmann, der schöne Perlen suchte. [46]Als er eine besonders wertvolle Perle fand, verkaufte er alles, was er besaß, und kaufte sie.

Kostbare Perle
Mt 13,45–46
Kap.: 2.1 (a)
3.1 (a)

Wenn ihr aufmerksam, wie der Bauer, der im Frühjahr seine Pflanzen betrachtet, in eurem Leben nach den Zeichen sucht, die euch sagen, daß das Reich Gottes im Kommen ist, wird es sich euch erschließen:

[28]Lernt etwas aus dem Vergleich mit dem Feigenbaum! Sobald seine Zweige saftig werden und Blätter treiben, wißt ihr, daß der Sommer nahe ist.

Grünender Feigenbaum
Mk 13,28;
Mt 24,32
Kap.: 2.1 (a)
3.1 (a)

Es gilt wachsam zu sein und sein Tageswerk als Vorbereitung auf das Kommen des Reiches zu verstehen und zu tun. Jesus sagte:

Wer ist denn der treue und kluge Verwalter, den der Herr einsetzen wird, damit er seinem Gesinde zur rechten Zeit die Nahrung zuteilt? [43]Selig der Knecht, den der Herr damit beschäftigt findet, wenn er kommt. [44]Wahrhaftig, das sage ich euch: Er wird ihn zum Verwalter seines ganzen Vermögens machen ([45]Wenn aber der Knecht denkt: Mein Herr kommt noch lange nicht zurück!, und anfängt, die Knechte und Mägde zu schlagen; wenn er ißt und trinkt und sich berauscht, [46]dann wird der Herr an einem Tag kommen, an dem der Knecht es nicht erwartet, und zu einer Stunde, die er nicht kennt;)

Guter (bzw. brutaler) Knecht
Lk 12,42–44 (bzw. 46a);
Mt 24,45–47 (bzw. 51a)
Kap.: 2.1 (b)
3.1 (a)

[34]Es ist wie mit einem Mann, der sein Haus verließ, um auf Reisen zu gehen: Er übertrug alle Verantwortung seinen Dienern, jedem eine bestimmte Aufgabe; dem Türhüter befahl er, wachsam zu sein. [35]Seid also wachsam! Denn ihr wißt nicht, wann der Hausherr kommt, ob am Abend oder um Mitternacht, ob beim Hahnenschrei oder erst am Morgen. [36]Er soll

Wachsamer Türhüter
Mk 13,34–37;
Lk 12,36–38
Kap.: 2.1 (b)
3.1 (a)

euch, wenn er plötzlich kommt, nicht schlafend antreffen. [37]Was ich aber euch sage, das sage ich allen: Seid wachsam!

Dieb in der Nacht
Mt 24,43–44a;
Lk 12,39–40a
Kap.: 2.1 (b)
3.1 (a)

[41]Bedenkt: Wenn der Herr des Hauses wüßte, zu welcher Stunde in der Nacht der Dieb kommt, würde er wach bleiben und nicht zulassen, daß man in sein Haus einbricht. [44]Darum haltet auch ihr euch bereit!

Doch Jesus sah, daß viele Menschen nicht mehr richtig an das Kommen des Gottesreiches glaubten. Äußerlich taten sie zwar so, lebten in der Religion des Volkes Israel und übten sie aus, aber ihre Sehnsucht nach dem Gottesreich war erloschen. Seine Freudenbotschaft, daß dieses Reich, diese Hochzeit ihres Gottes mit seinem Volk, nun im Kommen sei, fand bei ihnen keinen Widerhall; sie waren innerlich leer. Er forderte sie auf, ihre Sehnsucht wieder aufzuwecken in ihrem Herzen, damit auch sie in dieses Reich eingehen können. Er sagte:

Zehn Jungfrauen
Mt 25,1–10
Kap.: 2.1 (b)
3.2 (b)

Dann wird es mit dem Himmelreich sein wie mit zehn Jungfrauen, die ihre Lampen nahmen und dem Bräutigam entgegengingen. [2]Fünf von ihnen waren töricht, und fünf waren klug. [3]Die törichten nahmen ihre Lampen mit, aber kein Öl, [4]die klugen aber nahmen außer den Lampen noch Öl in Krügen mit. [5]Als nun der Bräutigam lange nicht kam, wurden sie alle müde und schliefen ein. [6]Mitten in der Nacht aber hörte man plötzlich laute Rufe: Der Bräutigam kommt! Geht ihm entgegen! [7]Da standen die Jungfrauen alle auf und machten ihre Lampen zurecht. [8]Die törichten aber sagten zu den klugen: Gebt uns von eurem Öl, sonst gehen unsere Lampen aus. [9]Die klugen erwiderten ihnen: Dann reicht es weder für uns noch für euch; geht doch zu den Händlern und kauft, was ihr braucht. [10]Während sie noch unterwegs waren, um das Öl zu kaufen, kam der Bräutigam; die Jungfrauen, die bereit waren, gingen mit ihm in den Hochzeitssaal, und die Tür wurde zugeschlossen.

Besonders die reichen Leute hatten für die Botschaft Jesu wenig Verständnis. Sie hatten immer ganz dringende Sachen zu erledigen und konnten deshalb nicht wie Jesus die Stimme hören, die auch ihnen sagen wollte, daß sie geliebt sind. Jesus wollte sie aufrütteln und ihnen für diese Erfahrung die Augen und Ohren öffnen. Deshalb erzählte er ihnen folgendes Beispiel:

Reicher Kornbauer
Lk 12,16–20
Kap.: 2.1 (c)
3.1 (b)
3.2 (b)

Auf den Feldern eines reichen Mannes stand eine gute Ernte. [17]Da überlegte er hin und her: Was soll ich tun? Ich weiß nicht, wo ich meine Ernte unterbringen soll. [18]Schließlich sagte er: So will ich es machen: Ich werde meine Scheunen abreißen und größere bauen; dort werde ich mein ganzes Getreide und meine Vorräte unterbringen. [19]Dann kann ich zu mir selber sagen: Nun hast du einen großen Vorrat, der für viele Jahre reicht. Ruh dich aus, iß und trink, und freu dich des Lebens! [20]Da sprach Gott zu ihm: Du Narr! Noch in dieser Nacht wird man dein Leben von dir zurückfordern. Wem wird dann all das gehören, was du angehäuft hast?

Damit sie, diese reichen Menschen, nicht vor lauter wichtigen Dingen das große Fest des kommenden Gottesreiches versäumten, erzählte er ihnen noch folgendes Gleichnis:

Ein Mann veranstaltete ein großes Festmahl und lud viele dazu ein. [17]Als das Fest beginnen sollte, schickte er seinen Diener und ließ den Gästen, die er eingeladen hatte, sagen: Kommt, es steht alles bereit! [18]Aber einer nach dem andern ließ sich entschuldigen. Der erste ließ ihm sagen: Ich habe einen Acker gekauft und muß jetzt gehen und ihn besichtigen. Bitte, entschuldige mich! [19]Ein anderer sagte: Ich habe fünf Ochsengespanne gekauft und bin auf dem Weg, sie mir genauer anzusehen. Bitte, entschuldige mich! [20]Wieder ein anderer sagte: Ich habe geheiratet und kann deshalb nicht kommen. [21]Der Diener kehrte zurück und berichtete alles seinem Herrn. Da wurde der Herr zornig und sagte zu seinem Diener: Geh schnell auf die Straßen und Gassen der Stadt und hol die Armen und die Krüppel, die Blinden und die Lahmen herbei. [22]Bald darauf meldete der Diener: Herr, dein Auftrag ist ausgeführt; aber es ist immer noch Platz. [23]Da sagte der Herr zu dem Diener: Dann geh auf die Landstraßen und vor die Stadt hinaus und nötige die Leute zu kommen, damit mein Haus voll wird. [24]Das aber sage ich euch: Keiner von denen, die eingeladen waren, wird an meinem Mahl teilnehmen.

Großes Gastmahl
Lk 14,16–24
(verändert Mt 22,2–10)
Kap.: 2.1 (c)
3.2 (b)

Doch nur wenige Reiche konnten sich von ihrer fortwährenden Sorge um Geld und Reichtum befreien und wie Jesus das Kommen des Gottesreiches erfahren. Da erinnerte sich Jesus an eine Geschichte von einem reichen Prasser, die er einmal gehört hatte. Er formte sie so um, daß die Menschen sehen konnten, wie der Reichtum den Menschen hart, gefühllos und blind machen kann:

[[19]Es war einmal ein reicher Mann, der sich in Purpur und feines Leinen kleidete und Tag für Tag herrlich und in Freuden lebte. [20]Vor der Tür des Reichen aber lag ein armer Mann namens Lazarus, dessen Leib voller Geschwüre war. [21]Er hätte gern seinen Hunger mit dem gestillt, was vom Tisch des Reichen herunterfiel. Statt dessen kamen die Hunde und leckten an seinen Geschwüren. [22]Als nun der Arme starb, wurde er von den Engeln in Abrahams Schoß getragen. Auch der Reiche starb und wurde begraben. [23]In der Unterwelt, wo er qualvolle Schmerzen litt, blickte er auf und sah von weitem Abraham, und Lazarus in seinem Schloß.] [24]Da rief er: Vater Abraham, hab Erbarmen mit mir, und schick Lazarus zu mir; er soll wenigstens die Spitze seines Fingers in Wasser tauchen und mir die Zunge kühlen, denn ich leide große Qual in diesem Feuer. [25]Abraham erwiderte: Mein Kind, denk daran, daß du schon zu Lebzeiten deinen Anteil am Guten erhalten hast, Lazarus aber nur Schlechtes. Jetzt wird er dafür getröstet, du aber mußt leiden. [26]Außerdem ist zwischen uns und euch ein tiefer, unüberwindlicher Abgrund, so daß niemand von hier zu euch oder von dort zu uns kommen kann, selbst wenn er wollte. [27]Da sagte der Reiche: Dann bitte ich dich, Vater, schick ihn in das Haus meines Vaters! [28]Denn ich habe noch

Reicher Prasser
Lk 16,19–31
(V 19–23 vorjesuanische Überlieferung)
Kap.: 2.1 (c)
3.3

fünf Brüder. Er soll sie warnen, damit nicht auch sie an diesen Ort der Qual
kommen. [29]Abraham aber sagte: Sie haben Mose und die Propheten, auf
die sollen sie hören. [30]Er erwiderte: Nein, Vater Abraham, nur wenn einer
von den Toten zu ihnen kommt, werden sie umkehren. [31]Darauf sagte Ab-
raham: Wenn sie auf Mose und die Propheten nicht hören, werden sie sich auch nicht überzeugen lassen, wenn einer von den Toten aufersteht.

Die Stimme der Gegner: Du verschleuderst die anvertrauten Güter (vgl. Lk 16,1)

Doch nicht nur der Reichtum hinderte die Menschen daran, Jesu Botschaft aufzugreifen und sich als geliebte Söhne und Töchter ihres himmlischen Vaters zu fühlen und so zu leben. Auch jene Menschen, die immer ganz streng und ängstlich alle Gebote Gottes genau befolgten, um dadurch Anteil am einst kommenden Gottesreich zu erhalten, verstanden Jesus nicht. Sie konnten und wollten nicht begreifen, daß Jesus ohne Unterschiede *allen* Menschen seines Volkes das Gottesreich zusagte und sie zu geliebten Söhnen und Töchtern ihres himmlischen Vaters erklärte. Sie sagten, das sei eine Verschleuderung der heiligen Verheißungen ihrer Religion. Es müsse, sagten sie, ein Unterschied bestehen zwischen ihnen, den strenggläubigen Juden, und etwa einem Zollpächter, der im Auftrag der fremden römischen Soldaten den eigenen Volksgenossen das Geld wegnahm, oder einer Dirne, die sich für Geld den Männern hingab. Wenn solche Menschen Söhne und Töchter ihres Gottes wären, dann wollten sie, diese gerechten und guten Menschen, lieber nicht mit dazugehören.

Jesus gab sich große Mühe, diese Menschen aus ihrem engen und ängstlichen Denken und Fühlen zu befreien. Um ihnen zu zeigen, daß sie durch ihre sklavische Befolgung der Gebote nicht zu Söhnen und Töchtern werden könnten, denen Gott sich persönlich und liebend zuneigt, erzählte er ihnen folgendes Gleichnis:

Knechtslohn
Lk 17,7–9
Kap.: 2.2 (a)
3.1 (b)

[7]Wenn einer von euch einen Sklaven hat, der pflügt oder das Vieh hütet,
wird er etwa zu ihm, wenn er vom Feld kommt, sagen: Nimm gleich Platz
zum Essen? [8]Wird er nicht vielmehr zu ihm sagen: Mach mir etwas zu essen,
gürte dich, und bediene mich, wenn ich gegessen und getrunken habe,
kannst auch du essen und trinken. [9]Bedankt er sich etwa bei dem Sklaven,
weil er getan hat, was ihm befohlen wurde?

Als Jesus einmal bei einem dieser strenggläubigen Menschen zu Tische saß, kam eine stadtbekannte Sünderin und goß – weinend und doch voller Freude, weil sie sich durch Jesu Botschaft als geliebte Tochter ihres himmlischen Vaters begreifen durfte – kostbares Salböl über Jesu Füße. Diese Verschwendung des kostbaren Öls konnte der Gastgeber nicht verstehen; er ärgerte sich, daß Jesus dies zuließ. Da erzählte ihm Jesus folgendes Gleichnis:

Ein Geldverleiher hatte zwei Schuldner; der eine war ihm fünfhundert Denare schuldig, der andere fünfzig. [42]Als sie ihre Schulden nicht bezahlen konnten, erließ er sie beiden. Wer von ihnen wird ihn nun mehr lieben?

Ungleiche Schuldner
Lk 7,41–42
Kap.: 2.2 (a)
3.2 (b)

Anderen wollte er klarmachen, daß es nicht genüge, die überlieferten Gebote ihrer Religion zu bejahen und äußerlich auch zu befolgen, sondern es vielmehr darauf ankomme, sich dem Ruf ihres Gottes zu öffnen, wenn er sie jetzt, durch Jesus, in sein Reich, in seinen Weinberg, rief. Er sagte:

[28]Was meint ihr? Ein Mann hatte zwei Söhne. Er ging zum ersten und sagte: Mein Sohn, geh und arbeite heute im Weinberg! [29]Er antwortete: Ja, Herr!, ging aber nicht. [30]Da wandte er sich an den zweiten Sohn und sagte zu ihm dasselbe. Dieser antwortete: Ich will nicht. Später aber reute es ihn, und er ging doch. [31]Wer von den beiden hat den Willen seines Vaters erfüllt?

Ungleiche Söhne
Mt 21,28–31a
Kap.: 2.2 (a)
3.2 (b)

Immer mehr von den strengen und gerechten Menschen empörten sich darüber, daß Jesus mit Sündern und Zöllnern zu Tische saß und das Kommen des Gottesreiches mit ihnen feierte. Sie sagten: »Er gibt sich mit Sündern ab und ißt sogar mit ihnen« (Lk 15,2b) . . . »Dieser Fresser und Säufer, dieser Freund der Zöllner und Sünder!« (Lk 7,34b). Da wandte sich ihnen Jesus zu und suchte ihnen die Augen dafür zu öffnen, daß er diese verlorenen und in die Irre gegangenen Söhne und Töchter seines Volkes in besonderer Weise suchen und für seine Botschaft gewinnen müsse. Er sagte:

Wenn eine Frau zehn Drachmen hat und eine davon verliert, zündet sie dann nicht eine Lampe an, fegt das ganze Haus und sucht unermüdlich, bis sie das Geldstück findet? [9]Und wenn sie es gefunden hat, ruft sie ihre Freundinnen und Nachbarinnen zusammen und sagt: Freut euch mit mir; ich habe die Drachme wiedergefunden, die ich verloren hatte.

Verlorene Drachme
Lk 15,8–9
Kap.: 2.2 (b)
3.1 (a)

Ein anderes Mal redete er noch eindringlicher zu seinen Kritikern.

[12]Was meint ihr? Wenn jemand hundert Schafe hat und eines von ihnen sich verirrt, läßt er dann nicht die neunundneunzig auf den Bergen zurück und sucht das verirrte? [13]Und wenn er es findet – amen, ich sage euch: er freut sich über dieses eine mehr als über die neunundneunzig, die sich nicht verirrt haben.

Verlorenes Schaf
Mt 18,12–13;
Lk 15,4–6
Kap.: 2.2 (b)
3.1 (a)

Bei den verlorenen Söhnen und Töchtern des Volkes Israel handelte es sich darüber hinaus nicht um Dinge oder Tiere, sondern um Menschen. Diese wiederzufinden, ist eine noch viele größere Freude. Jesus erzählte:

Barmherziger Vater
Lk 15,11–32
Kap.: 2.2 (b)
3.2 (b)

Ein Mann hatte zwei Söhne. [12]Der jüngere von ihnen sagte zu seinem Vater: Vater, gib mir das Erbteil, das mir zusteht. Da teilte der Vater das Vermögen auf. [13]Nach wenigen Tagen packte der jüngere Sohn alles zusammen und zog in ein fernes Land. Dort führte er ein zügelloses Leben und verschleuderte sein Vermögen. [14]Als er alles durchgebracht hatte, kam eine große Hungersnot über das Land, und es ging ihm sehr schlecht. [15]Da ging er zu einem Bürger des Landes und drängte sich ihm auf; der schickte ihn aufs Feld zum Schweinehüten. [16]Er hätte gern seinen Hunger mit den Futterschoten gestillt, die die Schweine fraßen; aber niemand gab ihm davon. [17]Da ging er in sich und sagte: Wie viele Tagelöhner meines Vaters haben mehr als genug zu essen, und ich komme hier vor Hunger um. [18]Ich will aufbrechen und zu meinem Vater gehen und zu ihm sagen: Vater, ich habe mich gegen den Himmel und gegen dich versündigt. [19]Ich bin nicht mehr wert, dein Sohn zu sein; mach mich zu einem deiner Tagelöhner. [20]Dann brach er auf und ging zu seinem Vater. Der Vater sah ihn schon von weitem kommen, und er hatte Mitleid mit ihm. Er lief dem Sohn entgegen, fiel ihm um den Hals und küßte ihn. [21]Da sagte der Sohn: Vater, ich habe mich gegen den Himmel und gegen dich versündigt; ich bin nicht mehr wert, dein Sohn zu sein. [22]Der Vater aber sagte zu seinen Knechten: Holt schnell das beste Gewand, und zieht es ihm an, steckt ihm einen Ring an die Hand, und zieht ihm Schuhe an. [23]Bringt das Mastkalb her, und schlachtet es; wir wollen essen und fröhlich sein. [24]Denn mein Sohn war tot und lebt wieder; er war verloren und ist wiedergefunden worden. Und sie begannen, ein fröhliches Fest zu feiern.

[25]Sein älterer Sohn war unterdessen auf dem Feld. Als er heimging und in die Nähe des Hauses kam, hörte er Musik und Tanz. [26]Da rief er einen der Knechte und fragte, was das bedeuten solle. [27]Der Knecht antwortete: Dein Bruder ist gekommen, und dein Vater hat das Mastkalb schlachten lassen, weil er ihn heil und gesund wiederbekommen hat. [28]Da wurde er zornig und wollte nicht hineingehen. Sein Vater aber kam heraus und redete ihm gut zu. [29]Doch er erwiderte dem Vater: So viele Jahre schon diene ich dir, und nie habe ich gegen deinen Willen gehandelt; mir aber hast du nie auch nur einen Ziegenbock geschenkt, damit ich mit meinen Freunden ein Fest feiern konnte. [30]Kaum aber ist der hier gekommen, dein Sohn, der dein Vermögen mit Dirnen durchgebracht hat, da hast du für ihn das Mastkalb geschlachtet. [31]Der Vater antwortete ihm: Mein Kind, du bist immer bei mir, und alles, was mein ist, ist auch dein. [32]Aber jetzt müssen wir uns doch freuen und ein Fest feiern; denn dein Bruder war tot und lebt wieder; er war verloren und ist wiedergefunden worden.

Doch die gerechten und strengen Menschen schüttelten die Köpfe über diese Erzählung Jesu. Sie konnten und wollten nicht begreifen, daß der himmlische Vater in seinem überschießenden Erbarmen allen alles gab und geben mußte: seine unendliche Liebe sowohl dem verlorenen Sohn, der zuletzt doch heimkehrte, wie dem älteren, der zu Hause im Dienste des Vaters geblieben war. Da erzählte ihnen Jesus ein weiteres Gleichnis:

Gütiger Arbeitsherr
Mt 20,1–15
Kap.: 2.2(c)
3.2 (b)

Mit dem Himmelreich ist es wie mit einem Gutsbesitzer, der früh am Morgen sein Haus verließ, um Arbeiter für seinen Weinberg anzuwerben. [2]Er einigte sich mit den Arbeitern auf einen Denar für den Tag und schickte sie in seinen Weinberg. [3]Um die dritte Stunde ging er wieder auf den Markt und sah andere dastehen, die keine Arbeit hatten. [4]Er sagte zu ihnen: Geht auch ihr in meinen Weinberg! Ich werde euch geben, was recht ist. [5]Und sie gingen. Um die sechste und um die neunte Stunde ging der Gutsherr wieder auf den Markt und machte es ebenso. [6]Als er um die elfte Stunde noch einmal hinging, traf er wieder einige, die dort herumstanden. Er sagte zu ihnen: Was steht ihr hier den ganzen Tag untätig herum? [7]Sie antworteten: Niemand hat uns angeworben. Da sagte er zu ihnen: Geht auch ihr in meinen Weinberg! [8]Als es nun Abend geworden war, sagte der Besitzer des Weinbergs zu seinem Verwalter: Ruf die Arbeiter, und zahl ihnen den Lohn aus, angefangen bei den letzten, bis hin zu den ersten. [9]Da kamen die Männer, die er um die elfte Stunde angeworben hatte, und jeder erhielt einen Denar. [10]Als dann die ersten an der Reihe waren, glaubten sie, mehr zu bekommen. Aber auch sie erhielten nur einen Denar. [11]Da begannen sie, über den Gutsherrn zu murren, [12]und sagten: Diese letzten haben nur eine Stunde gearbeitet, und du hast sie uns gleichgestellt; wir aber haben den ganzen Tag über die Last der Arbeit und die Hitze ertragen. [13]Da erwiderte er einem von ihnen: Mein Freund, dir geschieht kein Unrecht. Hast du nicht einen Denar mit mir vereinbart? [14]Nimm dein Geld und geh! Ich will dem letzten ebensoviel geben wie dir. [15]Darf ich mit dem, was mir gehört, nicht tun, was ich will? Oder bist du neidisch, weil ich (zu anderen) gütig bin?

Aber auch damit konnte Jesus sie nicht umstimmen. Sie bestanden weiter darauf, daß Gott Unterschiede machen müsse und daß ein Zöllner oder eine Dirne für die Schuld, die sie auf sich geladen hatten, erst büßen und bezahlen müßten, ehe auch ihnen das Gottesreich offensteht. Sie begriffen nicht, daß ihr Vater ihnen, den Strenggläubigen, wie auch den Sündern und allen anderen Menschen, eine Unendlichkeit schenkt, indem er sie aus ihrem Knechtsein befreit und sie zu seinen geliebten Söhnen und Töchtern macht. Deshalb erzählte er ihnen:

Unfairer Knecht
Mt 18,23–33
Kap.: 2.2 (c)
3.2 (b)

[23] Mit dem Himmelreich ist es wie mit einem König, der beschloß, von seinen Dienern Rechenschaft zu verlangen. [24]Als er nun mit der Abrechnung begann, brachte man einen zu ihm, der ihm zehntausend Talente schuldig war. [25]Weil er aber das Geld nicht zurückzahlen konnte, befahl der Herr, ihn mit Frau und Kindern und allem, was er besaß, zu verkaufen und so die Schuld zu begleichen. [26]Da fiel der Diener vor ihm auf die Knie und bat: Hab Geduld mit mir! Ich werde dir alles zurückzahlen. [27]Der Herr hatte Mitleid mit dem Diener, ließ ihn gehen und schenkte ihm die Schuld. [28]Als nun der Diener hinausging, traf er einen anderen Diener seines Herrn, der ihm hundert Denare schuldig war. Er packte ihn, würgte ihn und rief: Bezahl, was du mir schuldig bist! [29]Da fiel der andere vor ihm nieder und flehte: Hab Geduld mit mir! Ich werde es dir zurückzahlen. [30]Er aber wollte nicht, sondern ging weg und ließ ihn ins Gefängnis werfen, bis er die Schuld

bezahlt habe. [31]Als die übrigen Diener das sahen, waren sie sehr betrübt; sie gingen zu ihrem Herrn und berichteten ihm alles, was geschehen war. [32]Da ließ ihn sein Herr rufen und sagte zu ihm: Du elender Diener! Deine ganze Schuld habe ich dir erlassen, weil du mich so angefleht hast. [33]Hättest nicht auch du mit jenem, der gemeinsam mit dir in meinem Dienst steht, Erbarmen haben müssen, so wie ich mit dir Erbarmen hatte?

Sie aber hörten nicht auf das, was Jesus ihnen sagen wollte. Sie beschimpften ihn und sagten, er verschleudere die heiligen Verheißungen ihrer überlieferten Religion an unwürdige und verachtenswerte Menschen. Nur wer genau alle überlieferten Gebote einhalte, dürfe auf diese Verheißungen hoffen. Alles andere sei gefährliche Verschwendung und Auflösung der religiösen Überlieferung. Gott sei ein strenger Richter, und man müsse das Gut, das er den Menschen anvertraut, rein und unversehrt bewahren, um es ihm einst so zurückgeben zu können. Denen die so dachten, erzählte Jesus folgendes Gleichnis:

Anvertraute Gelder **Mt 25,14–28** (in veränderter Form Lk 19,12–24) Kap.: 2.2 (d) 3.2 (b)

[14]Es ist wie mit einem Mann, der auf Reisen ging: Er rief seine Diener und vertraute ihnen sein Vermögen an. [15]Dem einen gab er fünf Talente Silbergeld, einem anderen zwei, wieder einem anderen eines, jedem nach seinen Fähigkeiten. Dann reiste er ab. Sofort [16]begann der Diener, der fünf Talente erhalten hatte, mit ihnen zu wirtschaften, und er gewann noch fünf dazu. [17]Ebenso gewann der, der zwei erhalten hatte, noch zwei dazu. [18]Der aber, der das eine Talent erhalten hatte, ging und grub ein Loch in die Erde und versteckte das Geld seines Herrn. [19]Nach langer Zeit kehrte der Herr zurück, um von den Dienern Rechenschaft zu verlangen. [20]Da kam der, der die fünf Talente erhalten hatte, brachte fünf weitere und sagte: Herr, fünf Talente hast du mir gegeben; sieh her, ich habe noch fünf dazugewonnen. [21]Sein Herr sagte zu ihm: Sehr gut, du bist ein tüchtiger und treuer Diener. Du bist im Kleinen ein treuer Verwalter gewesen, ich will dir eine große Aufgabe übertragen. Komm, nimm teil an der Freude deines Herrn![22] Dann kam der Diener, der zwei Talente erhalten hatte, und sagte: Herr, du hast mir zwei Talente gegeben; sieh her, ich habe noch zwei dazugewonnen. [23]Sein Herr sagte zu ihm: Sehr gut, du bist ein tüchtiger und treuer Diener. Du bist im Kleinen ein treuer Verwalter gewesen, ich will dir eine große Aufgabe übertragen. Komm, nimm teil an der Freude deines Herrn! [24]Zuletzt kam auch der Diener, der das eine Talent erhalten hatte, und sagte: Herr, ich wußte, daß du ein strenger Mann bist; du erntest, wo du nicht gesät hast, und sammelst, wo du nicht ausgestreut hast; [25]weil ich Angst hatte, habe ich dein Geld in der Erde versteckt. Hier hast du es wieder. [26]Sein Herr antwortete ihm: Du bist ein schlechter und fauler Diener! Du hast doch gewußt, daß ich ernte, wo ich nicht gesät habe, und sammle, wo ich nicht ausgestreut habe. [27]Hättest du mein Geld wenigstens auf die Bank gebracht, dann hätte ich es bei meiner Rückkehr mit Zinsen zurückerhalten. [28]Darum nehmt ihm das Talent weg und gebt es dem, der die zehn Talente hat!

Einmal stritten seine Gegner mit Jesus um das wichtigste aller Gebote. Wohl wußten auch sie, daß es das höchste Gottesgebot war, Gott und den Nächsten zu lieben. Doch viele von ihnen glaubten, nur der Volksgenosse, der gut und strenggläubig war wie sie selbst, sei Nächster in diesem Sinne, die anderen dürfe und müsse man verachten. Gehaßt und verachtet waren von ihnen neben den Zöllnern besonders auch die Samariter. Diese waren Juden, die sich in der Zeit der Verbannung des Volkes Israel mit der fremden Bevölkerung vermischt hatten und deshalb vom Heiligtum des Volkes, dem Tempel zu Jerusalem, ausgeschlossen wurden. Sie bauten sich daraufhin einen eigenen Tempel in Samarien, wo sie wohnten. Ein strenggläubiger Jude vermied den Umgang mit diesen Samaritern. Er war für sie kein »Nächster«. Jesus aber wollte ihnen zeigen, daß diese Abgrenzungen keinen Sinn haben, weil ihr himmlischer Vater *alle* Menschen als seine Söhne und Töchter liebt; er erzählte ihnen folgendes Gleichnis:

Barmherziger Samariter
Lk 10,30–35
Kap.: 2.2 (d)
3.1 (b)

Ein Mann ging von Jerusalem nach Jericho hinab und wurde von Räubern
überfallen. Sie plünderten ihn aus und schlugen ihn nieder; dann gingen sie
weg und ließen ihn halbtot liegen. 31Zufällig kam ein Priester denselben
Weg herab; er sah ihn und ging weiter. 32Auch ein Levit kam zu der Stelle,
er sah ihn und ging weiter. 33Dann kam ein Mann aus Samarien, der auf der
Reise war. Als er ihn sah, hatte er Mitleid, 34ging zu ihm hin, goß Öl und
Wein auf seine Wunden und verband sie. Dann hob er ihn auf sein Reittier,
brachte ihn zu einer Herberge und sorgte für ihn. 35Am andern Morgen
holte er zwei Denare hervor, gab sie dem Wirt und sagte: Sorge für ihn, und wenn du mehr für ihn brauchst, werde ich es dir bezahlen, wenn ich wiederkomme.

So war in der Geschichte der verachtete Samariter dem Juden zum Nächsten geworden. Doch die strenggläubigen Juden – man nannte sie »Pharisäer« – blieben Jesu Gegner. Sie hielten sich allein für gerecht, bauten auf ihre guten Werke und verachteten die Zöllner und Sünder und deren Freunde. Um ihnen einen Spiegel dieser ihrer Gesinnung vor Augen zu halten, so wird berichtet, erzählte ihnen einst Jesus folgende Geschichte:

Pharisäer und Zöllner
Lk 18,10–14a
Kap.: 2.2 (d)
3.3

10Zwei Männer gingen zum Tempel hinauf, um zu beten; der eine war ein
Pharisäer, der andere ein Zöllner. 11Der Pharisäer stellte sich hin und
sprach leise dieses Gebet: Gott, ich danke dir, daß ich nicht wie die anderen
Menschen bin, die Räuber, Betrüger, Ehebrecher oder auch wie dieser
Zöllner dort. 12Ich faste zweimal in der Woche und gebe dem Tempel den
zehnten Teil meines ganzen Einkommens. 13Der Zöllner aber blieb ganz
hinten stehen und wagte nicht einmal, seine Augen zum Himmel zu erheben, sondern schlug sich an die Brust und betete: Gott, sei mir Sünder
gnädig! 14Ich sage euch: Dieser kehrte als Gerechter nach Hause zurück, der andere nicht.

Das drohende Geschick: Sie werden den »geliebten Sohn« absetzen und töten (vgl. Mk 12,7 f)

Jesus mußte einsehen, daß er seine religiösen Gegner nicht für sich würde gewinnen können. Immer mehr wurden sie zu seinen Feinden. Schon suchten sie danach, wie sie ihn umbringen könnten, damit er nicht weiter ihre heilige Religion, den Weinberg ihres Gottes, verunehre und an Sünder und Zöllner verschleudere. Jesus kannte ihre Gedanken und sah voraus, daß sie ihn, den geliebten Sohn, aus dem Weinberg des Volkes Israel verstoßen und töten würden, so wie sie schon vor ihm viele Propheten verworfen und getötet hatten. Um ihnen vor Augen zu halten, was sie planten, erzählte er ihnen folgendes Gleichnis:

Mord im Weinberg
Mk 12,1b–8;
Mt 21,33–39;
Lk 20,9–15
Kap.: 2.3 (a)
3.2 (b)

Ein Mann (legte einen Weinberg an, zog ringsherum einen Zaun, hob eine Kelter aus und baute einen Turm. Dann) verpachtete (er) den Weinberg an Winzer und reiste in ein anderes Land. 2Als nun die Zeit dafür gekommen war, schickte er einen Knecht zu den Winzern, um bei ihnen seinen Anteil an den Früchten des Weinbergs holen zu lassen. 3Sie aber packten und prügelten ihn und jagten ihn mit leeren Händen fort. 4Darauf schickte er einen anderen Knecht zu ihnen; auch ihn mißhandelten und beschimpften sie. 5Als er einen dritten schickte, brachten sie ihn um. (Ähnlich ging es vielen anderen; die einen wurden geprügelt, die anderen umgebracht.) 6Schließlich blieb ihm nur noch einer: sein geliebter Sohn. Ihn sandte er als letzten zu ihnen, denn er dachte: Vor meinem Sohn werden sie Achtung haben. 7Die Winzer aber sagten zueinander: Das ist der Erbe. Auf, wir wollen ihn töten, dann gehört sein Erbgut uns. 8Und sie packten ihn und brachten ihn um und warfen ihn aus dem Weinberg hinaus.

Als er dieses sein Schicksal auf sich zukommen sah, sorgte sich Jesus um seine Freunde. Er hatte Angst, Haß und Verzweiflung aus ihren Herzen vertrieben und sie gelehrt, sich als die geliebten Söhne und Töchter ihres himmlischen Vaters zu fühlen und so zu leben. Doch würden, wenn seine Feinde über ihn siegten und er eines gewaltsamen Todes starb, nicht neu und noch schlimmer als vorher Angst und Verzweiflung in den Herzen seiner Freunde aufbrechen? Würde dann ihr Leben nicht noch leerer und hoffnungsloser werden, als es vorher war? Um dieser seiner Sorge Ausdruck zu geben, erzählte er:

Rückkehr des Dämon
Lk 11,24–26;
Mt 12,43–45c
Kap.: 2.3 (a)
3.1 (b)

24Ein unreiner Geist, der einen Menschen verlassen hat, wandert durch die Wüste und sucht einen Ort, wo er bleiben kann. Wenn er keinen findet, sagt er: Ich will in mein Haus zurückkehren, das ich verlassen habe. 25Und wenn er es bei seiner Rückkehr sauber und geschmückt antrifft, 26dann geht er und holt sieben andere Geister, die noch schlimmer sind als er selbst. Sie ziehen dort ein und lassen sich nieder. So wird es mit diesem Menschen am Ende schlimmer werden als vorher.

So überlegte Jesus, ob er sein Werk in der Bedrohung durch seine Feinde zu einem guten Ende bringen könne oder ob er sich nicht lieber unterwerfen, seinen Gegnern Recht geben und sie um Frieden bitten solle. Er sagte:

[28]Wenn einer von euch einen Turm bauen will, setzt er sich dann nicht zuerst hin und rechnet, ob seine Mittel für das ganze Vorhaben ausreichen? [29]Sonst könnte es geschehen, daß er das Fundament gelegt hat, dann aber den Bau nicht fertigstellen kann. Und alle, die es sehen, würden ihn verspotten [30]und sagen: Der da hat einen Bau begonnen und konnte ihn nicht zu Ende führen.

[31]Oder wenn ein König gegen einen anderen in den Krieg zieht, setzt er sich dann nicht zuerst hin und überlegt, ob er sich mit seinen zehntausend Mann dem entgegenstellen kann, der mit zwanzigtausend gegen ihn anrückt? [32]Kann er es nicht, dann schickt er eine Gesandtschaft, solange der andere noch weit weg ist, und bittet um Frieden.

Der planende Baumeister bzw. Feldherr (Doppelgleichnis)
Lk 14,28–32
Kap.: 2.3 (b)
3.1 (a)

Doch als er so nachdachte, fühlte und wußte er ganz genau, daß er im Recht war und sich in seiner Erfahrung am Jordan nicht getäuscht hatte. Wenn jetzt auch alles so aussah, als würden seine Feinde siegen und den Tod über ihn bringen, spürte er, daß dies nicht das Ende von allem sein könne. Sein Vater würde den geliebten Sohn nicht endgültig preisgeben. Deshalb sagte er:

Ist einer unter euch, der seinem Sohn einen Stein gibt, wenn er um Brot bittet, [10]oder eine Schlange, wenn er um einen Fisch bittet?

Bittender Sohn
Mt 7,9–10;
Lk 11,11–12
Kap.: 2.3 (c)
3.1 (a)

Oder:

Wenn einer von euch einen Freund hat und um Mitternacht zu ihm geht und sagt: Freund, leih mir drei Brote; [6]denn einer meiner Freunde, der auf Reisen ist, ist zu mir gekommen, und ich habe ihm nichts anzubieten!, [7]wird dann etwa der Mann drinnen antworten: Laß mich in Ruhe, die Tür ist schon verschlossen, und meine Kinder schlafen bei mir; ich kann nicht aufstehen und dir etwas geben? [8]Ich sage euch: Wenn er schon nicht deswegen aufsteht und ihm seine Bitte erfüllt, weil er sein Freund ist, so wird er doch wegen seiner Zudringlichkeit aufstehen und ihm geben, was er braucht.

Unablässig bittender Freund
Lk 11,5–8
Kap.: 2.3 (c)
3.1 (b)

Die gute Botschaft, so sagte er, muß und wird zu ihrem Recht kommen, auch wenn das Schicksal blind, ungerecht und verschlossen erscheint; wir müssen nur unbeirrt an ihr festhalten. Dann ist es wie mit folgender Geschichte:

Unbeirrt fordernde Witwe
Lk 18,2–5
Kap.: 2.3 (c) 3.1 (b)

[2]In einer Stadt lebte ein Richter, der Gott nicht fürchtete und auf keinen Menschen Rücksicht nahm. [3]In der gleichen Stadt lebte auch eine Witwe, die immer wieder zu ihm kam und sagte: Verschaff mir Recht gegen meinen Feind! [4]Lange wollte er nichts davon wissen. Dann aber sagte er sich: Ich fürchte zwar Gott nicht und nehme auch auf keinen Menschen Rücksicht; [5]trotzdem will ich dieser Witwe zu ihrem Recht verhelfen, denn sie läßt mich nicht in Ruhe. Sonst kommt sie am Ende noch und schlägt mich ins Gesicht.

Doch der Feinde Jesu wurden immer mehr. Da wandte sich Jesus an seinen Vater und bat ihn, ihm noch Zeit zu geben, damit er vielleicht doch noch seine Gegner überzeugen könne und Israel nicht verloren gehe; denn er sorgte sich um sein Volk und wollte sich noch mehr um es bemühen. Er sagte:

Fürbittender Weingärtner
Lk 13,6–9
Kap.: 3.3 (d) 3.1 (a)

Ein Mann hatte in seinem Weinberg einen Feigenbaum; und als er kam und nachsah, ob er Früchte trug, fand er keine. [7]Da sagte er zu seinem Weingärtner: Jetzt komme ich schon drei Jahre und sehe nach, ob dieser Feigenbaum Früchte trägt, und finde nichts. Hau ihn um! Was soll er weiter dem Boden seine Kraft nehmen? [8]Der Weingärtner erwiderte: Herr, laß ihn dieses Jahr noch stehen; ich will den Boden um ihn herum aufgraben und düngen. [9]Vielleicht trägt er doch noch Früchte; wenn nicht, dann laß ihn umhauen.

In jener Zeit fielen auch viele seiner Freunde von Jesus ab und verließen ihn. Sie sahen, daß seine Feinde mächtiger waren als er. Da wurde Jesus sehr traurig. Sein ganzes Tun und Wirken schien vergeblich zu sein, es fand keinen Widerhall; er konnte sich nicht mit seinen Gegnern verständigen. Er sagte:

Kinder auf dem Marktplatz
Lk 7,31–32;
Mt 11,16–17
Kap.: 2.3 (e) 3.2 (b)

[31]Mit wem soll ich also die Menschen dieser Generation vergleichen? Wem sind sie ähnlich? [32]Sie sind wie Kinder, die auf dem Marktplatz sitzen und einander zurufen: Wir haben für euch auf der Flöte Hochzeitslieder gespielt, und ihr habt nicht getanzt; wir haben Klagelieder gesungen, und ihr habt nicht geweint.

Doch in der tiefsten Trauer regte sich neu der Lebensatem Gottes, der am Jordan in ihn eingezogen war, in ihm. Jesus begann zu glauben und zu sehen, daß seine Gegner ihn und sein Werk nicht würden vernichten können, selbst wenn sie den Tod über ihn bringen und ihm sein Werk aus den Händen schlagen würden. Er versuchte deshalb nun nicht mehr, ihre Anklagen zu entkräften und die Vorwürfe, mit denen sie ihn verteufelten, zu widerlegen. Vielmehr blickte er auf die Menschen, die auch jetzt noch bei ihm blieben und denen er ein neues Leben vermittelt hatte, indem er ihnen Gottes unendliche Liebe und Vergebung erschloß. Da entschied er sich, seinen Weg zu Ende zu gehen. Die Liebe und Zuneigung seiner Freunde, an die er die Verheißungen Israels – wie seine Feinde sagten – »verschleudert« hatte, waren sein Zuhause, seine Heimat; sie würde ihm auch noch offenstehen, wenn seine Gegner über ihn siegten und seine Absetzung erzwangen; deshalb galt es, entschieden auf dem begonnenen Weg weiterzugehen. Er sagte:

»Betrügerischer« Verwalter
Lk 16,1–7
Kap.: 2.3 (f)
3.1 (b)

Ein reicher Mann hatte einen Verwalter. Diesen beschuldigte man bei ihm, er verschleudere sein Vermögen. [2]Darauf ließ er ihn rufen und sagte zu ihm: Was höre ich über dich? Leg Rechenschaft ab über deine Verwaltung! Du kannst nicht länger mein Verwalter sein. [3]Da überlegte der Verwalter: Mein Herr entzieht mir die Verwaltung. Was soll ich jetzt tun? Zu schwerer Arbeit tauge ich nicht, und zu betteln schäme ich mich. [4]Doch – ich weiß, was ich tun muß, damit mich die Leute in ihre Häuser aufnehmen, wenn ich als Verwalter abgesetzt bin. [5]Und er ließ die Schuldner seines Herrn, einen nach dem andern zu sich kommen und fragte den ersten: Wieviel bist du meinem Herrn schuldig? [6]Er antwortete: Hundert Faß Öl. Da sagte er zu ihm: Nimm deinen Schuldschein, setz dich gleich hin, und schreib »fünfzig«. [7]Dann fragte er einen andern. Wieviel bist du schuldig? Der antwortete: Hundert Sack Weizen. Da sagte er zu ihm: Nimm deinen Schuldschein, und schreib »achtzig«.

Von nun an hatte er wieder ein starkes Vertrauen. Neu und voller Kraft wirkte der Gottesatem in ihm. Er fragte jetzt nicht mehr ängstlich danach, ob sich sein Wirken angesichts seiner zahlreichen Gegner und des Abfalls vieler seiner Freunde noch lohne oder ob zu viel vergeblich und verloren war. Er sagte:

Unentwegter Sämann
Mk 4,3–8;
Mt 13,3b–8;
Lk 8,5–8a
Kap.: 2.3 (g)
3.1 (a)

Ein Sämann ging aufs Feld, um zu säen. [4]Als er säte, fiel ein Teil der Körner auf den Weg, und die Vögel kamen und fraßen sie. [5]Ein anderer Teil fiel auf felsigen Boden, wo es nur wenig Erde gab, und ging sofort auf, weil das Erdreich nicht tief war, [6]als aber die Sonne hochstieg, wurde die Saat versengt und verdorrte, weil sie keine Wurzeln hatte. [7]Wieder ein anderer Teil fiel in die Dornen, und die Dornen wuchsen und erstickten die Saat, und sie brachte keine Frucht. [8]Ein anderer Teil schließlich fiel auf guten Boden und brachte Frucht; die Saat ging auf und wuchs empor und trug dreißigfach, ja sechzigfach und hundertfach.

Auch wenn die Nacht kommt und er von seinem Wirkungsfeld abtreten muß, sein Tun würde dennoch nicht vergeblich sein:

Selbstwachsende Saat
Mk 4,26–28
Kap.: 2.3 (g)
3.1 (a)

Mit dem Reich Gottes ist es so, wie wenn ein Mann Samen auf seinen Acker sät; [27]dann schläft er und steht wieder auf, es wird Nacht und wird Tag, der Samen keimt und wächst, und der Mann weiß nicht, wie. [28]Die Erde bringt von selbst ihre Frucht, zuerst den Halm, dann die Ähre, dann das volle Korn in der Ähre.

Zwar ist die Frucht seines Wirkens noch verborgen, aber sie wächst schon unerkannt unter der Erde; schon durchsäuert sie das Mehl, damit es zum Brot für die Menschen werde:

Senfkorn
Lk 13,18f;
Mk 4,30–32
Mt 13,31–32
Kap.: 2.3 (g)
3.1 (a)

Wem ist das Reich Gottes ähnlich, womit soll ich es vergleichen? [19] Es ist wie ein Senfkorn, das ein Mann in seinem Garten in die Erde steckte; es wuchs und wurde zu einem Baum, und die Vögel des Himmels nisteten in seinen Zweigen.

Sauerteig
Mt 13,33;
Lk 13,20–21
Kap.: 2.3 (g)
3.1 (a)

Mit dem Himmelreich ist es wie mit dem Sauerteig, den eine Frau unter einen großen Trog Mehl mischte, bis das Ganze durchsäuert war.

Jetzt, da es dem Ende zuging, zeigte sich, daß auch manche seiner verbliebenen Freunde nicht alles richtig verstanden hatten und falschen Gedanken nachhingen; doch sie waren unterwegs, und es war jetzt nicht die Zeit, säuberlich Unkraut und Weizen zu trennen und das Unkraut auszureißen. Er sagte:

Unkraut unter Weizen
Mt 13,24b–30
(mit sekundären Einfügungen)
Kap.: 2.3 (g)
3.1 (b)

Mit dem Himmelreich ist es wie mit einem Mann, der guten Samen auf seinen Acker säte. ([25]Während nun die Leute schliefen, kam sein Feind, säte Unkraut unter den Weizen und ging wieder weg.) [26]Als die Saat aufging und sich die Ähren bildeten, kam auch das Unkraut zum Vorschein. [27]Da gingen die Knechte zu dem Gutsherrn und sagten: (Herr, hast du nicht guten Samen auf deinen Acker gesät? Woher kommt dann das Unkraut? [28]Er antwortete: Das hat ein Feind von mir getan. Da sagten die Knechte) zu ihm: Sollen wir gehen und es ausreißen? [29]Er entgegnete: Nein, sonst reißt ihr zusammen mit dem Unkraut auch den Weizen aus. [30]Laßt beides wachsen bis zur Ernte. Wenn dann die Zeit der Ernte da ist, werde ich den Arbeitern sagen: Sammelt zuerst das Unkraut und bindet es in Bündel, um es zu verbrennen; den Weizen aber bringt in meine Scheune.

Gute und schlechte Fische im Netz
Mt 13,47–48
Kap.: 2.3 (g)
3.1 (a)

[47]Weiter ist es mit dem Himmelreich wie mit einem Netz, das man ins Meer warf, um Fische aller Art zu fangen. [48]Als es voll war, zogen es die Fischer ans Ufer; sie setzten sich, lasen die guten Fische aus und legten sie in Körbe, die schlechten aber warfen sie weg.

Jetzt, da sie noch auf das Ende, auf Tod und Gericht hin unterwegs waren, ging es nicht um Unterscheidung und Trennung, sondern um Versöhnung; er sprach:

Gang zum Richter
Mt 5,25;
Lk 12,58
Kap.: 2.3 (g)
3.1 (a)

[25]Schließ ohne Zögern Frieden mit deinem Gegner, solange du mit ihm noch auf dem Weg zum Gericht bist. Sonst wird dich dein Gegner vor den Richter bringen, und der Richter wird dich dem Gerichtsdiener übergeben, und du wirst ins Gefängnis geworfen.

Später erzählten sich die Christen, worauf es nach Jesus ankommt, um in das anbrechende Gottesreich hineinzukommen und darin Vollendung zu finden; sie sagten:

31 Wenn der Menschensohn in seiner Herrlichkeit kommt und alle Engel mit Weltgericht
ihm, dann wird er sich auf den Thron seiner Herrlichkeit setzen. 32 Und alle **Mt 25,31–40**
Völker werden vor ihm zusammengerufen werden, und er wird sie vonein- **(bzw. 46)**
ander scheiden, wie der Hirt die Schafe von den Böcken scheidet. 33 Er wird Kap.: 2.3 (g) 3.3
die Schafe zu seiner Rechten versammeln, die Böcke aber zur Linken.
34 Dann wird der König denen auf der rechten Seite sagen: Kommt her, die
ihr von meinem Vater gesegnet seid, nehmt das Reich in Besitz, das seit der
Erschaffung der Welt für euch bestimmt ist. 35 Denn ich war hungrig und ihr
habt mir zu essen gegeben; ich war durstig, und ihr habt mir zu trinken
gegeben; ich war fremd und obdachlos, und ihr habt mich aufgenommen;
36 ich war nackt, und ihr habt mir Kleidung gegeben; ich war krank, und ihr
habt mich besucht; ich war im Gefängnis, und ihr seid zu mir gekommen.
37 Dann werden ihm die Gerechten antworten: Herr, wann haben wir dich
hungrig gesehen und dir zu essen gegeben, oder durstig und dir zu trinken
gegeben? 38 Und wann haben wir dich fremd und obdachlos gesehen und
aufgenommen, oder nackt und dir Kleidung gegeben? 39 Und wann haben
wir dich krank oder im Gefängnis gesehen und sind zu dir gekommen?
40 Darauf wird der König ihnen antworten: Amen, ich sage euch: Was ihr für
einen meiner geringsten Brüder getan habt, das habt ihr mir getan.

Manche erzählten später die Geschichte noch weiter und sagten:

41 Dann wird er sich auch an die auf der linken Seite wenden und zu ihnen
sagen: Weg von mir, ihr Verfluchten, in das ewige Feuer, das für den Teufel
und seine Engel bestimmt ist! 42 Denn ich war hungrig, und ihr habt mir
nichts zu essen gegeben; ich war durstig, und ihr habt mir nichts zu trinken
gegeben; 43 ich war fremd und obdachlos, und ihr habt mich nicht aufgenom-
men; ich war nackt, und ihr habt mir keine Kleidung gegeben; ich war krank
und im Gefängnis, und ihr habt mich nicht besucht. 44 Dann werden auch sie
antworten: Herr, wann haben wir dich hungrig oder durstig oder obdachlos
oder nackt oder krank oder im Gefängnis gesehen und haben dir nicht
geholfen? 45 Darauf wird er ihnen antworten: Amen, ich sage euch: Was ihr
für einen dieser Geringsten nicht getan habt, das habt ihr auch mir nicht
getan. 46 Und sie werden weggehen und die ewige Strafe erhalten, die Ge-
rechten aber das ewige Leben.

Die Erfahrung am Ende: Sein Vater hat ihn vom Tode auferweckt und zum Messias gemacht, ihn, den ihr ermordet habt (vgl. Apg 2,24 u. 36)

Zur Zeit des großen Festes, das die Juden im Frühjahr zu Jerusalem feiern, vollendete sich Jesu Schicksal. Er lehnte es ab, mit dem Schwert um sein Leben zu kämpfen und einen Aufstand um seine Person zu entfachen. Lieber wollte er sterben. Er feierte ein Abschiedsmahl mit seinen Freunden. Dabei sagte er ihnen, daß er sein Leben für sie und die vielen zum Fest in Jerusalem versammelten Menschen hingeben wolle. Er forderte sie auf, fortan zu seinem Gedächtnis Mahl miteinander zu feiern. Noch in derselben Nacht wurde er, von Freunden verraten, von seinen Feinden festgenommen und als »Aufrührer« an die römischen Soldaten ausgeliefert. Der römische Statthalter verurteilte ihn zum Tode. Er starb an einem Kreuzesgalgen. Sterbend gab er den Lebensatem in die Hände seines Vaters zurück. Später erzählten seine Freunde, daß sie im Tode Jesu etwas Wunderbares erfahren hatten: Er sei nicht in den Todesfluten versunken, die im Sterben über ihm zusammenschlugen; vielmehr sei er, wie einst aus den Wassern des Jordan, neu zum Leben auferstanden. Neu habe sein Vater ihm den Lebensatem gegeben und ihn für immer und ewige Zeiten als seinen geliebten Sohn bestätigt. Niemals mehr würde der Tod dieses neue Leben besiegen können.

Besonders, wenn sie zu seinem Gedächtnis miteinander aßen und tranken, erfuhren sie Jesus lebendig und leibhaftig in ihrer Mitte. Da ging ihnen erst richtig und ganz die Erfahrung auf, die Jesus ihnen seit der Jordantaufe mitzuteilen suchte. Sie wurden vom Lebensatem des getöteten und neu lebendigen Jesus erfaßt und begriffen, was es heißt, geliebte Söhne und Töchter des himmlischen Vaters zu sein. Eine große Begeisterung erfaßte sie, und sie zogen hinaus in die Welt, um alle Menschen in diesen Gottesatem Jesu hineinzutauchen und sie dadurch zu geliebten Söhnen und Töchtern ihres himmlischen Vaters zu machen. So wurden Angst und Verzweiflung besiegt. Der Gottesatem Jesu, das wußten sie, würde auch sie und alle, die von ihm erfaßt waren, wie Jesus durch den Tod hindurch in ein neues Leben tragen und dadurch das Gottesreich vollenden.

Gleichnisregister

Fett gedruckte Zahlen geben die Seiten an, wo das betreffende Gleichnis ausführlicher behandelt wird.

Textstelle	**Titel**	Einleitg. u.) Kap. 1: **formaler Aspekt**	Kap. 2: **existenzbiographischer Aspekt**	Kap. 3: **strukturaler Aspekt**	Schlußteil: **Text**
Mk 4,3–8 Mt 13,3b–8 Lk 8,53–8a	Unentwegter Sämann	38, 63, 69, 80, 111, 115 f	**231 f**	**266**, 267	311
Mk 4,26–28	Selbstwachsende Saat	49, 51, 63, **67 f**, 70, 80, 111, 115, 116	**233**	**266**, 267	311
Mk 4,30–32 Mt 13,31–32 Lk 13,18–19	Senfkorn	37, 49, 63, 68, 70, 110, **79–88**, 105, 106, 107 f, 110, 112 f, 117	**233 f**	**266**, 267	312
Mk 12,1b–8 Mt 21,33–39 Lk 20,9–15	Mord im Weinberg	31, 64, 73 f, **125 f**	149, 150, **204–206**, 221	274, **277 f**, 285	308

Textstelle	**Titel**	(Einleitg. u.) Kap. 1: **formaler Aspekt**	Kap. 2: **existenzbiographischer Aspekt**	Kap. 3: **strukturaler Aspekt**	Schlußteil: **Text**
Mk 13,28 Mt 24,32	Grünender Feigenbaum	31, 63, 66, 69, 110, 115	**159**	**263**	299
Mk 13,34–37 Lk 12,36–38	Wachsamer Türhüter	31, 62, **70**, 110, 116	**160**, 220	**264**, 267, 285	299 f
Mt 5,25 Lk 12,58	Gang zum Richter	31 f, 63	**237 f**	**267**	312
Mt 7,9–10 Lk 11,11–12	Bittender Sohn	63, 111, 116	203, **209**, 242	**266**, 267	309
Mt 11,16–17 Lk 7,31–32	Kinder auf dem Marktplatz	31, 62, 110 f, 116	132, 204, **216 f**	**284 f**, 285	310
Mt 12,43–45 c Lk 11,24–26	Rückkehr des Dämon	31, 63, 111	203, **207 f**	**271**, 272	308
Mt 13,24–30	Unkraut unter dem Weizen	64, 68	**235 f**	**271**, 272	312

Textstelle	**Titel**	(Einleitg. u.) Kap. 1: **formaler Aspekt**	Kap. 2: **existenzbiographischer Aspekt**	Kap. 3: **strukturaler Aspekt**	Schlußteil: **Text**
Mt 13,33 Lk 13,20–21	Sauerteig	49, 63, 68, 70	233, **234**	**266 f**	312
Mt 13,44	Schatz im Acker	31, 38, 49, 62, 66, 69, 110, 115, 116	139, **158**	**275**, 276	299
Mt 13,45–46	Kostbare Perle	31, 49, 62, 66, 69, 110, 115, 116	139, **158 f**	**263**, 267, 275	299
Mt 13,47–48	Gute und schlechte Fische im Netz	63	**236 f**	**267**	312
Mt 18,12–13 Lk 15,4–6	Verlorenes Schaf	64, 67, 71, 119	**174 f**	**265**, 267	303
Mt 18,23–33	Unfairer Knecht	31, 64, 72, 73 f, **88–103**, 89, 105, 106, 107, 109, 112, 123, **124**	**184–186**, 187, 189, 192, 221	**282–284**, 285, 288	305 f

Textstelle	**Titel**	(Einleitg. u.) Kap. 1: **formaler Aspekt**	Kap. 2: **existenzbiographischer Aspekt**	Kap. 3: **strukturaler Aspekt**	Schlußteil: **Text**
Mt 20,1–15	Gütiger Arbeitsherr	31, 38, 64, 72, 76 f, 89 f, 110, 112	172, 175, **182–184**, 186, 189, 192, 221	262, **280 f**, 285	305
Mt 21,28–31 a	Ungleiche Söhne	62, 110, 116	**172**	**281**, 285	303
Mt 22,2–10 Lk 14,16–24	Großes Gastmahl	64, 73, 74, 76, **124 f**	150, 162, 163, **165–167**	268, **278**, 285	301
Mt 24,43–44 a	Dieb in der Nacht	62, **66**, 110, 116	**160**	**264**, 267	300
Mt 24,45–47 (bzw. 51) Lk 12,42–44 (bzw. 46)	Guter (bzw. brutaler) Knecht	31, 62	**160**, 220	264, **277**	299
Mt 25,1–10	Zehn Jungfrauen	64, 73, 74, **124 f**	**161 f**	**278 f**, 285	300
Mt 25,14–28 Lk 19,12–24	Anvertraute Gelder	64, 73 f, 76, 77, 78, 119, **125**	**187–190**, 225	268, **277**, 285	306

Textstelle	**Titel**	(Einleitg. u.) Kap. 1: **formaler Aspekt**	Kap. 2: **existenzbiographischer Aspekt**	Kap. 3: **strukturaler Aspekt**	Schlußteil: **Text**
Mt 25,31–40 (bzw. 46)	Weltgericht	**60 f**, 63	**238–241**	277, **288 f**, 290	313
Lk 7,41–42	Ungleiche Schuldner	62, 116	**171 f**	**282**, 285	303
Lk 10,30–35	Barmherziger Samariter	31, 38, 61, 64, 72, 73 f	**190–194**	268, **270**, 272, 288	307
Lk 11,5–8	Unablässig bittender Freund	63, 70, 111, 116	203 f, **209 f**, 227, 241, 242	266, **270 f**, 272	309
Lk 12,16–20	Reicher Kornbauer	65, 73, 74, **126 f**	**164**, 197	268, 272, **279**, 285	300
Lk 13,6–9	Fürbittender Weingärtner	63, 111	149, 204, **214–216**, 221	**266**, 267	310
Lk 14,28–32	Der planende Baumeister bzw. Feldherr (Doppelgleichnis)	63, 111	139, 203, **208 f**	**265 f**, 267	309

Textstelle	**Titel**	(Einleitg. u.) Kap. 1: **formaler Aspekt**	Kap. 2: **existenzbiographischer Aspekt**	Kap. 3: **strukturaler Aspekt**	Schlußteil: **Text**
Lk 15,8–9	Verlorene Drachme	63, 66,, 67, 71, 116	**173 f**	**264 f**, 267	303
Lk 15,11–32	Barmherziger Vater	31, 38, **59 f**, 61, 64, 67, 71, 76, 77, 89 f, **120 f**	139, 145, 172, 174, **175–182**, 186, 189, 192, 221, 238	258, 259, 260, 262, 265, 269, 274, **279 f**, 285	304
Lk 16,1–7	»Betrügerischer« Verwalter	31, 64, 72, 78	138, 139, 140, 142, 204, **217–230**	258 f, 262, 265, 268, **270**, 271, 272	311
Lk 16,19–31	Reicher Prasser	**61**, 65, 73, 74, **126**	**167 f**	268, **287 f**, 288, 289, 290	301 f
Lk 17,7–9	Knechtslohn	62, 110	**170 f**, 224	268, **269**, 272	302
Lk 18,2–5	Unbeirrt fordernde Witwe	31, 63, 111, 116	204, **210–213**, 227, 242	266, 270, **271**, 272	310
Lk 18,10–14 a	Pharisäer und Zöllner	**61**, 65, 73 f, **126**	147, **194–199**	262, 268, **288**, 289, 290	307

Verwendete Literatur

1. *Gleichnisliteratur:*

Arens, E.: Kommunikative Handlungen. Die paradigmatische Bedeutung der Gleichnisse Jesu für eine Handlungstheorie, Düsseldorf 1982

Aurelio, T.: Disclosures in den Gleichnissen Jesu. Eine Anwendung der Disclosure-Theorie von I. T. Ramsey, der modernen Metaphorik und der Theorie der Sprechakte auf die Gleichnisse Jesu, Frankfurt-Bern-Las Vegas 1977

Bailey, K. E.: Poet and Peasant and Through Peasant Eyes. A Literary-Cultural Approach to the Parables of Luke, Grand Rapids/Michigan 1983

Baudler, G.: Die Gleichnisse im Licht ihrer existentiellen Entstehungssituationen. Vorüberlegungen zu einer existenz-biographischen Gleichnisdeutung im Rahmen einer Korrelationsdidaktik, in: ru (Zeitschrift für die Praxis des Religionsunterrichts) 15 (1985) 85–89

Baudler, G.: Das Gleichnis vom »betrügerischen Verwalter« (Lk 16,1–8a) als Ausdruck der »inneren Biographie« Jesu, in: Theologie der Gegenwart 28 (1985) 65–76

Baudler, G.: Tore zur heiligen Stadt. Die Gleichnisse als Zugang zu Jesus und zum Gottesreich: Neue Kategorien der Gleichnisauslegung, in: Schule und Mission (Zeitschrift des Kindermissionswerkes Aachen), H. 2, 1984/85, 78–88; dazu Unterrichtsbeispiele in H. 3, 1984/85, 182–188, und H. 4, 1984/85, 221–231

Biser, E.: Die Gleichnisse Jesu. Versuch einer Deutung, München 1965

Boucher, M.: The Mysterious Parable. A Literary Study, Washington 1977

Bourbeck, C. (Hg.): Gleichnisse aus Altem und Neuem Testament, Stuttgart 1971

Brettschneider, W.: Die Parabel vom verlorenen Sohn. Das biblische Gleichnis in der Entwicklung der europäischen Literatur, Berlin 1978

Broer, I.: Der Verschwender und die Theologie des Lukas, in: Neutestamentliche Studien 20 (1974) 453–462

Delorme, J. (Hg. für die Gruppe von Entrevernes): Zeichen und Gleichnisse. Evangelientext und semiotische Forschung, Düsseldorf 1979

Dithmar, R. (Hg.): Texte und Theorie der Fabeln, Parabeln und Gleichnisse, München 1981

Drexler, H.: Zu Lukas 16,1–7, in: Zeitschrift für Neutestamentliche Wissenschaft 58 (1967) 286–288

Eichholz, G.: Gleichnisse der Evangelien, Neukirchen-Vluyn 1971

Entrevernes Group, The: Signs and Parables. Semiotics and Gospel Texts (with a study by J. Geninasca), Pittsburgh/Pennsylvania 1978

Fiebig, P.: Altjüdische Gleichnisse und die Gleichnisse Jesu, Tübingen-Leipzig 1904

Fiedler, P.: Die übergebenen Talente, in: Bibel und Leben 11 (1970) 259–273

Flusser, D.: Die rabbinischen Gleichnisse und der Gleichniserzähler Jesus. Teil 1 (Das Wesen der Gleichnisse), Frankfurt-Bern-Las Vegas 1981 (vgl. dazu die Rezensionen von R. Oberforcher, in: Zeitschrift für Katholische Theologie 105 (1983) 206–211, und H. Weder, in: Theologische Literaturzeitung 109 (1984) 195–198

Frankemölle, H.: In Gleichnissen Gott erfahren, Stuttgart 1977

Frankemölle, H.: Hat Jesus sich selbst verkündet? Christologische Implikationen in den vormarkinischen Parabeln, in: Bibel und Leben 13 (1972) 184–207

Frankemölle, H.: Kommunikatives Handeln in Gleichnissen Jesu. Historisch-kritische und pragmatische Exegese. Eine kritische Sichtung, in: New Testament Studies, Vol. 28 (1982) 61–90
Funk, R. W.: Parables and Presence. Forms of the New Testament Tradition, Philadelphia 1982
Geischer, H.-J.: Verschwenderische Güte. Versuch über Markus 4,3–9, in: Evangelische Theologie 38 (1978) 418–427
Gewalt, D.: Der »Barmherzige Samariter«. Zu Lukas 10,25–37, in: Evangelische Theologie 38 (1978) 403–417
Gide, A.: Die Rückkehr des verlorenen Sohnes, Leipzig 1931
Giese, H.: Der verdorrte Feigenbaum – Eine symbolische Aussage? Zu Mk 11,12–14.20f, in: Biblische Zeitschrift, N. F. 20 (1976) 95–111
Goulder, M. D.: Midrash and Lection in Matthew. The Speaker 's Lectures in Biblical Studies, 1969–71, London 1974
Greeven, H.: »Wer unter euch . . .?«, in: Wort und Dienst (Jahrbuch der Theologischen Schule Bethel), N. F. 4 (1952) 86–101
Gutbrod, K.: Ein Weg zu den Gleichnissen Jesu, Stuttgart 1967
Güttgemanns, E.: Die linguistisch-didaktische Methodik der Gleichnisse Jesu, in: ders.: studia linguistica neotestamentica, München 1971, 99–183
Harnisch, W.: Die Gleichniserzählungen Jesu. Eine hermeneutische Einführung, Göttingen 1985
Harnisch, W. (Hg.): Die neutestamentliche Gleichnisforschung im Horizont von Hermeneutik und Literaturwissenschaft, Darmstadt 1982
Harnisch, W.: Die Ironie als Stilmittel in Gleichnissen Jesu, in: Evangelische Theologie 32 (1972) 421–436
Havenith, D./Laschet, H.: Vorgangsgleichnisse im Religionsunterricht. Ein Unterrichtsprojekt zum Gleichnis vom Senfkorn (Klasse 6), in: ru (Zeitschrift für die Praxis des Religionsunterrichts) 15 (1985) 112–115
Hoppe, R.: Gleichnis und Situation. Zu dem Gleichnis vom guten Vater (Lk 15,11–32) und gütigen Hausherrn (Mt 20,1–15), in: Biblische Zeitschrift, N. F. 28 (1984) 1–21
Hunter, A. M.: The Parables for Today, London 1983
Jeremias, J.: Die Gleichnisse Jesu, Göttingen 6. Aufl. (Taschenbuchausgabe) 1976
Jüchen, A. v.: Die Kampfgleichnisse Jesu, München 1981
Jülicher, A.: Die Gleichnisreden Jesu, 2 Bde, Tübingen 1910
Kahlefeld, H.: Gleichnisse und Lehrstücke im Evangelium, Bd. 1 u. 2, Frankfurt 2. Aufl. 1964
Kemmer, A.: Gleichnisse Jesu. Wie man sie lesen und verstehen soll, Freiburg-Basel-Wien 2. Aufl. 1983
Kissinger, W. S.: The Parables of Jesus. A History of Interpretation and Bibliography, Metuchen, N. J. u. London 1979
Kistemaker, S. J.: The Parables of Jesus, Grand Rapids/Michigan 1980
Klauck, H.-J.: Adolf Jülicher – Leben, Werk und Wirkung, in: Schwaiger, G. (Hg.) : Historische Kritik in der Theologie. Beiträge zu ihrer Geschichte, Göttingen 1980, 99–150
Klauck, H.-J.: Allegorie und Allegorese in synoptischen Gleichnistexten, Münster 1978
Klemm, H. G.: Das Gleichnis vom Barmherzigen Samariter. Grundzüge der Auslegung im 16./17. Jahrhundert, Stuttgart–Berlin–Köln–Mainz 1973
Knoch, O.: Wer Ohren hat, der höre. Die Botschaft der Gleichnisse Jesu. Ein Werkbuch zur Bibel, Stuttgart 1983
Krämer, M.: Das Rätsel der Parabel vom ungerechten Verwalter Lk 16,1–13. Ausle-

gungsgeschichte, Umfang, Sinn. Eine Diskussion der Probleme und Lösungsvorschläge der Verwalterparabel von den Vätern bis heute, Zürich 1972
Lambrecht, S. J.: Once More Astonished, New York 1981
Lang, H.: Narrative Theologie. Sprachtheoretische und theologische Überlegungen zu einem Begriff der Verkündigenden Theologie, in: Theologie und Glaube 71 (1981) 341–353
Linnemann, E.: Gleichnisse Jesu. Einführung und Auslegung, Göttingen 7. Aufl. 1978
Mánek, J.: . . . und brachte Frucht. Die Gleichnisse Jesu, Stuttgart 1977
Merkel, H.: Das Gleichnis von den ›ungleichen Söhnen‹ (Mt XXI. 28–32), in: New Testament Studies, Vol. 20 (1974) 254–261
Michaelis, W.: Das hochzeitliche Kleid, Bern 1939
Miller, J. W.: Step by Step Through the Parables. A beginner's guide to the modern study of the stories Jesus told, their meaning in his time and ours, New York-Ramsey 1981
Manselewski, W.: Der barmherzige Samariter. Eine auslegungsgeschichtliche Untersuchung zu Lukas 10,25–37, Tübingen 1967
Mußner, F.: Die Botschaft der Gleichnisse Jesu, München 2. Aufl. 1964
Paulsen, H.: Die Witwe und der Richter (Lk 18,1–8), in: Theologie und Glaube 74 (1984) 13–39
Perkins, P.: Hearing the Parables of Jesus, New York-Ramsey 1981
Pesch, R.: Zur Exegese Gottes durch Jesus von Nazareth. Eine Auslegung des Gleichnisses vom Vater und den beiden Söhnen (Lk 15,11–32), in: Jesus. Ort der Erfahrung Gottes (Festschrift B. Welte), Freiburg 2. Aufl. 1977, 140–189
Pesch, R./Kratz, R.: So liest man synoptisch. Anleitung und Kommentar zum Studium der synoptischen Evangelien, Bd. 4 (Gleichnisse und Bildreden, Teil 1: Aus der dreifachen Überlieferung), Frankfurt a. M. 1978
Pfister, X.: Eingeladen zum Gewährenlassen. Das Unkraut unter dem Weizen (Matthäus 13,24–30), in: Steiner, A./Weymann, H. (Hg.) : Gleichnisse Jesu. Bibelarbeit in der Gemeinde. Themen und Materialien, Basel–Zürich–Köln 1979, 103–128
Pfister, X.: Jesus als Gleichniserzähler, in: Steiner, A./Weymann, H. (Hg.): Gleichnisse Jesu. Bibelarbeit in der Gemeinde. Themen und Materialien, Basel–Zürich–Köln 1979, 56–62
Pöhlmann, W.: Die Abschichtung des Verlorenen Sohnes (Lk 15,12 f) und die erzählte Welt der Parabel, in: Zeitschrift für Neutestamentliche Wissenschaft 70 (1979) 194–213
Radl, W.: Zur Struktur der eschatologischen Gleichnisse Jesu, in: Trierer Theologische Zeitschrift 92 (1983) 122–133
Ragaz, L.: Die Gleichnisse Jesu. Seine soziale Botschaft, Hamburg 1971
Ricoeur, P./Jüngel, E.: Metapher. Zur Hermeneutik religiöser Sprache, München 1974 (Sonderheft der Zeitschrift für Evangelische Theologie)
Röhr, H.: Buddha und Jesus in ihren Gleichnissen, in: Neue Zeitschrift für Systematische Theologie und Religion 15 (1973) 65–86
Rupp, W.: Erstaunliche Gleichnisse. Das Himmelreich ist wie . . . Graz–Wien–Köln 1985
Schelp, B./Koch, K. H. (Hg.): Gleichnisse von den Meistern erzählt, Clausthal-Zellerfeld 1982
Schneider, G.: Parusiegleichnisse im Lukas-Evangelium, Stuttgart 1975
Schnider, F.: Die verlorenen Söhne. Strukturanalytische und historisch-kritische Untersuchungen zu Lk 15, Freiburg/Schweiz–Göttingen 1977
Schnider, F./Stenger, W.: Die offene Tür und die unüberschreitbare Kluft. Struktur-

analytische Überlegungen zum Gleichnis vom reichen Mann und armen Lazarus (Lk 16,19–31), in: New Testament Studies, Vol. 26 (1979/80) 318–331
Scholl, N.: Gleichnisse als Comics – Comics als Gleichnisse. Materialien für den Religionsunterricht, Freiburg 1980
Scholz, G.: Gleichnisaussage und Existenzstruktur. Das Gleichnis in der neueren Hermeneutik unter besonderer Berücksichtigung der christlichen Existenzstruktur in den Gleichnissen des lukanischen Sondergutes, Frankfurt–Bern–New York 1983
Schottroff, L.: Die Güte Gottes und die Solidarität von Menschen. Das Gleichnis von den Arbeitern im Weinberg, in: Schottroff, W. /Stegemann, W. (Hg.): Der Gott der kleinen Leute. Sozialgeschichtliche Auslegungen, Bd. 2 (Neues Testament) München–Gelnhausen–Berlin–Stein 2. unveränderte Aufl. 1979, 7–93
Schottroff, L.: Die Erzählung vom Pharisäer und Zöllner als Beispiel für die theologische Kunst des Überredens, in: Lorenzmeier, T. (Hg.): Neues Testament und christliche Existenz (Festschrift H. Braun), Tübingen 1973, 439–461
Schottroff, L.: Das Gleichnis vom verlorenen Sohn, in: Zeitschrift für Theologie und Kirche 68 (1971) 27–52
Schwarz, G.: ». . . lobte den betrügerischen Verwalter« (Lukas 16,8a), in: Biblische Zeitschrift, N. F. 18 (1974) 94 f
Sellin, G.: Allegorie und »Gleichnis«. Zur Formenlehre der synoptischen Gleichnisse, in: Harnisch, W. (Hg.): Die neutestamentliche Gleichnisforschung im Horizont von Hermeneutik und Literaturwissenschaft, Darmstadt 1982, 367–429
Sellin, G.: Lukas als Gleichniserzähler. Die Erzählung vom barmherzigen Samariter (Lk 10,25–37), in: Zeitschrift für Neutestamentliche Wissenschaft 65 (1974) 166–189 u. 66 (1975) 19–60
Seng, E. W.: Der reiche Tor. Eine Untersuchung von Lk xii 16–21 unter besonderer Berücksichtigung form- und motivgeschichtlicher Aspekte, in: Novum Testamentum 20 (1978) 138–141
Snodgrass, K.: The Parable of the Wicked Tenants. An Inquiry into Parable Interpretation, Tübingen 1983
Sorger, K.: Gleichnisse im Unterricht. Grundsätzliche Überlegungen, Hilfen für die Praxis, Düsseldorf 1980
Sorger, K.: Kreativer Umgang mit Gleichnissen. Transformationen biblischer Texte, in: ru (Zeitschrift für die Praxis des Religionsunterrichts) 15 (1985) 109–111
Stein, R. H.: An Introduction to the Parables of Jesus, Philadelphia 1981
Steiner, A.: Eingeladen zum Entdecken. Der Schatz im Acker (Matthäus 13,44), in: Steiner, A./Weymann, H. (Hg.): Gleichnisse Jesu. Bibelarbeit in der Gemeinde. Themen und Materialien, Basel–Zürich–Köln 1979, 63–75
Steiner, A./Weymann, H. (Hg.): Gleichnisse Jesu. Bibelarbeit in der Gemeinde. Themen und Materialien, Basel–Zürich–Köln 1979
Stotzer-Kloo, H.: Das Evangelium erzählen, in: Missionskonferenz der deutschen und rätoromanischen Schweiz/Schweizerischer Evangelischer Missionsrat (Hg.), Das Gleichnis von der Tür – Die befreiende Kraft der Bibel (Missionsjahrbuch der Schweiz, Jg. 50), Freiburg/Schweiz 1984, 69 f
Stotzer-Kloo, H.: Eingeladen zum Fest. Die Einladung zum großen Festmahl (Lukas 14,15–24), in: Steiner, A./Weymann, H. (Hg.): Gleichnisse Jesu. Bibelarbeit in der Gemeinde. Themen und Materialien, Basel–Zürich–Köln 1979, 191–216
Täubl, A.: Gleichnisse Jesu. Ein theologischer Kurs im Medienverbund, Mainz 1977
Thielicke, H.: Das Bilderbuch Gottes. Reden über die Gleichnisse Jesu, Stuttgart 3. Aufl. 1984
Tolbert, M. A.: Perspectives on the Parables. An Approach to Multiple Interpretations, Philadelphia 1979

Via, D. O.: Die Gleichnisse Jesu, München 1970
Weder, H.: Die Gleichnisse Jesu als Metaphern. Traditions- und redaktionsgeschichtliche Analysen und Interpretationen, Göttingen 1978
Weinel, H.: Die Bildersprache Jesu in ihrer Bedeutung für die Erforschung seines inneren Lebens, Gießen 1900
Weiser, A.: Die Knechtsgleichnisse der synoptischen Evangelien, München 1971
Westermann, C.: Vergleiche und Gleichnisse im Alten und Neuen Testament, Stuttgart 1984
Weymann, V.: Gleichnisse als Gesprächsvorgang, in: Steiner, A./Weymann, V. (Hg.): Gleichnisse Jesu. Bibelarbeit in der Gemeinde. Themen und Materialien, Basel–Zürich–Köln 1979, 15–27
Weymann, V.: Reich Gottes in Gleichnissen, in: Steiner, A./Weymann, V. (Hg.): Gleichnisse Jesu. Bibelarbeit in der Gemeinde. Themen und Materialien, Basel–Zürich–Köln 1979, 36–45

2. *Exegetische, bibeltheologische und bibeldidaktische Literatur:*

Aron, R.: Die verborgenen Jahre Jesu, München 1973
Barth, H./Schramm, T.: Selbsterfahrung mit der Bibel. Ein Schlüssel zum Verstehen, München 1977
Baudler, G.: Darf ich Jesus »psychologisieren«? Eine Grundfrage des Neuerzählens biblischer Texte (erörtert am Beispiel der Jordantaufe), in: Katechetische Blätter 110 (1985) 267–276
Becker, J.: Johannes der Täufer und Jesus von Nazareth, Neukirchen-Vluyn 1972
Ben-Chorin, S.: Bruder Jesus. Der Nazarener in jüdischer Sicht, München 1967
Biser, E.: Der Helfer, München 1973
Biser, E.: Theologische Sprachtheorie und Hermeneutik, München 1970
Biser, E.: Jesus für Christen. Eine Herausforderung, Freiburg–Basel–Wien 1984
Biser, E.: Postkarte genügt nicht!, in: J. Sauer (Hg.), Mehrdimensionale Schriftauslegung, Karlsruhe 1977
Bornkamm, G.: Jesus von Nazareth, Stuttgart–Berlin–Köln–Mainz 9. Aufl. 1971
Bultmann, R.: Die Geschichte der synoptischen Tradition, Göttingen 9. Aufl. 1979
Drewermann, E.: Strukturen des Bösen. Die jahwistische Urgeschichte in exegetischer, psychoanalytischer und philosophischer Sicht, Paderborn (Bd. 1, 5. Aufl.) 1984, (Bd. 2, 4. Aufl.) 1983, (Bd. 3, 4. Aufl.) 1983
Drewermann, E.: Tiefenpsychologie und Exegese, Bd. 1 (Die Wahrheit der Formen Traum, Mythos, Märchen, Sage und Legende), Olten-Freiburg 1984
Drewermann, E.: Tiefenpsychologie und Exegese, Bd. 2 (Wunder, Vision, Weissagung, Apokalypse, Geschichte, Gleichnisse), Olten–Freiburg 1985
Ernst, J.: Das Evangelium nach Lukas (Regensburger Neues Testament), Regensburg 1977 (und Regensburg 3., von neuem umgearbeitete Aufl. 1955)
Ernst, J.: Öffnet die Türen dem Erlöser. Johannes der Täufer – seine Rolle in der Heilsgeschichte, in: Theologie und Glaube 74 (1984) 137–165
Fiedler, P.: Jesus und die Sünder, Bern–Frankfurt 1976
Fuchs, E.: Hermeneutik, Bad Cannstatt 4., durchges. Aufl. 1970
Gaechter, P.: Das Matthäusevangelium, Innsbruck–Wien–München 1963
Grabner-Haider, A.: Ich bin gemeint. Selbsterfahrung durch die Bibel (Für den Einzelnen und für Gruppen), Graz–Wien–Köln 1984

Grom, B.: Formen der Bibelarbeit, in: Katechetische Blätter 108 (1983) 378–382
Grundmann, W.: Das Evangelium nach Matthäus (Theologischer Handkommentar zum Neuen Testament, Bd. 1), Berlin 5. Aufl. 1981
Haenchen, E.: Der Weg Jesu, Berlin 2. Aufl. 1968
Hasselbach, U. v.: Die Abkehr von Johannes, in: Deutsches Pfarrerblatt 82 (1982) 263–265
Hoffmann, P.: Orientierung an Jesus, Freiburg–Basel–Wien 1973
Hoffmann, P./Eid, V.: Jesus von Nazareth und eine christliche Moral. Sittliche Perspektiven der Verkündigung Jesu, Freiburg 1975
Jeffery, G.: Die Bibel des Bruder Barnabas, Oldenburg–Hamburg 2. Aufl. 1974
Jüngel, E.: Paulus und Jesus. Eine Untersuchung zur Präzisierung der Frage nach dem Ursprung der Christologie, Tübingen 4. Aufl. 1972
Kähler, M.: Der sogenannte historische Jesus und der geschichtliche, biblische Christus, München 1956 (Reprint)
Kassel, M.: Biblische Urbilder, München 1980
Kellner, W.: Der Traum vom Menschensohn, München 1985
Kern, W.: Christologie »von innen« und die historische Jesusfrage. Ein Gespräch mit Eugen Biser, in: W. Kern, Disput um Jesus und um Kirche, Innsbruck–Wien–München 1980, 73–87
Klostermann, E.: Das Matthäusevangelium (Handbuch zum Neuen Testament), Tübingen 1927
Knörzer, W.: Reich Gottes. Traum-Hoffnung-Wirklichkeit, Stuttgart 1970
Koch, K. (Hg.): Um das Prinzip der Vergeltung in Religion und Recht des Alten Testaments, Darmstadt 1972
Kreppold, G.: Die Bibel als Heilungsbuch, Münsterschwarzach 1985
Kretz, L.: Witz, Humor und Ironie bei Jesus, Olten–Freiburg 1981
Lange, G./Langer, W.: Zur Praxisrelevanz des bibeldidaktischen Vierecks, in: Katechetische Blätter 100 (1975) 344–352
Lange, G./Wertz, R.: Ist die Bibel comic-able?, in: Katechetische Blätter 101 (1976) 174–191
Lapide, P.: Er predigte in ihren Synagogen. Jüdische Evangelienauslegung, Gütersloh 3. Aufl. 1982
Lattke, M.: Zur jüdischen Vorgeschichte des synoptischen Begriffs der » Königsherrschaft Gottes«, in: Fiedler, P./Zeller, D. (Hg.): Gegenwart und kommendes Reich (Festschrift für A. Vögtle), Stuttgart 1975, 9–25
Lohfink, G.: Erzählung als Theologie. Zur sprachlichen Grundstruktur der Evangelien, in: Stimmen der Zeit, Bd. 192 (1974) 521–532
Lohfink, N.: Unsere großen Wörter. Das Alte Testament zu Themen dieser Jahre, Freiburg i. Br. 1977
Maag, V.: Malkût Jahwe, in: Vetus Testamentum, Supplements VII (Congress Volume, Oxford 1959), Leiden 1960, 146–153
Merklein, G.: Die Gottesherrschaft als Handlungsprinzip. Untersuchung zur Ethik Jesu, Würzburg 2. Aufl. 1981
Merklein, H.: Die Umkehrpredigt bei Johannes dem Täufer und Jesus von Nazaret, in: Biblische Zeitschrift, N. F. 25 (1981) 20–46
Mertens, H. A.: Kleines Handbuch der Bibelkunde, Düsseldorf 1969
Mesters, C.: Vom Leben zur Bibel – von der Bibel zum Leben. Ein Bibelkurs aus Brasilien für uns, Bd. 1, München 1983
Meves, C.: Die Bibel antwortet uns in Bildern. Tiefenpsychologische Textdeutungen im Hinblick auf Lebensfragen heute, Freiburg-Basel-Wien 4. Aufl. 1974
Mollenkott, V. R.: Gott eine Frau? Vergessene Gottesbilder der Bibel, München 1985

Mußner, F.: Gab es eine »galiläische Krise«?, in: Hoffmann, P. (Hg.): Orientierung an Jesus, Freiburg-Basel-Wien 1973, 238–252
Neidhardt, W./Eggenberger, H. : Erzählbuch zur Bibel. Theorie und Beispiele, Zürich–Einsiedeln–Köln 1975
Oberlinner, L.: Todeserwartung und Todesgewißheit Jesu. Zum Problem einer historischen Begründung, Stuttgart 1980
Panikkar, R.: Christus der Unbekannte im Hinduismus, Luzern/Stuttgart 1965
Perrin, N.: Was lehrte Jesus wirklich? Rekonstruktion und Deutung, Göttingen 1972
Rengstorf, K. H.: Das Evangelium nach Lukas (Das Neue Testament Deutsch), Göttingen 10., durchgesehene Aufl. 1965
Schedl, C.: Zur Christologie der Evangelien, Wien–Freiburg–Basel 1984
Schillebeeckx, E.: Jesus. Die Geschichte von einem Lebenden, Freiburg 7. Aufl. 1980
Schmid, J.: Das Evangelium nach Lukas (Regensburger Neues Testament), Regensburg 3., von neuem umgearbeitete Aufl. 1955
Schmid, J.: Das Evangelium nach Matthäus (Regensburger Neues Testament), Regensburg 5., durchgesehene Aufl. 1965
Schmithals, W.: Das Evangelium nach Markus, Kap. 1–9,1 (Ökumenischer Taschenbuch-Kommentar zum Neuen Testament, Bd. 2/1), Gütersloh 1979
Schneider, G.: Das Evangelium nach Lukas (Ökumenischer Taschenbuchkommentar zum Neuen Testament), Gütersloh und Würzburg 1977
Schroeder, J.H.: Remythologisierung der Bibel? Bemerkungen zu einer Situationsanalyse Eugen Drewermanns, in: Herder-Korrespondenz 39 (1985) 275–279
Schürmann, H.: Das Lukasevangelium. Erster Teil, Kommentar zu Kap. 11,1–9,50 (Herders Theologischer Kommentar zum Neuen Testament), Freiburg 1969
Schürmann, H.: Die Symbolhandlungen Jesu als eschatologische Erfüllungszeichen, in: Bibel und Leben 11 (1970) 29–41, 73–78
Schulz, S.: Q. Die Spruchquelle der Evangelisten, Zürich 1972
Schweizer, E.: Das Evangelium nach Matthäus (Das Neue Testament Deutsch), Göttingen 14., durchgesehene Aufl. 1976
Schweizer, E.: Zur Frage der Lukasquellen. Analyse von Luk 15,11–32, in: Theologische Zeitschrift 4 (1948) 469–471
Stählin, G.: Die Gleichnishandlungen Jesu, in: Wendland, H. D. (Hg.): Kosmos und Ekklesia (Festschrift für W. Stählin), Kassel 1953
Stock, A.: Umgang mit theologischen Texten, Zürich–Einsiedeln–Köln 1974
Thiele, J.: Bibelarbeit im Religionsunterricht. Ein Werkbuch zur Bibeldidaktik, München 1981
Trautmann, M.: Zeichenhafte Handlungen Jesu. Ein Beitrag zur Frage nach dem geschichtlichen Jesus, Würzburg 1980
Vögtle, A.: Das Neue Testament und die Zukunft des Kosmos, Düsseldorf 1970
Weiss, B.: Die Evangelien des Markus und Lukas, Göttingen 1901
Willmes, B.: Die sogenannte Hirtenallegorie Ez 34. Studien zum Bild des Hirten im Alten Testament, Frankfurt–Bern–Nancy–New York 1984
Wink, W.: Bibelauslegung als Interaktion. Über die Grenzen historisch-kritischer Methode, Stuttgart u. a. 1976
Wolff, H.: Jesus der Mann. Die Gestalt Jesu in tiefenpsychologischer Sicht, Stuttgart 3. Aufl. 1977
Wullschleger, R. u. O.: Anschauliche Christologie. Empirische und theologische Aspekte zur Erzählbarkeit der Jesusgeschichte in der Grundschule, Frankfurt 1977
Wullschleger, R. u. O.: Neue Jesusgeschichte, Frankfurt–Berlin–München 1978
Zahn, T.: Das Evangelium nach Lukas, Leipzig 1. u. 2. Aufl. 1913

Zink, J.: Das Neue Testament, Stuttgart–Berlin 3. Aufl. 1965
Zirker, H./Hilger, G./Aurelio, T./Perrar, H. J./u. a.: Zugänge zu biblischen Texten, Düsseldorf 1980 (NT) – 1981 (AT)

3. *Sonstige Literatur:*

Baudler, G.: Einführung in symbolisch-erzählende Theologie, Paderborn–München–Wien–Zürich 1982
Baudler, G.: Religiöse Erziehung heute. Grundelemente einer Didaktik religiösen Lernens in der weltanschaulich pluralen Gesellschaft, Paderborn 1979
Baudler, G.: Wahrer Gott als wahrer Mensch. Entwürfe zu einer narrativen Christologie, München 1977
Baudler, G.: Kindern heute GOTT erschließen. Theorie und Praxis einer Evangelisation durch Erzählen. Paderborn–München–Wien–Zürich 1986
Baudler, G.: Korrelationsdidaktik: Leben durch Glauben erschließen. Theorie und Praxis der Korrelation von Glaubensüberlieferung und Lebenserfahrung auf der Grundlage von Symbolen und Sakramenten, Paderborn–München–Wien–Zürich 1984
Baudler, G.: Der Religionsunterricht als curricular strukturierter offener Sprach- und Denkprozeß, in: ders. u. a.: Religionsunterricht im Primarbereich. Vorschläge zu einer religiösen Propädeutik, Zürich–Einsiedeln–Köln 1973, 13–33
Baudler, G.: Im Worte sehen. Das Sprachdenken Johann Georg Hamanns, Bonn 1970
Baudler, G. u. a.: Religionsunterricht im Primarbereich. Vorschläge zu einer religiösen Propädeutik, Zürich-Einsiedeln-Köln 1973
Berg, S. (Hg.): In den Sand geschrieben. 80 Kurzgeschichten für Religionsunterricht und Jugendarbeit, 2 Bde, Stuttgart 2. Aufl. 1974
Betti, E.: Allgemeine Auslegungslehre als Methode der Geisteswissenschaften, Tübingen 1967
Biser, E.: Glaubenswende. Erwägungen zur glaubensgeschichtlichen Situation, in: Bibel und Liturgie 58 (1985) 86–98
Biser, E.: Paulus für Christen, Freiburg-Basel-Wien 1984
Biser, E.: Wintersaat für ein neues Weltalter? Die Krise der Religion als Glaubensnot und Glaubenswende, in: Die Presse (Unabhängige Tageszeitung für Österreich), Wochenendausgabe vom 1./2. Dez. 1984
Bonhoeffer, D.: Widerstand und Ergebung. Briefe und Aufzeichnungen aus der Haft, hg. von E. Bethge, Berlin 3. Aufl. 1972
Capra, F.: Wendezeit. Bausteine für ein neues Weltbild, Bern–München–Wien 8. Aufl. 1984
Drewermann, E./Neuhaus, I.: Frau Holle. Grimms Märchen tiefenpsychologisch gedeutet, Olten–Freiburg 1982
Eggers, P. (Hg.): Wo der Himmel ist. Ein (Vor-)Lesebuch für Kinder, Düsseldorf 1981
Emeis, D.: Jesus Christus – Lehrer des Lebens. Katechetische Christologie, Freiburg–Basel–Wien 1985
Feyerabend, P.: Erkenntnis für freie Menschen. Veränderte Ausgabe, Frankfurt 1980
Fränkel, H.: Die homerischen Gleichnisse, Göttingen 2., unveränderte Aufl. 1977
Freud, S.: Die Traumdeutung. Über den Traum, Frankfurt 4. Aufl. 1968
Friedrich, G.: Utopie und Reich Gottes. Zur Motivation politischen Verhaltens, Göttingen o. J.

Gadamer, H. G.: Wahrheit und Methode. Grundzüge einer philosophischen Hermeneutik, Tübingen 2. Aufl. 1965
Gadarvský, V.: Gott ist nicht ganz tot. Betrachtungen eines Marxisten über Bibel, Religion und Atheismus, München 1971
Girard, R.: Das Ende der Gewalt, Freiburg 1983
Gogarten, F.: Die Kirche in der Welt, Heidelberg 1948
Graf, L./Kabitz, U./Linhard, M./Pertsch, R.: Geschichten zum Weiterdenken. Ein Lesebuch für Schule, Gruppe und Familie, München–Mainz 1977 (mit entsprechendem Lehrerhandbuch)
Grundlagenplan für den katholischen Religionsunterricht im 5. bis 10. Schuljahr »Lernfelder des Glaubens« (rev. Zielfelderplan), München (Deutscher-Katecheten-Verein) o. J. (1984)
Halbfas, H.: Das Welthaus. Ein religionsgeschichtliches Lesebuch, Stuttgart–Düsseldorf 1983
Halbfas, H. u. U.: Das Menschenhaus, Zürich–Stuttgart–Düsseldorf 3. Aufl. 1974 (mit dazugehörendem Lehrerhandbuch)
Hamann, J. G.: Historisch-kritische Ausgabe von J. Nadler, Wien 1949 ff, Bd. II
Johannes Paul II.: Dives in misericordia (hrsg. vom Pressedienst des Sekretariats der Deutschen Bischofskonferenz, Bonn, vom 1. 12. 1980 mit dem Zeichen P5/80)
Johannes Paul II.: Zur Freude des Glaubens hinführen. Apostolisches Schreiben »Über die Katechese heute« (mit einem Kommentar von A. Exeler), Freiburg–Basel–Wien 1980
Kamphaus, R.: Was dir zum Frieden dient, Freiburg 2. Aufl. 1983
Kasper, W.: Jesus der Christus, Mainz 7. Aufl. 1978
Kierkegaard, S.: Einübung im Christentum (Gesammelte Werke, 26 Abt.), Düsseldorf/Köln 1962
Kierkegaard, S.: Die Wiederholung. Drei erbauliche Reden 1853 (Gesammelte Werke, 5. u. 6. Abt.), Düsseldorf 1955
Krenzer, R./Pokrandt, A./Rogge, R. (Hg.): Kurze Geschichten zum Vorlesen und Nacherzählen im Religionsunterricht, München–Lahr 1975
Kübler-Ross, E.: Interviews mit Sterbenden, Stuttgart 5. Aufl. 1972
Lochmann, J. M.: Marx begegnen. Was Christen und Marxisten eint und trennt, Gütersloh 1975
Machovec, M.: Jesus für Atheisten, Stuttgart–Berlin 1972
Machovec, M.: Die ›Sache Jesu‹ und marxistische Selbstreflexion, in: I. Fetscher/M. Machovec (Hg.): Marxisten und die Sache Jesu, München–Mainz 2. Aufl. 1975
Metz, J. B.: Glaube in Geschichte und Gesellschaft, Mainz 1977
Metz, J. B.: Zur Theologie der Welt, Mainz–München 1968
Metz, J. B.: Weltverständnis im Glauben. Christliche Orientierung in der Weltlichkeit der Welt heute, in: Geist und Leben 35 (1962) 165–184
Muschg, W.: Tragische Literaturgeschichte, Bern 3. Aufl. 1957
Neuner, J./Roos, H. (Hg.): Der Glaube der Kirche in den Urkunden der Lehrverkündigung, Regensburg 5. (durch K. Rahner überarbeitete) Aufl. 1958
Pater, W. de: Theologische Sprachlogik, München 1971
Postman, N.: Wir amüsieren uns zu Tode. Urteilsbildung im Zeitalter der Unterhaltungsindustrie, Frankfurt 5. Aufl. 1985
Rahner, K.: Marxistische Utopie und christliche Zukunft des Menschen, in: ders., Schriften zur Theologie, Bd. 6, Einsiedeln–Zürich–Köln 1965, 77–88
Rahner, K./Vorgrimler, H.: Kleines Konzilskompendium, Freiburg–Basel–Wien 2. erg. Aufl. 1967
Ramsey, I. T.: Religious Language. An empirical Placing of Theological Phrases, New York 2. Aufl. 1963

Richter, H. E.: Der Gotteskomplex. Die Geburt und die Krise des Glaubens an die Allmacht des Menschen, Hamburg 1979

Robinson, J. A. T.: Gott ist anders (Honest to God), München 11. Aufl. 1968

Russell, B.: Warum ich kein Christ bin, Reinbek 8. Aufl. 1974

Scharfenberg, J./Kämpfer, H.: Mit Symbolen leben. Soziologische, psychologische und religiöse Konfliktbearbeitung, Olten–Freiburg 1980

Schillebeeckx, E.: Neues Glaubensverständnis. Honest to Robinson, Mainz 1964

Spiegel, E.: Pferd oder Gott. Anmerkungen zu den Begriffen Gewaltverzicht, Gewaltlosigkeit, Gewaltfreiheit, in: Bruder Franz 36 (1983) 70f

Spiegel, E.: Wege in die Gewaltfreiheit. Materialien – Argumente – Impulse (unveröffentlichtes Manuskript), Bd. 1, Freiburg 1982

Sporken, P.: Umgang mit Sterbenden, Düsseldorf 3. Aufl. 1976

Thiele, J. (Hg.): Eine neue Sprache finden. Lesebuch für Religionslehrer, München 1982

Wacker, B.: Narrative Theologie, München 1977

Wacker, B.: Zehn Jahre »Narrative Theologie« – Versuch einer Bilanz, in: Sanders, W./Wegenast, K. (Hg.): Erzählen für Kinder – Erzählen von Gott. Begegnung zwischen Sprachwissenschaft und Theologie, Stuttgart 1983, 13–32

Wolff, H.: Neuer Wein – Alte Schläuche. Das Identitätsproblem des Christentums im Lichte der Tiefenpsychologie, Stuttgart 1981

Zielfelderplan für den katholischen Religionsunterricht in der Grundschule, Teil 1: Grundlegung, München (Deutscher Katecheten-Verein) 1977

Zielfelder ru 5/6 (hrsg. vom Deutschen Katecheten-Verein), München 1985